中国文化小辞典

文若愚 编著

三环出版社
SANHUAN PUBLISHING HOUSE

图书在版编目（CIP）数据

中国文化小辞典 / 文若愚编著 . -- 海口：三环出版社（海南）有限公司，2025. 3. -- ISBN 978-7-80773-532-8

Ⅰ . K203-49

中国国家版本馆 CIP 数据核字第 20259AB802 号

中国文化小辞典
ZHONGGUO WENHUA XIAOCIDIAN

编　　著	文若愚
责任编辑	宋佳昱
责任校对	付晓聪
封面设计	韩　立
责任印制	万　明
出版发行	三环出版社（海口市金盘开发区建设三横路 2 号）
	邮　编　570216　邮　箱　sanhuanbook@163.com
出 版 人	张秋林
印刷装订	河北松源印刷有限公司
书　　号	ISBN 978-7-80773-532-8
印　　张	13
字　　数	308 千字
版　　次	2025 年 3 月第 1 版
印　　次	2025 年 3 月第 1 次印刷
开　　本	720 mm×1 000 mm　　1/16
定　　价	49.80 元

前言

　　人类历史的发展成果有很多表现形式，其中非常重要的一种形式就是文化的积累。作为人类作用于自然界和社会的成果的总和，文化包括一切物质财富和精神财富。确切地说，文化是指一个国家或民族的历史、地理、传统习俗、生活方式、文学艺术、行为规范、思维方式、价值观念等。中国文化亦叫华夏文化、华夏文明，是中华文明演化而汇集成的一种反映民族特质和风貌的民族文化。中国文化源远流长，博大精深，是中华民族五千年文明和智慧的结晶。

　　一个人的文化知识储备往往是其综合素质和能力的体现，继承和弘扬中国文化，了解和掌握必要的中国文化知识，是每个中国人义不容辞的责任。学习和掌握中国文化知识，是推动社会文化繁荣发展的需要，同时也有助于人们开阔视野、启迪心智、陶冶性情、增长知识，为走向成功的人生打下坚实的基础。然而，中国文化是一个庞杂的知识体系，包罗万象，浩如烟海，大多数人很难在短时间内掌握其底蕴及脉络。即便是专业人士，所掌握的文化知识也不过是冰山一角。

　　为了帮助读者更方便、更轻松、更快捷地了解和掌握必要的中国文化知识，开阔文化视野、丰富知识储备、提高人文修养，编者对中国文化材料进行了适当的取舍，选取了具有代表性、实用性且读者感兴趣的内容，将浩如烟海的文化知识以问答的形式辑录成册。本书是一个瞭望中国文化的窗口，透过这个窗口，你可以对中国文化有一个系统的了解。全书结合丰富的知识和史料，娓娓讲述各类事物的精彩历史，内容涉及政治、军事、经济、天文历法、礼仪习俗、文学艺术、教育思想、地理名胜、科学技术、成语俗语等，基本涵盖了人们需要了解和学习的中国文化知识。

　　本书在广泛搜集资料的基础上，力求在"新、奇、趣"上下功夫。"新"就是鲜为人知的，很少被其他书籍提到的知识；"奇"就是不一般，能让人的精神为之一振的事物；"趣"即兴趣、趣味，是人们想看、愿意看的东西。另外，为了方便阅读，本书采用了一问一答的方式，把数千字甚至数万字才能阐述清楚的问题压缩在数百字之中，以小见大，深入浅出，提纲挈领，让读者尽可能在短时间内获得更多的知识。同时，书中还选配了多幅包含多种文化元素的精美图片，与文字相辅相成，呈现给读者一幅更具趣味性、更准确的中国古代文化生活图景，使读者犹如身临其境，对中国文化产生浓厚的兴趣，从中体味中国文化的博大精深。

　　你知道乌纱帽的来历吗？为什么旧时文臣武将以上"凌烟阁"为荣？古人是怎样验尸的？为什么公主的丈夫叫驸马？新婚的卧室为什么叫洞房？……这

些奇趣横生的中国文化知识尽在书中。全书覆盖面大、涉猎面广，具有超强的参考性与指导性，既是一部容纳中国文化百科知识的实用工具书，又是休闲生活中不可或缺的文化快餐。一书在手，让你畅游中国文化宝库；一卷在手，让你轻松掌握中国文化精华。

目录

第一章 宫廷规则·帝后故事

第二章 朝政职官·名臣逸闻

第三章　兵法军制·酷刑揭秘

第四章 农业生产·商业贸易

第五章　科技奇闻·神秘中医

第六章　哲学命题·伦理修养

🌸 第七章　教育要事·科举趣谈 🌸

第八章　书画雅趣·歌舞风流

第九章　吃穿住行·消遣休闲

第十章 节庆习俗·文化溯源

第十一章 礼仪应酬·称谓讲究

❀❀ 第十二章　趣话汉字·称谓释疑 ❀❀

第十三章　别称代指·本源流变

第一章
宫廷规则·帝后故事

"三皇五帝"真有其人吗?

我们经常能在书上看到这样的句子:"自从盘古开天地,三皇五帝到如今。"

用斧头开天辟地的盘古,无疑是神话传说中的人物。那么"三皇五帝"究竟是谁?他们是传说中的人物,还是真有其人呢?

史料记载中,有的说"三皇"是燧人氏、伏羲氏和神农氏,"五帝"是黄帝、颛顼、帝喾、尧、舜;有的说"三皇"是伏羲氏、神农氏、共工氏,"五帝"是少昊、颛顼、帝喾、尧、舜。众说不一。大部分的意见是"三皇"是燧人氏、伏羲氏、神农氏,"五帝"是黄帝、颛顼、帝喾、尧、舜。

此外,"三皇五帝"是人是神,也没有明确的论断。比如,"三皇"中的太昊伏羲氏,史料记载他为古代东夷的部落首领,根据阴阳的变化创制了八卦,还模仿蜘蛛结网发明了渔网,并创制了乐器"瑟"。这些很明显属于人类的行为。可是,他却是人头蛇身。

又如神农氏。相传他用树木制作了耒、耜等农具,并发现了草药,为人治病。他虽然有着人身,却是牛头。

和人最相近的要算燧人氏。传说他发明了钻木取火,以在森林中捕食野兽为生。

到了"五帝"时期,这些古代的英雄们已经没有牛头或蛇身的怪异长相了。他们不仅和人类一样吃肉食,吃水果,而且更热衷于搞发明。比如,仅黄帝就发明了养蚕、缫丝、舟车、文字、音律、算术、历法、棺椁、器皿等。

但是这些仅属于传说,因为没有确切的年代记载,也没有相关的资料来证明。可以说,"三皇五帝"是先夏文化时期神话传说和历史考古资料参半的人物。我们也可把他们看作是祖先处于史前各个不同文化阶段的象征。

不管是否真有其人,我们仍然景仰这些古代的英雄们。

知识链接

"皇帝"释义

"皇"本来的意思是"大"和"美",古为上天、光明之意,"因给予万物生机谓之皇"。到了战国末期,由于上帝的"帝"字被作为人主的称呼,遂用"皇"字来称上帝,比如,《楚辞》中的西皇、东皇、上皇等。

"帝"原指天帝,是生物之主、兴益之宗,"因其生育之功谓之帝"。"五帝"时期,"帝"指实力强大的部落联盟的领导者。

"皇帝"这一名称是怎样确定的?

在秦王嬴政统一全国之前,中国的最高统治者或称"皇",或称"帝",或称"王",唯独没有"皇帝"一称。

那么,秦始皇是怎么确定这一名称的呢?

春秋战国时期,周王室逐渐衰微。于是,一些实力强大的诸侯国的国君便自称为"王",如秦王、楚王、齐王、赵王、燕王等。战国末期,秦国发展成为实力最强的诸侯国。于是,秦王嬴政挥鞭四举,灭掉了其他六国,平定天下。嬴政认为自己的功业是亘古未有的,甚至连"三皇五帝"都比不上。为了"称成功,传后世",他决定改变"王"的称

秦始皇像

号。于是，他召集群臣，商议改号之事。丞相王绾说："三皇五帝虽然是天下共主，可他们实际上占领的土地不过方圆千里。可自商周起，称'王'者才真正拥有天下，而且他们的丰功伟绩可以维持七八百年。所以说，'王'的称号最好。"嬴政却不高兴。他认为："商朝七百年、周朝八百年的天下不算什么，我要的是万世永传的朝代。"这时，李斯说话了："如今四海之内皆是陛下的囊中之物，这是从未有过的事。陛下的功绩自然为三皇五帝所不及。古有天皇、地皇、泰皇，而泰皇最尊贵，臣认为陛下可称泰皇。"嬴政听了很高兴，说："依我看，'泰皇'仍没多大区别。不如去'泰'留'皇'，采上古'帝'号，称'皇帝'。我称始皇帝，后世以数计，二世、三世直至万世，传之无穷。"

就这样，秦王嬴政自称"始皇帝"，后世因而通称他为"秦始皇"。

知识链接

"皇帝"的别称

古代，由于称诸侯为"国"，称大夫为"家"，因此人们将"国家"作为国的通称。

东汉时期，人们称皇帝为"国家"，因为皇帝是国的化身。

唐朝人认为，皇帝"以天下为宅，四海为家"，所以，称皇帝为"圣人"和"宅家"，后者为皇宫里对皇帝的称谓。宋代，取"五帝宫天下，三王家天下"之意，故以"庙""祖""官家"和"官里"称皇帝。

除了上面的称谓，皇帝的别称还有许多，比如，陛下、天子、皇上、上、飞龙、乘舆、车驾、驾、万岁、万岁爷、至尊、人主、圣等。

两千多年的封建社会，中国一共有多少位皇帝？

自公元前221年秦王嬴政称"皇帝"，到1912年最后一个封建皇帝溥仪在辛亥革命的炮声中宣布退位止，中国经历了83个王朝，共2 132年。

这83个王朝共有多少位皇帝呢？从秦始皇算起，共有408位。秦朝3位，汉朝29位，三国11位，晋朝15位，五胡十六国78位，南北朝59位，隋朝5位，唐朝21位，五代十国54位，宋朝18位，金辽西夏35位，元朝18位，明朝16位，清朝12位。另外，还有南明、北元，李自成、张献忠，太平天国洪秀全父子以及称洪宪帝仅两个月的袁世凯。

虽然我国的皇帝都被称为"万岁"，但真正长寿的并不多，相反，短命的倒不少。

10岁以下的娃娃皇帝有29位，10—19岁的有28位，20—29岁的有50位，30—39岁的有62位，40—49岁的有55位，共224位。这些皇帝连知天命都没熬到。

如果把60岁以上称为长寿的话，那么，长寿皇帝就很少了，总共才52位。其中有：汉高祖刘邦（61岁）、隋文帝杨坚（63岁）、元太祖成吉思汗（65岁）、康熙帝玄烨（68岁）、汉武帝刘彻（69岁）、明太祖朱元璋（70岁）、唐玄宗李隆基（77岁）、元世祖忽必烈（79岁）、女皇帝武则天（81岁）、宋高宗赵构（80岁）、梁武帝萧衍（85岁）、清高宗弘历（88岁）。

这些皇帝中，在位时间比较长的是康熙（61年）、乾隆（60年）、汉武帝和西夏仁宗（两者都是54年）、西夏崇宗（53年）；在位时间最短的是金末帝完颜承麟，从登基到驾崩不到半天时间。

其他的，在位时间超过40年的有11位，超过30年的有19位，超过20年的有31位，10—20年的有103位，不满10年的有244位。

知识链接

紫禁城里住过的皇帝

紫禁城，明永乐十八年（1420年）建成，是明、清两代的皇城。既然是明、清两代的皇城，里面究竟住过多少位皇帝呢？有资料记载是24位皇帝。

这个数字是不确切的，少了一位，就是李自成。1644年，山海关大战之后，李自成在武英殿登基，定国号为大顺，年号永昌。42天后，清兵和吴三桂逼近北京城时，李自成率军退出北京城。

哪位皇帝最早使用"奉天承运皇帝诏曰"？这句话是什么意思？

在历史剧中，通常会有这样一幕：传圣旨的人高呼"圣旨到"，众人马上跪在地上。传圣旨的人念道："奉天承运，皇帝诏曰……"

不管什么朝代，圣旨好像都是以这一句开头的。这符合历史事实吗？

答案是不符合。据考证，"奉天承运皇帝诏曰"的最早使用者是明太祖朱元璋。其实，明朝圣旨的开头并不是"奉天承运，皇帝诏曰"，而是"奉天承运皇帝诏曰"，意即"奉天承运皇帝"朱元璋颁布的诏书。依据是"奉天承运"中的"奉天"其实指的是"奉天殿"，取意遵照天意，即皇帝的权力受命于天。而奉天殿正是明太祖朱元璋首建的。1368年，朱元璋在南京称帝后建造了一座皇城，并将其中规格最高的朝会大殿命名为"奉天殿"。明成祖朱棣迁都北京，建紫禁城

时，又将"奉天殿"原封不动"搬到了"北京。

关于此一说，清朝大学者俞樾也有考证。他在《茶香室续钞》中说，"奉天承运"是"论奉天殿名而及之"。

说"奉天承运皇帝诏曰"开始于明朝，还有一个依据，就是朱元璋所捧的大圭上面刻着"奉天承运"这几个字。此说法来源于明朝万历时期的文学家沈德符。

"奉天承运"即"奉天命，承德运"。"奉天承运皇帝诏曰"大意就是，皇帝遵照上天的旨意，对你下一些需要执行的命令。借用天命，无非是为了加强皇权。

知识链接

"奉天承运皇帝诏曰"

清朝入关后，其诏书多以"奉天承运皇帝诏曰"开头，然后是所要诏示的内容，结尾是"布告天下，咸使闻知"或"布告中外，咸使闻知"。

清代还有制辞，其开头和诏书差不多，一般是"奉天承运皇帝制曰"。

至于"奉天承运皇帝诏曰"是什么时候退出历史舞台的，这个问题其实很简单，既然是"奉天承运皇帝诏曰"，没有皇帝自然也就没有"皇帝诏曰"了。

将皇帝称为"万岁"是从什么时候开始的？

"万岁"一词，从字面上看，应该是一个表达祝愿的话，即"千秋万世，永远存在"。比如，有部电影叫《青春万岁》，意即"青春永驻"，内含"开心"的感情色彩。正是因为这种感情色彩，人们在遇到高兴的事时常会喊"万岁"。

可是，在封建社会，"万岁"一词可不能随便用，因为它是皇帝的代名词，也只有皇帝才配用"万岁"这个词。除了皇帝，谁敢将自己与"万岁"联系起来，那是想让脑袋"搬家"。若是见了皇帝不呼"万岁"，也会被以大不敬罪论处。

那么，究竟是谁将"万岁"一词定为皇

帝所专有的呢？这事和汉武帝有关。为了加强君权、强化专制统治，汉武帝可谓煞费苦心。

元封元年（公元前110年）春，汉武帝登华山后发布诏书："朕用事华山，至于中岳……翌日亲登嵩高，御史乘属、在庙旁吏卒咸闻呼万岁者三。登礼罔不答。"意思是，朕登上了嵩山之巅，吏卒都听到了三声"万岁"。

荀悦当时注曰："万岁，山神之称也。"意思是说，神灵在向汉武帝致礼。汉武帝还称，听到呼声后，他向神灵致意还礼，神灵都一一应答。

15年后，也就是太始三年二月，汉武帝又酝酿了一出"好戏"。汉武帝称："幸琅邪，礼日成山。登之罘，浮大海。山称万岁。"即当他登上山东的芝罘（古称"之罘"）山时，群山都喊他"万岁"。

既然神灵、山石都喊皇帝"万岁"，臣民还有什么可说的？于是，就有了臣民给皇帝拜恩庆贺时的"山呼万岁"。

从此，皇帝宝座前，"万岁"之声不绝于耳。

帝王的正妻为什么被称为"皇后"？这个称号从何而来？

在封建社会，皇帝拥有"三宫六院七十二嫔妃"，在众多妻妾中，仅有皇帝的正妻被称为"后"，就是"皇后"。那么，为什么称皇帝之妻为"后"呢？

在周朝以前，天子的妻子都被称为"妃"，周朝开始才被称为"后"。如《礼记》记载："天子之妃曰后。"到秦王嬴政统一六国后，改称号为"皇帝"，便定皇帝的正妻为"皇后"。不过，这时候的后妃制度还不完备，直到汉朝才开始执行较完备的后妃制度和等级划分。《汉书·景帝纪》记载："朕亲耕，后亲桑，以奉宗庙粢盛祭服，为天下先。"《汉书·高帝纪》中有"尊王后曰皇后，太子曰皇太子"。

"后"原意指君主。在上古时期，"后"是帝王的称号，如大禹的儿子被称为"夏后氏"，再如传说中射日的后羿。

《诗经》中记载："商之先后，受命不殆，在武丁孙子。"郑玄笺曰："后，君也。"《左传》中说，"其南陵，夏后皋之墓也。"《尚书》中说："树后王君公，承以大夫师长。"可以看出，其中的"后"都指君主。

既然"后"在上古是帝王的称呼，为什么后来又被用来称呼女性呢？

从字形来看，"后"是个会意字。甲骨文中的"后"字，口字在左下方，右上方是一拢起的手；到金文中，"后"的字形成镜像般翻转，拢起的手移到了左上方，便一直沿用至今。

《说文解字》中说："后，继体君也。象人之形。施令以告四方……发号者，君后也。"在上古氏族部落中，女性具有崇高的地位，一般为发号施令者。这时，"后"指有权威的女性长辈。可见，作为帝王正妻的"皇后"便是从此引申出来的。

"黄袍"是皇帝的"专利"吗？皇袍一定是黄色的吗？

公元960年，率兵北征的赵匡胤到陈桥驿时，手下的一些将领发动兵变，并将事先准备好的黄袍披在赵匡胤身上。接着，大家跪拜在地高呼万岁。这就是宋太祖因陈桥兵变而"黄袍加身"的典故。此后，皇帝穿黄袍得以广为人知。

那么，"黄袍"是皇帝的"专利"吗？是不是只有皇帝才能穿黄色的衣服呢？

黄色服饰在中国古代一直比较流行，谁都能穿，只是到了隋唐时期，因为以黄为贵，"黄袍"才成为帝王的专用衣着。尤其是在唐朝，皇帝不愿意自己和一般人同着黄袍，就颁布了"禁士庶不得以赤黄为衣服"的命令。《野客丛书·禁用黄》中记载："唐高祖武德初，用隋制，天子常服黄袍，遂禁士庶不得服，而服黄有禁自此始。"唐高宗时又重申"一切不许着黄"。但这时的规定并不严格，一般百姓着黄衣仍然较多见。

到了北宋，赵匡胤登基后，"黄袍"正式成为皇权的象征。宋仁宗时还规定：一般人士衣着不许以黄袍为底或配制花样。自此，不仅黄袍为皇帝所独有，连黄色亦为皇帝所专用。

其实，在唐宋之前，君王、皇帝对穿什么颜色的袍服，并没有明确的规定。西周、东周时期，据《礼记·月令》记载，天子"着青衣"。春秋时期，诸侯纷争，国君的袍服更是五花八门。到了秦朝，由于盛行"五行"之说，秦王朝尚水德，以黑色为贵，所以秦始皇就穿黑色袍服。而晋代，因为尚金德，以赤色为贵，所以晋代的皇袍就采用了红色。

知识链接

龙袍的来历

龙，在上古时期只是人们心目中的一种神异的动物，带有一定的平民性。到了唐宋时期，统治阶级为了利用人们对龙的崇拜心理，不但自诩为龙种，还垄断了龙形象的使用权，严禁民间使用龙的图案，甚至还严禁百姓提及"龙"字。到了明代，龙更成为帝王独有的徽记，正式形成了在皇帝服装上绣大型的团龙花纹的礼仪制度。所以，皇帝的衣服又叫龙袍。

皇帝的龙袍上到底绣有几条龙？为什么不多绣几条呢？

在古代，皇帝的龙袍上会绣好几条龙。那么，到底绣有几条龙呢？

在抚顺市博物馆内，珍藏着一件清代光绪皇帝的御用龙袍。据介绍，这件龙袍长125厘米，两袖通长172厘米，下摆长110厘米。龙袍为圆领、右衽，具有满族风格的马蹄形袖。龙袍上的前胸、后背及两肩各绣有正龙，前后襟和底襟绣有升龙、降龙和行龙。

据史籍记载，皇帝的龙袍上都绣有九条金龙，胸前、背后各一，左右两肩各一，前后膝盖处各二，还有一条被绣织在衣襟里面。

为什么龙袍要绣九条龙呢？因为古代帝王受《周易》的影响，崇尚"九五至尊"。《周易·乾卦》中说："九五，飞龙在天，利见大人。"意思是说，这条龙已经飞上天了，表示达到了最高境界。也是这个缘故，皇室建筑、家具陈设和生活器具等多用九、五这两个数字。

那么，为什么要将一条龙绣在里襟呢？因为九是奇数，很难在布局上做到均衡对称，于是，将一条龙绣在里襟。这样，龙袍的实际龙纹不少于九条，而且在正面或背面看又都是五条（两肩之龙前后都能看到），正好与九五之数吻合。

不过，也有例外的，明朝皇帝龙袍的龙纹数就多于九条。1958年出土的万历皇帝的"缂丝十二章衮服"，就有十二条龙，被绣在一个圆形的中间，俗称"团龙"。

十二条龙因位置不同而有不同的名称。位于衮服前胸和后背位置的龙，是正身的龙，也就是面向外的龙，被称为"正龙"或者"坐龙"；侧身的龙被称为"行龙"，行龙也按照朝向上下的不同分为"升龙"和"降龙"。

万历皇帝龙袍上龙的数目比起明世宗嘉靖七年（1528年）创制的"燕弁服"上的龙就不能算多了。由弁帽、袍服、玉带、袜子和丝履构成的"燕弁服"上的龙纹呈九九之数：前身一个盘龙团纹，后身两个盘龙方纹，领子与袖子上的龙纹加在一起是45条，衣襟上的龙纹是36条。另外，在腰间的玉带上还装饰着9件刻有龙纹的玉片。

知识链接

帝王礼服上的十二章纹样

帝王礼服上的纹样，包括日、月、星辰、山、火、宗彝、粉米、龙、华虫、藻、黼、黻共十二种，几乎囊括了天地之间一切有代表性的事物，是中国儒家学派服饰理论的核心。这些花纹的使用很有讲究，只有天子的服装才可以全部使用，以下各级只能使用龙以下的八种纹样，并且级别不同，使用的纹样也不相同，充分体现了古代社会的身份等级制度。

古人把国家称为"江山社稷"，那么"社稷"是什么？有何来历？

古人把国家称为"江山社稷"。"社稷"是"社"和"稷"的合称。社是古代的土地之神，按五方方位命名，分别是：东方青土、南方红土、西方白土、北方黑土、中央黄土。五种颜色的土覆于坛面，称五色土，实际象征国土。稷，指五谷之神，有时特指其中的原隰之神——能生长五谷的土地神，这是农业之神。

传说，发明"社"的是共工的儿子句龙，共工氏族是世代的水正。发洪水的时候，句龙就让人们到高地土丘上去住，没有高地就挖土堆丘，土丘的规模是每丘能住 25 户，称之为"社"。句龙死后，被奉为土神，也叫社神。后人为了纪念他，就专门建造了房屋祭祀，称为"后土"。烈山氏的儿子柱做夏的稷正（主管农业的官职），在其死后，被奉为农神，也叫五谷神。

这是神与其原型的对应。从词源角度分析，"社"字在甲骨文中与"土"字一样，作"〇"，像女性生殖器。也就是说，社起源于原始时代的生殖崇拜。在春秋时期，还可以看见这种原始崇拜的流风余韵。社与"土"本是一字，后来加上了"礻"旁，也就成了土地神的名称。社祭的神坛也被称为社。从天子到诸侯，凡是有土地者都可以立社，甚至乡民也可以立社祭祀土地神。社日成为睦邻欢聚的日子，同时还有各种欢庆活动，"社戏""社火"就是很好的例子。现代生活中的"社会"一词，也与社日活动有关。"稷"原是周民族的始祖后稷，在西周始被尊为五谷之长，与社并祭，合称"社稷"，也与社日活动有关。

中华文明是从农耕社会开始的，由于人们崇拜大地和能生长谷物的神灵，于是产生了"社稷"的概念，并形成了从中央政权到地方百姓的祭祀活动。"社"和"稷"这两个神灵相近，人们便一起祭祀他们，久而久之形成了"社稷"的概念。据《周礼·考工记》载，社稷坛设于王宫之右，与设于王宫之左的宗庙相对，前者代表土地，后者代表血缘，同为国家的象征。

知识链接

社稷坛

社稷坛是古代祭祀土地和谷物之神的地方。现存明、清两代的社稷坛位于天安门西，其位置是依《周礼·考工记》"左祖右社"的规定，置于皇宫之右。社是土地神，稷是五谷神，二者合称"社稷"。北京社稷坛有内外两重，呈长方形布局。红色墙身，黄琉璃瓦顶。每面墙正中辟门，北门为主门，两边各一偏门，均为拱券式。东、南、西各置一拱券门，仿木绿琉璃单翘单昂五踩斗拱。

古代的"禅让"是怎样的制度？历史上真正实行过这个制度吗？

"禅让制"是中国古代部落联盟首领的传袭制度。相传尧年老时，经自己长期考察，确认舜才德出众，于是将首领位置让给舜；舜年老时，按照同样的方法传位于禹。禅让制实际上是以传贤为宗旨的政治制度。禹死后，他的儿子启继承了禹的位子。从此，禅让制被"家天下"的世袭制所替代。

禅让制一直被孔子和后代的儒家学者所推崇，但也有人对此提出质疑。有人就认为，在禅让的过程中，经常伴随着暴力和仇杀。尧执政后期，将争夺权力的丹朱囚禁起来，但舜杀光了尧的支持者和家人，逼尧退位。舜统治时期，暴发了大洪水，大禹的父亲被以治河不力的罪名杀掉，实际上只是因为其是领袖地位的有力竞争者。

从表面上看，这些说法似乎有道理，其实不过是一些后世文人的主观臆断，并无证据。据司马迁《史记·五帝本纪》记载："尧辟位凡二十八年而崩。百姓悲哀，如丧父母。三年，四方莫举乐，以思尧。尧知子丹朱之不肖，不足授天下，于是乃权授舜。授舜，则天下得其利而丹朱病；授丹朱，则天下病而丹朱得其利。尧曰'终不以天下之病而利一人',而卒授舜以天下。"丹朱是尧的儿子，而不是争夺其权力的人。尧之所以把天下让给舜，主要看重的是他的才能。

禅让制在历史上确实存在，而且是以"让贤"为主要内容。而启的继承，打破了"公天下"的局面，开始了中国几千年的"家天下"。

古代封禅大典到底是一种什么样的仪式？在哪里封禅？

封禅大典是古代帝王在太平盛世或天降祥瑞之时祭祀天地的大型典礼。"封"是指"祭天"，"禅"则是"祭地"，如《史记·封禅书》中的"登封报天，降禅除地"。"封禅"在《管子·封禅篇》和司马迁的《史记·封禅书》中均有记载。

封禅的产生，可追溯到新石器时代先民筑坛祭祀的习俗。当时由于自然科学不发达，人们对日月山川、风雨雷电等自然现象不能准确地把握，因此产生原始崇拜。在此基础上产生了宗教祭祀活动，"祭天地"便是其中的一种礼仪，并从最开始的郊野之祭，发展到后来的"泰山封禅"。古代帝王为加强自己的统治，宣扬天命观念，便有了封禅大典。

封禅中的"祭天"一般选在很高的地方，嵩山和泰山都曾举行过封禅大典，但以泰山封禅最为著名，影响也最大。"封"为"祭天"，在山顶上筑圆坛以报天之功；"禅"为"祭地"，在山脚下的小丘之上筑方坛以报大地的恩情。至于"天坛"为"圆"，"地坛"为"方"，则反映了古人"天圆地方"的自然观念。

封禅仪式早在三皇五帝时期就有，而非民国初年疑史论者认为的"系齐人杜撰"。据《史记·封禅书》记载，"自古受命帝王，曷尝不封禅"，"厥旷远者千有余载，近者数百载，故其仪阙然堙灭，其详不可得而记闻云"，然后从五帝之舜的封禅开始记起，并在文章中引用《管子·封禅篇》的"……昔无怀氏封泰山，禅云云；虙羲封泰山，禅云云；神农封泰山，禅云云"。到了秦汉，封禅已经成为帝王们的盛世大典，秦皇汉武都曾举行，以彰其功。

封禅需要一定的条件，司马迁在《史记·封禅书》中提到，帝王在当政期间，如果出现太平盛世，或者天降祥瑞，即可封禅。"每世之隆，则封禅答焉，及衰而息。"也就是说，帝王治理天下，使得四方太平、民生安康，才可封禅，向天报功。至于天降祥瑞，则是古人"天人感应"学说的产物，认为统治者贤明，天下太平，上天就会降下祥瑞以示表彰。

推行"胡服骑射"的赵武灵王下场如何？

赵武灵王是战国时期赵国的著名君主，在位期间为了抵御北方胡人的侵略，实行了"胡服骑射"的军事改革，使赵国军事力量日益强大。随后，赵国打败了胡人，北灭中山国，成为"战国七雄"之一。

所谓"胡服骑射"是指学习胡人的短打扮服饰，同时也学习他们的骑马、射箭等武艺。"胡服骑射"的故事告诉人们，不要故步自封，应学习别人的长处，勇于改革。这个词语出自《战国策·赵策二》："今吾（赵武灵王）将胡服骑射以教百姓。"

通过推行"胡服骑射"，赵国的军事能力得到很大提高。但赵武灵王并不满足，希望打败秦国后统一天下。为此，他将王位让给自己钟爱的幼子赵何，即赵惠文王，并让有丰富政治经验的老臣肥义为相国，而自号为"主父"。他从烦琐的政务中解脱出来，统率他亲手缔造的骑兵，准备从河套一带袭秦。为了求胜，赵武灵王冒着很大的风险，化装成使者入秦，窥探秦王态势，侦察关中地形，认真研究袭秦战略。这时候，赵国国内却因争夺太子之位发生了动乱。据《史记·赵世家》记载，赵惠文王四年（公元前295年），公子章"作乱"，杀了肥义。公子成与李兑起兵靖难，击败公子章。公子章兵败后投奔主父，主父收容了他。公子成、李兑围攻主父所居的沙丘宫，杀死公子章。他们害怕主父报复，就将他围困在宫中。"主父欲出不得，又不得食，探爵鷇（小麻雀）而食之，三月余而饿死沙丘宫。"

赵武灵王的死和他游移的态度是有关系的。先是废长立幼，引来群臣和长子的不满。后来又转而宠爱长子，在究竟立谁为王的态度上不甚明朗。这直接导致了公子章的作乱，后来收留其长子可能是出于父亲的疼爱，但是已经不能为取得政权的次子所容。所以在宫里被困了 3 个月，竟然没人去救。一个很有作为的国王就这样被活活饿死了，但他的"胡服骑射"政策却对后世影响深远。

人们为什么怕赴"鸿门宴"？"鸿门宴"真的很危险吗？

怀有目的或暗藏杀机的宴席，人们通常将其称为"鸿门宴"。而判断一个人是否有智慧和勇气，就看他敢不敢去赴宴，或者是否能够巧妙化解对方的敌意。

秦朝末年，残暴苛政导致社会矛盾激化，先是陈胜、吴广在大泽乡起义，然后项羽和刘邦起兵。项羽主力北上，与秦军主力决战于巨鹿，大败秦军。刘邦的兵力虽然没有项羽强，却先一步进入咸阳。这时刘邦驻军霸上，左司马曹无伤派人在项羽面前说刘邦打算在关中称王，项羽听后非常愤怒，下令兵士饱餐一顿，准备次日攻打刘邦的军队。

这时候，项羽的叔叔受到刘邦的拉拢，答应为之说情，并让刘邦次日来谢项羽。于是，鸿门宴开始了。席间，双方觥筹交错，却处处暗藏杀机。项羽的亚父范增，一直主张杀掉刘邦。在酒宴上，他一再示意项羽发令，但项羽却犹豫不决，默然不应。范增召项庄舞剑为酒宴助兴，欲趁机杀掉刘邦。项伯为保护刘邦，也拔剑起舞，掩护刘邦。

危急关头，刘邦的部下樊哙带剑拥盾闯入军门，怒目直视项羽。项羽见此人气度不凡，问来者为何人。当得知为刘邦的参乘时，即命赐酒，樊哙立而饮之。项羽命赐猪腿，又问其能不能再饮酒，樊哙说，臣死且不避，一杯酒还有什么值得推辞的。樊哙还乘机说

了一通刘邦的好话，项羽无言以对，刘邦趁机一走了之。刘邦的部下张良入内为刘邦推脱，说刘邦不胜饮酒，无法前来道别，并向项羽献上一双白璧，向范增献上一双玉斗。无奈的项羽收下了白璧，范增则气得拔剑将玉斗砍碎。

在这次宴席上，刘邦险些被杀。后来，人们就用"鸿门宴"来比喻那些不怀好意的宴请。

武则天是中国唯一的女皇帝吗？如果不是，那还有谁呢？

武则天是唐高宗李治的皇后，后改国号为周，自称圣神皇帝。史学界一般认为她是中国历史上唯一的女皇帝，但也有人认为中国最早的女皇帝是北魏孝明帝的女儿元姑娘。

北魏时，胡太后生了个儿子，取名元诩。宣武帝去世后，年仅 4 岁的元诩当上了皇帝，便是孝明帝。胡太后被尊为皇太后，并因孝明帝年幼而临朝听政。胡太后恣意擅权，生活上更是风流不羁，引起群臣的不满。在群臣的支持下，孝明帝决定向太后夺权。于是令秀容川、尔朱荣率兵来洛阳，准备逼太后退位。胡太后知道后，召集心腹密商对策。这时恰好孝明帝的潘嫔生了个女孩，胡太后假称是个男孩，大赦天下，改年号"孝昌"为"武泰"，接着暗中毒死孝明帝，然后奉其女元姑娘当皇帝，说是太子继位，中国历史上第一个女皇帝就这样登基了。后来，等人心安定下来，胡太后又说皇帝其实是个女孩子，要另立嗣君，就将元姑娘废了。

元姑娘其实是位公主，继位当皇帝也是胡太后一手包办，并很快被废，所以史学界很多学者并不承认其为中国历史上第一位女皇帝。

此外，在唐高宗时期，还有位民间义军领袖陈硕贞，她曾自称"文佳皇帝"。陈硕贞，睦州淳安县梓桐（今浙江杭州淳安县梓桐镇）人，自称仙人，民间奉以为神。她早年丧夫，家境贫寒，由于不忍见乡亲受官吏的压榨和迫害，便率众起义，表现了无比的

勇气和才智。起义后，她自称"文佳皇帝"，任用章叔胤为尚书仆射、童文宝为大将，建立农民政权。后连续攻克桐庐、睦州，并逼近歙州、婺州，威名大震。朝廷闻讯后，派扬州刺史房仁裕带兵前往镇压，婺州刺史崔义玄亦赶紧征集兵力拒之。起义军由于缺乏实战经验，几经浴血奋战，死伤无数，最终全军覆没。

元姑娘是被太后挟持，陈硕贞的起义也没有成功，所以，史学界一般只承认武则天是中国历史上唯一的女皇帝。

为什么称唐玄宗为"明皇"？为什么叫杨贵妃为"太真"？

唐玄宗李隆基又叫"唐明皇"，是唐朝著名的皇帝。在其执政早期，社会安定，政治清明，经济空前繁荣，唐朝进入鼎盛时期，后人称这段时期为"开元盛世"。唐玄宗后期，贪图享乐，宠信杨贵妃，并任用杨国忠、李林甫等奸臣，导致安史之乱发生，唐朝开始从强盛走向衰落。

玄宗是李隆基的庙号。其谥号为"至道大圣大明孝皇帝"，简称"唐明皇"。杨贵妃是其宠信的妃子，是我国古代四大美女之一。杨贵妃是在开元后期进入皇宫，白居易《长恨歌》中"春宵苦短日高起，从此君王不早朝"，则是描写杨贵妃入宫后备受恩宠，唐明皇沉溺于美色而逐渐荒废政事的事。

"太真"是杨贵妃的号。据《旧唐书·列传第一·后妃上·玄宗杨贵妃》记载："时妃衣道士服，号曰'太真'。"唐代诗人罗隐在《牡丹》诗中说："日晚更将何所似，太真无力凭阑干。"元代王实甫《西厢记》第二本第一折中有："（莺莺）有倾国倾城之容，西子、太真之颜。"明代杨珽的《龙膏记》中有："丰若有余，柔若无骨，啧啧太真、飞燕，旷世兼长。"

"太真"本为混沌之气。据《文选》记载："启泰真之否隔兮，超遗物而度俗。"李善为这句话作注说："太真，太极真气也。"《子华子·阳城胥渠问》："太真剖割，通之而为一，离之而为两，各有精专，是名阴阳。"

杨贵妃喜欢穿道士的衣服，所以被称为"太真"，这当然与唐朝尊儒重道有关；而"玄宗"是明皇的庙号，则表明他是一个对道教感兴趣的皇帝。

为什么汉朝分为"西汉""东汉"，宋朝却叫"北宋""南宋"？

在中国历史上有个很有趣的现象，朝代更迭以成对的形式出现。比如"西周"后有"东周"，"西汉"后有"东汉"，"西晋"后有"东晋"，"北宋"后有"南宋"。仔细分析后就会发现，最初是以"西"和"东"来划分的，后来则是"北"和"南"。如"唐"后有"南唐"，"明"后有"南明"，虽然存在的时间都很短，但却反映出地域变迁的特征。

楚汉之争后，刘邦夺取天下，定都长安，史称"西汉"（从公元前202年开始，到公元8年王莽篡汉结束）。王莽夺取政权后，采取了一系列稳定经济的措施，但效果却适得其反，引发了绿林和赤眉大起义。其中西汉皇族的远亲刘秀通过数年努力，剿灭了其他势力，统一了全国，史称"东汉"。

"西汉"和"东汉"存在前后相继的关系，也称"前汉"和"后汉"，刘秀也不认为自己建立了一个新朝代，而是光复了汉朝。他自认为是汉宣帝的继承人，即位后，追尊汉宣帝为中宗。由于当时长安在战乱中破坏严重，所以定都洛阳。从地理位置上，洛阳位于长安以东，所以人们称刘秀建立的朝代为"东汉"。

五代十国后期，宋太祖赵匡胤黄袍加身，当了皇帝，定都东京汴梁（今河南开封），史称"北宋"。从公元960年登基，至1127年止，历时168年，共传九帝。北宋末年，金兵攻破汴梁城，徽、钦二帝被俘。徽宗第九子赵构在应天府即位，后迁都于临安（今浙江杭州），史称"南宋"。"北宋"和"南宋"的划分还是从都城的位置和疆域考虑的。汴梁位于淮河以北，临安则在长江中下游地区；北宋拥有北方的大部分土地，而南宋则偏安于南方一隅。

从政治和经济发展角度考虑，中国领土从汉、唐到宋、元、明，有个逐步扩大的过程，同时经济中心从西向东、由北向南转移。统治者为了加强对这些地区的控制，逐步将都城东迁。当北方游牧民族强大时，就可能南移。这反映到王朝更迭上，便是先"西汉"后"东汉"，先"北宋"后"南宋"。

为什么叫李世民为"唐太宗"，而叫朱棣为"永乐皇帝"？

古代皇帝都有谥号或庙号，例如，李世民被称为"唐太宗"，明朝第三个皇帝朱棣被称为"明成祖"。朱棣在位时改年号为"永乐"，从1403年至1424年，前后共22年，所以明成祖也被称为"永乐皇帝"。那么，庙号和谥号有什么区别？年号又是如何产生的呢？

谥号是古代皇帝驾崩后，后人对他们的称谓，比如汉武帝、光武帝、隋炀帝，皆以"帝"称。

庙号在唐以前则严格按照"祖有功而宗有德"的标准，开国君主一般称祖，继嗣君主有治国才能者为宗。例如，宋朝赵匡胤被称为太祖，其后的赵光义被称为太宗，其余的称帝。在隋朝以前，并不是每一个皇帝都有庙号。因为按照典制，只有文治武功和德行卓著者方可入庙奉祀。唐朝以后，每个皇帝才都有了庙号。

可见，在唐以前，每个皇帝都有个谥号，但未必有庙号。而在唐以后，皇帝的谥号逐渐加长，人们则更多地称呼他们的庙号。一般开国皇帝都叫"祖"，第二个皇帝则称"唐太宗"。例如，李渊被称为"唐高祖"；李世民为其子，在其任上开创了"贞观之治"，故被称为"唐太宗"。但明朝并不按此例，朱元璋为太祖，而朱棣却不称"太宗"而称"成祖"。"太宗"前一般有三祖：太祖、高祖、世祖，因为嘉靖皇帝为了提升朱棣的权威，巩固自己帝位的合法性，于是把"太宗"改为"成祖"。

一般来说，庙号的选字并不参照谥法，但是也有褒贬之意。以清朝为例：太祖开国

立业，太宗、世祖、圣祖发扬光大，世宗、高宗等都是守成令主的美号，仁宗、宣宗等皆明君贤主。其他朝代如中宗、宪宗都是中兴之主，哲宗、兴宗等则是有所作为的好皇帝；神宗、英宗功业不足，德宗、宁宗过于懦弱，玄宗、真宗、理宗、道宗等好玄虚，文宗、武宗名褒实贬，穆宗、敬宗功过相当，光宗、熹宗昏庸腐朽，哀宗、思宗只能亡国。

一般新帝登基都会更改年号，并且明、清两朝规定一帝一元。

皇太极为何把国号改为"清"？这个国号与明朝有关吗？

皇太极是清朝的第二个皇帝，又被称为"清太宗"。他当政期间，将原来的年号"天聪"改为"崇德"，将国号改为"清"。至于"清"的来历，历来说法颇多，莫衷一是。

有人认为，"清"字与努尔哈赤当年逃难骑过的一匹大青马有关。据说，因为跑得太急，把大青马给活活累死了，努尔哈赤却因此成功逃脱。他对这匹马很有感情，就说："大青啊，大青啊，你是为我累死的，将来我得了天下，我这个国号就叫大青。"由于"清"跟"青"是谐音，皇太极在盛京称帝后，便以此作为国号。

还有人认为，"清"和"金"在满语中读音非常相近，所以用了"清"。由于满族是金人的一支，"清"指出了这个民族的渊源。还有人说，"清"就是"青"，不带三点水的"青"和带三点水的"清"是一个音，青天是通天、吉祥的意思。另外，还有人认为，这是皇太极进兵中原的需要，因为"金"让人联想起南宋时候的大金国，人们一提起金人，就想起岳飞，改国号为"清"有利于减少阻力。

此外，有人认为，皇太极懂得五行数理，或在确定国号时得到高人指点。因"清"五行属水，而"明"由于左边有"日"，所以属火，而水克火，意思是大清必将战胜大明朝，取而代之。

翻遍正史也没有皇太极改国号为"清"的原因的叙述，皇太极没有解释，清朝的

《太宗皇帝实录》亦无记载，所以这也就成了一个谜。上面的几种说法都是后人的推断。

知识链接

五德循环

"五德"是指事物的水、火、木、金、土五种德性或品质。"五德循环"就是"五德"相生相克和周而复始的循环。这种学说在中国古代的朝代更迭中最常见。据史书记载，从三皇五帝时就出现"五德循环"了，如伏羲氏为木德王，神农氏为火德王，明朝为火德，清朝为水德。

"五德"学说最早由战国时期的邹衍提出。以金、木、水、火、土五行之德配于各朝代，认为改朝换代就是五德的相生相克和终始循环。《史记·孟子荀卿列传》中有："驺衍睹有国者益淫侈，不能尚德……称引天地剖判以来，五德转移，治各有宜，而符应若兹。"五行配帝王之德有二法：一为依五行相生之顺序，伏羲氏（木）、神农氏（火）、轩辕氏（土）、金天氏（金）、高阳氏（木）、尧（火）、舜（土）、禹（金）、商（水）、周（木）；二为依五行相胜（克）之顺序，周火德，则秦以水德代之；秦水德，则汉以土德代之。

在皇帝之最中，乾隆独揽三项，你知道是哪三项吗？

乾隆皇帝是雍正帝第四子，在他统治清朝的 60 年间，政治比较安定，社会经济繁荣，史称"乾隆盛世"。乾隆皇帝能书善画，很有才华，在古代皇帝之最中，荣获三项桂冠，你知道是哪三项吗？

首先，他很长寿，是中国皇帝中寿龄最高的，享年 88 岁。在他之下的是北朝时的梁武帝萧衍，活了 85 岁。女皇武则天享年 81 岁。古代皇帝生活一般骄奢淫逸，纵欲无度，所以很多是短命的。乾隆能有此高寿，完全和自身修养有关。他总结出养生四诀："吐纳肺腑，活动筋骨，十常四勿，适时进补。"其中"十常"为齿常叩、津常咽、耳常弹、鼻

常揉、睛常运、面常搓、足常摩、腹常捋、肢常伸、肛常提。"四勿"为食勿言、卧勿语、饮勿醉、色勿迷。

乾隆还是中国历史上执政时间最长的皇帝。他生于康熙五十年（1711 年），雍正元年（1723 年）被立为太子，雍正十一年（1733 年）被封为和硕宝亲王，开始参与军国要务。雍正十三年（1735 年），雍正驾崩，弘历继位，改年号为乾隆。嘉庆四年（1799 年）正月，乾隆驾崩。乾隆共在位 60 年，退位后又当了 3 年太上皇，所以实际执政 63 年，超过康熙的 61 年。

此外，乾隆皇帝还是历史上写诗最多的人。他在世 88 年，据统计，共作诗 41 800 首，平均每天作诗 1.3 首。乾隆作诗没有定稿，或即兴口授，或朱笔作草，称为"诗片"。诗片由廷臣学士退下"抄录"，然后恭进，遂成御诗。其诗虽多，但仅韵平字正而已，无论是思想内容还是艺术形式，均无多大价值，流传至今能为人传诵者寥寥无几。故世人对乾隆亦无"诗人"之称。

慈禧太后是中国历史上唯一"垂帘听政"的人吗？

垂帘听政是指太后临朝管理国家政事。垂帘：太后或皇后临朝听政，殿上用帘子遮隔。听：治理。语出《旧唐书·本纪第五·高宗下》："时帝风疹不能听朝，政事皆决于天后。自诛上官仪后，上每视朝，天后垂帘于御座后，政事大小皆预闻之，内外称为'二圣'。"

垂帘听政最早可追溯到战国时期。当时如果太子年幼，就由其母亲辅政。但是根据宫廷的规定，朝中官员不得直接观看和接触皇太后，所以辅政的皇太后一般坐在皇帝理政厅堂侧面的房间里，在房间和厅堂之间挂一帘子，听官员们与皇帝谈论政务。于是，这种由母亲帮助皇帝辅政的制度，就被人们形象地称为"垂帘听政"。

唐朝的武则天在称帝前，就进行过垂帘听政。宋朝有两个垂帘听政者。一个是北宋

慈禧像

的高太后，她是宋英宗的皇后，英宗驾崩后，宋神宗即位十八年就驾崩了，年仅10岁的宋哲宗继位。高太后以太皇太后（皇帝祖母）的身份听政。另一个是南宋的谢太后。咸淳十年（1274年），宋恭宗继位时尊她为太皇太后，由她垂帘听政。这一时期，辽萧太后在其子辽圣宗继位时，也以皇太后的身份垂帘听政，其间与宋真宗订立了有名的"澶渊之盟"。

在中国历史上，由于皇帝年幼而"垂帘听政"的太后或太皇太后有数十位之多。"垂帘听政"和"临朝称制"都是古代帝后掌权的一种形式，但也存在一定的差异："垂帘听政"并不临朝，主要是辅政，而不代替皇帝下达命令；"临朝称制"则是直接代行皇帝的权力，对朝政进行处理。

清朝为皇帝选秀有评委吗？选秀的要求和选拔程序如何？

清代的选秀是一种挑选后宫粉黛的制度——凡满、蒙、汉军八旗官员、另户军士、闲散壮丁家中14—16岁的女子，都必须参加三年一度的备选秀女。

每到选秀年度，户部都会在奏报得到允许后，发文给八旗都统衙门的各级长官，命其呈报适龄女子花名册，先由八旗都统衙门汇总，再由户部上报皇帝。

皇帝决定选阅日期后，各旗选送的秀女会被骡车提前送到京城。应选前一天，秀女们要按照满、蒙、汉的顺序和年龄排列先后次序：宫中后妃的亲戚，以前被选中留了牌子的、本次复选的女子，本次新选送的秀女。

排好顺序的秀女，要在入夜时乘坐骡车进入地安门，等到神武门宫门开启后下车，在太监的引导下，按顺序进入顺贞门。秀女们乘坐的骡车则要离开一段时间——从神武门夹道东行，出东华门，由崇文门大街北行，经北街市，然后再经地安门到神武门外。骡车再次来到神武门外时，已是第二天中午了。

被太监引入宫中的秀女，或五六人一排，或三四人一排，或一人一排，供皇帝或太后选阅。被选中者，就留下牌子，再定期复选；没被选中的，就撂牌子。

复选再度被选中的，才有机会成为后妃的候选人，或被赐予皇室王公或宗室之家。

后妃的候选人，还要屡屡"复看"，也会有留牌子的和撂牌子的。这一阶段留牌子的，有"记名"的，也有"上记名"的。"上记名"是指皇帝亲自选中留牌子的。

不管是"记名"的，还是"上记名"的，都还要经过"留宫住宿"进行考察。最后一关中会选定数人，其余的则都是撂牌子的。

知识链接

选皇后的标准

皇后是不是一定有靓丽的容貌呢？并非如此。清朝统治者选皇后有两条标准：一是品德，二是门第。清代册封皇后、妃、嫔的册文中常常见到的是宽仁、孝慈、温恭、淑慎，"诞育名门""祥钟华阀"，等等。其中，门第有更重要的作用。比如，光绪皇帝的皇后隆裕相貌平平，她之所以能成为皇后，是因为她是慈禧太后的侄女。

第二章
朝政职官·名臣逸闻

古书上常说"三公九卿",这些官职具体是什么?

据《礼记》记载:"夏后氏官百……天子立三公、九卿、二十七大夫、八十一元士。""设四辅及三公,不必备,唯其人。语使能也。"可见,夏朝时已经设立三公九卿之职。

然而,"三公九卿"具体为何职位,众说纷纭。西汉今文经学家认为,《礼记》所记载的"三公"指司马、司徒、司空;古文经学家则认为太傅、太师、太保为"三公"。

秦朝变革官制,不设三公。"置左右丞相,无三公官。"又设太尉(管理军事)、御史大夫(掌邦国刑宪、典章之政令,以肃正朝列),为丞相副手。因为秦代最高职位有三,后人遂把丞相、太尉、御史大夫并称为"三公"。具体而言:

丞相,为最高行政长官,辅助皇帝处理政务,同时负责管理文武百官。

太尉,为最高军事长官,负责管理全国军事事务,但他平时没有军权,战时也要听从皇帝的命令,而且要有皇帝的符节才能调动军队,军权实际上掌握在皇帝的手里。

御史大夫,执掌全臣奏章,下达皇帝诏令,负责监察百官。也是副丞相。

秦汉时期,在这三大职位下设"九卿",作为中央行政机关分掌具体事务,如祭祀、礼仪、军事、行政、司法、文化教育等。其中包括:

1. 奉常,掌管宗庙礼仪,地位很高,属九卿之首。

2. 郎中令,掌管宫殿警卫。

3. 卫尉,掌管宫门警卫。

4. 太仆,掌管宫廷御马和国家马政。

5. 廷尉,掌管司法审判。

6. 典客,掌管外交和民族事务。

7. 宗正,掌管皇族、宗室事务。

8. 治粟内史,掌管租税钱谷和财政收支。

9. 少府,掌管专供皇室需用的山海池泽之税。

随着朝代的更替,"三公九卿"又有不同所指。例如,东汉确立大司马、大司空和丞相为鼎足而立的三公制;宋代以后,则称太师、太傅、太保为三公。

东汉时的九卿为太常、光禄勋、卫尉、太仆、廷尉、大鸿胪、宗正、大司农、少府。到了明清时期,九卿则改为吏、户、礼、兵、刑、工六部尚书,以及都御史、大理寺卿、通政司使。以前的九卿之官已成虚衔或加官、赠官。

"丞相"和"宰相"是一回事吗?"宰""相"并称,是一个官职吗?

众所周知,"宰相"或"丞相"之类的称呼,都指代仅次于皇帝的最高行政官员,但历史上却没有"宰相"这个官职,这是为什么呢?

"丞相"一词最早起源于战国时期。自秦武王开始,设左、右丞相,但有时也设相邦,魏冉、吕不韦等都曾居此职。秦统一后,只设左、右丞相。西汉初期,萧何为丞相,后迁为相国。萧何去世后,曹参继任。到文帝初年，设左、右丞相，以后只设一位丞相。汉初各王国拟制中央，也在其封国中各设丞相，景帝中元五年（公元前145年）改称为相。

唐宋以后，尚书省或中书省有时设左、右丞相，相当于原来的尚书左、右仆射，位居尚书令或中书令之次，握有实权。明初，中书省无令，仅设左、右丞相，权力极大。洪武十三年（1380年），明太祖朱元璋以"图谋不轨"之名诛杀了丞相胡惟庸，并下令撤中书省，废除丞相，由皇帝亲自掌管六部，直接管理国家政事。至此，中国历史上实行了1600多年的丞相制被废除。

"宰相"则并不是我们历史上存在的官名，它泛指最高行政长官，通常为一人之下、万人之上。西汉的丞相陈平说："宰相者，上佐天子，理阴阳，顺四时，下遂万物之宜，外镇抚四夷诸侯，内亲附百姓，使卿大夫各得任其职也。"所以它的官名随着朝代更替，先后出现过相国、丞相、大司徒、司徒、中书令、尚书令、同平章事、内阁大学士、军机大臣等几十种官名。

可见，丞相是具体的官职名，宰相则是指最高行政长官。但在中国长达两千多年的封建历史中，丞相和宰相的区别并不大，以至于经常被混用。

"宦官"就是"太监"吗？二者有没有区别？

"宦官"在古代是伺候皇帝及后宫的人。在清朝，"宦官"和"太监"是画等号的，都是阉人，二者在外延上一致。但纵观中国历史，二者却不完全是一回事。

据记载，先秦和西汉时期的宦官并不全是阉人。自东汉开始，才全部用阉人。据《后汉书·宦者列传·序》记载："宦官悉用阉人，不复杂调他士。"这是由于在皇宫内廷，上自皇太后、太妃，本朝后、妃以及宫女等，女眷较多，如果允许男侍出入，难免会发生秽乱宫闱的事，所以绝不允许其他成年男性在宫内当差。

"太监"一词则产生于辽代。据《辽史·百官志》记载，辽代南面官诸"监"职名中，有"太监"之称，但在具体称呼上，仅称监，如太府监。元代的太府和各监，多有"太监"一官（如仪文监、典牧监、典室监、太府监等均设太监）。明代诸监不设此官，但在宦官所领的二十四衙门，各专设掌印太监等，在宫廷内专门侍奉皇帝及其家族。明中叶以后，太监的权力扩大，出现了刘瑾、魏忠贤那样的奸臣太监。

可见"太监"在辽元时期是官僚机构的长官，与专门服侍皇宫大内的宦官有很大区别。明朝时，不再设立"监"这一官僚机构（用别的名称替代），而专指宦官所领的二十四衙门的长官。这说明"宦官"和"太监"扯上关系，是在明朝。"宦官"和"太监"的区别在于，太监专指宦官的首领。

清朝时，宦官和太监已然没有区别了。只要在宫廷服侍的阉人皆被称为太监。"宦官"和"太监"的存在，是中国王权腐朽和残忍的标志。辛亥革命后，太监这一不合理的现象才最终彻底消失。

什么时候文官与武将开始分开的？上朝时文东武西的列班起于何时？

文官与武将的分开，是指文官不再作战，而专门有了指挥作战的武将。人们对他们分开的具体时间有不同的观点。

《史记》中说，黄帝时期已设立了"司马"等军事首领官职。《尚书》中称，商朝时期，有了文武百官。虽然夏商时期文武百官已经分门别类，可是卿、士大夫们既要管理政治上的事务，还要领兵作战。"司马"平时也只管政治，而无统兵之权，战时统帅也是由天子临时任命的，战争一结束，统兵之权又会上交天子。可以说，在西周之前，文官武将是不分的。

又据《史记》记载，在春秋时期，军队的最高统帅是天子，他常亲自领兵作战。《左传》中也说当时文官武将都可领兵去作战，可见那时"大夫"是文武一体的。也可以说，文官武将在春秋时期尚未分开。

战国时期，地主阶级掌握了国家的最高行政权。各国君主觉得那些既能管理行政事务、又能领兵作战的官员，一旦造反，后果将不堪设想。即使不造反，时间长了也会引起君权旁落。于是，他们决定采用文武分职的方法，让文官只负责管理内政，武将只负责领兵打仗。这样，几千年的封建君主专制体制得以确立。可以说，战国时期才出现了专职将军。

随着社会经济的发展，战争规模不断扩大，士兵总量不断增加，指挥作战逐渐成为一门艺术，一支军队的指挥者必须有军事方面的专业知识，富有管理、训练和指挥作战的经验。就在这个时期，一批名将应运而生，如吴起、孙膑、乐毅、白起、廉颇等，都是专职武将；而文官则专职负责朝中政事，不再领兵出征。

可见，文官武将分开的具体时间，应是战国时期。

那么，上朝时，文东武西的列班又起于何时呢？《史记·刘敬叔孙通列传》记载："功臣列侯诸将军军吏以次陈西方，东向；文官丞相以下陈东方，西向。"据此可知，文东武西是汉初叔孙通所定的朝仪，文东武西的排列位次也是从这时候开始的。

何谓"三省六部"？这种制度是什么时候创立的？

中国历史上曾经实行过"三省六部"制，它是行政权力的一种划分方式，是最早从汉代开始，经隋朝确立，到唐朝完善的一种制度。其中三省是指中书省、门下省、尚书省，六部是指吏部、户部、礼部、兵部、刑部、工部。

唐朝三省为中央最高中枢政务机构，一般为中书决策，门下审核，尚书执行。三省长官分别为中书令（隋为内史令）、门下侍中（隋为纳言）、尚书令，共行宰相之职。六部为尚书省属下的中央行政机构，分掌各方面的政务及政令的贯彻执行，并对中央担任具

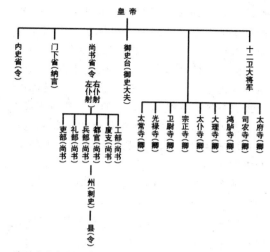

隋三省六部制示意图

体事务的九寺五监及地方上的府、州、县等，有领导、监督之权。

三省长官共议国政，执宰相之职，他们议政的场所叫政事堂。尚书令位高权大，自隋以来，基本不设（隋炀帝曾封杨素为尚书令），后唐太宗曾任此职。此后，唐朝不再授人以尚书令之职。左、右仆射代领尚书省事，职务等同宰相。贞观年间，唐太宗也经常召见品阶较低的官员同三省长官共议国政，并加以"参知政事""参预朝政""参议得失"等头衔，后来又出现"同中书门下三品""同中书门下平章事"等宰相名号。

这些做法表明皇帝任用宰相的范围已不限于三省长官。宰相成员增多，既便于集思广益，又使之互相牵制，从而避免出现权臣专权的局面。这样就大大加强了中央集权，防止皇帝大权旁落。但是，由于职位重复与普遍化，所以三省六部制在唐中叶以后趋向名存实亡。

宋朝沿用唐朝制度，亦设三省六部。元朝则只保留中书省。后来明代朱元璋废中书省，由皇帝直接领导六部。清代沿用明制，至此三省六部制退出历史舞台。

科举制度是什么时候创立的？创立者是谁？

如果说"四大发明"体现的是中国人的具体智慧，那么科举制度体现的则是中国人

在政治制度方面的创造力。可以说，科举制度是中国人政治智慧的杰出体现。因而，有学者将科举制度称为中国的第五大发明。

的确，科举制度不仅改变了中国的社会结构，也塑造了中国人的性格。忧国忧民的士大夫精神，蔑视其他行业的"唯有读书高"的观念，一人得道、鸡犬升天的宗族观念，当官以求富贵的官本位观念，无不打上科举制度的烙印。

那么，影响如此深远的制度是什么时候产生的？又是谁首先提出了这一制度？

隋朝统一全国后，为了加强中央集权，决定由中央亲自选拔官吏。

据史料记载，公元583年正月，隋文帝曾下诏举"贤良"；公元598年七月，又令五品以上的京官、总管、刺史，以"志行修谨""清平干济"两科向朝廷举荐人才。隋炀帝时期，公元607年四月，中央下诏，凡文武百官有职事者，可以"孝悌有闻""德行敦厚""结义可称""操履清洁""强毅正直""执宪不挠""学业优敏""文才秀美""才堪将略""膂力骄壮"十科举人；公元609年正月，又诏令诸郡以"学业该通，才艺优洽""膂力骄壮，超绝等伦""在官勤慎，堪理政事""立性正直，不避强御"四科举人。但此时的做法，只是为了满足临时选举人才的需要，尚未形成正式的制度。后来，隋炀帝又设置了明经、进士两科，并通过"试策"的方式选举人才，这标志着科举制度的正式诞生。

隋代科举虽然只是草创，但是已经把读书、应考和做官三者紧密结合起来，为后来科举制度的发展奠定了基础。从此，无论是门第高贵还是出身贫寒的读书人，都可凭借才学做官。

科举试卷收上去以后要弥封，这个制度是从何时开始的？

科举考试自隋唐以来，经历了漫长的历史演变。为了防止科举作弊，朝廷创立了弥封和誊录两种方法。现在举行重要考试，最后评卷前密封考生姓名、准考证号等信息的做法，就来源于科举试卷的弥封。

科举制度产生于隋朝，在唐代逐步完善。当时进行的考试，一般举人的姓名、籍贯等身份信息都是公开的，一些豪门贵族在发榜前就能够知道录取结果，考官也可从中玩弄手法，拉拢亲信。武则天时期，因吏部选举多有不实，便命令应试举人将试卷上的名字糊起来，暗考以定名次。但是这种做法并未形成一种制度，考官在录取中，仍然"兼采时望，不专辞章"。

北宋沿袭唐代旧制，考生"投卷"成风。主考官在去贡院的路上，达官贵人可以向他推荐人才，称为"公荐"。考生被录取后，要登门向主考官谢恩，称主考官为"师门""恩门"，而自称"门生"。为了防止权贵干扰、考官徇私和师生结党，赵匡胤和他的继承人采取了许多有力的措施。

据《宋会要辑稿·选举三》记载，建隆三年（公元962年）九月规定，"今后及第举人，不得辄拜知举官子孙弟侄"，"兼不得呼春官为恩门、师门，亦不得自称门生"。宋太宗淳化三年（公元992年）殿试，礼部采纳将作监丞陈靖的建议，初次实行"糊名考校"法。即在举人考前先糊住其试卷上的姓名、籍贯等项，在决定录取卷后，再拆弥封，查对姓名、籍贯，借以杜绝考官"容私之弊"。咸平二年（公元999年）的礼部考试中，朝廷曾选派官员专司封印卷首。明道二年（1033年）七月，宋仁宗"诏诸州，自今考试举人，并封弥卷首"。从此，糊名考校就不仅施行于殿试、省试，也施行于诸州府了。这便是弥封制度。

弥封制度实行后，在一定程度上降低了作弊的可能性。但是后来发现有考官指使考生在试卷上暗做记号，有时考官还可以辨认字迹。为了防止这种作弊，朝廷采纳袁州人李夷宾的建议，将考生的试卷另行誊录。大中祥符八年（1015年），宋廷专设誊录院，派书吏将试卷抄成副本，考官评卷时只看副本，应举者考试成绩的优劣"一决于文字"。

原来贵族和官僚利用科举搞腐败的特权被取消了。但是南渡以后，由于宋王朝的腐朽，徇私舞弊层出不穷，弥封也就流于形式了。

明清科举的"八股取士"是怎么回事？严格到什么程度？

我们经常听人说"八股文"害死人，那什么是"八股"？这种制度真有那么可怕吗？

其实"八股"只是行文的一种体例，但它与中国古代的科举制度密切相关。明代成化年间（1495—1487年），科举考试的方法做了变更，用排偶文体阐发经义，称为"八股"，亦称"时文""制义"或"制艺"。以后便承袭下来，格式日益严格，而文章内容更加空泛。至清末光绪三十一年（1905年）科举制度被废除，其影响中国长达400多年。

八股文，是指文章由事先规定好的八部分构成。每篇由破题、承题、起讲、入手、起股、中股、后股、束股八部分组成。破题，开首用两句点破题意。承题，用三四句或五六句承接破题的意义加以说明。起讲，用数句或数十句作为议论的开始，只写题大意，宜虚不宜实。入手，写一两句或三四句，为起讲后入手之处。以下起股至束股才是正式议论中心。这四股中，每股都必须有二股排比对偶的语句，一般是一反一正、一虚一实、一浅一深，亦有联属者，共合八股，故名八股文。全篇总字数，顺治时定为550字，康熙时增为650字，最后改作700字。

八股文除了体例要求严格僵化外，从命题范围来讲，只许在"四书五经"范围内命题。应试者还必须按"四书五经"的内容代圣贤立言，不能发表自己的观点。也就是说，八股文从形式到内容都严格到"僵死"的地步，任何人都无法施展，因而具有很大的局限性，弊病十分明显。

然而明清取士，却以科举为重，而科举又以八股文为主，于是教育重心当然就完全放在如何教八股文与如何作八股文上了，这就严重束缚了学子的思想与才华。八股文要求的排偶句式不务实，考试内容也仅仅是阐述清楚书中的"圣贤之言"，并不要求学子有任何解决实际问题的能力。这就造成很多考生闭门只读圣贤书，而对百姓和民间疾苦缺乏基本的观察力。最后考中的很多人并无真才实学，只是成为皇帝忠实的奴仆。

"乌纱帽"有什么特别的地方？为什么会成为官位的别称？

如今，"乌纱帽"已成为"官位"的代名词。那么，"乌纱帽"为什么会成为官位的别称？这又是从何时开始的？

乌纱帽原本是民间的一种便帽，正式作为"官服"则始于隋朝，兴盛于唐朝，到宋朝时加上了"双翅"，明朝以后，戴乌纱帽才正式成为"做官"的代名词。

东晋成帝时，在宫廷中做事的官员都戴一种用黑纱制成的帽子，就是最早的"乌纱帽"。南朝宋明帝时期，王休仁对这种帽子做了改进。改进后的乌纱帽在当时很流行，官员和百姓都喜欢戴。当时的乌纱帽颜色和样式都不固定，全看个人喜好。

直到隋唐时期，乌纱帽仍然是作为常服的帽子。据《中华古今注》记载，唐武德九年（公元626年），唐太宗李世民下诏书说："自古以来，天子服乌纱帽，百官士庶皆同服之。"但是，为了适应封建社会的等级制度，隋朝用乌纱帽上的玉饰来显示官职的大小。

宋朝初年，为防止议事期间朝臣们交头接耳，赵匡胤想了一个办法，从此改变了乌纱帽的样式。这种乌纱帽其实叫幞头，是方形的，上面有一折，幞头后背的左右两侧各伸出一只脚，用铁丝或者竹篾为骨，后来慢慢把脚加长。这种幞头貌似庄严，其实在官员群聚的朝廷，甚为不便。至于地位比较低下的公差等都戴交脚或局脚幞头，乐官则戴牛耳幞头、银叶弓脚幞头等。

明太祖朱元璋时期，乌纱帽的命运有了关键性的突破。由于官员们特别爱戴乌纱帽，朝廷遂正式将它列为王公百官上朝及处理公务的必要配备，并下了规定："凡文武百官上朝和办公时，一律要戴乌纱帽，穿圆领衫，束腰带。"从此，乌纱帽成了官员的特有标志。

知识链接

白纱帽

公元 580 年以前，不论当官的也好，平民百姓也好，都可以戴乌纱帽。可是，真正显贵的并不是乌纱帽，而是白纱帽，因为白纱帽只有皇帝才能戴。

南朝宋末年，宫廷政变，叛将萧道成头上就戴了一项白纱帽，萧道成便是后来的齐高帝。当时，白纱帽又叫高顶帽，即使皇太子也只能在自己屋子里戴，因为他是未来的君主，而在皇帝面前他也只能戴乌纱帽。

顶戴花翎是什么？官员们为什么要戴这些东西？

在封建社会的发展过程中，服饰也在不断变化。到了清朝，服饰经过漫长的演变，变得更为系统了。清廷对官员的服饰有极其严格的规定，官位不同，服饰的品质、数量、颜色也各不相同，甚至连帽子上一颗小小的珠子也有各种规定。这体现出森严的等级观念，而顶戴、花翎则是官员级别高低最典型的标志。

"顶戴"，就是官员戴的帽顶。从颜色来看，一、二品是红色，三、四品是蓝色，五、六品是白色，七品以下是金色。即使相同颜色的顶戴也不尽相同，比如，一、二品有纯红和杂红之分，三、四品有亮蓝和暗蓝之分。另外，进士、举人、贡生都戴金顶，生员、监生则戴银顶。

此外，"顶戴"上戴的东西也有严格的区分：一品戴珊瑚，二品戴起花珊瑚，三品戴蓝宝石或蓝色明玻璃，四品戴青金石或蓝色涅玻璃，五品戴水晶或白色明玻璃，六品戴砗磲或白色涅玻璃，七品戴素金顶，八品戴起花金顶，九品戴镂花金顶。

"花翎"是皇帝赐予的一种插在帽子上的装饰品。"翎"分"蓝翎"和"花翎"。蓝翎是鹖翎，花翎是孔雀翎，它有单眼、双眼和三眼之分。六品以下的官员只赏给蓝翎，五品以上的官员赏给单眼花翎。双眼花翎赏给大官，三眼花翎只赏给皇族或是有特殊功劳的重臣。

一般来说，除军功外，非"异常劳绩"不得褒奖花翎，而且限定每案不得超过三名。1848 年，因修皇族的族谱，提调官增庆被奏赏花翎。从此，诸如皇上"山陵奉字"、海运事宜、劝捐、抽厘之类，都相互保荐花翎。保案迭开，加官加衔，各种新奇花样不可胜举，戴花翎者满街都是。到清朝末年，甚至用钱也可以买到"花翎"。此时，清王朝已到了穷途末路。

明清官服上绣有"禽兽"，为什么要绣这样的图案呢？

明清时期，不论文官还是武官，胸前、背后皆配有动物图案，其图案都有所不同。

有些绣着仙鹤，有些绣着鹌鹑，有些绣着麒麟，有些绣着犀牛。总之，类型多样，不一而足。那么，政府为什么要规定在官服上绣这些图案呢？

原来是为了区分官职的大小。由于这些图案是官服制成后补缀上去的，故被称为"补服"或"补子"。不同的图案代表不同的官阶、身份。只要一望官服上的"禽兽"图案，便可知道其人的品位和官阶，这和当今军人制服上的肩章有异曲同工之妙。

明朝和清朝官服的补子在图案内容上大体一致，但在尺寸和形状上略有不同。文官与武官所补缀的"禽兽"图案也有区别，主要是文官采用飞禽图案，武官采用走兽图案。

明朝文官的补子：一品仙鹤，二品锦鸡，三品孔雀，四品云雁，五品白鹇，六品鹭鸶，七品鸂鶒，八品黄鹂，九品鹌鹑。武官的补子：一品、二品狮子，三品、四品虎豹，五品熊罴，六品、七品彪，八品犀牛，九品海马。

清朝文官的补子：一品鹤，二品锦鸡，三品孔雀，四品雁，五品白鹇，六品鹭鸶，七品鸂鶒，八品鹌鹑，九品练鹊。武官的补子：一品麒麟，二品狮，三品豹，四品虎，五品熊，六品彪，七品、八品犀牛，九品海马。

在尺寸和形状上，明朝的补子为40厘米左右的正方形；而清代的补子相对较小，由于清代补服为外褂，形制是对襟所致。

制作这些"禽兽"图案的机构，是皇家专门织造丝绸锦缎的织造衙门。皇家织造衙门聚集了天下的能工巧匠，他们用各种绣丝彩料，运用精湛的织绣技术，织绣出了栩栩如生的图案。

这种补缀制度，到清朝时非常严格，任何人不得随意增添，否则将以刑法论处。例如，年羹尧的儿子因穿了四团龙补服，在给年羹尧定罪时，就有"非其人，不得服其服，顺礼也"。尽管清廷三令五申禁止私自补缀比自己官职高的"禽兽"，还是有官

织锦一品文官仙鹤补子

织锦都御史獬豸补子

员因自己的职位低，为了利益，冒着杀头的危险，找绣工造假。而那些只为谋取利益，穿着官服不办实事的官员，便被老百姓称为"衣冠禽兽"。

知识链接

官服上绣"禽兽"溯源

据说，饰以禽兽纹样来区分官员等级的方法最早源于武则天时期。武则天命令内府制作了一种新式的绣袍，就是在袍服上加绣不同的纹样，以区分文武官员品级。具体说就是文官的袍服绣禽，武官的袍服绣兽。成语"衣冠禽兽"就出自这里。可见当初的"衣冠禽兽"并没有什么贬损之意，只是标志而已。

这种新式的绣袍，成为中国历史上又一款新式官服。明清时期的"补子"就是在这种绣袍纹样的基础上发展起来的。

古代的官府为什么叫衙门？这个说法从何而来？

在古代，人们都称官府为衙门。这种说法从何而来？

由于猛兽拥有利牙，人们便用利牙象征武力，而"爪牙"则指代地位重要的将领。《诗经·小雅·祈父》记载："祈父，予王之爪牙。"由此可见，古代君王非常器重能力超群的将领，把他们视为左膀右臂，并让他们执掌国家军事和武卫。这些将领就是君王的爪牙——像猛兽的利牙一样。

君王为了突出自己的地位，常常将猛兽的爪牙摆放在办公和指挥场所。后来因为嫌麻烦，就在军营门外的营门两侧，用木头刻画夸张的兽牙作为装饰。这就是"牙门"。可见，"牙门"在古代是一个军事用语，是军旅营门的别称。

至于"牙门"何时演变为"衙门"，并成为官府的代称，则没有详细的记录。但据史学家们研究，"衙门"最迟应该出现在唐代。据唐人封演《丰氏闻见记》记载："近俗尚武，是以通呼公府为公牙，府门为牙门，字

稍讹变转而为衙也。"可见，当时官员都有点尚武精神。宋人周密《齐东野语》中也说："近世重武，通谓刺史治所曰牙……俚语误转为衙。"

"衙门"一词在唐朝以后更加流行起来。到了北宋以后，人们几乎只知道"衙门"而不知道"牙门"了。以"衙门"为基础，又产生了一系列与官府相关的职业和物品的称谓，如"衙役""衙内""衙牌"等。到了近世和当代，"衙门"和"衙门作风"逐渐演化成官僚主义的代名词。

为什么把报到称为点卯？古代的早朝都是卯时开始的吗？

"点卯"在北京方言中是指"到哪里报到或看一眼"，有打个招呼或应付差事的意思。在古代，则是指衙门开办公事和早朝的时间。具体来说，这与中国古代地支计时的方法有密切联系。

古代通常把一天分为十二个时辰，分别用十二地支指代。子时是指晚上的十一点到凌晨的一点，然后依次是丑、寅、卯、辰、巳、午、未、申、酉、戌、亥。一个时辰对应两小时，卯时就是五点到七点这段时间。

以明朝早朝为例，大臣必须午夜起床，穿越半个京城前往午门。凌晨三点，大臣到达午门外等候。当午门城楼上的鼓敲响时，大臣就要排好队伍。到凌晨五点左右钟声响起时，宫门开启。百官依次进入，过金水桥在广场整队。官员中若有咳嗽、吐痰或步履不稳重的，都会被负责纠察的御史记录下来，听候处理。通常，当皇帝驾临太和门或者太和殿时，百官行一跪三叩大礼。大臣向皇帝报告政务，皇帝则提出问题或者作出答复。

可见，凌晨五点是宫门开启的时间，皇帝在卯时接见大臣并讨论政务，故有点卯一说。而不需要上朝的官吏则将这个时间作为开办公务的时间。每次事先查点人数时称点卯，吏役听候点名叫应卯，点名册称为卯册。

若需签到，则称为画卯。如元代诗人李存《义役谣》中有："五更饭罢走画卯，水潦载道归来晡。"

后来点卯制度流于形式，很多官员不过前去报个到或者敷衍应付一下，于是点卯也就有了应付差事的意思。北京是明、清两代的定都之地，深受皇权文化的熏陶，于是，"点卯"成为民间俗语也就不足为怪了。

"公侯伯子男"是中国创制的爵位制度，还是从国外引入的？

"公侯伯子男"是中国古代的爵位制度，而在西方也有公爵、伯爵或男爵的等级特权制度。那么，它是中国本土就有的，还是后来从西方引进的呢？

"公侯伯子男"是中国最早实行的爵位制度。据《通典·职官·封爵》记载："黄帝方制万里，为万国，各百里。唐虞夏建国凡五等，曰：公、侯、伯、子、男。殷，公、侯、伯三等，公百里，侯七十里，伯五十里。周，公、侯、伯、子、男五等，公、侯百里，伯七十里，子、男五十里。周公居摄改制，大其封，公五百里，侯四百里，伯三百里，子二百里，男百里。"《孟子·万章篇》中说："天子一位，公一位，侯一位，伯一位，子、男同一位，凡五等也。君一位，卿一位，大夫一位，上士一位，中士一位，下士一位，凡六等。天子之制，地方千里。公、侯皆方百里，伯七十里，子、男五十里，凡四等。不能五十里，不达于天子，附于诸侯曰附庸。天子之卿受地视侯，大夫受地视伯，元士受地视子、男。"

不同爵位虽然封地范围有大小，但在本国内的地位和权力却是相等的，仅仅是礼节上的待遇有一定程度的差别。春秋战国时期，诸侯国内部的爵位有卿、大夫、士三级，每级又分上、中、下三等。诸侯国之间按国之大小，相同爵位所受的待遇不同，如《左传》中记载："次国之上卿当大国之中，中当其下，下当其上大夫。小国之上卿当大国之下卿，中当其上大夫，下当其下大夫。"凡此种种，以后历代又存在变更和演化。

西方封建社会也存在类似的封爵制度，但是"公爵""伯爵"这些名词仅仅是我们按照汉语文化术语进行的翻译。以英国的爵位制度为例，五爵制度包括：Duke（公爵）、Marquess（侯爵）、Earl（伯爵）、Viscount（子爵）、Baron（男爵）。下面还有 Baronet（从男爵）、Knight（骑士）等称号。法国与之类似。其他国家如德国将爵位分为十五等；波兰则实行四等爵位，没有子爵；匈牙利为三等爵位，没有侯爵和子爵。

可见，"公侯伯子男"的封爵制度在周朝以前就广泛存在，西方也存在封爵制度，但彼此不存在传承关系。

古代官员可以退休吗？

古代官员可以退休吗？当然可以。官员退休在古代有一个非常文雅的称谓，叫作"致仕"，意思就是"把官职还给君王"。

《周礼》记载，周朝是"大夫七十而致事（仕）"。即做官的到了七十岁就要告老还乡，"还禄位于君"。

周以后各朝各代基本沿用了这个制度。唐朝规定"诸职官年及七十，精力衰耗，例行致仕"。明、清两代则改成了六十岁退休。尤其是清朝，官越小退得越早。低级武官的退休年龄是：参将五十四岁，游击五十一岁，都司守备四十八岁，千总、把总四十五岁。

官员退休后是否依然享受国家的俸禄呢？唐以前，官员退休后朝廷就不再发给他们俸禄了。比如，建初六年（公元81年），东汉大臣郑均退休后，皇帝只赐给他一个"终身尚书"的空名，没有分毫退休金。

唐代五品以上官员退休后，可拿到一半的禄米。宋真宗赵恒登基后，朝廷明文规定：文武百官退休后可按其俸禄，给予一半退休金。退休金制度便是从这时候开始的。

由于退休后权力和地位都失去了，于是，有些官员便运用各种手段，尽量拖延退休时间。但也有不少贤达之士，退休年龄一到就主动退休，把事情让给年轻人来做。

有些人为此还写了退休诗以明心志。南北朝时期的梁代，人称"山中宰相"的陶弘景，既是医学家，也是文学家，退休后便写了一首"退休诗"：

眼前流水自悠悠，歇卧偷闲恋绿畴。
笑看金笼牵鼻去，等闲落得用鞭抽。

"徙木为信"和"作法自毙"分别是什么意思？

商鞅是战国时期著名的改革家。秦孝公在位期间，先后通过一系列措施使秦国走上富国强兵的道路。"徙木为信"讲的是商鞅在新法公布前通过"徙木"赏金的方式来树立威信，而"作法自毙"则是他逃亡过程中发生的故事。

"徙木为信"出自西汉司马迁《史记·商君列传》："令既具，未布，恐民之不信，已乃立三丈之木于国都市南门，募民有能徙置北者予十金。民怪之，莫敢徙。复曰：'能徙者予五十金。'有一人徙之，辄予五十金，以明不欺。卒下令。"说的是商鞅在新法公布前，为了能够取信于民，于是在都城南门外竖立了一根三丈长的木头，并称有能从南门搬到北门者，赏十金。刚开始没人响应。后加到五十金，有一个人搬了过去，果然得到了五十金。这样做显示出商鞅能够言必信、行必果，因此令行通畅，秦国变法取得了成功。

"作法自毙"则来自商鞅逃亡途中的感叹。由于商鞅废除了当时很多世袭贵族的特权，规定按军功大小给予爵位，因此遭到了很多贵族的反对，但由于秦孝公的支持，奈何不得。有一次，太子师触犯了法律，商鞅请示孝公后，依法严惩。太子前去说情，但也无济于事。

后来太子继位，是为惠文王。那些痛恨商鞅的贵族便诬陷他谋反。惠文王虽然知道商鞅没有谋反的动机，但由于太子师的事情仍下令捉拿商鞅。商鞅无奈逃出其封地，准备去往他国。这日，商鞅来到关下，已是傍晚时分。守关士兵说："商君有令，黄昏后非公事不得出城。"商鞅无奈之下到一家旅店投宿，老板却说："既是客人我们当然欢迎，请问您是谁，弄不清身份，我会被杀头的。这是商君的法令，违背不得呀！"商鞅当然不敢透露自己的真实身份，走出旅店，不由得仰天长叹："我这都是作法自毙呀！"

陈胜、吴广起义是中国历史上最早的农民起义吗？

中国最早的农民起义是哪一次？这是个有争议的话题。现在史学家一般认为是陈胜、吴广领导的大泽乡起义，但在此之前也爆发过好几次起义，那么这些起义为什么不被认为是最早的大规模农民起义呢？

据说武王伐纣时，由于兵力空虚，商纣临时释放了大量奴隶，将他们武装起来和武王的军队作战。但奴隶在阵间起义。倒戈相向。西周厉王在位时期，禁止国民谈论国事，采取高压政策和严刑酷法来统治平民。公元前841年，忍无可忍的国人拿起武器，攻入王宫，赶走了残暴昏庸的周厉王，这在历史上被称为"国人暴动"。

春秋末期，有一位非常著名的盗跖。他率领手下9 000人，攻城略地，专好杀富济贫，被当时的奴隶主阶层视为"盗"。

战国时期，庄蹻曾领导楚国人民大起义。杨宽的《战国史》称庄蹻是农民起义领袖，在《吕氏春秋》《荀子》和《商君书》上也有记载。这次起义发生在公元前301年，比陈胜、吴广起义要早100多年。

而秦末的大泽乡起义规模非常大。当时秦二世任用奸相赵高，大量征发人力修建阿房宫和骊山陵墓，又兼以严苛的法律，百姓怨声载道。公元前209年，陈胜、吴广一行900多名贫苦百姓被征发去渔阳，因大雨所阻，不能按时赶到，依秦律当斩。于是，陈胜、吴广喊出"王侯将相，宁有种乎"的口号，率众起义。起义军很快发展到几十万人，给秦朝统治者以毁灭性的打击，但最后由于缺乏统一指挥和战线太长而失败。

史学家一般认为，陈胜、吴广起义是中国最早的农民起义。这主要是依据中国历史的社会形态划分。一般认为，春秋为奴隶社会逐步解体的阶段，而战国时期封建制度才逐步确立，所以以前的几次起义只能算作是奴隶起义，而不是农民起义；庄蹻领导的起义虽然发生在战国时期，但规模无法和大泽乡起义相比。

"成也萧何，败也萧何"这句话是怎么来的？

"成也萧何，败也萧何"意思是成也由于萧何，败也由于萧何，意为生死成败全系于一人。语出宋朝洪迈的《容斋续笔·萧何给韩信》："信之为大将军，实萧何所荐，今其死也，又出其谋。故俚语有'成也萧何，败也萧何'之语。"

萧何是汉高祖刘邦的宰相，他曾月下追韩信，成就了韩信，但是韩信之死也是因为他的谋划，故有"成也萧何，败也萧何"之说。韩信年少家贫，后来投奔项梁，默默无闻；隶属项羽后，也只做个郎中，曾数次献策于项羽，均未被采纳。刘邦入蜀时，韩信弃楚投汉，仅捞到迎宾小吏的职位，却因犯法差点被斩首。他口出狂言，惊动滕公夏侯婴，被荐为治粟都尉。萧何发现韩信是个奇才，便向汉王推荐，但仍未获重用。韩信自觉出头无日，便随众将逃亡。萧何未及请示，便月下追韩信。后来，韩信被拜为大将军，这便是"成也萧何"。

之后韩信与项羽逐鹿于中原，为汉朝立

萧何月下追韩信图　清

下赫赫战功，封王列侯。但后来有人告韩信谋反，刘邦便削了他的兵权。陈王谋反，韩信暗中联络，但被家臣告发。吕后想召见韩信，但又恐其不肯就范，于是同萧何商议。萧何老谋深算，派人传旨韩信，声称陈王已经被捉拿斩杀了，列侯、群臣都要进宫朝贺。萧何欺骗韩信道："你尽管有病在身，也得勉强进宫朝贺，以免皇上生疑。"韩信一时糊涂，踏进宫门，即被吕后预伏的刀斧手劫持捆绑，后在未央宫被杀。这就是"败也萧何"。

总之，萧何在韩信的人生中扮演了一个关键角色。韩信因他而被重用，最后又因为他的机谋而死，着实令人感叹。现在人们便用这个典故比喻事情的成功和失败都是由一个人造成的。

"不入虎穴，焉得虎子"典出何处？它与"投笔从戎"有何联系？

"不入虎穴，焉得虎子"的意思是："不进入老虎的洞穴，怎么可能得到虎子呢？"比喻不经历艰险，就不能取得成功。语出范晔的《后汉书·班超传》。"投笔从戎"意为扔掉笔，穿上戎装，比喻文人从军。这两个典故都与东汉的班超有关。

班超，字仲升，扶风安陵（今陕西咸阳）人，东汉著名的军事家和外交家。据《后汉书·班超传》记载："为人有志，不修细节。然内孝谨，居家常执勤苦，不耻劳辱。有口辩，而涉猎书传。永平五年，兄固被召诣校书郎，超与母随至洛阳。家贫，常为官佣书以供养。久劳苦，尝辍业投笔叹曰：'大丈夫无他志略，犹当效傅介子、张骞立功异域，以取封侯，安能久事笔研间乎？'左右皆笑之。超曰：'小子安知壮士志哉！'"

"不入虎穴，焉得虎子"的故事便发生在班超出使西域的路途中。班超在西域出使多国，威名远播。一日，班超一行来到鄯善国。国王刚开始热情接待，但一段时间后却变得十分冷淡。班超知道有匈奴使节来访，于是召集手下随从商议："最近国王突然对我们变得冷淡，一定是匈奴使节来游说，让他不知

该靠向哪边。"

一不做，二不休，班超决定杀了匈奴使节，以坚定鄯善国王归顺汉朝的决心。当时他对随从说了句"不入虎穴，焉得虎子"。到了晚上，班超联合随从 36 人，冲入匈奴营寨，经过一番血战，匈奴使臣全部被杀。鄯善国王无法向匈奴交代，只好答应归顺汉朝。

班超出使西域几十年，加强了与西部少数民族的联系，沉重打击了匈奴的势力，为中国西部边陲的稳定和民族融合做出了重大贡献。

东汉的"清议"和魏晋的"清谈"是一回事吗？它们各指什么？

在中国历史上，存在"清议"和"清谈"两种现象。"清议"有两种含义，一指按儒家伦理来选拔人才；二指东汉末年官僚士大夫阶层为打击宦官专权而进行的抨击朝政的活动，谈论内容多和政治有关。"清谈"则属于魏晋名士对哲学的探讨。

清议是庶族反对士族的一项制度。它是指以儒家的伦理道德为依据，臧否人物。为官者一旦触犯清议，便会丢官免职，被禁锢乡里，不许再入仕。清议禁锢之科的设置从政治上来说是为了利用庶族来遏制士族，但客观上也起到了维护封建家族关系和封建伦理道德的作用。

此外，清议还指东汉末年官僚士大夫阶层和太学生反对宦官、抨击朝政的行为。当时宦官垄断仕途，引起士大夫和儒生等的不满，当时太学生已经发展到 3 万余人，各郡县的儒生也很多，他们入仕无门，就与官僚士大夫结合，在朝野形成一股庞大的官僚士大夫反宦官专权的社会政治力量，公开与宦官集团相对抗。

清谈则是魏晋文人的一种娱乐和消遣的方式。围绕本和末、有和无、动和静、一和多、体和用、言和意、自然和名教等诸多具有哲学意义的命题进行深入讨论。清谈的进行有一套约定俗成的程式，清谈一般都有交

谈的对手，借以引起争辩。争辩或为驳难，或为讨论。

因此，"清议"和"清谈"虽然都有"清"字，但在概念和意旨上却相去甚远。

为什么是"东山再起"，而不是"西山"或"南山"？

"东山再起"常用来形容一个人退隐后再度出任要职，也比喻失势后重新得势。《晋书·谢安传》记载：谢安隐居会稽东山，年逾四十复出为桓温司马，累迁中书、司徒等要职，晋室赖以转危为安。

淝水之战是中国古代著名的以少胜多的战例，其中一方的幕后指挥就是晋朝的宰相谢安。当时前秦军队由苻坚率领，其步兵、骑兵，再加上车辆、马匹、辎重，队伍足有千里长，这使得晋孝武帝和京城的文武百官都慌了神，但谢安指挥若定，最后取得了胜利。

谢安是陈郡阳夏（今河南周口太康县）人，出身士族，年轻的时候跟王羲之等人关系很好，经常在会稽东山游乐，吟诗谈文。他在当时的封建士大夫阶层中名望很高，大家都认为他是个非常有才能的人，但是他宁愿隐居在东山，也不愿出来做官。有人曾推举他做官，他上任一个多月，就辞官回家了。于是士大夫中开始流传："谢安不出来做官，百姓怎么办？"谢安到了四十多岁的时候，才又出来做官。由于其长期隐居在东山，所以后人就把他重新出来做官的事称为"东山再起"。

另有一种说法认为，"东山再起"指的是宋代宰相李纲。李纲是北宋的主战派，曾力荐岳飞担任抗金的统帅。岳飞被秦桧陷害后，他也被贬到离京城最远的海南岛崖州。由于路途遥远和水土不服，李纲到海南东山岭时大病一场，无法继续前行，于是就暂时住在那里。有一次，他去庙里上香算卦，遇高僧指点，便上山修行。后来宋孝宗即位，秦桧被杀，李纲得到赦免并官复原职，一直做到宰相。

这两个故事中的主人公都是开始时隐居或被罢官，后来再次有所成就。"东山"是他们再起的地点，故有"东山再起"之说。现如今，我们常用这个词语表达经历失败后再次成功。

"乱七八糟"这个成语从何而来？

"乱七八糟"是个成语，也是口语中使用非常广泛的一个词。它常用来形容毫无秩序、乱糟糟的样子。语出清代曾朴《孽海花》第五回："你看屋里的图书字画，家伙器皿，布置得清雅整洁，不像公坊以前乱七八糟的样子了。"

"乱七八糟"与中国古代两场政治大动乱有关，分别为"乱七"和"八糟"。"乱七"指的是西汉初年的"七国之乱"，"八糟"指的是晋朝的"八王之乱"，都是皇权斗争激化的产物。

西汉初年，刘邦大量诛杀功臣，铲除异姓王。为了加强刘氏宗族的势力，他又分封了一批刘姓子弟为王。但是，随着诸侯王势力的扩大，其弊病也显现出来。经过几朝的演变，到景帝时诸王势力越来越大，其中齐、楚、吴三个封国几乎占天下之半，严重地威胁着汉王朝的中央政权。大臣晁错建议景帝进行"削藩"，减少诸王的封土。景帝采纳了晁错的建议，引起诸王的强烈不满。景帝三年（公元前154年）正月，吴、楚等七国以"诛晁错，清君侧"为名，发动武装叛乱，史称"七国之乱"。景帝听信谗言，诛杀了晁错，但诸王军队不退。景帝派太尉周亚夫率兵征讨。周亚夫以坚壁清野的战术，多次打败七国军队。三月，叛乱基本平定。这便是历史上著名的"周亚夫平七乱"。"乱七"一词，即出于此。

"八糟"指的是晋朝皇室争权夺利的"八王之乱"。西晋初年，司马炎建立晋朝后，担心其他大夫会夺去他的政权，便把皇室子弟分别封为诸侯王，并规定享受许多特权。司马炎去世后，继位的惠帝司马衷昏庸无能，由贾后把持朝政。贾后为独霸朝野，将皇太子司马遹废为庶人后毒死。赵王伦趁机发动兵变，打出了为太子司马遹报仇的旗号。永康元年（公元 300 年），赵王伦发兵进攻洛阳，斩杀贾后及其亲党，一场持续 16 年之久的皇权混战就此开始。由于先后参与这场战乱的共有 8 个同姓王，所以史称"八王之乱"。

"七国之乱"和"八王之乱"都对当时的社会经济造成了很大的影响，老百姓的生活更加困难。因此，后人就用"乱七八糟"来表达混乱或无序的状态。

"溜须"与"拍马"并称，你可知"溜"的是谁人的"须"？

"溜须"常与"拍马"并称，比喻刻意讨好、谄媚他人。那为何"溜须"便是曲意逢迎？"溜"的又是何人之须呢？

这"溜须"之人便是北宋时期飞扬跋扈的副丞相丁谓，人们通常说的"眼中钉"也讲的是他。被"溜须"的是北宋著名宰相寇准，他的很多事迹都在民间流传。一个忠、一个奸，形成了鲜明的对比。

丁谓在宋真宗时即在朝廷的监察、财政部门担任要职。他伙同王钦若大造道观，屡上祥瑞，以迎合帝意，不久升任副宰相，即参知政事。当时的宰相是寇准，丁谓对之毕恭毕敬，唯寇准之言是听。某日，朝中议事，宰相、副宰相等聚在一起用餐，汤水淋漓，污了寇准的胡须。丁谓站起来为之揩拂，即溜其须。寇准笑曰："参政，国之大臣，乃为长官拂须耶？"说得丁谓既羞又恼，从此对寇准怀恨在心，这便是"溜须"的由来。

寇准是北宋的大功臣，他最大的功劳是与契丹订立了"澶渊之盟"。1004 年，辽萧太后、圣宗皇帝率大军南下攻宋，深入宋境。大臣王钦若、陈尧叟主张迁都以避其锋，寇准则力排众议，建议宋真宗御驾亲征，鼓舞士气，打败辽军。皇帝勉从其议，至澶州督战，果然初战告捷，射死辽大将萧挞凛，胜而议和，订和约，史称"澶渊之盟"。从此，宋辽和平共处了 120 多年。

寇准为人耿直，看不惯丁谓的玩弄权术、阿谀谄媚，所以才有上面的讽刺。宋真宗晚年，丁谓抓住寇准工作中的失误，与刘皇后合谋，三贬其官，最后将其流放至广东雷州任参军。丁谓取寇准而代之，升任宰相，独揽朝政，贪污受贿，为所欲为，成为当时老百姓的"眼中钉"。后来，丁谓与刘皇后发生冲突，也被贬官，流放至崖州（今海南三亚）。丁谓路过雷州时，求见寇准，寇准拒而不见。因此人们说寇准是忠臣，丁谓是小人。

"雪中送炭"一词出自何处？最早"送炭"的人是谁？

"雪中送炭"是指在下雪天给人送炭取暖，比喻在别人有困难时给予物质或精神上的帮助。其出自宋代著名诗人范成大的一首诗。

范成大一生写了许多脍炙人口的诗歌，深受人们的喜爱。范成大晚年退居故乡石湖，自号石湖居士，他的著作被编为《石湖居士诗集》，其中有一首《大雪送炭与芥隐》："不是雪中须送炭，聊装风景要诗来。"意思是说，并不是因为下雪才必须送木炭过来，而是用这个做借口来要诗。

这是"雪中送炭"一词的出处，但典故更早。历史上最早"送炭"的人是楚怀王。战国后期，有一年冬天，楚国降下鹅毛大雪，楚怀王点上炉火、穿上大皮袄后还觉得寒冷。这令他想到民间百姓的疾苦，沉思一会儿后，他下令给全国的贫苦百姓和游客都送去取暖的木炭。人们很高兴，十分感激楚怀王。这就是"雪中送炭"典故的由来。

"雪中送炭"常与"锦上添花"相对，世人感叹人情冷暖，就会说："只有锦上添花，哪得雪中送炭。"

什么是"花石纲"？什么是"生辰纲"？它们关乎北宋的兴衰吗？

北宋末年，朝政腐败，宋徽宗喜欢奇花异石，故童贯、蔡京等人在江南设应奉局，置办"花石纲"，以投皇帝之所好。"生辰纲"

则见于《水浒传》，该书以宋朝农民起义为背景，其中"生辰纲"为梁中书送给岳父蔡京的礼物。

高太后掌权 8 年后薨逝，宋哲宗亲政。他重新起用变法派，但是后来的变法者不像王安石那样真心实意地改革朝政，一批投机分子打着变法的幌子，趁机捣乱。宋徽宗赵佶即位后，朝政更加混乱。宦官童贯以改革之名举荐蔡京为相，二人共同为皇帝在江南置办"花石纲"。

"纲"意指一个运输团队，通常十艘船称一"纲"。运送盐的商船队叫"盐纲"，运粮的叫"粮纲"，专门给皇帝运送花石的船就叫"花石纲"。花石船队所过之处，当地百姓要供应钱粮并出民役，有的地方甚至为了让船队通过，拆毁桥梁，凿坏城郭。因此，江南百姓苦不堪言。

"生辰纲"中，梁中书送给蔡京的是价值十万贯的金银珠宝，可见当时搜刮民脂民膏的程度。在朝中，童贯、蔡京更以改革之名打击了一批正直的大臣，司马光、苏轼、苏辙都先后被流放。

"花石纲"和"生辰纲"是北宋末年朝政腐败的反映。后来金大举南下，徽、钦二帝被俘，北宋灭亡，史称"靖康之耻"。

郑和是七下西洋，还是九下东西洋？他为什么下西洋？

郑和是中国明代的航海家、外交家、武术家。据史书记载，郑和先后 7 次下西洋，但也有说法认为郑和九下东西洋。为什么有这两种争论？郑和又为什么要下西洋呢？

郑和，又称三保太监。明永乐三年（1405 年），郑和率领载有 2.7 万名士兵的船队从刘家港出发下西洋，到 1433 年最后一次航行结束，郑和先后 7 次下西洋，造访了东南亚、南亚、非洲的很多国家和地区，加强了与它们的联系，弘扬了国威。

但也有人认为，郑和九下东西洋，理由是郑和在下西洋前两年，曾先后到过暹罗（今泰国）、日本等地。研究郑和问题的专家潘群教授1980 年发表《郑和使日问题初探》一文，引用了大量史料证明郑和航海次数决不限于 7 次。1983 年，《航海》杂志上发表了一篇署名为志诚的文章，题目便以《郑和九下东西洋》为名，公开表示对潘群教授的支持。

现在学者考证的结果一般认为，永乐二年（1404 年），郑和确实曾出使日本，当时由于倭寇劫掠，明成祖派郑和前去晓谕道义。但是，郑和曾在永乐元年（1403 年）下西洋的说法则被认为是不能成立的。由于日本属于"东洋"，所以即使郑和去过日本，也不影响郑和 7 次下西洋的通俗说法。

郑和下西洋得到了明成祖的支持，主要为了宣扬明朝国威，但也有人认为是为了寻找流亡海外的建文帝。无论郑和下西洋的目的是什么，都在客观上起到了加强与世界各国联系的作用。

知识链接

三保太监

郑和，原姓马，字三保，宦官，曾与明成祖朱棣出生入死，立下赫赫战功。朱棣当上皇帝后，任命其为内官监太监，由于小字"三保"，所以又被称为"三保太监"。

郑和于洪武四年（1371 年）出生。年少的郑和受父辈的影响，对外面的世界产生了强烈的好奇心。明朝统一云南后，郑和被带到南京，做了宦官后到燕王府服役。燕王见他学习刻苦、聪明伶俐，便选在身边，作为贴身侍卫。"靖难之役"中，郑和跟随朱棣南征北战，建立了许多战功，成为朱棣称帝的主要功臣之一。朱棣登上皇位之后，赐"郑"姓给郑和，又将其升迁为内官监太监，所以后世多称他为"三保太监"。

第三章
兵法军制·酷刑揭秘

"法律"是个现代词，古代法律叫什么？"法"字怎么理解？

"不以规矩，不能成方圆。"法律就是一种规则和秩序的体现。但是，中国古代虽然律例众多，也有"法"的概念，却没有"法律"一词。那么，古代法律叫什么？"法"字又该如何理解？

"法"之古体字写作"灋"，东汉许慎所著中国第一部字书《说文解字》如此解析："灋，刑也。平之如水，从水；廌，所以触不直者去之，从去。""法"以水为旁，喻法应"平之如水"；"灋"字中的"廌"是传说中的一种独角神兽，亦作"獬豸"，此神兽，性中正，辨曲直，故而"古者决讼，令触不直"，"有罪则触，无罪则不触"。这反映了上古时代信奉神明裁判，又反映了"法"代表着公平、正直和正义。

法律在中国产生得很早。夏代是中国第一个奴隶制国家，其法律总称为"禹刑"。据《周礼·秋官·司刑》注："夏刑大辟二百，膑辟三百，宫辟五百，劓、墨各千。"商朝的法律制度叫"汤刑"。战国时期，魏国李悝在总结各国刑法典的基础上制定《法经》六篇，即盗、贼、囚、捕、杂、具。《法经》是以刑为主，是诸法并用的第一部封建法典。可见这一时期法律多以"刑"为名。

商鞅变法后，制定《秦律》6篇，秦灭六国后全面推行，中国第一次建立起全国统一的封建法制。秦之后，汉有《九章律》；魏晋时有《晋律》《北齐律》；隋有《开皇律》；唐太宗时期，制定《唐律》12篇，500条；

宋代为《宋刑统》；元世祖忽必烈统一中国后颁布了《至元新格》，元英宗时制定了《大元通制》；明朝称《大明律》《明大诰》；清朝为《大清律例》。可见，自秦以后，法律多以"律"称，兼以"统""制""诰"等名。

"法律"一词来自西方，西学东渐后从日本引入。现代社会提倡依法治国，即依靠法律所确立的规则和秩序实现社会的正义。它是一种裁判的规则和人们应遵守的行为准则。与古代法律相比，中国已改变了过去"民刑不分""诸法合体"的局面，各项法律制度趋于完善。

古代处决犯人一般在秋季，叫"秋决"，为什么这么安排呢？

在古代，除了秦时一年四季都可以执行死刑，其他各代处决犯人都在入秋以后，这就是古时常说的"秋决"。当然，如果是重要刑犯或处于非常时期，也是要立即处决的。

各朝代行刑的具体月份也是不一样的。西汉时，在十月至腊月间执行死刑，其他时间不能执行死刑。唐宋时期，除犯恶逆以上及部曲、奴婢杀主之外，其他罪均不得在春季执行死刑，否则要判一年徒刑。唐宋时期的法律还规定在"雨未晴、夜未明"的情况下也不得执行死刑。有人在计算后认为，唐朝一年里能够执行死刑的日子不到80天。

明代规定在秋分以后、立春以前执行死刑，若有在"立春以后至秋分以前处死刑者，杖八十"。那么，为什么要在秋后处决犯人呢？

古时候，由于科学文化的落后，对于人类社会和自然界的一些现象，人们不能正确解释，因此认为在人类和自然界万事万物之外存在着一个支配万物的造世主。灾害、瘟疫、祥瑞、丰年都是造世主赐予的，因而所从事的一切行为必须符合天意。设官、立制不仅要与天意相和谐，刑杀、赦免也不能与天意相违背。春夏是万物滋育生长的季节，秋冬是肃杀蛰藏的季节，秋冬行刑，正是适应天道，顺乎四时。

这种思想发展到西汉，出了个儒学大师董仲舒，他说天意是"任德不任刑""先德而后刑"的，所以应当春夏行赏，秋冬行刑。从此，"秋冬行刑"被载入律令而制度化。

直到封建社会最后一个王朝清朝，也规定经朝审应处决的犯人，需在秋季处决。

"秋决"的具体月份随着朝代变更也稍有改动。西汉时期行刑的时间在农历九、十、十一、十二月；到了唐代，执行的时间定在十、十一和十二月。唐代这一规定一直为后世所采用，直到清末。

古代一般"午时三刻问斩"，为什么要选在这个时刻行刑？

古人为什么要选在"午时三刻"行刑呢？

这就要从古人的时辰划分说起。古人将一昼夜划分为 12 个时辰，又划为 100 刻（"刻"指的就是计时的滴漏桶上的刻痕。一昼夜滴完一桶，划分为 100 刻）。

"午时"大约是如今的中午 11 点至下午 1 点。午时三刻则将近正午 12 点，太阳挂在天空中央，是地面上阴影最短的时候。这在当时的人看来是一天当中"阳气"最盛的时候。

古人认为，杀人毕竟是件"阴事"，就算被杀的人真的罪有应得，他的鬼魂也会前来纠缠，会对法官、监斩官、行刑刽子手不利，而在阳气最盛的时候行刑，则可以压抑鬼魂。这应该是"午时三刻"行刑的最主要原因。

另外，"午时三刻"的时候，人的精力最为萧索，处于"伏枕"的边缘，此刻处决犯人，犯人的痛苦相对会小一些。也就是说，选择"午时三刻"行刑也是从体谅犯人的人道主义角度考虑的。

"刑不上大夫"是什么意思？在古代得到彻底贯彻了吗？

"礼不下庶人，刑不上大夫"这句话，出自春秋时期成书的《周礼》。一般解释为"庶人没有资格接受礼遇，大夫拥有特权不受刑"。那么，在古代是否真的"刑不上大夫"？它得到贯彻执行了吗？

"大夫"是中国春秋战国时期官衔的一种品级，当时分为卿、大夫、士三个级别。每级又分为上、中、下三等。如上大夫就是"大夫"中职位最高的。在古代，官员犯罪，尤其是牵涉官和民的诉讼中，"刑不上大夫"体现得很充分。例如，百姓杀了官，是杀头的大罪。相反，皇室、官员杀死了百姓或奴婢则可能只是"杖责五十"。这是封建等级制度的表现，是人与人之间不平等的表现。

但大夫真的从不被上刑吗？当然不是。一旦触犯皇帝或宗室的利益，恐怕就不只是大夫本人上刑，而且还要满门抄斩或灭九族了。比如，身为秦朝丞相的李斯就被腰斩，身为明朝帝王之师的方孝孺被诛十族，等等，这在中国封建社会不胜枚举。

古代同样有"王子犯法，与庶民同罪"的思想，但几乎从未实施。封建统治者对于官僚阶层的浪荡公子有时可能会给予惩戒，但谁可以轻言处决皇子呢？所以最后也不过是一句空话而已。

有人也曾提出这句话的新解，认为"礼不下庶人，刑不上大夫"中"下"或"上"应作动用法，表示鄙视或尊崇的含义，那么整个词义就反过来了，就是"礼并不因庶人而废，刑不以大夫为上"，这与现代法律面前人人平等的思想内涵一致。

戏里经常演"三堂会审"，"三堂"指什么？古代真是这样审案吗？

喜欢京剧的朋友都知道，"三堂会审"是

《玉堂春》的著名选段。剧中讲述的是书生王金龙和名妓苏三的一段情缘。那么，什么是"三堂会审"？古代真有这项制度吗？

京剧《玉堂春》中，南京官家子弟王金龙与名妓苏三发誓白头偕老。王公子钱财被盗，潦倒关王庙。苏三得悉后，赴庙赠金资助，使王金龙得以回到南京。后来，老鸨和山西富商沈延林以假信私下将苏三卖给沈延林为妾，沈延林之妻皮氏"大娘"与赵监生私通，用药毒死沈延林，反诬告苏三。洪洞县官受贿一千两，将苏三问成死罪，解至太原三堂会审。主审官恰为巡按王金龙，遂使冤案平反，王金龙、苏三得以团圆。

剧中的王金龙所任巡按一职，又称"巡按御史"，是古代官僚机构监察机关的一种设置。"三堂会审"指的是刑部、大理寺、御史台共同处理案件的一种制度。公元前221年，秦灭六国后，在皇帝之下设置三个最重要的官职，即丞相、太尉、御史大夫，并称三公。丞相掌政务，太尉掌军务，御史大夫掌监察。这种体制奠定了中国几千年官僚政治的基本格局。汉承秦制，监察机构称御史台，长官为御史大夫。唐代监察机构内部形成严密的三院制，其监察制度还有一个特点是御史参与司法审判，重大案件皇帝"则诏下刑部、御史台、大理寺同案之"。这种制度延续到明清时期，被称为"三堂会审"。明改御史台为都察院，与刑部、大理寺合称"三法司"，为中央最高审判机关。凡"三法司"参与审判的称"三司会审"，习惯的说法便是"三堂会审"。

可见，"三堂会审"是从唐代开始的一项政治制度，它是统治机关内部监督的一种形式。类似于现在的检察机关，但又有不同。现代检察机关可以直接侦办官员违法的案件，但不参与案件的审理，而是作为公诉人一方存在。

古代有击鼓鸣冤，它是如何来的呢？

在古代，"击鼓鸣冤"的鼓声一响，官员就必须立刻升堂，处理案件。它是中国古代老百姓申诉的一种方式。那么，这种方式是如何产生的呢？

相传西周时期，平民如有冤情便可击鼓请求帝王接见。从那时起，历朝历代，皇帝都将鼓设在宫外，鼓声将百姓的不平与冤屈上达朝廷。这种鼓叫登闻鼓，也称露鼓。汉代更是有专人管理，凡有人击鼓言事，所有人员都要提供方便，不准阻拦。

"击鼓鸣冤"真正形成诉讼制度是在汉代，这背后还有个流传很广的故事。汉高祖刘邦有个侄子依仗权势，胡作非为。一天，京城少女苏小娥正在街上行走，皇侄见她貌美若仙，遂生邪念上前调戏，被苏小娥一巴掌打在脸上。皇侄恼羞成怒，便要动手打人。这时一个好汉路过，拔刀相助。皇侄哪肯示弱，于是命令手下动武。一名手下刺大汉不成反刺中了皇侄的肚皮，致使其瞬间毙命。皇侄的爪牙恶人先告状，诬陷好汉杀人。刘邦闻悉，下令将大汉收监，准备处死。

苏小娥脱险后，深感内疚，决定勇闯金殿。她和妹妹各持一小鼓小锣，来到金殿门前，边敲边高喊"冤枉"。锣鼓声频传，惊扰了刘邦。刘邦怒问何故，小娥回报："万岁，小女若不击锣鼓，怎能面君，我的冤情如何得申呢？"接着便把皇侄的劣迹陈述一番，然后指出真正凶手。刘邦听完，召囚犯和皇侄手下人对质。结果，奴才被斩，好汉被放，小娥平安回家。百姓闻讯，无不赞颂高祖英明。

此后，刘邦特传下圣旨，命令各级衙门必须左右各摆一面大鼓和一口大钟，并规定钟鼓一响官必上堂。这便是"击鼓鸣冤"的由来。宋朝时，钦宗为了议和而罢免主战派李纲，以太学生陈东等为首的数万人击鼓喊冤，上书要求复用李纲。清朝时，规定"必关军国大务、大贪大恶、奇冤异惨"方可击鼓。上诉程序从基层到各衙门仍不得申冤者，方许擂鼓，否则要处以重刑，而且擂鼓之声并非都"直达圣听"。

历史上有"春秋决狱"的说法，它是说春天和秋天才审案吗？

中国是一个重视伦理和道德的国家，传

统伦理观念也必然会反映到法律制度上，这便是西汉董仲舒提倡的"春秋决狱"。"春秋决狱"不是字面理解的"在春秋两季审理案件"，而是一项法律裁判的原则。

《春秋》是孔子修订的一部鲁国的编年史。所谓"春秋决狱"便是用孔子的思想来对犯罪事实进行分析、定罪，亦即除了用法律外，可以用《易经》《诗经》《尚书》《礼记》《乐经》《春秋》六经中的思想来作为判决案件的依据。

春秋决狱主要是根据案件的事实，并同时追究犯罪嫌疑人的动机来断案。如果他的动机是好的，那么一般要从轻处理，甚至可以免罪。如果动机是邪恶的，即使有好的结果，也要受到严厉的惩罚，犯罪未遂也要按照已遂处罚，首犯要从重处罚。

董仲舒关于断狱的案例还曾被汇编成十卷的《春秋决狱》，在两汉的司法实践中被经常引用。原来的案例遗失很多，现存史料中仅记载了少量案例，如"父子相互隐匿不为罪"。董仲舒认为，父子关系亲密，相互隐匿为人之常情，且《春秋》上有云，父子一方犯罪后可相互隐藏，所以不构成犯罪。唐朝亦采此说。

再如，儿子误伤父亲，按律当处死。但考虑到动机并非真心忤逆，所以应为无罪。若父子关系已断绝，一方殴打另一方，不作"打父亲判死罪"论处。

从这些案例中，我们可以看出，董仲舒提倡的决狱方式是以"父子"为基本框架的，这也是三纲五常的核心内容。法律是道德的底线，现代社会中动机和伦理也是法律考虑的范畴，动机是可以作为量刑情节考虑的。董仲舒虽然也尊重事实，提出区分"既遂"和"未遂"、"首犯"和"从犯"之别，在当时具有进步意义，但与现代法治精神仍然存在差距。

古代审讯有"五听"的要求，"五听"具体指什么？

"五听"是指中国古代审判官在审判活动中，观察当事人心理活动的5种方法。这种手段始于西周，对后世影响较大。

《周礼·秋官司寇·小司寇》记载："以五声听狱讼，求民情：一曰辞听，二曰色听，三曰气听，四曰耳听，五曰目听。"后人注释，辞听是"观其出言，不直则烦"，指听当事人陈述，理亏则语无伦次；色听是"观其颜色，不直则赧"，指观察当事人表情，理亏则面红耳赤；气听是"观其气息，不直则喘"，指听当事人陈述时的呼吸，理亏则气喘；耳听是"观其听聆，不直则惑"，指观察当事人的听觉反应，理亏则听觉失灵；目听是"观其眸子视，不直则眊然"，指观察当事人的眼睛，理亏则不敢正视。

自西周起，以后各朝各代均将"五听"作为刑事审判的重要手段，如《唐六典》规定："凡察狱之官，先备五听。"

直到清朝，"五听"仍然是刑讯的后盾。

人们往往把罪大恶极的人称为"十恶不赦之徒"，这"十恶"具体指的是什么？

形容一个人恶贯满盈的时候，我们经常会用到一个词"十恶不赦"，表示这个人罪大恶极、不可饶恕。在现代汉语中，"十恶"泛指重大的罪行。

但是，在中国古代，"十恶"却是实有所指的。那么，"十恶"到底是指哪十种罪恶呢？

有律法规定的"十恶"，制定于1 300年前的北齐。到了隋唐时期，内容略有增删，并正式定名为"十恶"，写在法典的最前面。后历经宋、元、明、清各代，都规定犯了"十恶"罪不能赦免。

"十恶"罪具体指的是：

1. 企图推翻朝政的谋反罪。对统治阶级来说，谋反罪历来都是十恶之首。

2. 毁坏皇室的宗庙、陵墓和宫殿的谋大逆。

3. 背叛朝廷的谋叛罪。

4. 殴打和谋杀祖父母、父母、伯叔等尊长的恶逆罪。

5. 杀一家非死罪三人（杀光全家）及肢解人的不道罪。

6. 冒犯帝室尊严的大不敬罪，包括偷盗皇帝祭祀的器具和皇帝的日常用品，伪造御用药品以及误犯食禁等违法行为。

7. 不孝敬祖父母、父母，或在守孝期间结婚、作乐等不孝罪。

8. 谋杀亲属，女子殴打、控告丈夫等不睦罪。

9. 官吏之间互相杀害、士卒杀长官、学生杀老师、女子闻丈夫死而不举哀或立即改嫁等不义罪。

10. 亲属之间通奸或强奸等内乱罪。

可以说，"十恶"之罪直接危害了君权、父权、神权和夫权，危害了封建专制制度，所以，"十恶"之罪确立后，历代封建法典皆将之作为不可以得到赦免的重罪。由于其影响深远，所以人们一接触到罪恶大、不可宽恕的事情，很自然就想到"十恶不赦"这个词。

知识链接

十恶最初指什么？

"十恶"，最初是佛教用语，指十种招致地狱、饿鬼和畜生"三恶道"苦报的恶业，行"十恶"而程度严重的，要受大苦报，故又称"十恶业道"。《佛说未曾有经》中说，"十恶"为："起罪之由，出身、口、意。身业不善：杀、盗、邪淫。口业不善：妄言、两舌、恶口、绮语。意业不善：嫉妒、瞋恚、憍慢邪见。是为十恶，受恶果报。今当一心丹诚忏悔。"

古代最残酷的刑罚是"诛九族"，却有"诛十族"之事，这是怎么回事？

族诛是中国古代一种残酷的刑罚制度，即一人犯罪而实行残酷的株连法，尤其是犯了大罪，往往要被诛灭"九族"，即"株连九族"。

那么，"诛十族"是怎么回事呢？这事要从明成祖朱棣说起。

朱棣夺取皇位后，颁布了一个奸臣榜，上榜之人都是对他登基进行过干扰的六部九卿大臣。然后，朱棣举起屠刀，将这些人一批批屠杀干净。其中，方孝孺死得最为惨烈，"被诛十族"。

为什么唯独方孝孺被诛了十族呢？

燕王朱棣攻破南京后，方孝孺始终闭门不出，终日号哭。朱棣召他进宫，他也坚决不从。于是，朱棣将他逮捕下狱，并派人轮番劝说。可劝说者都被方孝孺骂回。

朱棣即位时要草拟诏书，大家纷纷推荐方孝孺。方孝孺不但没有理会朱棣，反而存心要为建文帝鸣不平。他身穿孝服，在大殿上痛哭不止。

朱棣离座劝慰他说："先生不要自己苦自己。我只是效法周公辅佐成王而已。"

方孝孺问："成王在哪里？"

朱棣回答："他已经自焚了。"

方孝孺又问："为什么不立成王的儿子为皇帝？"

朱棣道："他尚年幼，国家需要有能力的大人来治理。"

方孝孺步步紧逼："那为什么不立成王的弟弟呢？"

朱棣此时已经很不高兴了，他强压住心中的怒火说："这是朕的家事。"同时，朱棣命人备好笔墨纸砚，请方孝孺起草即位诏书。

方孝孺挥笔写下几个大字："燕王篡位。"并高声说："你就是杀了我，我也不会给你起草诏书。"

朱棣说道："哪有那么容易死的！你就不怕诛九族？"

方孝孺厉声喊道："即便是诛十族又能怎样？"

就是这一声喊，喊出了中国历史上绝无仅有的"十族"之诛。

不久，方孝孺的家人、宗亲连同门生故旧共计873人被磔杀于市，整个行刑过程持续了7天。同时株连的1 000多人被发配充军。十族全部清理完后，朱棣才对方孝孺本人下手。

1402 年，时年 45 岁的方孝孺被磔杀于聚宝门（今江苏南京秦淮区中华门）外。

知识链接

方孝孺

明代大臣方孝孺（1357—1402），字希直，又字希古，人称"正学先生"，浙江宁海人，著名学者、文学家、散文家、思想家，其才学文章在当时颇负盛名，曾负责《明太祖实录》等书的编修。约洪武九年（1376年）拜宋濂为师，洪武十五年（1382年），受明太祖朱元璋召见，洪武二十五年（1392年）被授予汉中教授之职。

为什么把砍头叫作"枭首"？这种古代刑罚跟枭有关吗？

为什么古人将砍头叫作"枭首"呢？这种刑罚和枭有关系吗？

传说，枭是中国上古时期的一种食肉鸟，羽色黑褐，头上长着两根上翘于天的白色羽毛，和猫头鹰极为相似。

由于它在出生后会把父母吃掉，只剩一个头颅，因而被古人认定为天下第一狠毒凶险的动物，所以就有"枭雄""枭将""枭首示众"等说法。

"枭雄"意思是骁悍雄杰、有雄才谋略之人，多指强横而有野心之人；"枭将"意思是勇猛的将领；"枭首示众"意思是斩首悬示于众。

可是，枭在出生后为什么要吃掉自己的父母呢？

在母枭孵化小枭的时候，由于没有食物可吃，公枭便把自己的身体奉献出来。公枭跳起来，用自己有力的勾喙咬住枭巢上方的树枝，从此便不再松口。

处于孵化期的母枭在饥饿难耐的时候，便用锋利似刀的勾喙啄食公枭的身体充饥，直到小枭出生。

小枭出生后，母枭没有任何食物可以喂它，只能像公枭那样将身体奉献出来，作为小枭飞离枭巢前的"食物"。母枭先给小枭示范：它跳跃起来啄食悬吊着的公枭残骸，等树枝上仅留下枭首，母枭便会毫不犹豫地用最后一丝力气，将身体悬吊在公枭咬住的那根树枝上。

小枭饥寒交迫之下，按照母枭示范的样子，奋不顾身地去撕咬"食物"，为了吃到下一口"食物"，小枭唯一能做的就是死命地腾跳啄食。最后，小枭出窝了，树枝上又多了一个枭首。

凌迟为什么又叫千刀万剐？这种酷刑真的是将人割上千万刀吗？

凌迟是中国古代封建社会最惨无人道的刑罚。凌迟本来写作"陵迟"，是指山丘较缓的斜坡，后来用作刑罚的名称，主要取缓慢之意，指用一种很慢的速度将人处死。

凌迟最早出现在五代时期，正式成为一种刑罚是在辽。金、元、明、清都将凌迟规定为法定刑罚。在明朝及明以前，这种刑罚主要用来处罚那些十恶不赦的罪犯，如谋反、大逆等。到清朝乾隆时期，一些触犯伦理道德的重罪，如打骂父母或公婆、儿子杀父亲、妻子杀丈夫等，也会被处以凌迟。

凌迟的历代行刑方法是有区别的。一般是切八刀，先切头面，然后是手足，再是胸腹，再是枭首，最后肢解。

明朝时期，凌迟超过了千刀。被凌迟处死的太监刘瑾，据说被割了 3 天，共 3 357 刀。第 1 天割完后，刘瑾还喝了一点粥，第 2 天继续。

清朝时期，凌迟的刀数不同于明朝，并有几种不同的切法。有切 24 刀的，也有切 36 刀、72 刀和 120 刀的。

凌迟是一种相当残忍的处刑方式，一刀一刀地割去人身上的肉，直到差不多把肉割尽，才剖腹断首，使犯人毙命，所以，民间也叫凌迟为"千刀万剐"。

清朝光绪年间，大臣沈家本在修订法律时，奏请删除凌迟等重刑，得到清廷准奏——凌迟、枭首、戮尸等法"永远删除，俱改斩决"。

古代的"笞刑"只打屁股不打背，这是谁规定的？

"笞刑"是一种抽打犯人身体的刑罚，一般只打屁股不打背，并且对于施刑用的竹板也有详细规定。那么，这个刑罚最初是如何产生的，只打屁股不打背又是谁规定的呢？

先秦时期，五刑为墨、劓、刖、宫、大辟，都是破坏人体器官的残忍刑罚。到了汉朝，统治者有感于前朝统治者因严刑峻法灭亡的教训，制定了新五刑，就是人们常说的笞、杖、徒、流、死5种。笞是其中最轻的一种，汉以前虽然也有，但并非主要的刑种。汉文帝时实行刑法改革，笞刑从此成为常用的刑种。

但最初的笞刑并不规范，笞打什么部位、用什么刑具、怎样施刑，都没有严格的规定，笞数最多竟达400下，常常是刑未毕而人已亡。汉景帝八年（公元前149年）颁布《棰律》，对笞刑作出详细的规定。规定用刑的部位为"臀"，这样就避开了人最重要的胸、腹、腰等要害部位。但并不包括笞背，相传只打屁股不打背的做法是唐太宗规定的。

甄权是唐初著名的针灸学家，曾长期担任潞州地方官李袭誉的随军征士。后来，李袭誉官至少府监，甄权拿自己精心绘制的《明堂人形图》给他看。李袭誉将其献给唐太宗，李世民觉得很有用处，就下令修订。修订完成后，唐太宗仔细观阅，他发现人体经络穴位多集中于胸和背，而臀部穴位则较少。唐太宗于是联想到五刑中的笞刑，遂下令以后施行"笞刑"一律不准打背，而只能打屁股，这便是只打屁股不打背的由来。

笞刑其实是一种很残酷的刑罚。关汉卿的《窦娥冤》中，窦娥这样唱道："一杖下，一道血，一层皮。"足见其残忍。唐太宗的做法在一定程度上避免了将罪犯打死，在当时是一种进步。现在世界各国已基本废除笞刑，这是人类法治文明的进步。

何谓"三军"？形成于什么时候？

在古代，统帅在下命令的时候，开头一句便是"三军听令"。那么，古代所说的"三军"是现在所指的陆、海、空三军吗？

很明显，古代有水军，却没有大规模海上作战的船只；至于空军的出现，则是在飞机发明以后。因此，按照逻辑判断，古代所指的三军与现在绝不是同一个概念。"军队"一词源于周朝的分封制，当时规定各诸侯国可以有一定数量的武装力量存在。编制为2万多人，称为一个军；军中最小的编制是队，"军队"因此而得名。

到了春秋战国时期，东周王室逐渐式微，很多强大的诸侯国开始扩充军队，积极进行土地兼并和掠夺战争。著名的春秋五霸之一晋文公打破祖制，将原来的一个军扩充到3个军（约7万人），并分别称他们为"上军""中军""下军"。这便是"三军"称呼的最早来源。后来，随着社会的动荡和兼并战争的加剧，很多诸侯纷纷仿效晋文公，将军队扩大为"三军"。比如，楚国的三军叫"左军""中军""右军"。各军分设将、佐；"中军"大将为全军统帅。

随着时代的发展，上、中、下三军的称呼逐渐被前军、中军、后军所取代。唐宋时期，这样的编制是军队的固定编制，各军的职责和任务也发生了变化。其中，前军为先锋部队，中军为大将所率之主力，后军则担任运输粮草或警戒的任务。古代军队编制中，军为最大的单位，但由于编制方式的不同导致人数存在一定的差异。例如，汉代实行五人一伍，二伍为火，五火为队，二队为官，二官为曲，二曲为部，二部为校，二校为裨，二裨为军的编制。

古代战争讲究行伍编队、阵式战法，这与冷兵器的使用有着密切的关系。一个摆开的合理的阵势往往容易取得战斗的胜利，所以团队的组织以及保证队伍在作战过程中连贯通畅（不受阻隔和分散）非常重要。

古人常说"大战三百回合"，什么是"回合"？

有人认为，古代作战，武将骑在马上，往来厮杀。一次交战的过程便是"合"，一次交战完成后退便是"回",因此叫"回合"。大战三百回合也就是大战三百个来回。这种解释有一定道理,但最初的"回合"却不是指骑马作战,而是指车战。

车战比大规模的骑兵作战要早,中国从商朝后期到西汉初期一直是以车战为主,在春秋战国时期更是普遍。当时衡量一个国家军队力量的强弱和国力大小经常就用"有车多少乘"来表达。车战以战车为基本单位,按照《司马法》的记载,车一乘有甲士3人,步兵72人。步兵就是徒兵,车上3人分别为"射""御""车右"。"射"是精通弓箭之人,在双方战车未接触前,拿弓箭对射;"御"负责驾驭马匹、驱动战车,一般为一车四马,中间两匹为"服",左右两匹为"骖";"车右"的职责为保护和警戒,手持长矛和坚盾,由勇力过人的武士担任。

"射"和"御"的人选一般为宫廷贵族,战车后面的徒兵为"国人"。战斗开始时,双方战车互相靠近,先拿弓箭对射,靠近后交战便是"合","合"就是"合战",双方勇士各持长矛对刺。一"合"结束后,双方战车各自返回本军阵营,便是"回"的过程。战场上一来一往,便是一个"回合"。经过很多回合后,一方战败后撤退便不再"合",另一方"回"后再"合"却又找不到作战对象了,所以这种战法想要活捉对方将领是很困难的。到了汉武帝时期,由于频繁与匈奴作战,骑兵逐渐取代了战车成为主要的兵种,但这种"回合"制的作战方式还保留着。此外,象棋中的"回合"也出自这里,指双方各走一步棋。

"将军"这个称谓是怎么来的?

"将军"这个词语相信大家都耳熟能详。中国现行军衔制度,军官军衔分为三等十级。其中,尉分为少尉、中尉、上尉三级,校分为少校、中校、上校、大校四级,将分为少将、中将、上将三级。"将军"通常指拥有少将以上军衔的人。"将军"一词产生的时间非常早,在春秋时期就已经有了。

按照《周礼》,天子统六军,诸侯可领一军。晋文公时期,为适应争霸战争的需要,扩建三军,为"上、中、下"三军,其他诸侯纷纷效法。三军之统帅,由三卿任之,出将边营,入掌机密。春秋时尚没有"将军"的官职,至于三卿,据《礼记·王制》记载:"大国三卿,皆命于天子。"孔颖达疏:"崔氏云:三卿者,依周制而言,谓立司徒,兼冢宰之事;立司马,兼宗伯之事;立司空,兼司寇之事。"可见,三卿指的是司徒、司马、司空三个官职。大诸侯国的三卿如果严格按照《周礼》规定,还需要周天子的任命。

"三军"产生后,由三卿各掌一军,卿代行将军之职。"将军"的初始含义就是"将领一军"的意思。战国时期,开始设立"将军"的官职。后来由于军队的数量一再扩充,将军也越来越多,需要一人来加以统率,所以又有了"大将军"或"上将军"的称呼。汉代以后,由于兵种的增多,一个大将军也管不过来了,所以又有了骠骑将军、车骑将军、卫将军等级别。明、清两代,有战事出征,置大将军和将军,战争结束则免。清朝时,将军为宗室爵号之一,驻防各地的军事长官也被称为将军。

知识链接

古代军衔

与当今的军衔制度不同,中国古代的军衔制度没有彼此传承的关系。从春秋时期开始,陆续出现了元帅、将军、校尉等官衔,到清朝时已经发展成完备的军衔体系。

除上述"将军"外,"元帅"最为大家所熟悉。"元帅"一词始于唐代,有战事时临时设立,为军队最高统帅。宋代有兵马大元帅,元有都元帅、元帅。

校尉为专掌特种军队的将领,始于汉武帝,有中垒、屯骑、步兵、越骑、长水、胡骑、射声、虎贲八校尉。

"士"的称呼早在夏商时期就有,当时官职分为"卿、大夫、士"三种,"士"又可分为上士、中士、下士等,属低级官职,与军队职衔没有关系。

"冠军"一开始就是指比赛的第一名吗?

"冠军"一词多用于体育比赛,它最初的含义是指比赛的第一名吗?

这个词语的来历与秦末农民起义有关。秦朝末年,赵高把持朝政,二世昏庸无能,终于在公元前209年引发了中国历史上第一次大规模的农民起义。陈胜、吴广自大泽乡揭竿而起,沿途百姓纷纷响应。当时楚国有位大将叫宋义,英勇善战,战功卓著,屡次打败秦兵。由于功劳显赫,位居众将之上,于是将士尊称其为"卿子冠军"。据《史记·项羽本纪》记载:"诸别将皆属宋义,号为卿子冠军。"这是历史上第一位获得"冠军"称号的人。

汉代有"勇冠三军"的说法,出自西汉李陵《答苏武书》:"陵先将军功略盖天地,义勇冠三军。"另《汉书·卫青霍去病传》记载,霍去病以战功官拜骠骑将军,封"冠军侯"。汉朝以后,战功卓著的武将多封以冠军的官衔。魏晋南北朝时期,均设有"冠军将军"。唐朝也设有"冠军大将军"的官衔。清朝护卫帝王的銮仪卫及旗手卫的首领,被称为"冠军使"。

可见,"冠军"一词最初和军事关系密切,它用来称呼那些作战勇敢、战功卓著的武将。被封为"冠军将军"的人一般都为国家和社稷立过汗马功劳,所以"冠军"有超出其他将军、居于第一位的意思。

进入现代以后,词义发生迁移,人们也把各项比赛的第一名称为"冠军"。

我国古代有没有建立过海军?

我国幅员辽阔,海岸线漫长,那么,古代有没有建立过海军呢?答案是肯定的。早在2500多年前的春秋末期,中国就已经产生了海军,只不过那时候的名称叫舟师、水军或水师。

中国造船技术长期处于世界领先地位。早在新石器时代,先民就发明了独木舟和船桨。大型战船的出现则是在东周。三国时期的战船高三四层,有"楼船""蒙冲""走舸"等不同船型,并能以风帆为动力。明成祖时期,郑和率领当时世界上最庞大的海军七下西洋,弘扬了国威。

造船技术的进步为舟师的产生和发展奠定了良好的基础。中国是世界上最早建立海军的国家。夏朝军队曾讨伐过一个叫斟寻的小国,据说双方士兵在水上作战。吴越争霸时,名将伍子胥在太湖训练水军。公元前485年,吴王夫差与齐国争霸,曾派海军越黄海直抵山东半岛,结果双方水军在黄河遭遇,发生了一场激战,这是有史以来关于海战的最早记载。

三国时期,孙吴在赤壁依靠水军击败了北方的曹操。当时东吴水军非常强大,东海、黄海、南海皆是其活动范围。隋时的一种"五牙"大战船,能以巨石砸毁敌船。11世纪以后,随着火药和火器的发明,中国海军战船又开始配备火箭武器。南宋时期,战船上配置火炮武器已非常普遍。

因此,中国古代不但有海军,而且造船技术也是世界领先的。战船早在夏商时期就已经用于水上作战,并在整个封建社会时期不断发展壮大,成为一支装备精良、能征善战的海军,对统一中国、抗击外敌海上入侵并起了重大作用。

东汉斗舰复原图

古代的军队依据什么给军人加官晋爵？都实行过哪些爵位制度？

在中国古代，有君主授予贵族和功臣爵位的制度。古代君主为巩固自身统治地位，调整统治阶级内部关系，经常封给亲属或功臣一定的爵位。爵位分为不同的等级，有些可以世袭。受封爵位的人可以获得爵禄，通常为一定的食邑或相当数量的财富。封爵制度在数千年的历史进程中经历了数次演变。

封爵制度很早就有，但最初只封给与统治者有亲属关系的人，分为公、侯、伯、子、男五等。商鞅变法后，庶民也可依靠军功获得爵位，这是中国最早的军功等级制度。秦军功爵位制度共分为二十级。商鞅信奉法家的思想，他设立这一制度的目的是提高秦军战斗力。为奖励军功，商鞅规定：凡行伍中人，不论出身门第，一律按照其所立军功的大小接受赏赐。宗室若未立军功者不得列入宗族的簿籍，也不得拥有爵位。

至于具体军功奖励的办法，则以斩获的敌军首级数为依据。商鞅的奖励军功制度，大大提高了秦军的战斗力，使秦军成为所向披靡的"虎狼之师"。汉承秦制，基本继承了秦代的二十级军功爵位制度。不过，这二十级大体又可分为四类：一是侯级爵，包括关内侯和列侯；二是卿级爵，相当于秦十级到十八级的爵位；三是大夫级爵，相当于秦五级到九级的爵位；四是小爵，相当于秦一级到四级的爵位。

曹操执政时，废除了二十级爵。魏文帝即位后，定爵制为九等：王、公、侯、伯、子、男、县侯、乡侯、关内侯。两晋南北朝时期，军功爵位制度甚是混乱。李渊父子定天下后，设定亲王、嗣王、郡王、国公、郡公、县公、郡侯、县侯、县男、县子十等爵位，封赏宗亲功臣。比如，李渊封自己的从弟李神通为淮安王；李世民封大将秦琼为英国公。

宋承唐制。明朝，王爵专封皇族，另有公、侯、伯三等爵授予功臣，比如，胡大海被封为越国公，沐英被封为平西侯，刘基被

封为诚意伯。清朝时，乾隆十六年（1751年）定制，分爵位为九阶二十七等。九阶分别为公、侯、伯、子、男、轻车都尉、骑都尉、云骑尉、恩骑尉。比如，为清朝平定太平天国的曾国藩就被封为一等毅勇侯。

"击鼓而进""鸣金收兵"，古代军队有如此规定吗？所鸣之"金"指什么？

关于古代战争，历来有"击鼓进军"和"鸣金收兵"的说法。所谓击鼓进军就是在战争开始前敲击战鼓，激励士气，命令军队向前推进；"鸣金收兵"是个成语，意指敲打钲发出声音以停止军队的前进，结束战斗。那么，古代军队是否真有这样的规定，这里"鸣金"用的"钲"究竟为何物呢？

《荀子·议兵》记载："闻鼓声而进，闻金声而退。"意为听到鼓声就前进，听到鸣金声就后退。《左传》中有："夫战，勇气也。一鼓作气，再而衰，三而竭。"这里击鼓也是进军的意思。俗语"鼓噪而进"，意指一边敲打着战鼓，一边大声喊叫着前进。由此可见，古代战争确实有"击鼓而进"的规定。

关于"鼓"的来历，传说源于黄帝与蚩尤作战时制造的夔鼓。黄帝从东海流波山上猎获了一种叫作"夔"的动物。形状像牛，全身青黑，并有幽光，头上没有角，而且只有一只脚。这种动物目光如电，叫声如雷，非常威武。当时黄帝为它的叫声所倾倒，就剥下它的皮制成了八十面鼓，请玄女娘娘亲自击鼓，顿时声似雷霆，直传出五百里外。

"金"有人认为是锣，但实为"钲"，为古代的一种铜制乐器。《说文解字》："钲，似铃，柄中上下通。""鸣金"最初指的就是敲打这种乐器，后来可能为锣一类的工具所取代。

评书中常说"顶盔掼甲"，"盔"与"甲"有何区别？它们是什么样的装备？

"顶盔掼甲"的意思是戴着头盔，身披战甲。后代常把"盔"和"甲"合称"盔甲"。

那么，它们究竟是什么装备，又有什么区别呢？

"盔"在古代又叫首铠，是用来保护头部的装备，多用金属制成，如"头盔""钢盔"。盔后面的丝织饰物叫"盔缨"，多为红色。盔也称"胄"，长期以来变化不大。"甲胄"就是指"盔甲"。

唐末农民起义军领袖黄巢有诗云："待到秋来九月八，我花开后百花杀。冲天香阵透长安，满城尽带黄金甲。"甲是古代军人打仗护身的衣服，一般为皮革制成（士兵用），也有金属制成的（将军用）。如"带甲百万""甲兵""甲士"都是指武士或军队服役人员。

盔甲在中国历史上有着漫长的演变过程，各代盔甲的制式都不尽相同。春秋战国以铁盔皮甲为主，秦汉时铁甲开始普及。魏晋南北朝时期出现了用铁甲重重防护的重装骑兵。与之相对，也出现了防护不够严密，但行动便捷的轻骑兵。中国铁甲多是仿皮甲制成，为鱼鳞甲片。隋唐广泛使用铠甲（前心后背加上铜铁制成的大块护心镜），较前代有所进步。宋元以后没太大变化，火器兴起后，盔甲逐步朝现代形式演变。

古代铠甲与冷兵器时代要求相适应，既讲究良好的防护效果，又强调轻捷性。随着热兵器的大量使用，铠甲的防护效果已不明显。

"十八般兵器"具体指什么？这个说法是什么时候形成的？

古代说人武艺高强常说："十八般武艺，样样精通。"这十八般武艺指的是十八种兵器，那么它们究竟是哪些呢？

兵器的产生，最早是在新石器时代。我们的祖先为了防身和狩猎需要，开始制造和使用木棒、石刀、石斧等一类原始的兵器（也是生产工具）。在中国各地出土的新石器时代文物中，还发现了用石料、兽骨和蚌壳磨成的箭镞。商代由于青铜器的发明，出现了青铜铸造的刀、枪、钺等兵器。春秋战国时期，铁制工具开始广泛使用，各种生铁铸造的兵器相继走向战场。到了汉、魏晋时期，冶金技术获得进一步发展，人们已经可以制造各种"钢刀"，兵器的种类逐渐丰富。到了明代，"十八般兵器"基本定型。

十八般兵器，泛指各种武艺，最早见于元曲。如《古今杂剧》收录《敬德不服老》中就有"他十八般武艺都学就，六韬书看的来滑熟"的句子。据明代谢肇《五杂俎》和清代褚人获《坚瓠集》两书所载，"十八般兵器"为弓、弩、枪、刀、剑、矛、盾、斧、钺、戟、鞭、锏、挝、殳（棍）、叉、耙头、锦绳套索、白打（拳术）。今天，武术界认为的"十八般兵器"是指刀、枪、剑、戟、斧、钺、钩、叉、鞭、锏、锤、抓、镗、棍、槊、棒、拐、流星锤。

其实，早在汉武帝元封四年（公元前107年），政府经过严格的挑选和整理，就曾筛选出十八种类型的兵器：矛、镗、刀、戈、槊、鞭、锏、剑、锤、抓、戟、弓、钺、斧、牌、棍、枪、叉。三国时期，著名的兵器鉴别家吕虔，根据兵器的特点，对汉武帝钦定的"十八般兵器"重新排列为九长九短：刀、矛、戟、槊、镗、钺、棍、枪、叉为九长；斧、戈、牌、箭、鞭、剑、锏、锤、抓为九短。

可见，"十八般兵器"一词虽然产生较晚，但早在汉武帝时期就存在这种划分。这些分类还只是一级科目，如果再往下，各种五花八门的兵器就更多了。这里的"十八般兵器"中的"般"字是"类"的意思，而不是指某个具体的武器。

火炮是中国人发明的吗？它最早出现在什么时候？

火炮是现代战争必不可少的武器。火炮具有火力强、灵活可靠、经济性和通用性好等优点，已成为战斗行动的主要内容和左右战场形势的重要因素。火炮既可摧毁地面上的各种目标，也可以击毁空中的飞机和海上的舰艇。因此，作为提供进攻和防御能力的基本手段，火炮在常规兵器中占有稳固的地位。

火炮按用途分为地面压制火炮、高射炮、反坦克火炮、坦克炮、航空机关炮、舰炮和海岸炮等。其中，地面压制火炮包括加农炮、榴弹炮、加农榴弹炮和迫击炮等。

现代火炮已经发展到非常完善的地步，但最初的火炮却是一种投石机，火炮的"炮"字最初也是"石"字旁。它利用杠杆原理，用几十人甚至上百人拉动，将石头抛出去以作攻城和杀伤敌人之用。唐代发明火药后，北宋时期出现了一种叫突火枪的装置。它是一种用竹子做的管状火器，内安"子巢"，战时点燃火药，喷火烧敌，能够起到震撼敌人的作用。这种火器的出现，对近代火炮的产生具有十分重要的意义。

后来在突火枪的基础上产生了金属管状火器——火铳，并逐步发展成为青铜火炮。目前世界上发现的最早的青铜炮，是甘肃武威出土的西夏时期的火炮。该炮口径为100毫米，使用铁弹丸，这一发现使铁弹丸使用的历史提前了近1个世纪。13世纪初，中国的造炮技术经阿拉伯传到欧洲，并在欧洲得到了长足的发展。16世纪中叶，欧洲出现了青铜和熟铁制造的长管炮，亦称长炮，代替了以前的短管炮（臼炮）。16世纪末，出现了将子弹或金属碎片装在铁筒内制成的霰弹，用于杀伤人马。

火药和火炮最早都是由中国人发明的，但却没有得到很好的继承和发展。相反，这些武器在传入西方后，不断获得改进和进步。直到第一次鸦片战争爆发，西方列强用"坚船利炮"轰开中国大门的时候，很多人才开始意识到自己落后了。

《宋史》中提到金军使用的"铁浮屠"和"拐子马"是什么？宋军是如何对付的？

关于"铁浮屠"和"拐子马"，在《宋史》、岳珂《鄂王行实编年》以及一些稗官野史中都有记载。郾城大捷中，金大将兀术调来自己最精锐的"铁浮屠"和"拐子马"部队，还是被岳飞杀得大败。《鄂王行实编年》中说，自金人起兵以来，凡用"拐子马"即战无不胜，至岳飞才识破其弱点，大破其阵，"拐子马由是遂废"。那么，"铁浮屠"和"拐子马"究竟厉害在哪里，宋军又是如何战胜它们的呢？

"浮屠"，佛教术语，原指佛教徒，后泛指有德僧人死后葬身之铁塔。"铁浮屠"指金兀术的铁甲骑兵，有远望之如"铁塔"之义。当时的顺昌通判汪如海如此描述："兀术所恃，号常胜军。其所将攻城士卒号铁浮屠，又曰铁塔兵，被两重铁兜鍪，周匝皆缀长檐，其下乃有毡枕。三人为伍，以皮索相连。后用拒马子，人进一步，移马子一步，示不反顾。""拐子马"为两翼之骑兵，"兀术有劲军，皆重铠，贯以韦索，三人为联，号'拐子马'，官军不能当"。

可见，"铁浮屠"和"拐子马"是金军的精锐部队，担任攻城和冲杀敌军的主要任务。这两个兵种在本质上没太大区别，都是重装骑兵，但用法不同。前者据说是3匹马为一伍，相互连在一起，又称"连环马"；只能前进，不能后退。"拐子马"是一种用于冲击和突破敌军的铁骑，一般列于军队两翼，能对战争起到决定性作用。

金军与辽打过无数次仗，每次金军都能以少胜多，凭借的就是这两种特殊的作战部队。那么宋军又是如何应对的呢？史籍记载：岳飞在郾城大捷中，大破兀术的铁甲兵，主要的战法就是砍马腿。之前，宋军也有过一些对抗"铁浮屠"和"拐子马"的经验，最早是在顺昌大捷中，当时的战法是这样的："先以枪揭去其兜鍪，即用刀斧斫臂，至有以手捽扯者。极力斗敌。"后来韩世忠发现了大斧敲打的方法，因其甲厚，行动不便，从侧翼迂回后，用大斧猛砸，"纵甲不能破，则亦难免伤筋断骨"。但这两种方法都不如岳飞直接砍马腿来得便捷和有效。

宋军对抗"铁浮屠"和"拐子马"应是集体智慧的结晶。岳飞在他们的基础上又有所改进和突破，所以能最终取得郾城大捷。至于其孙岳珂所著的《鄂王行实编年》中所述"拐子马由是乃废"未必准确，因在后来的一些战役中，仍有金军使用"拐子马"的记录。

密码是现代军事的重要技术，中国古代有密码吗？最初形式是什么？

密码在现代军事学上是一项非常重要的技术。通过破译密码，可以知晓对方的行军或作战部署，得到这些信息后就可以提前做好准备，从而取得战争的胜利。那么中国古代是否有密码，最初又是什么形式呢？

密码在中国起源很早，相传它的发明人是姜子牙。他在与周武王的谈话中，曾提到两种密码形式：阴符和阴书。据《六韬》载：太公曰："主与将有阴符，凡八等：有大胜克敌之符，长一尺；破军擒将之符，长九寸；降城得邑之符，长八寸；却敌报远之符，长七寸；誓众坚守之符，长六寸；请粮益兵之符，长五寸；败军亡将之符，长四寸；失利亡士之符，长三寸。诸奉使行符，稽留，若符事泄，闻者告者皆诛。八符者，主将秘闻，所以阴通言语，不泄中外相知之术。敌虽圣智，莫之能识。"武王问太公曰："符不能明，相去辽远，言语不通。为之奈何？"太公曰："诸有阴事大虑，当用书，不用符。主以书遗将，将以书问主。书皆一合而再离，三发而一知。再离者，分书为三部。三发而一知者，言三人，人操一分，相参而不相知情也。此谓阴书。敌虽圣智，莫之能识。"

可见，阴符是一种尺寸不同的简或牍片；不同的尺寸代表不同的含义，一共8种。如前方获得大胜，用来传达军情的符长一尺，然后依次递减，最短的一种只有三寸，代表军队完全战败，丧失土地。但这8种简单的符号对于传递复杂的军情是远远不够的，于是又有了"阴书"。其做法便是把一份完整的军事文书分成3份，即"书皆一合而再离，三发而一知"，送信的各持一份，这样即使送信的被抓，也不至于泄露全部的军事机密。

当然，这种密码体系并不完善。到了宋代，军事家曾公亮发明了一种密码系统。他将当时军中常用的40个短语分别编上序号，另以一首没有重复字的五言律诗（也刚好40个字）作为解码的工具。当部将率部出征时，主将会分发给他们一本密码本，并临时约定某首诗作为解码的工具。这样主将只要看到其发来文书中所包含的诗中"字"，就可以对应找到与之相关联的特定含义。这是一种相对可靠的军事密码，较之阴符、阴书有显著进步，可以说是现代密码的雏形。

"伍"为何义？为什么把参军叫作"入伍"呢？

"伍"字最初为军队编制。"伍"字拆开为"五人"。据《周礼》记载，"伍"是过去最小的军队编制单位。"五人为伍，五伍为两，四两为卒，五卒为旅，五旅为师，五师为军。"天子统六军，诸侯可领一军。《墨子·公输》："全伍为上，破伍次之。"这里的"伍"均为军队基础编制单位。五人设一个"长"，有"伍伯""伍长""伍部"等称谓，类似于现在一个班，但人数要少。

中国古代的户籍制度，也是五家编为一伍。例如，"伍籍"是指平民的户籍，"伍侯"指编民为伍，相为侯望。这种行政单位也叫"比"，五户为一比。每当征兵时，五户人家各送一名男丁，一共要送五人，恰好组成军队中的一"伍"。无论干什么事情，这五个人总被分在一起，因此，参军当兵，就叫作"入伍"。

以后历代的军队编制在不断地变化，但"伍"的叫法一直流传下来，人们也习惯把参军服兵役叫作"入伍"。在古代，由于封建等级制度的存在，爵位世袭，要想获得一定的封赏，立军功是一种方式。中国自秦代开始实行军功奖励制度，以后历代均有发展。"行伍出身"常用来描述那些依靠打仗和立军功起家的人。

古代有"好铁不打钉，好男不当兵"的说法，人们为什么要这么说？

"好铁不打钉，好男不当兵"是一句俗语，在中国民间曾长期广泛流传。从字面意义上理解就是"好铁不会用来打造钉子，好男儿不会去当兵"。在中国漫长的封建时代，当兵被人视为一种低贱的职业，所以好男儿是不会去当兵的，这反映出古人重文轻武的文化心理特征。

其实最初武将非常受重视。春秋战国时期，正是诸侯纷争、干戈四起的时代，各诸侯为争夺土地连年征战，统治者普遍"尚武"。到了汉代，由于仕进制度的出现，社会风气开始重文。唐朝时，社会风气又有所改变，社会"尚武"的精神有所抬头，出现了诸如王昌龄、岑参、高适这样的边塞诗人。他们所作的诗篇多描写瑰丽的边塞风光和军队征战的场面，表达了对军旅生活的向往。唐中期著名诗人李贺写道："男儿何不带吴钩，收取关山五十州。请君暂上凌烟阁，若个书生万户侯。"表达了读书不如建功立业的理想和信念。进入宋代以后，"重文抑武"之风盛行，军队由文人指挥。

"好男不当兵"除了与重文轻武有关外，还与"兵员"的来源有关。古代的兵员有些是来自监狱的囚犯，如"牧野之战"时，城内兵力空虚，商纣王临时武装囚犯与周军队作战，并许诺如果打退进攻可以获得赦免或宽恕。宋朝时，有些社会上的流氓和游民，成天无所事事，在走投无路的情况下只好去当兵。

三十六计中，"围魏救赵"十分有名，它来自一场怎样的战争？

"围魏救赵"是中国古代的一个经典战例，被列为三十六计之一。它来自春秋战国时期著名的桂陵之战，与中国古代著名军事家孙膑有关，典出《史记·孙子吴起列传》。

相传孙膑和庞涓都是鬼谷子的学生，二人年轻的时候曾一起学习。孙膑的才华要高于庞涓，遭到庞涓的嫉妒。二人出师后，庞涓到了魏国，很快受到魏王的重用。后来孙膑也来到魏国，庞涓一边假惺惺地说要帮其引荐，一边又在魏王面前说了很多孙膑的坏话。于是孙膑被剜去两个膝盖骨，成了废人。后来在齐国使臣的帮助下才逃出魏国。

魏王为了报赵国夺中山之仇，命令庞涓率领大军攻打赵国。庞涓认为中山不过弹丸之地，还不如直接攻打邻近的赵都邯郸。魏王采纳了他的意见，命令大军攻打赵国的都城。邯郸告急，赵国向齐国求救。齐威王以田忌为大将、孙膑为军师率军10万来解赵国之围。大军行到赵国边境，孙膑建议，去邯郸还不如直接攻打魏国，因为在这种情况下，魏国精锐部队全部调走了，国内空虚。如果避实就虚，那么庞涓就不得不回救，到时候我们再在他回归的路上设伏，就能打败魏军。于是田忌转而攻打魏国。庞涓果然撤军，在桂陵遭到齐国军队的伏击，伤亡惨重，自己勉强逃回大梁。

这便是成语"围魏救赵"的来历，比喻通过袭击敌人后方的军事要点以迫使进攻之敌撤退的战术。后来庞涓又和赵国一起攻打韩国，韩国向齐国求救。孙膑利用减灶的办法制造齐国军队大量逃亡的假象，引诱庞涓轻敌冒进。在马陵道上，庞涓中伏，被乱箭射死。从这两个案例我们可以看出，孙膑的确是个了不起的军事家，他所著的《孙膑兵法》一直是后代战略家必读之物。

"围魏救赵"的本质在于避实就虚，调动敌人，再寻找机会歼灭敌人。作为一次著名战役，"围魏救赵"堪称军事史上的教科书战例；作为一种军事思想，至今依然闪耀着光芒。

"纸上谈兵"说的是谁？他在哪一场战役中兵败身死，并给赵国带来灭顶之灾？

"纸上谈兵"，意思就是在纸面上谈论打仗，比喻空谈理论，不能解决实际问题。这个典故出自《史记·廉颇蔺相如列传》：赵括是赵国名将赵奢之子，幼习兵法，谈论兵书战策常常口若悬河，就连其父也难不倒他。但后来在长平之战中由于只按兵书办事，不懂变通，结果被秦军打败。

赵奢是赵国的名将，其子赵括年轻时受父亲影响，熟读兵书，每每父亲提问，都能对答如流。但赵奢并不夸奖他，赵奢妻就问其缘故。赵奢说："他虽然兵书战策读得很熟，但却不会灵活运用。我死以后如果赵国不用他为将也就罢了，用他必然导致大败。"

赵孝成王七年，秦赵两国对峙于长平。是时廉颇虽老，但仍可将兵。秦军多次挑衅，廉颇只是深沟高垒，避而不战。后来白起使出反间计，派人到赵国首都邯郸散布流言说："秦国除了赵括谁都不怕。"于是赵王决定任用赵括为将。

赵括的母亲知道后，劝赵王收回成命，并讲了赵奢对于赵括的评价，但赵王听不进去。赵母只能请求日后出事全家能够幸免，赵王应允。

赵括就这样来到前线。白起诈败，诱敌深入，接着从侧翼迂回，阻断赵军退路。赵军军心涣散，在长平被重重围困。赵括数次突围均未成功，在战斗中被杀，赵国40万降卒全部被活埋。这一战后，赵国元气大伤。后来，人们就用这个成语来讽刺那些只会空谈理论而没有实干才能的人。

"背水一战"是怎么来的？

"背水一战"比喻没有退路，与敌人决一死战。这个典故和韩信有关。韩信是刘邦手下的著名将领，还定三秦的战略就是他制定的。在打败项羽之前，他先后击败了背叛刘邦的魏王豹和赵王歇。"背水一战"这个成语便来自他征讨赵王的经典战例。

《史记·淮阴侯列传》载："信乃使万人先行，出，背水陈。赵军望见而大笑。平旦，信建大将之旗鼓，鼓行出井陉口，赵开壁击之，大战良久。于是信、张耳佯弃鼓旗，走水上军。水上军开入之，复疾战。赵果空壁争汉鼓旗，逐韩信、张耳。韩信、张耳已入水上军，军皆殊死战，不可败。信所出奇兵二千骑，共候赵空壁逐利，则驰入赵壁，皆拔赵旗，立汉赤帜二千。赵军已不胜，不能得信等，欲还归壁，壁皆汉赤帜，而大惊，以为汉皆已得赵王将矣，兵遂乱，遁走，赵将虽斩之，不能禁也。于是汉兵夹击，大破虏赵军，斩成安君泜水上，禽赵王歇。"

韩信的部队要通过井陉口，赵王手下有谋士名为李左军的建议据守井陉口，并抄后路切断汉军的辎重粮草，韩信如无后援，就一定会败走。赵国大将陈馀不听，认为自己人多势众，要与汉军正面对决。韩信听说后暗自高兴，下令背水安营扎寨。夜间，命士兵饱食待战，并命2 000精锐埋伏于赵军营寨的后面。约定只要赵军全部出动，就进去更换他们的旗帜，以乱其军心。第二天，双方展开激战，韩信假装战败，赵军倾其营寨之兵来攻。这时候，汉军主力上场，背水一战，士兵勇猛。赵军不能取胜，后退时却发现营寨已被劫。军士大乱，四散奔走，韩信率军掩杀，取得了整个战役的胜利。

后来有人问韩信："兵法上都说打仗要前面临水，背靠山峦。你为什么反其道而行之呢？"韩信哈哈大笑："这叫置之死地而后生。"由此我们可以看出，世间万物均无绝对，关键在于灵活运用，具体问题具体分析。

知识链接

一饭千金

一饭千金，比喻"滴水之恩，涌泉相报"。语出《史记·淮阴侯列传》："信钓于城下，诸母漂，有一母见信饥，饭信，竟漂数十日。"又："信至国，召所从食漂母，赐千金。"

韩信在年轻的时候有段时间相当落魄，以钓鱼维持温饱，但是鱼并非每次都能钓到，所以经常要挨饿。河边的一位老婆婆心很好，就分给他一些粥饭。韩信后来帮助刘邦平定天下，当了齐王。他命人给老婆婆送去黄金千两作为酬谢。这便是成语"一饭千金"的来历。这个成语故事告诉大家要懂得感恩，尤其是对那些在困难的时候帮助过你的人，更要懂得报答。

中国历史上著名的"飞将军"是谁？他真是一个命运不济的人吗？

在中国历史上有位著名的"飞将军"李广，他曾先后在汉文帝、汉景帝和汉武帝三朝任职，对匈奴先后作战70余次，勇猛无比。王昌龄《出塞》"但使龙城飞将在，不教胡马度阴山"中的"飞将"就是指李广。卢纶《塞下曲》："林暗草惊风，将军夜引弓。平明寻白羽，没在石棱中。"更是描写李广箭法出众，臂力过人。但就是这样一个人物最终却没能封侯，这是什么缘故呢？

有个成语叫"冯唐易老，李广难封"，后典出自《史记·李将军列传》："广之从弟李蔡与广俱事孝文帝……蔡为人在中下，名声出广下甚远，然广不得爵邑，官不过九卿，而蔡为列侯，位至三公。"意思是说，李广和他从弟李蔡均在汉朝为官，李蔡才能平庸，名声和李广比起来也相差很远，但最后却封侯拜相，而李广官位最高的时候也不过九卿之位。后遂用"李广难封"来慨叹功高不爵，命运多舛。

在《史记·李将军列传》中还记叙了这样一个故事。一次，李广和算命的王朔交谈。李广说："攻打匈奴的战役我基本参加了，就是我下属的一些将领依靠军功取得侯位的也有数十人，为何我就不能封侯呢，难道是命吗？"王朔说："你在当陇西太守时，羌族人造反，你诱降并杀死了他们。人之罪过没有比杀降更大的了，这就是你不得封侯的原因。"

仔细分析史书，可以发现李广虽然威名远播，战争经历丰富，但同样也犯过很多过错。如七国之乱时，李广随太尉周亚夫抗击吴楚叛军，因夺取叛军帅旗在昌邑城下立下显赫战功，但却接受了梁王私自授给他的将军印。回朝后，因此没得到封赏。公元前129年，李广率军出雁门关，被成倍的匈奴大军包围，因寡不敌众而受伤被俘，但最终逃脱。汉朝廷把李广交给法官，法官判李广部队死伤人马众多，自己又被匈奴活捉，应

当斩首。后来，李广用钱赎罪，成为平民。公元前121年，李广以郎中令身份与博望侯张骞的部队一起出征匈奴。虽然击退匈奴兵，但自己也几乎全军覆没，李广功过相抵，没有得到赏赐。公元前119年汉匈决战，李广更因迷失道路，寸功未立，而羞愤自杀。

汉朝沿用秦朝军功制度，以斩首数计算军功大小。由于李广数次全军覆没，所以虽然勇气和威名远播，但终不能封侯。

"匈奴未灭，何以家为"是谁的豪言壮语？他的战功能否配得上这句话？

"匈奴未灭，何以家为"是汉代著名军事家霍去病的名言。据说一次霍去病打完胜仗回来，汉武帝亲自迎接并要为他修建精美的房舍，霍去病说："匈奴还没有彻底消灭，要家干什么？"表达了自己的高尚情操。那么历史上的霍去病战功如何，是否真配得上这句话呢？

霍去病是卫青的外甥，好骑射，善于长途奔袭。为人沉默寡言，但很有气魄，敢作敢为。18岁参军，亲率一小分队偷袭匈奴大本营，杀死匈奴单于的爷爷，俘虏了匈奴的相国和单于的叔父，被封为"冠军侯"（冠军是第一，古代常把这称号封给战功最为昭著的将领）。他攻无不克，战无不胜。公元前121年，年轻的霍去病作为统帅，率军出征匈奴。在千里大漠中闪电奔袭，扫荡强敌。此后，他又孤军深入，在祁连山斩敌3万余人。匈奴不得不退回漠北，汉朝收复河西平原。曾经强悍无比的匈奴哀唱："亡我祁连山，使我六畜不蕃息；失我焉支山，使我妇女无颜色。"

公元前119年，汉朝与匈奴决战，霍去病率领大军横越大漠，追击匈奴军队2 000余里，直到狼居胥山下，并举行宏大的祭天仪式。辛弃疾的词"元嘉草草，封狼居胥，赢得仓皇北顾"，其中"封狼居胥"便是描述霍去病威临狼居胥山的事迹。此战后，匈奴分为南北两支，再也没有能力对汉朝进行大规模的进攻，汉朝北部边境几十年没有发生战争。

霍去病等人击破匈奴，不仅为汉朝消除了北部边境的威胁，还大大拓展了汉朝疆域。从那时起，祁连山以西和蒙古草原的大部分地区也成为中华民族共同繁衍生息的地方。故而，称霍去病为伟大的英雄并不过分，他的历史功绩绝对配得上"匈奴未灭，何以家为"的豪迈之言。

赤壁之战，曹操是败于火攻还是败于瘟疫？

赤壁之战是中国历史上著名的以少胜多的战例。当时曹军兵力至少是孙刘联军的三倍，但在赤壁却被周瑜打得大败。在《三国演义》中，周瑜先利用黄盖诈降，然后火烧赤壁，接着水陆并进，曹军丢盔弃甲，死伤无数。至此三分天下定矣！

但据《三国志·武帝纪》载："公至赤壁，与备战，不利。于是大疫，吏士多死者，乃引军还。备遂有荆州、江南诸郡。"也就是说，曹军北还的原因在于瘟疫的流行。《蜀书·先主传》："先主遣诸葛亮自结于孙权，权遣周瑜、程普等水军数万，与先主并力，与曹公战于赤壁，大破之，焚其舟船。先主与吴军水陆并进，追到南郡，时又疾疫，北军多死，曹公引归。"《吴书·吴主传》："瑜、普为左右督，各领万人，与备俱进，遇于赤壁，大破曹公军。公烧其余船引退，士卒饥疫，死者大半。备、瑜等复追至南郡，曹公遂北还。"

三段关于赤壁之战的描写虽侧重点有所不同，但均提到曹军疫病流行。《周瑜传》中对整个战争的过程描述更详细些："权遂遣瑜

及程普等与备并力逆曹公，遇于赤壁。时曹公军众已有疾病，初一交战，公军败退，引次江北。瑜等在南岸。瑜部将黄盖曰：'今寇众我寡，难与持久。然观操军船舰，首尾相接，可烧而走也。'乃取蒙冲斗舰数十艘，实以薪草，膏油灌其中。裹以帷幕，上建牙旗，先书报曹公，欺以欲降。又豫备走舸，各系大船后，因引次俱前。曹公军吏士皆延颈观望，指言盖降。盖放诸船，同时发火。时风盛猛，悉延烧岸上营落。顷之，烟炎张天，人马烧溺死者甚众，军遂败退，还保南郡。备与瑜等复共追。曹公留曹仁等守江陵城。径自北归。"

综合这些材料，我们不难做出判断：曹军在与孙刘联军交战过程中失利，同时军中又暴发了大规模的瘟疫，因此败退。交战失利是一方面的原因，但如果军中没有暴发瘟疫，曹操未必会那么快北还。在曹操写给孙权的一封信中，也说了自己撤退的真实原因是军中瘟疫流行，而非周瑜之功，当然这也可以理解为曹操不愿意承认自己失败的托词。

事实上，曹军多为北方军队，不服南方水土，对一些南方的传染病免疫力不足，因而致病。至于疫病的开始，很可能在大规模交战前就已经有了一些病例。等到战争进入白热化的阶段，曹军中疫病流行更多。周瑜火攻赤壁，曹军伤亡颇重。于是曹操才下令焚毁剩余战船。曹操当时可能还想再战的，但疫病这时候已经非常严重了："时又疾疫，北军多死。"所以最后不得不撤军。

赤壁大战图

诸葛亮的"八阵图"就是一座石阵吗？中国的阵法创于何时？

唐代大诗人杜甫在避乱于成都期间，曾多次游览武侯祠，并留下了很多脍炙人口的诗句。比如，"三顾频烦天下计，两朝开济老臣心"是赞美诸葛亮鞠躬尽瘁、死而后已的精神；"功盖三分国，名成八阵图"则是赞美其丰功伟绩和高明的军事才能。这里的"八阵图"究竟是什么，中国最早的阵法始于什么时候？

阵法与冷兵器时代密切相关。在中国漫长的氏族社会时期，部落之间经常发生斗殴和流血冲突。那时打仗都是一哄而上，没有特定的组织方式和作战规律。据说最早的阵法始于黄帝时期，当时为打败蚩尤，黄帝曾得"九天玄女"传授兵书和阵法。进入奴隶社会后，奴隶主为巩固统治和掠夺更多的奴隶，开始注重利用阵法来提高军队战斗力。

有史可考的阵法源于商朝后期，当时编制了左、中、右"三师"，从"三师"的命名来看，军队已经采用固定的阵形。公元前1046年，武王伐纣时，"周师三百五十乘，陈于牧野"，"陈"通"阵"。阵法的普遍使用，则是在春秋战国时期，当时的很多兵书都记载了各种军队排兵布阵的方法，如《六韬》（相传为姜尚所作，但有后人考证成书于汉朝或战国时期）、《吴子》（战国名将吴起所作）、《孙膑兵法》等。后代，《唐太宗与李卫公问对》深研阵法。南宋岳飞留有兵法残篇讲授阵法。明代戚继光撰《纪效新书》《练兵实纪》，创立有"鸳鸯阵"和"三才阵"，在抗倭战争中显现了威力。

其中最有名的还是"八阵图"，此阵法在唐朝时传入日本，成为日本各种阵法的起源。"八阵图"相传为诸葛亮所创，《三国志·诸葛亮传》记载："亮性长于巧思，损益连弩，木牛流马，皆出其意；推演兵法，作八阵图，咸得其要云。"《三国演义》中也有大量关于"八阵图"的描述，其中非常有名的是诸葛亮在"鱼腹浦"立巨石阵以阻东吴追兵，陆逊误入阵中差点没有走出来。

"八阵图"是行军打仗的一种阵法。诸葛亮按照太乙方位确定为休、生、伤、杜、景、死、惊、开八门，依靠八卦阴阳之理设定，实际上是周易数理的一种运用。

"借荆州"是吴蜀矛盾的焦点，荆州到底是刘备所借，还是孙权所送？

荆州是赤壁之战后吴蜀矛盾的一个关键所在。刘备入川后，孙权讨要荆州，刘备以凉州未打下来为由拒绝。后来吕蒙白衣过江，关羽败走麦城被杀，刘备为关羽报仇，陆逊火烧连营八百里均与此有关。那么，荆州到底是刘备借的，还是孙权送的？

据《资治通鉴》记载："建安十四年（公元209年）十二月……权以瑜领南郡太守，屯据江陵；程普领江夏太守，治沙羡……会刘琦卒，权以备领荆州牧，周瑜分南岸地以给备。备立营于油江口，改名公安。""十五年（公元210年）十二月……备以周瑜所给地少，不足以容其众，乃自诣京见孙权，求都督荆州……权以鲁肃为奋武校尉，代瑜领兵，令程普领南郡太守。鲁肃劝权以荆州借刘备，与共拒曹操，权从之……复以程普领江夏太守，鲁肃为汉昌太守，屯陆口。"

《江表传》记载，周瑜为南郡太守，分南岸地以给备。备别立营于油江口，改名为公安。刘表吏士见从北军，多叛来投备。"备以瑜所给地少，不足以安民，（后）从权借荆州数郡。"

可见，确有刘备向东吴借荆州之事。江陵大战后，刘备攻取荆州四郡后，周瑜将南岸的土地分给刘备；刘备把军队驻扎在油江口，改名公安。后来刘表的很多吏士都来投靠，刘备便以周瑜所给的地少，不足以安置百姓为由，亲自前往江东求见孙权，要求统领整个荆州。恰好这期间周瑜病逝，亲刘的鲁肃上台，便劝孙权把荆州借给刘备，以共同对抗曹操。孙权同意后，刘备"借荆州"终于成功。

孙权借给刘备"荆州"主要还是出于政治的考量。当时曹操势力最强，唇亡必齿寒，所以孙权把荆州之地借与刘备，一方面表示友好，另一方面确是对抗曹操的军事需要。刘备也承认荆州是借的。据《三国志·吴主传》记载："是岁刘备定蜀。权以备已得益州，令诸葛瑾从求荆州诸郡。备不许，曰：吾方图凉州，凉州定，乃尽以荆州与吴耳。"《先主传》记载："二十年，孙权以先主已得益州，使使报欲得荆州。先主言：须得凉州，当以荆州相与。"这里孙权提出归还荆州，刘备并没有说荆州不属于东吴，而是找借口说"须得凉州，当以荆州相与"。

空城计名闻天下，诸葛亮真用此计吓退了司马懿吗？

在《三国演义》中有一段诸葛亮使用"空城计"吓退司马懿的精彩描写："'如魏兵到时，不可擅动，吾自有计。'孔明乃披鹤氅，戴纶巾，手摇羽扇，引二小童携琴一张，于城上敌楼前，凭栏而坐，焚香操琴，高声昂曲。"

三国后期，诸葛亮用人不善，马谡失掉街亭后，司马懿率兵直逼西城。诸葛亮手中并无兵马可以调遣，但他镇定自若，大开城门，自己在城楼上弹琴唱曲。司马懿怀疑设有埋伏，引兵退去。等得知这不过是"空城计"后，赵云已赶回解围，最终大胜司马懿。这是"空城计"的大致经过，但诸葛亮真的摆过空城计吗？

空城计至少在正史中是没有记载的。《三国志》中倒是有两处关于"空城计"的记叙，但均与诸葛亮无关。《三国志·赵云传》中记载："值曹公扬兵大出，云为公前锋所击，方战，其大众至，势逼，遂前突其陈，且斗且却。公军败，已复合，云陷敌，还趣围……公军追至围……而云入营，更大开门，偃旗息鼓。公军疑云有伏，引去。"赵云以"空营"虚张声势，骗走曹军。《三国志·文聘传》："孙权尝自将数万众卒至。时大雨，城栅崩坏，人民散在田野，未及补治。聘闻权到，不知所施，乃思唯莫若潜默可以疑之。乃敕城中人使不得见，又自卧舍中不起。权

果疑之，语其部党曰：'北方以此人忠臣也，故委之以此郡，今我至而不动，此不有密图，必当有外救。'遂不敢攻而去。"就这样，文聘以"空城计"，退了孙权大军。

空城计作为一种军事谋略，很早就有。据说春秋时期，楚国的公子元，在他哥哥楚文王死后，非常想占有漂亮的嫂子文夫人。为讨得文夫人的欢心，他率车五百乘攻打郑国。大军迅速逼近郑国首都，但齐国援军未到。这时有个叫叔詹的郑国大臣献策，命令士兵全部埋伏起来，不让敌人看见一兵一卒。店铺照常营业，大开城门，放下吊桥，摆出完全不设防的样子。公子元看到这种情况，以为有埋伏；又听到齐国大军将近，料难取胜，就撤兵了。这可能是"空城计"的最早记载。

兵法有云：虚者虚之，疑中生疑；刚柔之际，奇而复奇。"空城计"作为一种军事战略，很早就有。即使在三国时期，赵云和文聘也曾使用过。关于诸葛亮的"空城计"，虽具传奇色彩，确是于史无据。

皇帝召岳飞退兵，连发十二道"金牌"，这种"金牌"究竟为何物？

现在我们通常说的金牌是指各项比赛的第一名所获奖牌。中国古代也有各种各样的金牌，如"免死金牌"，还如宋朝皇帝下令岳飞班师回朝的十二道"金牌"，这些金牌究竟为何物呢？

"免死金牌"在中国民间曾广为流传，戏文中也经常出现。"免死金牌"又称为"金书铁券"或"丹书铁券"，它是古代帝王赐给功臣世代享受优待或免罪的凭证。其材质为铁，上用朱砂写字，因此又称"丹书"。为防止假冒，将铁券从中分开，朝廷和受赐人各持一半。唐代后改用嵌金的方法（金书）。据《辍耕录》载，吴越王钱镠曾受赐一块铁券，形状如瓦，高尺余，阔三尺许，券词以黄金镶嵌。誓词包括所封的爵衔、官职以及功绩等内容，另刻有"卿恕九死，子孙三死，或犯常刑，有司不得加责"。

丹书铁券始于汉高祖时期，最初为一种身份和爵位的象征。免死金牌的确可以免死，但谋反等罪名除外，如明沈德符《野获编》："所谓免死，除谋反大逆，一切死刑皆免。然免后革爵革薪，不许仍故封，但贷其命耳。"

宋朝皇帝下令岳飞班师回朝的十二道"金牌"是一种红漆金字的木片，为皇帝专属，可以不经过三省（政府机构）和枢密院（最高军事机构）直接下达。沈括《梦溪笔谈》中对此有详细记载："驿传旧有三等，曰步递、马递、急脚递。急脚递最遽，日行三百里，唯军兴则用之。熙宁中，又有'金字牌急脚递'，如古之羽檄也。以木牌朱漆黄金字，光明眩目，过如飞电，望之者无不避路，日行五百余里。有军前机速处分，则自御前发下，三省、枢密院莫得与也。"

名将袁崇焕是一个怎样的人？他为何会惨遭凌迟，含冤而死？

袁崇焕是中国明朝末年著名将领。他少年出仕，后单骑赴塞外考察辽东防务，先后打败努尔哈赤、皇太极的多次进攻，取得宁远、宁锦数次大捷，为朝廷立下赫赫战功，后来官至兵部尚书。他这样的一个人，为何最后会被崇祯皇帝处死？

袁崇焕，字元素，生于万历十二年。祖籍广东东莞。万历四十七年，袁崇焕考中三甲第40名，赐同进士出身，授福建邵武知县。在邵武任上，袁崇焕救民于水火，处理了大量冤假错案。《邵武府志》载："明决有胆略，尽心民事，冤抑无不伸。"此外，他关心辽事，天启二年，到北京朝觐，接受朝廷的政绩考核。他利用在京的时机，视察边塞，了解形势，为辽事进行准备。

后被提拔，督师辽东，固守宁远，并多次打败努尔哈赤和皇太极的进攻，在朝廷威望日高，被封为兵部尚书。后皇太极改变行军线路，改由长城、遵化一线进攻北京。袁崇焕先一日赶回北京，开始北京保卫战。但崇祯皇帝听信太监谗言，并中了皇太极的反间计，怀疑袁崇焕谋反。崇祯二年十二月初

将袁崇焕逮捕入狱，审讯半年，后以"袁崇焕付托不效，专恃欺隐，以市米则资盗，以谋款则斩帅，纵敌长驱，顿兵不战。及至城下，援兵四集，尽行遣散。又潜携喇嘛，坚请入城"等罪名凌迟。行刑时，群众争食其肉。

《明史》中有袁崇焕被下狱的真实记载："会我大清设间，谓崇焕密有成约，令所获宦官知之，阴纵使去。其人奔告于帝，帝信之不疑。十二月朔再召对，遂缚下诏狱。"可见，崇祯帝中了皇太极的反间计为真，而之前的种种罪名不过是借口。袁崇焕死时临危不惧，留下"一生事业总成空，半世功名在梦中。死后不愁无勇将，忠魂依旧守辽东"的遗言。

袁崇焕死后，明朝积弊更甚，后李自成攻破北京，明朝灭亡。

清朝的"八旗制度"到底是怎么一回事？"八旗"分别指什么？

清朝是中国封建社会的最后一个朝代，从努尔哈赤在明万历四十四年（1616年）建立后金，到1912年中华民国成立时瓦解，前后存续近300年时间，历经兴衰。可以说，整个清朝的历史，也就是一部清朝"八旗子弟"从兴起、繁荣、落后再到衰亡的历史。

满族是女真人的后裔，早期主要以采集和狩猎为生。依靠血缘和地域形成以氏族或村寨为单位的部落，部落集体组织的方式称为牛录制，总领称为牛录额真，额真又称厄真，是"主"的意思。努尔哈赤统一女真各部后，建立了四旗：黄旗、白旗、红旗、蓝旗。后来由于归附者众，就将原来的四旗改为正黄、正白、正红、正蓝四旗，并增设镶黄、镶白、镶红、镶蓝四旗，总称八旗。这是八旗制度的形成。八旗之下每300人为一牛录，设牛录额真一人；五牛录为一甲喇，设甲喇额真一人；五甲喇为一固山，设固山额真一人，副职一人，称为左右梅勒额真。

皇太极时期为扩大兵源，在满八旗的基

础上又建立了蒙古八旗和汉军八旗，编制与满八旗完全相同。满、蒙、汉八旗共24旗构成了清代八旗制度的整体。清入关后，八旗军又分成了禁旅八旗和驻防八旗。

八旗中，正黄、镶黄和正白旗为上三旗。上三旗归皇帝亲自指挥，兵是皇帝亲兵，皇宫侍卫也从上三旗中挑选。下五旗包括正红旗、镶红旗、镶白旗、正蓝旗、镶蓝旗，由诸王、贝勒和贝子分别统领。八旗初建时兵民合一，全民皆兵，凡满洲成员皆隶于满洲八旗之下。旗的组织具有军事、行政和生产等多方面职能。入关前，八旗兵丁平时从事生产劳动，战时荷戈从征，军械粮草自备。入关以后，建立了八旗常备兵制和兵饷制度，八旗兵从而成了职业兵。

八旗制度是清王朝统治全国的重要军事支柱，为发展和巩固多民族统一的国家、保卫边疆和防止外来侵略做出过重要贡献。但随着历史的发展，八旗制度中落后的一面也日益显现，战斗力也逐渐减弱，在清朝后期更是屡战屡败，不得不依靠汉族的一些地主武装。

晚清战争题材的影视剧中，士兵的军服后有的写"兵"，有的书"勇"，这是怎么回事？

晚清战争题材的电视剧中，在一些战争场面上，士兵军服背后的字并不一致。有的写"兵"，有的为"勇"。那么，"兵"和"勇"有区别吗？

要弄明白这个问题，首先就要明白清朝军队的编制。清军最初的军队编制为努尔哈赤开创的八旗部队。后来随着队伍的不断扩大，又增加了蒙八旗和汉八旗。八旗兵实行世兵制，平时耕猎，战时出征。"兵"在16岁以上的八旗男性子弟中挑选，剩下的叫"余丁"，不满16岁的叫"幼丁"，属于预备兵的范围。

清军入关后，又陆续招募了大量绿营兵。绿营兵插绿色旗帜，以营为建制单位，故称绿营兵。八旗兵和绿营兵都属于"兵"的范围。但后来八旗兵养尊处优，逐渐丧失了战斗力。平定三藩叛乱时，康熙主要借助的就是绿营兵的力量。到雍正时，由于一再强调"八旗乃满洲之根本"，士气有所恢复。八旗兵一般卫戍京师，绿营兵则分散于全国各地。

"勇"的产生是在乾隆以后，当时由于战争大量减员，需要及时补充兵员。于是一些乡勇、团练被临时招募来组成军队，战争结束后就解散。可见"勇"和"兵"比起来就是杂牌军，没有正式的编制。太平天国运动时期，曾国藩曾大量招募乡勇组成湘军，定兵制，发饷粮，称为勇营。从此后"勇"逐步代替了"兵"，成为国家军事的主要力量。勇营是拿国家粮饷的私募武装，所谓"兵为将有"；士兵和军官只效忠于自己的长官，不直接听命于皇上。

第四章
农业生产·商业贸易

俗话说"人吃五谷杂粮","五谷"具体指哪几种农作物？

"五谷"是粮食作物的总称。俗话说"人吃五谷杂粮"为生，那些整日享乐、不知民间疾苦的纨绔子弟被讽刺为"四体不勤，五谷不分"。那么，"五谷"具体指哪五种粮食作物呢？

早期人类种植的谷物有上百种之多，比《论语》成书更早的《书经》中，只见"百谷"，没有"五谷"之说。从"百"到"五"经历了漫长的历史演变，一方面是受当时阴阳五行学说的影响，人们以"五"代指所有谷物；另一方面也反映出人们经常长期实践，逐步确定了5种最主要的粮食品种。

"五谷"有两种说法：一说指稻、黍（黄米）、稷（粟，谷子）、麦、菽（大豆）；另一种说法是麻、黍、稷、麦、菽。二者的区别在于前者有稻而无麻，后者有麻而无稻。麻籽虽然可以供食用，但是主要是用它的纤维来织布。谷指的是粮食，前一种说法没有把麻包括在五谷里面，比较合理。但是从另一方面来说，当时的经济文化中心在北方，稻是南方作物，北方栽培的有限，所以五谷中有麻而没有稻，也有可能。

五谷的争论主要集中在"稻"和"麻"上。我们更认同"稻"而非"麻"，因麻确非主要粮食作物，而北方无"稻"则说"稻"非"五谷"也失之偏颇。实际上，春秋战国时期南方的楚国和吴越并不比北方的诸侯弱，夏商的文献中也存在大量关于我国南方的记载。

后世又将两种说法结合起来，得出稻、黍、稷、麦、菽、麻6种主要作物。战国时代的名著《吕氏春秋》里有4篇专门谈论农业的文章，其中"审时"篇谈论栽种禾（稷）、黍、稻、麻、菽、麦这6种作物的情况；"十二纪"篇中说到的作物，也是这6种。

"一亩三分地"作何解释？这个说法有何由来？语义又是如何演变的？

"一亩三分地"常用来指个人利益或势力范围，如："别人的事你就别过问了，还是先管好自己的一亩三分地吧！"那么，为什么用"一亩三分地"来代指个人利益，而且是"一亩三分"呢？

这与传统农耕社会有关。我国历代统治者都非常重视农业，存在祭祀社稷之神的仪式和典礼。在每年农耕时节，统治者亲自耕作，作出表率，以昭告天下，新一年的春耕又开始了。清朝建立后，在先农坛划出一块地，叫"演耕田"，每年由皇帝、皇后亲自耕种，以便及时了解农时，熟悉节令。

由于皇帝所种之地恰好是"一亩三分"，他人不得将地改为他用，所以后世用"一亩三分地"来表示个人势力范围。当然这种制度并非清朝才有，相传上古时期，三皇之首的伏羲氏"重农桑，务耕田"。每年农历二月初二这天，便由"皇娘送饭，御驾亲耕"，自理一亩三分地。

古代帝王为显示自己以苍生社稷为重，效法伏羲、尧、舜那样的明君，也在惊蛰前后，进行自理"一亩三分地"的活动。后来词义演变，人们就用"一亩三分地"来表示个人的事情、利益或势力范围。

古代皇帝十分重视农业，春耕之前，要行一种"籍田"礼，这种礼的具体内容是什么？

"籍田"是我国古代社会的一种礼仪，属天子之礼。天子通过此礼昭告天下重视农业，祈愿风调雨顺。那么，什么叫"籍田"，典礼的具体内容如何？

据《诗经·周颂·载芟》序所云："春籍田而祈社稷也。"郑玄笺："籍田，甸师氏所掌，王载耒耜所耕之田，天子千亩，诸侯百亩。籍之言借也，借民力治之，故谓之籍田，朕亲率耕，以给宗庙粢盛。"颜师古注引韦昭曰："籍，借也。借民力以治之，以奉宗庙，且以劝率天下，使务农也。"《通典·礼六》："天子孟春之月，乃择元辰，亲载耒耜，置之车右，帅公卿、诸侯、大夫，躬耕籍田千亩于南郊。冕而朱纮，躬秉耒，天子三推，以事天地、山川、社稷、先古。"

可见"籍"是借的意思，"籍田"就是"借民力治田"的意思。同时"籍田"还表示皇帝重视社稷和农业，有劝百姓务农之意。这反映出我国古代的"农本"思想。

举行"籍田"礼的时间一般定在孟春。所谓孟春就是立春到惊蛰的这段时间，春季的第一个月份。一般在二月初二左右，就是民间俗称"龙抬头"的日子。春耕之前，天子率诸侯亲自耕田以为表率。这源自原始社会，部落酋长在春初带头耕种，然后才开始大规模春耕生产的原始风俗。它是"祈年"的礼俗之一，又称"亲耕"，寓有重视农耕之意，自周、汉以下，各代多行之，然并非每年举行，亦有废而不举者。

举行仪式那天，以太牢祀先农神，在国都南面近郊，天子执耒三推三返。群臣以次耕，王公诸侯五推五返，公卿大夫七推七返，士九推九返。然后籍田令率其属耕播毕，礼

成，命天下州县及时春耕。

"籍田"礼是我国农耕文化的反映，是周礼的一部分。其产生于原始社会，一直延续到我国封建社会结束，虽时有废，但从未断绝。

古代的平民又被称为布衣，"布衣"就是指棉布做成的衣服吗？

我们知道，古代的平民被称为"布衣"。在多数人的印象里，"布衣"应该是棉布衣服，其实这个判断是错误的。因为棉布在我国出现得很晚，而"布衣"一词的出现要早得多。

在棉花推广、棉布出现以前，我国先民最早用于纺织的原料主要是葛、麻和蚕丝。一般王公贵族或有权势的人多穿绫罗绸缎，一般老百姓购买不起昂贵的丝帛，又因为法律的禁止，所以只能穿麻布的衣服。故而，人们用"布衣"指称一般平民。

葛就是葛藤，其长数十米，皮坚韧，用沸水煮过，就能抽出白而细的纤维来。这种纤维最早用来搓绳、结网，随着纺织技术的进步，葛被织成布，用来制作衣服。先秦时期，这种布是平民服饰的最基本材料。

秦汉时期，麻布取代葛布，成为民间服饰的主要衣料来源。麻包括苎麻（南方）和大麻（北方），比葛更容易加工处理。在长沙楚墓中出土的战国细苎布细密坚韧，可见我国劳动人民很早就掌握了熟练的麻纺技术。《战国策》中说的"布衣之士"，和诸葛亮《出师表》的"臣本布衣"，都说到"布"，这"布"指的就是麻布。

棉布取代麻成为主要纺织原料，则是在宋元以后。据学者考证，棉花最迟在南北朝时已经传入中国，主要在边疆地区种植，传入中原地区很迟。宋以前，我国只有带丝旁的"绵"字，没有带木旁的"棉"字。"棉"字最早出现在《宋书》中。宋末元初，内地开始种植棉花。史载："宋元之间始传种于中国，关陕闽广首获其利，盖此物出外夷，闽广通海舶，关陕通西域故也。"

由此可知，汉唐时期的平民，穿的是"麻布衣"，而不是"棉布衣"。

古代描绘农业生产的名画《耕织图》绘于何时？

《耕织图》是我国古代描绘农业生产活动的名画，现存大量彩绘和临摹本，详细刻画了我国小农经济时代男耕女织的社会生活场景。那么《耕织图》是什么时候绘制的呢？

《耕织图》最早产生于南宋，刘松年和楼俦都曾画过《耕织图》。作品得到了历代帝王的推崇和认可。天子三推，皇后亲蚕，男耕女织，这是中国古代农业社会的典型写照。楼俦在任于潜令时，绘制《耕织图诗》45幅，包括耕图21幅、织图24幅。

清朝康熙南巡，见到《耕织图诗》后，感慨农民生活的艰辛，传命内廷供奉焦秉贞在楼绘基础上，重新绘制，计有耕图和织图各23幅，并每幅制诗一章。焦绘《耕织图》令康熙皇帝龙颜大悦，加盖自己的大印，并令广为印制，赐给手下诸大臣。

《耕织图》是我国古代农业社会的缩影。由于其"图绘以尽其状，诗文以尽其情"，生动、细腻地描绘了劳动者耕作与蚕织的场景和详细的生产过程，所以起到了普及农业生产知识、促进社会生产力发展的作用，其本身也是极其珍贵的艺术瑰宝。

《耕织图册·收刈》 清

胡萝卜何时传入中国？与它一同传入的农作物还有哪些？

胡萝卜具有很高的营养价值。除了煲汤、炖肉外，它还具有治疗夜盲、保护呼吸道等药用价值。它为什么叫"胡萝卜"？是何时传入中国的？

胡萝卜又称甘荀，原产于亚洲西南部，在阿富汗的栽培历史可追溯到2 000年前。胡萝卜富含胡萝卜素，20世纪时，人们认识了胡萝卜素的营养价值，从而提高了胡萝卜的身价。

胡萝卜于10世纪从伊朗引入欧洲大陆，15世纪见于英国，16世纪传入美国。胡萝卜从伊朗引入中国是在13世纪的宋元时期，并于16世纪从中国传入日本。同时期传入中国的还有越南的占城稻、红薯、马铃薯、玉米等农作物。这是宋元时期我国对外交流活跃的表现。

"胡"在汉语中指的是北方或西域的少数民族，后来词义演变，人们把外国人统称为"胡人"。把胡人的衣服叫"胡服"，胡人不遵守礼仪和原则所说的话叫"胡说"、所做的事叫"胡作非为"。这种从西域引入的萝卜就被称为"胡萝卜"。

水果蔬菜中，冬瓜、西瓜和南瓜是以什么命名的？

民以食为天，瓜果蔬菜，每天必食之物。有些瓜类是按颜色和味道命名的，如黄瓜、苦瓜，而冬瓜、西瓜、南瓜的名称又是怎么来的？

先说"冬瓜"，明明是夏天成熟，为何叫"冬瓜"？原来在冬瓜成熟之际，表面上会有一层白粉状物质，就好像是冬天所结的白霜，故曰"冬瓜"。也正是这个原因，冬瓜俗称白瓜。冬瓜耐热，产量高，易于贮运，是夏秋的重要蔬菜品种之一。

接着看"西瓜"，夏天到了，人们很渴的时候，便想起它来。相传，神农氏尝百草时发现了西瓜，由于水多肉少，谓之"稀瓜"，后来人们讹传成了"西瓜"。不过比较通行的说法还是此瓜来自西域。西瓜原产地为埃及，后来传入中国。据明代科学家徐光启《农政全书》记载："西瓜，种出西域，故之名。"同时代李时珍《本草纲目》载："按胡峤于回纥得瓜种，名曰西瓜。则西瓜自五代时始入中国；今南北皆有。"可见，西瓜在我国已有很长的栽培历史。

西瓜因出自西域而得名，南瓜也一样。南瓜本产于中南美洲，故曰"南瓜"。

黄瓜的颜色并不黄，可为什么要叫黄瓜呢？

黄瓜是家常菜肴常见的材料，或炒或拌，鲜嫩可口。市场上黄瓜大多青葱可爱，叫"青瓜"似乎比黄瓜合适；浑身带刺，叫"刺瓜"也不错，为什么要叫"黄瓜"呢？

这背后还有个鲜为人知的故事。黄瓜并非中国土产，而是来自西域，最初叫"胡瓜"。南北朝时期，后赵政权建立者石勒本是入塞的羯族人。他在登基做皇帝后，对国人称呼羯族人为胡人大为恼火。石勒颁布了一条法令：无论说话写文章，一律严禁出现"胡"字，违者问斩不赦。

有一次，石勒在单于庭召见地方官员，这时襄国郡守樊坦衣衫褴褛地走进来。石勒见状，很不满意，就说："樊坦，你为何衣冠不整就来见朕？"樊坦慌乱之中不知如何是好，只好随口应道："这都怪胡人没道义，抢了我衣物，害得我只好褴褛来朝。"话刚说完，樊坦立刻意识到自己犯了禁，急忙叩头谢罪。石勒见他知错，也就不再指责。等到召见后例行"御赐午膳"时，石勒又指着一盘胡瓜故意问樊坦："这是何物？"樊坦知道石勒有意考问，于是恭敬答道："黄瓜也。"石勒听后方才满意。

自此以后，胡瓜就被称为黄瓜，在朝野之中传开了。唐朝时，黄瓜已成为南北常见的蔬菜。现在黄瓜的种类很多，大致分为春黄瓜、架黄瓜和旱黄瓜。而闻名全国的品种是北京刺瓜和宁阳刺瓜，二者均外形美观、皮薄肉厚、爽脆可口。

"商人"的名称来自商朝吗？

现代社会是个商业社会，各种市场主体生产出商品用以交换。专门从事商业活动的人被称为"商人"，"商业"也成为一个行业的代名词。那么，"商人"一词出自何处，与商朝有联系吗？

答案是肯定的。商代由于农业和手工业的发展，社会分工的扩大，出现了专门以从事商业交易为生的人员，被称为"商人"。"商邑翼翼，四方之极"是形容当时商业的盛况。商代出现了许多牵着牛车和乘船从事长途贩运的商贾，到后期，都邑里出现了专门从事各种交易的商贩。姜子牙就曾在朝歌以宰牛为业，还在孟津卖过饭。商代统治者鼓励经商，还修整大路，以利天下物流。

可见，"商人"职业产生于商代后期。武王伐纣后，商朝灭亡。一些商朝遗民没有了生活来源，便以经商为生。这部分人走街串巷，吆喝叫卖。人们听到他们的声音，就知道"商人"来了。据载，西周初期，周成王年幼，管、蔡二叔与纣王之子武庚联兵反叛。周公东征平叛后，将洛阳建为军事要塞，称为"成周"，"成周既成，迁殷顽民"。原来商朝的遗老遗少们被遣送到成周监视起来。这些人丧失了政治权利，又没了土地，只好通过贩卖物品为生，这便是"商人"的来源。

后来人们从商业贸易中发现了利润，很多周人也参与到市货买卖中来。于是，商人的意义泛化，成了一个职业的代称，直到今天我们仍然沿用。

"飞钱"是一种会飞的钱吗？为何叫这个名字？它是什么时候产生的？

古代贸易买卖除了金银外，多用铜钱交易。买卖双方一手交钱，一手交货，钱自然是不会飞的。但在唐朝中期，出现了一种"飞钱"，它是指会飞的钱吗？

这要从古代贸易说起。最初贸易范围并不大，后来随着生产和贸易活动日益发展，不同地域之间也经常发生贸易。而付款的一方携带大量铜钱是很不方便的，于是一种号称"飞钱"的业务产生了。它是指将银钱存入官办或私办的信用机构内，获得凭证，然后再到交易发生点用凭证交易的形式。

这种业务中，钱虽然存在此地，但却可以在彼处购买商品和货物，因此被称为"飞钱"。"飞钱"始于唐宪宗元和初年，有两种形式：一是官办，商人在京城把钱交给诸军、诸使或诸道设于京城的"进奏院"，携券到其他地区的指定地方取钱。二是私办，大商人在各道或主要城市有联号或交易往来，代营"便换"，以此牟利。

"飞钱"这种汇兑方式在唐代发端后，被北宋沿用。宋开宝三年（公元970年），官府在开封设置官营汇兑的机构"便钱务"，为行商直接办理异地汇款。

古人把路费叫作"盘缠"，还有一个成语叫"腰缠万贯"，钱财为何与"缠"缠上了呢？

古人将差旅费叫"盘缠"，一般人出外办事都会带上盘缠。与之相关的词语叫"腰缠万贯"，形容财大气粗。那么，为何钱财会有"盘缠"的怪名，古代钱真是缠在腰上的吗？

这要从古钱币的形状说起。古钱一般都是外圆内方、中间有孔的金属硬币，常用绳索将1 000个钱币穿成串再吊起来，穿钱的绳索叫作"贯"，所以1 000钱又叫1吊钱或1贯钱。古时人出门之时，只能带上笨重的成串铜钱。把铜钱盘起来缠绕腰间，既方便携带又安全，因此古人将这又"盘"又"缠"的旅费叫"盘缠"了。

"腰缠万贯"语出南朝殷芸的《小说·吴蜀人》："有客相从，各言所志，或愿为扬州刺史，或愿多赀财，或愿骑鹤上升。其一人曰：'腰缠十万贯，骑鹤上扬州。'欲兼三者。"

现代社会由于纸币的流行，很少有人把钱缠在腰间，但"盘缠"一词却沿用至今。

我国现在的货币单位是"元"，古代的货币单位是什么？"元"是怎么来的？

我国目前发行的人民币以"元"为单位，辅以"角"和"分"。古代的货币单位是什么？元这个词语又是如何产生的呢？

商代以前，都是广泛用自然物作为交换的媒介，也就是龟甲和贝壳。在殷墟出土的甲骨文中有大量这类买卖的记录，当时使用的计量单位是"朋"。

后来金属货币产生，成为一般等价物，有金、银、铜等。其中较易发现和开采的是铜，所以春秋战国时期所铸的钱都是铜钱，各国不统一，各种形状的都有。秦始皇统一六国后，颁令实行统一的度量衡，货币得到统一，才有了两、文这些计量单位。

"两"和"文"在我国封建社会长期占据主导地位，"元"则产生于明朝中后期。万历年间，欧美流行最广泛的货币"银圆"传入中国，最通行的是墨西哥银圆，钱面有鹰的图案，所以又称鹰洋。因其质地为"银"，形状呈圆形而得名。一枚就称为一圆。"圆"既是货币名称，又是单位名称。为了书写方便，后来人们就借用同音字"元"代替了。此后，虽然又使用过多种货币，单位"元"却一直沿用。

可见，"元"最初来自"圆"，是金属货币的形状。

古人喜欢把钱称作"孔方兄"，为什么这么叫？

"孔方兄"在古代指钱币，由于铜钱大多外圆内方，所以又被称为"孔方"。

"孔方兄"的由来与一些历史典故有关。西晋惠帝元康年间，政治腐败，贪污贿赂盛行，达官贵人多有"钱癖"，社会风气也是"唯钱是求"。鲁褒作《钱神论》讽刺当时的庸俗社会风气："（钱）为世神宝。亲之如兄，字曰孔方。失之则贫弱，得之则富昌。"其中，"亲之如兄，字曰孔方"形象刻画了人们对于金钱的追逐。之所以为"兄"，以其"可使鬼"故，以其为"神也"，故不曰"弟"或"叔"。

"孔方兄"一词最早见于宋朝大诗人黄庭坚的诗句"管城子无食肉相，孔方兄有绝交书"。当时黄庭坚被朝廷贬职，他的亲友开始

永乐通宝

和他疏远。伤心之余，黄庭坚写了这首诗。意思是笔墨（管城子）没有庸俗相（食肉，比喻），钱却与我疏远了（引申为嫌贫爱富的亲戚朋友）。由于此诗的广泛流传，"孔方兄"也就成了"钱"的代名词。

知识链接

元　宝

元宝，古钱币。最早见于唐肃宗时史思明在洛阳铸的"得壹元宝"和"顺天元宝"。顺天元宝是由得壹元宝改制的。这两种钱可以说是一种占领货币。大历年间曾铸有大历元宝，制作不精。以后还有天福元宝、淳化元宝、圣宋元宝、宣和元宝、靖康元宝等。

"元宝"名称的由来，一说是将唐朝"开元通宝"误读为"开通元宝"，另一说是"元朝之宝"的含义。元朝至元三年，以平准库的白银熔铸成"锭"，凡重量达50两者，名曰"元宝"。"元宝"一般为银，但也有金元宝，是财富的象征。过去元宝中间并没有凸出的部分，颜色也是银色。之所以演变成今天的样子，一是人们的忌讳（原本的形状有点像棺材），二是为了造型美观，颜色更亮丽（金色）。

世界上最早的纸币叫"交子"，它出现在哪里？为什么叫这个名字？

"交子"是世界上最早的纸币，最早出现在四川。那为什么这种货币叫"交子"，它又是如何产生的呢？

"交子"顾名思义就是交换的媒介，这里明确指出了北宋交子的货币流通职能。交子是伴随着我国古代商品经济的发展出现的，源于唐朝的"飞钱"。

飞钱类似于现在的汇票，可以在异地支取，但却不具备货币的流通职能，只是一种存取款的凭证。飞钱又叫飞子，后来买飞子者不复支钱，转相授受，乃渐成一种习惯上的通用货币。《宋史·食货志》亦有云："交子之法盖有取于唐之飞钱。"

最初的交子由商人自由发行。北宋初年，四川成都出现了专为携带巨款的商人经营现钱保管业务的"交子铺户"。存款人把现金交付给铺户，铺户向存款人发放存款证明，写在一种楮纸制作的券面上；当存款人提取现金时，要付一定的利息。这种临时填写存款金额的纸券便是"交子"。这时的"交子"，只是一种存款和取款凭据，而非货币。

随着商品经济的发展，"交子"的使用也越来越广泛。一些商人联合成立专营发行和兑换"交子"的交子铺，并在各地设交子分铺。由于交子铺户恪守信用、随到随取，所印"交子"他人又难以伪造，所以赢得了很高的信誉。商人之间的大额交易，为了避免搬运的麻烦，很多都用"交子"结算。后来一些交子铺户开始印刷有统一面额和格式的"交子"，作为一种新的流通手段向市场发行。这种"交子"已经是铸币的符号，真正成了纸币。

可见，交子是从最初的飞钱逐步发展而来的一种货币，由"私交"到"公交"经历了长时期的演变。作为世界上最早的纸币，交子要比西方早数百年。

纸币又称"钞票"，这个词是怎么来的？最早出现在什么时候？

现在人们通常把纸币称为"钞票"，但是我国在北宋时期首次出现的纸币叫"交子"，后又叫"钱引"，明代发行过"大明宝钞"，均无"票"的说法。那么"钞票"一词究竟是如何产生的呢？

纸币最早产生于中国，宋代成都地区曾长期使用"交子"作为交换的媒介。清代《续通典·食货》上载："交子三年一届，始于宋代之铜钱与铁钱混用而不便于携；迄神宗时，交子正式由官方所承认，即熙宁初年将伪造交子等同于伪造官方文书。"交子"的含义是交换的媒介，但并不见"钞票"之名称。

宋徽宗大观元年，宋朝政府改"交子"为"钱引"。元政府曾大量使用"金钞"，由于准备金不足，引发通货膨胀，最终危及政权。明朝政府也曾使用"大明宝钞"，但以失败告终。清朝在顺治时曾发行过纸币，后来被禁止。清朝咸丰年间，太平天国起义爆发，政府军费开支浩繁，为了筹措资金，先后发行两种纸币。一是以钱制为单位的"大清宝钞"，二是以银两为单位的"户部官票"，亦称银票。

在当时市场流通中，由于用小额货币需使用大清宝钞，用银两就使用户部官票，老百姓出行购物须带两种纸币。为了便于称呼，人们就把两种纸币合称为"钞票"。这便是"钞票"的由来，一直沿用到今天。

知识链接

阿堵物

"阿堵物"是钱币的别称。"阿堵"在两晋口语中代表"这个"，阿堵物就是"这物件"的意思。

据说，王衍是一位有名的清谈家，有洁癖，鄙视金钱。一遇到有人谈论金钱，便嗤之以鼻。王衍的老婆郭氏对王衍的清高很瞧不起，就想治治他。一天夜里，当王衍睡熟后，郭氏叫侍婢拿出很多钱，将王衍的床围得水泄不通。第二天早晨，王衍起床，见四周都是钱，他的妻子郭氏站在旁边想看他的笑话。王衍不碰"钱"，只在床上呼唤侍婢："快，把阿堵物搬走！"后来人们就用"阿堵物"来作为金钱的代名词。

古代有没有"下海"一词？原意与"大海"有关吗？

改革开放之初，很多人从体制内走出来经营商业的活动被称为"下海"。最初的"下海"是什么意思呢？

下海最初是稀里糊涂做某事。据明代戏曲《四美记》，宋朝的一个蔡姓状元遵照母亲遗愿为家乡建一座洛阳桥。在建桥过程中，桥墩突然打不下去，于是请来阴阳先生，说是海龙王不同意。于是，蔡状元贴出布告，寻求能下海之人。结果数月过去，还是无人应征。衙役担心县官怪罪，就胡乱在酒馆里找了个叫"夏德海"的人，谎称找到了"下得海"的人。

以上是戏曲故事，事实上，"下海"在古代含义众多。旧时戏曲界票友转为职业演员为"下海"。老舍的《四世同堂》中有："论唱，论做，论扮相，她都有下海的资格。可是，她宁愿意做拿黑杆的票友，而不敢去搭班儿。"另外，妓女第一天接客也称为"下海"，如老舍《四世同堂》："每逢有新下海的暗门子，我先把她带到这里来，由科长给施行洗礼，怎样？"

现代流行的"下海"基本上只是指放弃原来工作而经营商业。

"市"与"井"有何关系？为什么人们要用"市井"来指称商品交换的场所？

"市井"在古代指商品交换的场所，也叫市廛，是指商肆集中的地方。那么，为什么"市"和"井"能联系到一起？

《管子·小匡》曰："处商必就市井。"尹知章作注："立市必四方，若造井之制，故曰市井。"可见最初的"市场"是四方的，在东、西、南、北都可以买到商品，状如"井"字，所以称为"市井"。《木兰诗》中"东市买骏马，西市买鞍鞯，南市买辔头，北市买长鞭"概指此义，只不过后来格局变迁，多为"东、西二市"。

市井在城市布局中属于商业区。按照礼制，一般为"前朝后市"。市场在城市空间位置被定位于宫殿或官衙的背后，这是周礼的一种体现。但是城市商业的发展却未被"礼"所完全束缚。自汉至隋唐，在一些大的城市，以"市"命名的区域并非一处。例如，汉代长安有9个市，6个市在大路西边，统称西市；3个市在大路东边，统称东市。东西市以外还有个槐市。北魏洛阳有小市、大市、四通市等。

古代"市井"虽然提供了一定的商业空间，但也存在封闭性。商业区和居民区完全分离，并不利于商业的发展。通常，市周围围以市墙，分设四门，以时启闭。例如，唐代的市，由司市掌管锁钥。"凡市，以日中击鼓三百声而众以会。日入前七刻，击钲三百声而众以散。"市场门禁甚严，"越官府廨垣及坊市垣篱者，杖七十，侵坏者亦如之"。可见当时"市井"贸易受到严格的管制。

至于"市井"中自然有人缺斤短两，有人偷窃，或为鸡毛蒜皮互相叫骂，众生相俱足，人们便用"市井小人"或"市井无赖"来形容那些平庸之辈。"市井""市侩"这些词语的贬义也反映出我国古代重农抑商的政策。

会计是最常见的职业，这个职业最早出现在什么时候？"会计"一词有何由来？

会计是现代经济生活常见的职业，一般企业或事业单位都有自己独立进行核算的人员。那么，这个职业最早出现在何时？"会计"一词的准确含义又是什么呢？

会计有两层含义：一是以货币为主要计量单位，运用一定程序和方式对经济进行统计和分析的一种管理活动；二是从事上述会计活动的人员。

会计职业的出现伴随着人类的记账、算账活动而产生，在中国有着悠久的历史。据史籍记载，我国早在西周时代就设有专门核算官方财赋收支的官职——司会，司会对财物收支进行"月计岁会"的计量工作，这可能是最早的"会计"了，后来的"会计"便产生于此。当时"零星算之为计，总合算之为会"。

西汉时期出现了专门的会计账册，称为"计簿"或"簿书"。以后各朝代都设有官吏管理钱粮、赋税和财物的收支。宋代办理钱粮报销或移交，要编造"四柱清册"，通过"旧管＋新收＝开除＋实在"的平衡公式进行结账。这是我国会计学科发展过程中的一大

成就。明末清初，出现了以四柱为基础的"龙门账"，它把全部账目划分为"进""缴""存""该"4大类，运用"进－缴＝存－该"的平衡公式进行核算，这又是一次巨大的进步。

古代的酒店、饭店多挂有幌子，这个幌子有何作用？什么时候开始出现的？

"幌子"在我国古代有两层含义：一种是由图腾崇拜演化而来，传达政治、文化信息的旗帜；另一种则是在商品生产和商品交换过程中，起陈列广告作用的高度抽象化且较为成型的表、帜、帘。我们所说的幌子，是指后一类。那么，幌子是什么时候产生，又有什么作用呢？

幌子的产生年代很早，现已不可考。其来历主要与气候有关。北方寒冷，从前商店无陈列窗，冷天紧闭窗门，顾客不知店内经营何物，故产生了作为标志的幌子。

唐代饮酒之风日盛，酒店多悬挂长方形布幔，中间写斗大一个"酒"字，这便是酒幌。古代文献里，对酒幌的称谓各不相同，较常见的有"望子""招旗"等。孟元老在《东京梦华录》里就有"至午、未间，家家无酒，拽下望子"之说。长篇小说《水浒传》中亦有"当日晌午时分，走得肚中饥渴，望见前面有一个酒店，挑着一面招旗在门前"的记载。

幌子形状各异。葫芦形、三角形、菱形以及各种实物形状的幌子广告的出现，打破了布幔特有的长方形形状，使幌子广告的表现形式日益丰富多彩。因不同形状的幌子广告均有特定的含义，代表不同商品的经营类别，因此，幌子广告逐渐成为各种行业的特殊标记。

旅店古已有之，它最早出现在何时？是官营还是民营？

俗话说"投亲不如住店"，意思是有事出门，到亲戚那住宿还不如找家旅馆。这除了反映出古人不愿意叨扰亲朋外，也说明旅馆

古已有之。那么，旅馆最早出现在何时，是官办还是民营的呢？

旅馆是伴随着驿站发展起来的。古代由于战争，需要迅速往来传递信息，于是一种专门为情报人员提供便利的机构——驿站产生了。驿站可以为他们提供住宿、换马等方面的服务，这便是最早的旅馆。根据历史记载，商朝时就有"驿站"，当时是供官方传递文书和往来宾客居住的处所。西周初期，为了方便诸侯进贡和朝觐，在通往都城的道路上广修客舍，所谓"凡国野之道，十里有庐，庐有饮食"，"市有候馆……以待朝聘之官也"。来宾按爵位高低，分别受到不同的接待，这实际是一种"官营"的旅馆。

春秋战国时期，由于商业兴盛和交通发达，民间旅馆渐渐兴起。这些旅馆最初叫"客栈"或"旅店"，食宿不分，主要为商人服务。西汉时期，旅馆的范围得到扩大，都城长安不光有各地客商住的"郡邸"，还有供外宾居住的"蛮夷邸"。唐朝时，旅馆业就更发达了。据《旧唐书·太宗本纪》记载，唐太宗时恢复了地方官朝觐制度，为使官员住宿方便，下令建造邸第 300 余所。后来，又在西北地区修建了一条"参天可汗道"，供来访中国的外国客人和使节居住。当时甚至还按宾客的国籍或民族分设国家宾馆，由鸿胪寺属下的典客署负责管理接待。到了元代，旅馆已成为最兴旺的行业之一，甚至出现了皇家开办的旅馆。明清时，因科举需要，京城出现接待应试举子和客商的"会馆"。光绪初年，北京共有会馆 367 所。

可见，旅店最初为官办，是从驿站逐步发展而来。后来，由于商品经济的繁荣，各种贸易往来不断，旅馆数量又有很大增加。

除了陆路，中西还有一条海上通道，这条通道究竟是"丝绸之路"还是"陶瓷之路"？

我国历史悠久，在漫长的历史进程中，一直与世界各民族保持着广泛的联系。丝绸之路是陆上通西域各国的道路。但你是否知道"陶瓷之路"以及它对中西方贸易和文化交流的贡献呢？

陶瓷是中华民族的传统工艺。进入中世纪后，随着中国瓷器的大量外销，中国开始以"瓷国"享誉于世。从公元 8 世纪末开始，中国陶瓷开始向外输出。经晚唐五代到宋初，达到了一个高潮，从而形成了"陶瓷之路"。

"陶瓷之路"是我国与世界沟通的海上交通线。当时主要有两条：一是从扬州、宁波经朝鲜或直达日本的航线；二是从广州出发，到东南亚各国，或出马六甲海峡，进入印度洋，经斯里兰卡、印度、巴基斯坦到波斯湾的航线。这两条道路，在很长一段时间被叫作"海上丝绸之路"，但是从贸易的商品看，却以陶瓷为主，实际上是"陶瓷之路"。

宋元时期，我国主要输出的瓷器有景德镇青白瓷、青花瓷、釉里红瓷、吉州窑瓷、定窑瓷等。与唐朝相比，除了品种增加外，贸易范围也有所扩大。除了东南亚、南亚和西亚的大部分国家，还包括非洲东海岸各国及内陆的津巴布韦等。明代中晚期至清初是中国瓷器外销的黄金时期。输出品种除传统瓷器外，还能够按国外定制生产，这被称为纹章瓷。运输路线可绕过好望角或通过墨西哥横越大西洋到达欧洲。

可见，"陶瓷之路"丝毫不亚于丝绸之路对于人类的贡献，它促进了世界各民族的交流，对人类历史发展具有深远影响。

当铺在中国经济史上颇有名气，它的起源是怎样的？

当铺是收取他人动产，并按一定折扣向质押人放贷的机构，旧称质库、解库，亦称质押。在中国经济史上，当铺和市坊的名气不相上下。

当铺起源很早，南北朝时期已有寺院经营以衣物等动产作抵押的放款业务。唐朝当铺称为质库，唐玄宗时，有些贵族官僚开设质库，从事商业和高利贷剥削。会昌年间，朝廷的一则文告中曾说，高官贵族还有一些闲散职务的官员都私设质库楼店，与民争利。宋代当铺称为长生库，由于宋朝商品经济日益发展，长生库亦随之发达，富商大贾、官府纷纷经营以物品作抵押的放款业务。抵押的物品除一般的金银珠玉钱货外，有时甚至还包括奴婢、牛马等有生命的物品，而普通劳动人民则多以生活用品作抵押。长生库放款时限短、利息高，还任意压低物的价格，借款如到期不还，则没收质物，因此导致许多人家破产。

元代当铺称为解库。典当放债的利息很高，典当人多有无钱赎当者，自己的质品被当铺吞没。"当铺"一词产生于明朝，当时商人经营的范围较之前更广泛，不仅一般平民受剥削，有的富有之家也因典当而濒临破产；小乡镇中还有"代当"的业务。清朝的当铺就更为普遍，乾隆时北京已有当铺六七百家，利息苛重，而且达到一定时期不能取赎即成死当，质品没收。

旧时当铺是高利贷的一种形式，质押人只能按质押物价值的一定折扣（通常为一半）获得贷款。如果到期不能还本付息，则没收质押物。由于利息苛重，当户又多为贫苦百姓，所以经常不能按期回赎。

票号是现代银行的雏形，中国最早的票号出现在何时？叫什么名字？

票号又称汇兑庄或票庄，是一种金融信用机构，开始主要承揽汇兑业务，后来也进行存放款业务。票号是现代银行的雏形，最早经营的是汇兑业务。

票号是明清时期社会经济发展的产物。明代中叶以后，由于社会生产力的提高，国外白银流入的刺激，商品货币经济有了明显的发展。这种势头一直延续到康熙、乾隆年间。据刘献廷《广阳杂记》卷四载："天下有四聚，北则京师，南则佛山，东则苏州，西则汉口，然东海之滨，苏州而外，更有芜湖、扬州、江宁、杭州以分其势，西则惟汉口耳。"可见当时商品经济已有相当发展。

商品经济的发展，刺激了人们的金融需求，于是各地票号便发展起来。对于票号产生的年代，学术界看法不一。有人认为在明

末清初。陈其田《山西票庄考略》认为，票号开始于山西的康氏。清初，李闯王从北京败退，所携金子悉放于康氏的院子里而去，康氏拾得 800 万两，遂创票号。徐珂所著《清稗类钞》也称："相传明末李自成携巨资败走山西，及死，山西人得其资以设票号。"

此外，亦有康熙朝说，乾隆、嘉庆时说，道光初年说。公认的我国最早的票号是清道光三年创办的日昇昌票号。据陈其田《山西票庄考略》载："大概是道光初年，天津日昇昌颜料铺的经理雷履泰，因为地方不靖，运现困难，乃用汇票清算远地的账目，起初似乎是在重庆、汉口、天津间，日昇昌往来的商号试行成效甚著。第二步乃以天津日昇昌颜料铺为后盾，兼营汇票，替人汇兑。第三步在道光十一年北京日昇昌颜料铺改为日昇昌票庄，专营汇兑。"

日昇昌票号是晋商的典型代表，是中国第一家专营存款、放款、汇兑业务的私人金融机构。总号设于山西省平遥县城内繁华的西大街路南，占地面积 1 000 多平方米，分号达 35 处之多，遍布全国。

"会馆"原是一个什么所在？后来为何成为各地商人的行业组织？

"会馆"是我国明清时期城市中由同乡或同业人员组成的社团，最早产生于明代前期。已知最早的会馆是建于永乐年间的北京芜湖会馆，主要为同乡官僚和科举之士提供居留、聚会之处，故又被称为试馆。嘉靖、万历时期同乡会馆趋于兴盛，清代中期最多。

明清会馆大致分为三类：北京的会馆以试馆居多，因当时科举试殿试在京城举行。此外亦有少部分会馆为工商业性质。苏州、汉口、上海等工商业城市的会馆，大多数是以工商业者、行帮为主体的同乡会馆。四川的会馆，大多为清初各地移民所建，以联系同乡情谊为主。可见，早期会馆与工商业联系并不密切，更多是一种应试或同乡组织。

明朝中后期，商业贸易逐渐繁荣，资本主义萌芽不断发展，具有工商业性质的会馆

才大量出现。会馆制度开始从单纯的同乡组织向工商业组织演变，但仍然保持着浓厚的地域观念，绝大多数都是工商业者的同乡行帮会馆。即使到了清代后期，突破地域的行业性会馆仍然只是个别的，以同业公会的形式出现。明清时期工商业会馆的出现，对于保护工商业者的自身利益有一定的促进作用；但会馆与乡土观念及封建势力的结合，也在一定程度上阻碍了商品经济的进一步发展。

清代著名的商帮有哪些？它们是怎样发展起来的？实力最强的是哪个？

商帮是以亲缘、地缘关系为基础的商业组织。在明清时期，商业繁荣，竞争激烈，出现了"十大商帮"。它们是如何发展起来的，实力最强的是哪个？

明清时期，我国商品行业日益繁杂，数量不断增多，商人队伍也日渐壮大，竞争激烈。而封建统治者向来推行重农抑商的政策，在社会阶层的排序"士、农、工、商"中，

商也是居于末位。国家对商人没有明文的法律保护，民间又多以"奸商"之名进行歧视。商人因而自相联络，互相支持，商帮便应运而生。

这些商帮在彼此竞争的过程中，逐步形成了著名的十大商帮。具体为山西晋商、徽州徽商、陕西商人、福建闽商、广东粤商、江右赣商、洞庭苏商、宁波浙商、龙游浙商、山东鲁商。这些商帮均以亲缘和地缘关系为纽带，反映出中国人浓厚的乡土观念。商帮按地域划分，有本帮和客帮之分；按行业划分，又有行帮之分。

在十大商帮中，尤以晋商和徽商实力最强。晋商多以皇商、官商的身份出现，与政府关系密切。我国近代金融业多为晋商从事。徽商与晋商齐名，多贩卖食盐、茶叶，或经营文房四宝等。徽商贸易范围广泛，东进苏杭，北上京冀，南抵港粤，西进巴蜀，甚至出海和日本进行贸易，实力雄厚。明清时期，有"无徽不成商"之说。

第五章

科技奇闻·神秘中医

传说鲧用"息壤"治水，"息壤"是什么？为何能消除水患？

据《山海经》记载："鲧窃帝之息壤以堙洪水。"意思是说，鲧用"息壤"治理洪水。

神话传说中的息壤是一种能自动生长的土壤。据说天帝发下大洪水惩罚世人，地上的百姓生存艰难。这时候，一个叫鲧的人出现了。他本来是天上的神仙，但私自下界并偷了天帝的宝贝——息壤。在鲧的帮助下，眼看治水就要成功了，天帝却知道了宝贝被盗之事。于是大为震怒，令火神祝融杀死了鲧。

鲧死后三年尸体都没有腐烂，有人感到奇怪，就剖开了他的尸体，禹就从尸体里蹦了出来，而鲧化成黄龙飞走了。禹继承父亲的遗志治理洪水。天帝大概是感到愧疚，就派了应龙来帮助禹。禹治水非常勤奋，三过家门而不入。他采用疏导和堵截相结合的方式，很快让水患得到了根治，人们就拥立禹做了王。

万里长城驰名世界，除它之外中国还有别的长城吗？

万里长城东起山海关，西到嘉峪关，全长 1.3 万多里，是中华民族精神和文化的象征。长城早在春秋战国时期就有，秦统一六国后，将原来各国长城连成一线，以抵御北方少数民族的入侵，后经汉、明等朝数次修缮。那么，除了万里长城外，还有别的长城存在吗？

万里长城东起山海关，西到嘉峪关的部分被称为长城的"主线"，是长城文化的核心。除此之外，其他地方还保留着一些古老的小长城，主要有：穆陵齐长城，位于山东省沂水县城北 50 千米穆陵关两侧，系战国齐长城遗址，长约 45 千米；华阴魏长城，在陕西省华阴市华山脚下，长城向北蔓延，穿过韩城直达黄河边，长约 150 千米；烧锅营子燕长城，在辽宁省建平县张家湾村，乃燕时所筑长城遗址，长约 7 千米。

此外还有围场古长城，在河北省围场县岱尹上村附近。是乾隆十七年皇帝狩猎时发现的一段燕长城，绵延达 200 千米。宁夏回族自治区战国秦长城，在宁夏回族自治区西吉县境内，甘肃镇原县有一部分。临洮秦长城，在甘肃北部临洮县，是秦统一六国后西向长城的起点，呈南北走向，高约 1 米，全部为黄土结构。疏勒河汉长城，在甘肃西北

万里长城第一台遗址

在秦代修筑长城时，榆林这个地方是当地地势最高、烽火台最大、里面驻军最多，也是两路长城会合的地方。自秦以后，历代均以此台为镇守北方的重要军事要地，号称镇北台。

疏勒河南岸，是汉长城保留至今最好的遗址，全长约 150 千米。

可见，这些长城多为战国或秦汉时所筑，因为国家的灭亡或主干线的改变而逐步沦落。虽历经岁月的风霜，它们依然挺立，与万里长城一起，成为中华民族的象征。

古人没有钟表，他们是如何计时的？使用的计时工具是什么？

现代人都使用钟表进行计时。现代的钟表是西方人发明的，传入时间是在明末清初的 17 世纪。那么在更早的时候，我们的祖先靠什么来计时呢？

人们最初使用的是一种叫"圭表"的计时器，它是一种依靠计算日影长度来计时的工具。所谓"圭表"由两部分组成：直立在地面测日影的标杆或石柱叫作表，南北放置测量表影的刻板叫作圭。时间又被称为"光阴"，意即太阳在地上留下的阴影，"光阴"一词就和圭表有关系。

在圭表的基础上，人们又发明了"日晷"，还是以光的投影来判断时刻。日晷由一根晷针和一个刻有刻线的晷盘组成。当太阳的方位变动时，晷针在晷盘的投影所指向的方向也不一样。古人根据长期的观察，确立了 12 个时辰所对应的日影方位，并以此来判断时间。比如，"午时三刻"指的其实就是日晷盘午时位置的第 3 个刻度。

圭表和日晷都是利用太阳来计时的方法。但碰到阴雨天如何计时呢？古人发明了"漏刻"的方法。"漏刻"就是利用水流的均衡性原理，在壶里盛水，通过观察壶上刻有时间的标尺（叫刻箭）位置来判断时间。"漏刻"的方式由于不受天气和气候的影响，在中国民间长期广泛使用。

机械动力的计时器在中国古代也是存在的。宋代苏颂在张衡发明的水运浑天仪的基础上改造完成的水运仪象台可以准确报时，并显示 12 个时辰。此外，还有香篆、油灯钟、蜡烛钟、沙钟等计时工具。17 世纪后，西方更为精密的钟表传入，人们逐渐放弃了原有的计时工具。

在计时方法上，古人采用百刻制的方式，即将一昼夜均分为 100 刻，一刻约等于 14.4 分。隋唐时期发明了 12 时辰计时。西方钟表传入中国后，为适应 24 小时计时的方法，百刻制改为 96 刻制；一个时辰等于两个小时，一个小时等于四刻。

中国最早的运算工具是什么？阿拉伯数字传入中国之前，古人是如何计数的？

现在的人进行较为复杂的计算都使用电子计算器，方便又快捷。在电子产品出现前，中国很长一段时间是使用算盘作为运算工具的。那么，算盘是不是中国最早的计算工具，古人又如何计数呢？

据载，中国最早的计算工具叫算筹，早在春秋时期就出现了。1972 年，陕西省宝鸡市千阳县西郊的西汉古墓中，发现了一小堆长短一致、粗细相同的鸡腿骨。经考证，这些鸡骨就是计算工具算筹。《汉书·律历志》中详细描述了算筹的材质和形状：一般为圆形竹棍，也有由木头、兽骨、象牙、金属制成的。

算筹与算盘的计数方法类似，以纵横两种排列方式来表示单位数目。1—5 直接用相应数目的算筹表示，6—9 则用上面的算筹再加下面的算筹表示。表示多位数时，个位用纵式，十位用横式，百位用纵式，千位用横式，以此类推，遇零则置空。据《孙子算经》记载："凡算之法，先识其位，一纵十横，百立千僵，千十相望，万百相当。"

阿拉伯数字传入中国相对较晚，在这之前，中国古代计数有结绳、刻契、黏土证物计数几种方法。其中结绳计数最简单，有几个数就打几个结，形状和大小不同反映的计数内容也不同。在文字发明以前，这种计数方法在各民族中均有运用，有些民族甚至沿用至今。刻契计数法又叫签筹计数，就是在木片或其他材质上划上刻痕，以此来表示数目的多寡。汉朝刘熙《释名·释书契》载："契，刻也，刻识其数也。"

可见，算盘不是中国最早的计算工具，古人所采用的计数方法也不是我们现在通行的阿拉伯数字。算盘取代算筹带有一定的历史必然性，因其更有利于携带和方便计算；阿拉伯数字比起以前的计数方式，又具有简单易学、便于计算的特点。可见人类的每一次进步都是历史自然选择的结果。

知识链接

算 盘

算盘，中国传统计算工具，也是中国古代的重大发明之一。在阿拉伯数字出现前，算盘曾是世界上使用最广泛的计算工具。最原始的计算工具是算筹，随着生产的发展，原先用分散的竹或木棍计算的方法逐渐不能满足人们的需要，在此基础上产生了算盘。

算盘最早可追溯到公元前600年，最初叫"算板"。算盘为长方形，四周为木框，中间穿有珠子。上面的珠子一个代表五，下面的珠子一个就代表一，计算的时候采用十进位的方式。

算盘有自己的计算规则和口诀，可进行加减乘除甚至开方的运算。算盘的出现，被称为人类历史上计算器的重大改革。直到今天，仍有很多人喜欢珠算，因为它除了运算外，还具有启迪心智、锻炼手指和眼睛的功用。

中国的小学生都要求背诵"九九乘法表"，这套口诀是什么时候创立的？

"九九乘法表"对于小学低年级学生来说是必须掌握的。我们上学的时候，都是从"一一得一、一二得二"，一直背到"九九八十一"的。古人是反过来背的，也就是从"九九八十一"到"二二得四"结束。

"九九乘法表"又叫"九九乘法口诀"，早在春秋战国时期就开始流行了。当时的一些著作如《荀子》《管子》《淮南子》《战国策》中均有"三九二十七""六八四十八""四八三十二""六六三十六"的记载。

中国的"九九乘法表"对世界文化的发展具有巨大贡献。欧洲直到13世纪都没有像样的乘法表。古希腊和古巴比伦文明倒是发明了乘法表，但是计算过于烦琐。而中国汉代和两晋时期的数学成就是惊人的，祖冲之已经将圆周率计算到小数点后第七位。

13世纪左右，东方的计算方法通过阿拉伯人的贸易活动传入西方，欧洲人发现了"九九乘法表"的简便和易用，就学习了这个方法，这是中华民族对世界文明的又一重大贡献。

人们把造纸术的发明归功于蔡伦，难道在蔡伦之前真的没有纸张吗？

"造纸术"是中国古代的四大发明之一。它的出现，是中华民族对世界文明的重大贡献。隋唐时期，中国封建社会经济繁荣，商业贸易非常发达。很多阿拉伯商人来到中国，将学到的造纸术经由丝绸之路传到欧洲。

造纸术相传为东汉的蔡伦所发明，人们也因此将植物纤维纸张叫作"蔡侯纸"。其实，蔡伦只是造纸术的改造者，纸张早在西汉初年就出现了。只不过后人为了缅怀他的功绩，普遍认同他是造纸术的发明人。根据考古方面的资料，迄今发现的最早纸张出土于新疆维吾尔自治区罗布淖尔古烽燧亭中，年代不晚于公元前49年。后来又在陕西西安和扶风、甘肃敦煌等地相继发现西汉时期的纸张。这些都说明，早在蔡伦改进造纸术前，中国已经有纸张了。

许慎在《说文解字》中说："纸，从'丝'旁。"可见，最初的纸张可能是以丝帛为原料的。在《汉书·赵皇后传》中记载，皇后赵飞燕嫉妒成帝妃曹伟能生皇子，于是用"赫蹄"纸包裹毒药赐死她。这里的"赫蹄"可能是用丝帛打浆制成的一种名贵的纸张。

最初制纸的原料较为贵重，所以民间很少采用。蔡伦改进了造纸术。他用树皮、麻头、破布、渔网等材料，通过挫、捣、抄、烘等手段提取植物纤维，终于制成了质地优良、价格便宜的纸张，这是现代造纸术的鼻祖。原料获取的廉价和制作的方便使蔡伦的造纸之法很快在民间得到推广和发展。纸开始由王公贵族的案头走向寻常百姓之家,为文化的昌盛和繁荣创造了条件。

第一位造纸的肯定不是蔡伦,但蔡伦对于造纸术的改进却让更多的人受益,而且现代意义的造纸术也是从他那里产生的,所以今天认为他为造纸术的发明人。

指南针的指针本来是指向北方的,可人们为什么叫它"指南针"?

指南针是一种可以用来判断方位的仪器。由于其前身为"司南"(勺柄指向南方),后世就把这种能够指示南北方向的仪器叫"指南针"。指南针的主要组成部分是一根装在轴上能自由转动的磁针,在地磁场的作用下,就产生指示南北的性质。指南针在测量、航海和军事等领域应用广泛。

指南针是中国古代的四大发明之一,对于世界文明的发展做出过巨大贡献。它的产生来源于先民对磁铁矿的认识。他们首先发现了磁石吸铁的性质,然后又发现了磁针的指向性,经过长期的观察和实践,终于发明了实用的指南针。

指南针早在战国时期就有了,当时叫"司南",由一块天然磁石打磨而成,样子很像汤勺,可以在平滑的地盘上转动,静止时勺柄指向的方位就是南方。韩非子云:"先王立司南以端朝夕。"意思是说,先王利用司南来正四方,确定方位。随着人们对磁石认识和理解的加深,后来相继出现了"指南鱼"和"指南针"。"指南鱼"是将细铁片制成鱼形,经磁化后置于水面,就可以指示方位;指南针则是将磁石打磨成非常细小的针,如沈括《梦溪笔谈》载:"方家以磁石磨针锋,则能指南。然常微偏东,不全南也。"

最初的"指南针"并非置于转轴之上,而是有水浮法、碗唇旋定法、指甲旋定法、缕悬法等多种指南方法。后来又出现了指南龟和罗盘。指南龟是指在木龟腹内放置磁石,然后用竹针支立;罗盘则是为了更进一步精

确方位的需要,给指南针配以方位盘。

知识链接

司　南

司南,中国最早的指南仪器,是指南针的前身。春秋战国时期曾广泛应用。它由磁勺和底盘两部分组成。磁勺由古代的能工巧匠利用天然磁石打磨而成,为勺子形状,其柄指向南方;盘由青铜器制成,中间非常光滑。需要使用时只要轻轻转动磁勺,其静止时勺柄指向的方位就是南方,勺口则指向正北。

司南的发明源于磁石的发现,人们先是发现了磁能吸铁,然后发现其指南北的性质。司南由磁石制成,在当时的一些典籍《韩非子》《山海经》《管子》中均有记载。

司南的本义为"掌握、指向南方",在现代汉语大词典中还有行动纲领或指引的意思。

印刷术是中国古代的四大发明之一,最早的印刷技术究竟如何?

印刷术是中国古代的四大发明之一。它的出现有利于文化的交流和传播,很大程度上推动了社会进步。在现代印刷术出现以前,中国广泛使用的是活字印刷术。但它是最早的印刷术吗?

据沈括《梦溪笔谈》记载,发明活字印刷术的是一个叫毕昇的普通劳动者,他首创了"泥活字印刷术"。方法是先在黏土上雕刻好文字,然后用火烧制成硬块,这就是一个个的活字。需要印刷的时候,事先放一块铁板,板上置有铁框,把需要的字挑选出来放入,这就是制版;然后用火烧铁板,让附着在铁板上松香或蜡熔化,等蜡烛凝固后就可以固定"活字"。工作的时候,准备两块铁板,一块印刷,一块制版,这样轮流交替,极大地提高了印刷效率。在现代印刷术出现以前,我们一直采用的是活字印刷术。

活字印刷术的一个显著进步在于"活字"

的运用，比起更早采用的雕版印刷术，不需要重复雕刻，省时省力。在宋以前，印刷主要采用雕版的形式，即把需要印刷的文字逐页雕刻成版，然后涂上墨汁，进行拓印。这种古老的印刷术是印章、拓片和印染技术互相融合的结果。

毕昇雕像

印章与雕版相比，只是字数不同。雕刻方法除了阴刻就是阳刻，均为反体字。印章上面一般为人的姓名或官职名。中国古代有对公文或书信进行加封的习惯。在纸张发明前，简牍多用泥封，就是一种保密的方法；有了纸张后，就直接在纸上盖戳，这已经是个小小的雕版了。

拓片技术是临摹碑文的一种方法。首先在石碑上盖一张湿润的纸，轻轻敲打，使纸陷入石碑的凹纹处；纸干后，用布包上棉花，蘸上墨汁，在纸上轻刷，就能显现与石碑上一模一样的字迹。印染技术是在木板上刻出花纹，涂上染料后染在布上。雕版技术可能受其启发，只不过这里的染料换成了墨汁，

布换成了纸张。

《黄帝内经》是一部怎样的经典？它真是黄帝的著作吗？

《黄帝内经》是中国中医学理论的奠基之作，成书于春秋战国时期，是长期医学实践经验和理论的总结。《黄帝内经》以华夏文明始祖"黄帝"的名字命名，它真是黄帝的著作吗？

《黄帝内经》与《难经》《伤寒杂病论》《神农本草经》并称为中国传统医学的四大经典著作。《黄帝内经》成书时间最早，以阴阳五行学说为依据，囊括了"脉象学说""藏象学说""经络学说""病因学说""病机学说""病症""诊法""论治""养生学"以及"运气学"等学说，反映了古人天人合一的思想理念。

《黄帝内经》包括《素问》和《灵枢》两部分内容，各9卷81篇。其内容除了医学方面，还包括了当时天文学、历算学、生物学、地理学、人类学、心理学等领域取得的成就。后世的著名医学家华佗、张仲景、孙思邈、李时珍等人均熟读《黄帝内经》，他们很多医学方面的成就和建树都受到其启发。

《黄帝内经》以阴阳五行学说为基础，体现了整体性的思维观念。关于其性质，主要有三个方面的看法。其一，它是一部中医理论经典，是公认的中医学奠基之作，曾为人类的健康事业做出过卓越贡献。其二，它是一部养生宝典，《黄帝内经》强调"不治已病治未病，不治已乱治未乱"。其三，它是一部关于生命的百科全书，如它提出"内视""内炼"的观念，主张通过改变人体内环境来实现健康长寿的目标。

《黄帝内经》与《易经》《道德经》并称中国古代三大奇书，是中华民族的瑰宝。《黄帝内经》虽冠以华夏始祖"黄帝"的名号，却不是黄帝的著作，其中只有经络脉穴疗法始于黄帝时期。作为中华儿女，我们应该在新的历史条件下批判性地继承，使其价值真正发挥出来。

中医为什么被称为"岐黄之术"？这个说法因何而来？

中医理论又被称为"岐黄之术"或"岐黄之道"。与之相关的词语还有："岐黄家"，指以中医给人治病的医生或医学家；"岐黄书"，指有关中医理论的著作；"岐黄业"，指中医行业。

为什么"岐黄"是中医的代名词呢？相传黄帝时期，中国中医理论经过长期的总结和临床实践，已经取得了很大的成就。黄帝和他的臣子岐伯都是治病的高手，二人经常聚在一起探讨中医理论和养生之道。后来，他们的谈话便被记载在《黄帝内经》里。

《黄帝内经》约成书于春秋战国时期，是中国中医学公认的奠基之作。这部著作以"黄帝"和"岐伯"问答的形式，讲解了很多中医理论和养生之道，包括《素问》和《灵枢》两部分。《素问》以研究人体的生理、病理问题为主；《灵枢》主要讲解针灸之术的要略，又被称为"针经"。《黄帝内经》以阴阳五行学说为基础，强调治病于未然，把天人合一作为自己追求的境界。

这部书对中华传统文化的发展具有不可估量的影响。关于"内经"名称的由来，有人认为这是讲人体内在规律的，有人认为是讲内科，还有人认为"内经"是"内求"，意思是要想身体健康，就要注意内在的调理和生息。

不过《内经》是内科的说法似乎更科学、更合理，因当时存在《外经》。据《汉书·艺文志》记载，《外经》共有"七经"。除《黄帝内经》外，还有《黄帝外经》《扁鹊内经》《扁鹊外经》《白氏内经》《白氏外经》和《旁篇》。有说法称《外经》为黄帝时另一位擅长外科手术的俞跗所创，但具体真相还有待进一步考证。

由于《内经》采用"黄帝"与"岐伯"问答的形式，古人为了表达对先祖的尊敬，就以他们名字的合称"岐黄"来代指中医学。以后"岐黄业"也就逐渐成了中医行业的代名词了。

中药店为什么称"堂"而不称"店"？这个叫法从何而来？

中药店为什么叫"堂"呢？这个称呼究竟是从何而来的？

相传这与"医圣"张仲景有关。张仲景，河南南阳人，生于东汉桓帝元嘉、永兴年间（约公元153—154年），死于建安末年（约公元215—219年）。张仲景曾为长沙太守，有"张长沙"之称。张仲景年轻的时候就博览群书，尤其喜欢医书，其同乡何颙曾称赞他："用思精而韵不高，后将为良医。"

张仲景生活在东汉末年，当时朝政腐败，民不聊生，人民颠沛流离。全国各地相继暴发瘟疫，洛阳、南阳等地疫情尤为严重，"家家有僵尸之痛，室室有号泣之哀"。其中伤寒病占到70%。张仲景立志改变这种现状。他在《伤寒杂病论》中表达了自己的理想和抱负："上以疗君亲之疾，下以救贫贱之厄，中以保身长全，以养其生。"

他刻苦钻研，认真研究了《素问》《灵枢》《难经》《阴阳大论》《胎胪药录》等古代医书，师从同宗张伯祖，尽得其真传，在医学上有很高的造诣。在长沙担任太守期间，当地疫病流行，他索性在官府大堂上给人看病，分文不取。在给病人开具的药方上，他经常在自己名字前加上"坐堂医生"几个字，以示自己治病救人的决心。

张仲景后来辞官隐居，潜心研究医学，终于写出传世医学巨著《伤寒杂病论》，他也被后人尊为"医圣"。其人品和医学成就都是非常令人敬仰的。后代中医为了纪念他，也把自己开的药铺称为"堂"，时间长了就成了中药店的代名词。

"杏林"的说法是怎么来的？

"杏林中人"指从事医学事业的人，"杏林之家"常用来形容一家人医术都很高。那为什么把医学界叫"杏林"呢？据说这与东汉末年的神医董奉有关。据《神仙传》载：

"奉居山，不种田，日为人治病，亦不取钱。重病愈者，使栽杏五株，轻者一株。如此数年，计得十万余株，郁然成林。"

董奉是东汉著名的医学家，与当时谯郡的华佗、南阳的张仲景并称"建安三神医"。他早年学医，信奉道教，民间流传着很多他治病救人的故事。交州太守杜燮（一说吴士燮）病危，僵死已经三天。董奉恰好路过，用水使他服下三粒丸药。不一会儿，病人手脚就可以动了，肤色也渐渐缓和过来；一天后即能坐起，四天后可以说话，不久完全康复。有一个县令的女儿得了怪病，多方请求名医无效，请董奉医治就好了，于是县令便把女儿嫁给他为妻。

董奉晚年隐居庐山，替人治病从来不收取钱财，只要求治愈的重症患者栽杏树五株，轻的栽一株，四乡闻讯赶来治疗的父老乡亲络绎不绝。时间长了，整个庐山南坡都栽满了杏树。等到杏子成熟的时候，董奉就把杏子分给贫穷人家或流离失所的饥民，要不就储藏起来，卖了钱赈济灾民。据说有老虎主动前来镇守"杏林"，以防不肖之徒偷吃，这便是"虎守杏林"的典故。董奉深受老百姓爱戴，他死后人们修建了杏坛、真人坛、报仙坛来纪念他。

董奉的高超医术和高尚品德是值得后人学习的。后来人们常用"杏林"来代指医学界，用"杏林春暖"和"誉满杏林"来比喻那些像董奉一样具有高尚医德的医生。

"大夫""郎中"都是官职名，人们为什么拿来称呼医生？

中医有很多别称，古代有"岐黄""杏林"等称呼，宋代以后人们又用"大夫""郎中"称呼医生。"大夫""郎中"本义指官名，为何用来称呼医生呢？

"大夫"，中国古代官职名，始于西周。当时朝中官员分卿、大夫、士三级，大夫能够世袭且有自己的封地。秦汉以后，中央要职有御史大夫，级别稍低的有谏议大夫、中大夫、光禄大夫等。唐宋尚有御史大夫及谏

议大夫之职，至明清方废。

"郎中"最初为皇帝的随从官员。战国时期开始设立，主要承担保卫、建言等职能。隋唐以后，国家实行三省六部制，各部下设司，各司长官即为"郎中"。其职能与战国及秦汉时期有很大区别。据《明史》卷七十二《职官一》载，工部下设"营缮、虞衡、都水、屯田四清吏司，各设郎中一人（正五品），员外郎一人（从五品），主事二人（从六品）"。

可见，这两个名称本来指官职，产生时间很早。那什么时候开始用"大夫"和"郎中"称呼医生的呢？医生最初的含义又是什么？

医生现泛指一切以行医为业的人，但最初却是指医科的学生，始见于《唐六典》："医生四十人。"唐朝学堂始开医科，招收学生。

宋朝医事制度和医学教育高度发展，掌管医疗事务的官员不断增多。当时，国家将翰林医官院的医官定为七级二十二种，如和安大夫、成和大夫、成全大夫、保安大夫等。由此，人们开始把医生称为"大夫"。五代以后，官职逐渐泛滥，人们为了表示对医生职业的尊敬，便称医生为"郎中""大夫"。

在使用地域上，也存在一定的差别。"大夫"一般在北方地区使用，"郎中"在南方使用得更普遍些。从这里我们也可以看出，医生这个职业在古代地位较高，范仲淹更有"不为良相，则为良医"一说。

为什么把走方医生叫作"铃医"？他们都是些卖"大力丸"的江湖骗子吗？

"铃医"是中国古代民间走方医生的一种称呼。又叫"走方郎中""草泽医"。铃医自古就有，神医扁鹊和华佗都是走乡串户，为乡邻百姓治病。到了宋元时期，铃医开始盛行。

"铃医"名称的由来与江湖郎中的行为习惯有关。据说古时候铃医走方，一手持着铃铛摇动，一手举着自己的招牌，通常上面有

"路顺堂"三个字和一些秘方、草药的名字。摇动铃铛是告诉乡邻谁家有了病人赶紧送出来诊治,"路顺堂"则来自古代对于药店的称呼。

铃医替人看病,多依据一些民间疗法和秘方,如针灸、拔火罐、推拿之法,以及历代口传心授的秘方或单方。很多人只是稍微懂点医术,但对治疗某个方面的病症可能有独到之处。也有些铃医水平不高,就靠着一张嘴,靠卖药骗取钱财,因此又被称为"卖嘴郎中"。民间对于铃医的看法向来褒贬不一。

铃医是时代的产物。在封建社会,农村百姓很多看不起病,买不起药,而且平常又多是些跌打损伤、伤风感冒之类的小病症,对医术要求不高,于是铃医便应运而生。铃医的出现,满足了古代中国农村落后地区对于医疗和药物的需要,同时也使一些民间偏方和治疗手段得以传承。到了清代,名医赵学敏和铃医赵柏云合作编成《串雅内外编》,对当时的民间医术方药经验进行了总结。赵氏认为:"顶串诸术,操技最神,而奏效甚捷。""药物不取贵",有"灵验"与"价廉"之特点。

"大力丸"是一种能够增加气力、强身健体的药物,成分简单。那些卖"大力丸"的人经常被当成骗子。从上面的分析来看,虽然大多数走方郎中医术不高,但有些偏方和药物却能起到出人意料的效果,所以把铃医都当成江湖骗子也是不可取的,否则,赵名医也不会把他所撰的民间方术命名为"串

宋八卦星月纹串铃
串铃又名虎撑。医生将铁圈做成中空扁环状,内盛铁球,一摇即响,成为外出行医的一种信号和标志,尤为走村串乡的江湖郎中所常用。

雅"了。

古代为什么把接生婆叫作"稳婆"？她们还有别的名称吗？

"稳婆"是旧时民间以替人接生为业的人,一般为中年妇女,又叫"隐婆""产婆""收生婆""接生婆""老娘婆"等。"稳婆"一词的来源,最早见于蒋一葵所著《长安客话》:"就收生婆中预选,名籍在官,以待内庭召用。如选女,则用以辨别妍媸可否;如选奶口,则用等第乳汁厚薄,隐疾有无,名曰稳婆。"

"稳婆"作为一种职业,最早形成于东汉时期。唐宋时期,稳婆已非常普遍。由于官方选拔稳婆既要求有良好的体质,还要求有良好的容貌,所以称"稳婆",含有稳定、顺利、母子平安等含义。从事稳婆行当的人一般在门前都挂有"快马轻车,某氏收生"的招牌。意思是说,送子娘娘马快车轻,收生婆眼明手快。

稳婆职业的兴盛,与中国传统伦理观念十分密切。在中国古代,生儿育女、传宗接代是头等大事,"不孝有三,无后为大"就是讲传递香火的重要性。无论帝王将相还是平民百姓,都非常重视分娩和胎儿的顺利生产。在分娩前期,稳婆就被早早地请来,早早做好准备;接生的时候,门窗紧闭,任何人都不能随便进出。

稳婆一般随身携带刀、剪之物。如果婴儿顺利生产,就剪除脐带,收拾胞衣,并用清水洗净后穿好衣服,向主人家报喜。如果遇到横生、倒产等情况,就很考验稳婆的技术水平了。

总之,稳婆类似于现在的妇产科医生。在现代医疗技术条件出现之前,中国民间一直有"稳婆"职业的存在,其在历史上的作用值得肯定。

什么叫"药方"？什么叫"方剂"？它们有何区别？

"药方"是指针对各种疾病总结的治疗经

验，并不针对特定人。中医在长期的理论实践中，总结了众多的药方。这些药方很多到现在仍被广泛使用，具有成本低廉、效果佳等特点。"方剂"则是参考药方做出的，其中的"方"就是药方。《隋书·经籍志》云："医方者，所以除疾疢、保性命之术者也。""剂"，古作"齐"解，是调配的含义。《汉书·艺文志》载："调百药齐，和之所宜。"

从以上描述我们不难看出，方剂是根据各种药方或药物属性的不同，按照一定的配伍原则，结合病人的实际情况，以若干药物调配而成的规范化药方。在中国的医学实践中，早期用一种药物治疗疾病，后来发展到几种药物配合。几种药物经过煎煮后，熬成的汤液便是最早的方剂。《黄帝内经》奠定了方剂学的理论基础，所涉及的药方虽然只有13个，但对中医的治疗原则、方剂的组成结构、药物的配伍规律以及服药宜忌等内容都有详细的描述。

长沙马王堆汉墓中发现的《五十二病方》，是现存最早的一部方书。张仲景的《伤寒论》载方113个。《金匮要略》载方262个，由于组方合法，选药精当，用量准确，变化巧妙，疗效卓著，被后世尊为"经方"。唐代孙思邈著的《千金要方》，载方5 300个。王焘的《外台秘要》载方6 000多个。宋代由政府组织编写的《太平圣惠方》载方16 834个，《圣济总录》载方2万余个。明代组织编著的《普济方》共载方61 739个，是迄今为止记录药方最多的医书。

方剂一般由君药、臣药、佐药、使药四部分组成。"君臣佐使"的提法最早见于《黄帝内经》，在《素问·至真要大论》中有"主病之为君，佐君之谓臣，应臣之谓使"的记载。现代方剂学是研究中医方剂的组成、变化和临床运用规律的一门学科，是中医学的基础学科之一。方剂学的内容包括方剂的组成原则、药物的配伍规律、方剂的组成变化、剂型及方剂的用法等。

方剂学讲究辨证施治，主张根据病人病情程度、身体状态、环境要素等多方面考虑病情，并综合运用药物配伍的一些规律来寻求最有利于治病的方法。

知识链接

"七方""十剂"

"七方"和"十剂"是中国传统医学方剂分类的一种方法。所谓"七方"是指大方、小方、缓方、急方、奇方、偶方、复方七种；所谓"十剂"指的是宣剂、通剂、补剂、泄剂、轻剂、重剂、滑剂、涩剂、燥剂、湿剂。

"七方"的正式提出是在金朝成无己的《伤寒明理论》中，但其渊源可追溯到《素问·至真要大论》，其曰："治有缓急，方有大小。""补上治上制以缓，补下治下制以急。"又说："君一臣二，奇之制也；君二臣四，偶之制也。""奇之不去，则偶之，是谓重方。""十剂"一般认为最早是由北齐名医徐之才在《雷公药对》中提出来的，但也有人认为出自唐朝陈藏器的《本草拾遗》，因其有"药有宣、通、补、泄、轻、重、涩、滑、燥、湿，此十种者，是药之大体"的说法。宋金时，成无己便在《伤寒明理论》中提出"制方之体，宣、通、补、泄、轻、重、涩、滑、燥、湿十剂是也。"至此"十剂"之说正式确立。

人们爱用"定心丸"来打消他人顾虑，"定心丸"真是一种药吗？

我们常说"定心丸"一词，比如，"给某人吃了个定心丸"，意思是做了某事让对方感到放心和心情愉快，打消顾虑。但"定心丸"的本义是什么？它是一种药物吗？

历史上确有"定心丸"，这种中成药在明朝时还是军中必备之物。古代战争，刀光剑影，伤员众多。很多人因为难以忍受病痛的折磨而死去。还有些人因过于紧张，容易情绪失控，尤其受伤后往往会表现出过度沮丧或歇斯底里。为了安抚伤员的情绪，帮助他们治疗，随军医生发明了"定心丸"。这种药物可以使伤员的情绪得到放松。

据明朝末年茅元仪所辑的《武备志》记载，定心丸的配方为："木香、硼砂、焰硝、甘草、沉香、雄黄、辰砂各等份，母丁洋减半。"其中的木香可解痉、抗菌；硼砂可解毒、防腐；焰硝可解毒消肿；甘草可镇痛、抗惊烦；沉香可治呕吐呃逆、胸腹胀痛；雄黄可治破伤风、惊痫；辰砂可治癫狂、惊悸、肿毒、疮疡。这几味药合炼为丸，功效可想而知。

现代也有"定心丸"，只是与古代成分存在差异。其成分为党参、当归、地黄、茯苓、柏子仁、酸枣仁、麦冬、石菖蒲、五味子、朱砂、甘草、远志、黄芩、琥珀、虫白蜡，具有益气养血、宁心安神之效，用于心血不足、烦躁失眠、健忘怔忡、惊悸多梦。

可见，两种"定心丸"用途不同，其处方也不一样。最初的"定心丸"用于战争，除了"定心"外，还注重解毒、消肿和镇痛。现代药物"定心丸"则更强调宁神和静气，多用于失眠、健忘、烦躁、惊悸等症候。

"何首乌"这个药材的怪名字从何而来？它真的能让人白发变黑吗？

"何首乌"是传统中药名。据《本草纲目》载，何首乌，"一名野苗，二名交藤，三名夜合，四名地精，五名何首乌。本出顺州，江南诸道皆有。性温，味苦涩。苦补肾，温补肝，涩能收敛精气。养血益肝，固精益肾，健筋骨，乌髭发，为滋补良药，不寒不燥，功在地黄、天门冬诸药之上"。

关于何首乌名称的来历，向来说法颇多。一说春秋时有个叫"何公"的国君，因服食此药后头发变黑，故名"何首乌"。还有传说来自汉武帝时深山的一个野人。其本是秦始皇时人，因避抓壮丁而逃进深山，以一种长藤植物根茎为食。后来，他被进深山采药的一对师徒发现。当时那个人黑发齐腰，黑髯齐胸，双目炯炯有神。采药老者看到该人头发乌黑亮丽，就把那人所食药材取名"合首乌"，后讹传为"何首乌"。

最流行的说法与一个叫何田儿的人有关。

他是顺州南和县人，喜欢喝酒，天生性功能障碍，所以直到58岁还未娶妻生子。有一天晚上，何田儿喝得酩酊大醉回家，倒在路上便睡着了。等到醒来的时候，看到田里有两棵树藤缠绕在一起，交会后分开，然后又缠在一起。他感到很奇怪，就挖了根回去问村里人这种植物的名字。大家也不知道，有个同乡就开玩笑说："你这么老了都还没有孩子，这个藤如此神奇，能够交合，这可是神药，你何不吃吃看？"

何田儿就把它研成末，用酒服下。过了七天，何田儿就有了想找女人的想法；一个月后，浑身上下感到轻健，于是他就娶了当地一个寡妇为妻。这样又过了两年，何田儿的所有旧病都好了，人也变得年轻了。他一共有19个子女，一直活到160多岁才去世。子女们也都服食此藤，皆长寿多子。乡亲们感到非常惊奇，就向何田儿的孙子何首乌讨要，以至于人们一见到何首乌就想起"交合藤"来。时间长了，人们就用何首乌来代指这种神奇的药物。

何首乌具有很高的医用和保健价值，具有促进造血、增强免疫、降血脂和抗动脉粥样硬化等功能，能够润肠通便、调节内分泌、滋补养颜和延缓衰老等。

古人是怎么验尸的呢？

现代社会，有专门的法医进行"开棺验尸"的工作，然后出具尸检报告，据此进行侦查或提取证据。古代科学技术并不发达，但为了破案和获得证据，有时也需要验尸。那么，古人是如何验尸的呢？

在长期的实践中，人们逐渐摸索出一套行之有效的验尸方法。在中国历代关于刑讼的著作中均有记载，如五代时和凝父子编撰的《疑狱集》、宋代郑克编撰的《折狱龟鉴》、宋代桂万荣所著《棠阴比事》、清代胡文炳编撰的《折狱龟鉴补》等，其中尤以宋慈编撰的《洗冤集录》最为著名。

古代司法人员验尸，会事先准备糟醋、葱、川椒、食盐、蜡梅等。因为人死后一般皮肤会泛青色，不容易辨认伤口。这时只要在可疑部分用水把皮肤洒湿，将葱白捣碎敷在伤口上，然后用纸蘸醋盖上约一个时辰，用水洗净，伤口则显现。如果尸体青黑，则用滴水法。水滴在伤口处，停滞不流；完好的皮肤较松软，水会自动流走。

检验尸伤或骨伤，如果看不到伤痕，先用糟醋洗敷全身，然后抬到露天处。对着太阳光用新油过的丝绸或雨伞看，就能发现伤口。阴雨天则燃起炭火，隔着照，有同样的效果。如果以上诸法都不奏效，则将白梅与葱、川椒、食盐和在一起捣碎，做成饼子放在火上炙烤。再用一张纸贴在要验看的地方，将白梅饼在上来回熨烙，伤痕就会显现出来。

现代法医学起源于西方，后来引入中国。而今，人们更多利用现代科学知识来进行尸检，并形成一个专门的学科分类，为案件的侦破起到了很好的帮助作用。

接种"牛痘"能免疫天花，有比"牛痘"更早的"人痘术"吗？

"天花"是一种急性传染病，现已被消灭。这种病最早可追溯到古埃及法老拉美西斯五世等人的木乃伊上，据说其脸上的疤痕就是天花所致。天花在人类历史上曾造成大量人口死亡。法国国王路易十五、英国女王玛丽二世、德皇约瑟夫一世、俄皇彼得二世等，都是因感染天花而死的。整个 18 世纪，欧洲死于天花的人数达 1 亿以上。

1795 年，英国人琴纳率先发现牛痘术。他发现挤牛奶的妇女得过牛痘后就不会再生天花了。琴纳由此得到启发，认为可能是牛痘对天花产生了抗体。于是他从一个正患牛痘的挤奶女孩手上，沾了一些痘浆接种在一个 8 岁的未患天花的男孩手臂上，接种部位生了一个典型的牛痘。6 周后琴纳再给这个男孩接种天花痘浆，结果这个男孩安然无恙，说明他对天花有免疫力。经过反复实验，琴纳最终发明了牛痘术。

牛痘术后来传入中国，由于安全方便，被广泛采用。但在之前包括欧洲在内，一直

采用的是中国的"人痘术"。包括琴纳本人小时候也接种过人痘。那什么是"人痘术"，它最早又产生于何时？

据清代朱纯嘏《痘疹定论》记载，宋真宗时，宰相王旦一连生了几个孩子都死于天花。幼子王素出生后，为避免重蹈覆辙，专门聘请了峨眉山人称神医的道人为其接种人痘。种痘 7 天后，幼子便发烧出痘，12 天便结疤。后来王素没患天花，活了 67 岁。峨眉山道人的这种人痘法被世代继承传播。《重修湖州府志》记述，清初雍正时有人目睹痘医胡美用此法施术。

种痘有很多种方法。早期是痘衣法和痘浆法：痘衣法是把害天花小孩的内衣，交给另一小孩穿上，这个小孩便会染上天花；这种方法最为原始，危险性很高。痘浆法采取痘疮的泡浆，用棉花蘸染后，塞进被接种者的鼻孔。这也是直接感染，危险性最大。后来又发明了旱苗法和水苗法：旱苗法是把痘痂研细，用银质的小管吹入被接种者的鼻孔。这种方法较为安全，效果也相对可靠。水苗法则是把痘痂研细并用水调匀，用棉花蘸染塞入被接种者的鼻孔。此法更为安全，效果也优于旱苗法。

后来又发明了"熟苗"，其本质是一种减毒的疫苗，已经发生了"质"的改变。欧洲中世纪天花流行，中国的人痘术又是当时最领先的医术，所以，人痘术先后流传到俄罗斯、朝鲜、日本等国，又经过俄罗斯传到土耳其及欧洲。

知识链接

天　花

天花是一种急性传染病。症状为先发高热，全身起红色丘疹，继而变成疱疹，最后成脓疱。十天左右结痂，痂脱后留有疤痕，俗称"麻子"。

天花病是世界上严重危害人类的恶性传染病之一。几千年来，曾使无数人死亡或毁容。即使在预防天花病的牛痘疫苗发明后，天花病患者的死亡率仍高达 1/3。后来，发

达国家逐步控制了这种疾病，但非洲农村仍有流行。

1979 年 10 月 26 日，世界卫生组织在肯尼亚首都内罗毕宣布，全世界已经消灭了天花病毒，并且为此举行了庆祝仪式。现在，天花病的病毒只保留在一些国家的实验室中，以供研究之用。

"悬丝诊脉"是事实还是传说？

"悬丝诊脉"是指一种诊脉方法，医生将一根丝线拴在病人手臂上，借此推断病人脉象，然后根据诊断的情况看病抓药。相传中国唐代名医孙思邈就曾用"悬丝诊脉"的方法替当时的长孙皇后治好了难产。那么一根细小的丝线真能探知脉象吗？它究竟是事实还是传说？

据说唐太宗时期，长孙皇后怀胎十月而不见临盆，卧床不起，虽然经很多名医治疗，但都不见好转。唐太宗心神不宁，就找来大臣徐懋功商议。徐懋功听说后，便向唐太宗推荐当时的名医孙思邈。他说："华原县有位民间医生孙思邈，常到各地采药为群众治病，对妇儿科尤其擅长，经他诊治的病人无不药到病除。"

唐太宗听说，就赶紧派人去请。孙思邈来到宫中认真问询了皇后的饮食起居和病症特点，并拿出太医们做的病历查看。很快，他就对皇后的病情有了大概了解。当时封建礼教甚严，讲究"男女授受不亲"。皇后的凤体不是一般人可以触碰的。孙思邈只好在她手上系上红丝，自帘后拉出，算是"引线诊脉"了。

孙思邈再次见到唐太宗，就说："万岁，皇后的病是胎位不顺，民间又叫小儿扳心。只需在中指上扎一针就可治愈。"于是，侍女将皇后左手扶出，孙思邈看准穴位猛扎了一针，皇后疼痛，浑身一阵颤抖。不一会儿，就顺利产下皇子。唐太宗非常高兴，要留孙思邈在太医院任职，但孙思邈心在百姓，婉言拒绝了。

这便是"悬丝诊脉"的故事。有人认为

"悬丝诊脉"纯属子虚乌有，因为丝线无法传递脉搏的振动，所以悬丝诊脉法根本无从谈起。还有人认为之前孙思邈已经问过宫女，看过病历了，所以悬丝诊脉不过是走个形式。诚然，单凭悬丝诊脉的确难以判断病情，还需要其他手段。

知识链接
四诊法

"四诊法"是指望、闻、问、切四种中医诊断的基本方法。相传，春秋时期的著名民间医生扁鹊对"四诊法"的形成和确立做出了巨大贡献。

"四诊法"中，"望"是指通过肉眼观察病人的神态及各种排泄物来推断疾病；"闻"是指通过嗅觉的气味和听觉的声音来判断病情；"问"是医生通过和病人或其家人直接对话，了解病人的症状、疾病的发生和演变过程、治疗经历等情况以作为治疗的依据；"切"主要指切脉，通过病人脉搏的频率、强度、节律等因素来了解病症的内在变化。

神奇的中华针灸是如何起源的？最早的针灸用针是金属的吗？

"针灸"是针法和灸法的合称，是一种非常有特色的中医治疗理论。讲究"由外治内"，通过经络、腧穴的作用，以及应用一定的手法，达到治疗全身疾病的目的。针法是用特制的针刺扎身体特定位置，运用捻转、提插等手法刺激穴位；灸法则是用燃烧着的艾绒产生的温度和热量灸烤皮肤（特定穴位），以达到治疗疾病的目的。因为其所使用的工具不过是一根细小的金属针，中医针灸曾一度在世界上引起轰动。

最早的针灸术是用金属针吗？关于这个问题可以在《山海经》中找到答案："有石如玉，可以为针。"据考证，最早进行针灸的工具是一种叫作"砭石"的工具，为石器打磨而成。关于针法的起源可追溯到刀耕火种的远古，人们经常被一些石头或荆棘刺伤皮肤，疼痛虽然难以避免，但也有人惊奇地发现，

针灸画像石拓片（局部）　东汉

画像石于山东微山县出土，为墓室内装饰图案。图左面有一个人面鸟身的神医，手执砭石正为病人做针刺治疗。把医者画成鸟像，正是象征战国名医扁鹊。

某些疾病竟然不治而愈了。于是人们开始有意识地用一些尖利的石块来刺激身体的某些部位以减轻病痛，治疗疾病。

灸法则来自火的发现和使用。最初人们看到雷电所引发的大火感到恐慌，继而开始储藏火种，到后来发明钻木取火。在与火长期打交道的过程中，人们发现身体一些部位经火烧灼或烘烤后可以治疗疾病。于是，古人用兽皮或树叶包裹烧热的沙土、石块进行局部热烫，这便是灸法的起源。后来人们又发现了艾叶这种易于燃烧、气味芳香、易于获取和加工储藏的材料，便把它作为灸法的燃料。

"砭而刺之"和"热而熨之"最终发展成为成熟的针灸理论。现代中医理论认为，针灸是利用刺激人体穴位的方式影响大脑中枢神经，从而达到舒筋活络、平衡阴阳的目的。针灸理论的科学性已经被临床实践反复证明，为很多患者解除了痛苦。

世界上最早的人体模型是什么？是什么时候设计的？现在何方？

世界上最早的人体模型是天圣针灸铜人，它是北宋翰林医官、医学家王惟一设计制造的。它集合了当时针灸学、雕塑艺术学、冶金制造学和绘画艺术等方面的成就，被称为"国宝"。

针灸是中国古老的中医治疗方法。早在新石器时代，人们就利用砭石来治病。据《黄帝内经》载，伏羲不仅画八卦，而且制造了用于针灸的"九针"。春秋战国时期，针灸理论趋于成熟，并出现了各种描绘人体穴位的图谱。唐代设太医署，当时针灸科教学主要采用人体实例，并不方便学生的学习。由于只有文字叙述或图形表示，错讹颇多。宋天圣四年（1026年），朝廷征集、校订医书。王惟一负责整理古籍，考订针灸著作，修正谬误。他绘制了人体正面、背面、侧面图，并在上面详细标明了腧穴的准确位置。他还在总结古今临床医学实践的基础上，写成针灸学著作三卷本，呈于宋仁宗。仁宗阅后，认为"古经训诂至精，学人执封多失，传心岂如会目，著辞不若案形"，下令"创铸铜人为式"，令王惟一负责监制铜人。

王惟一经过反复摸索和多方求意见后，终于在天圣五年（1027年）用精铜铸成铜人两具。铜人仿成年男子而制，全裸直立，身高162厘米，胸围88.6厘米，共有穴位657个，穴名354个。其造型逼真，结构精巧，体内雕有骨骼脏腑；躯壳由前后两件构成，可拆合。外部刻穴位名，穴位与体内相通，外涂黄蜡，内灌水或水银，用针刺中穴位，则液体溢出，稍有偏差则针不能入，因而可作教学或考试之用。铜人之一置于医官院供学习和考试用；一置于大相国寺仁济殿，供观摩用。

后来金人攻进宋都，北宋皇室携铜人逃难，途中丢失一具。另一具宋亡后献于忽必烈。至明代，天圣铜人下落不明。1988年，开封市重铸天圣针灸铜人成功，还置于大相国寺，但失落的两尊铜人至今仍没有找到。

第六章
哲学命题·伦理修养

"气"在中国古代哲学思想中是个什么样的概念？它有哪些方面的意义？

"气"，在中国古代哲学中是一个特别重要而又非常复杂的概念，在各种典籍的不同阐述中有着各不相同的内涵。从根本上来讲，"气"体现的是关于物质存在和运动的哲学范畴。具体说来，中国古代学者从以下几个意义上阐释"气"这一基本概念。

首先，气是运行不息而且无形可见的一种极细微的物质，是构成宇宙万物的本原或本体，如《庄子·知北游》说："人之生，气之聚也。聚则为生，散则为死。"另见《列子·天瑞》："夫有形者生于无形，则天地安从生？故曰：有太易，有太初，有太始，有太素。太易者，未见气也；太初者，气之始也；太始者，形之始也；太素者，质之始也。气形质具而未相离，故曰浑沦。"

其次，气分为阴阳二气或五行之气，各种气之间的交互运动，推动着宇宙万物的发展与变化，如《老子》说："万物负阴而抱阳，冲气以为和。"周敦颐在《太极图说》里讲："二气交感，化生万物。万物生生，而变化无穷焉。"气充塞于宇宙万物之间，与万物相互渗透，是万物之间相互感应的中介物质，令万物之间相互联系、相互影响，从而使万物处于和谐有序的运动之中，并且相互感应而构成一个有机的整体。气同样地存在于人体之内，是人体生命的体现，是推动和调控人体生命活动的动力源泉，人的生命状态与气密切相关，气的运动停止标志着人体生命活动的终结，如《管子·枢言》所说："有气则生，无气则死，生者以其气。"人要保持健康的身体，则必须认真保养运行于人体中的气。气还表现着一种崇高的道德状态和人生修养境界，即孟子所言的"至大至刚，以直养而无害，则塞于天地之间"的"浩然之气"。

哲学意义上的"道"是路的意思吗？它又包含怎样的内容？

"道"，在中国古代哲学中是一个表达宇宙本原与自然规律的范畴。"道"字的原本意义是指供人行走交通的路径，后来引申为一种抽象的含义，用来表达道理、道义，而作为一个哲学概念来表述，则始于老子。道家的经典著作《老子》，就分为《道经》与《德经》两部分，因而又合称为《道德经》。老子超越了纷纭变幻的凭人类感性所能觉知的经验范围，而将人事运行做了一种形而上的思索和阐发，在其思想体系中，"道"是一个核心性的概念，"道"字在 5 000 余言的《老子》一书中出现达 70 余次之多。概括而言，"道"在老子看来基本有两种含义：一种是作为宇宙本原的"道"，一种是作为自然规律的"道"。到了庄子那里，"道"的意涵又有了新的表述："夫道有情有信，无为无形；可传而不可受，可得而不可见；自本自根，未有天地，自古以固存；神鬼神帝，生天生地；在太极之先而不为高，在六极之下而不为深，先天地生而不为久，长于上古而不为老。"庄子认为，得"道"者可以达到一种"天地与我并生，万物与我为一"的逍遥境界，即是后来所传称的"得道成仙"。

"道"，成为宇宙人生的真谛，代表着人

生所能达到的最高修化。而"道"并非道家哲学的专有概念，儒家也有关于"道"的论述。例如，西汉董仲舒曾说："道之大原出于天，天不变，道亦不变。"但儒家思想中的"道"基本上指的是更为实在的自然与社会的运行秩序和发展规律，并不如道家之"道"那样高深玄妙。唐代韩愈则用"道"来阐发自上古尧舜时期以来直至孔孟历代相沿传的中国正宗的文化价值系统。宋代朱熹又将"道"表述为"天理"，指出："理也者，形而上之道也。"朱熹由此把"道"提升至本体论的范畴来阐述，从而使"道"成为儒家学说的一个核心概念。

总体而言，"道"的阐述基本体现于宇宙本体和事物运行规律这两重意义上。

"三纲"的具体内容是什么？

"三纲"，即所谓"君为臣纲，父为子纲，夫为妻纲"。"纲"的本义为提网的总绳，其喻义为事物中占据支配和控制地位的关键成分。

"三纲"的提法并非出于儒家，而是始于韩非："臣事君，子事父，妻事夫。三者顺则天下治，三者逆则天下乱，此天下之常道也。"孔子对君臣关系的看法是："君使臣以礼，臣事君以忠。"而孟子则认为："君之视臣如手足，则臣视君如腹心；君之视臣如犬马，则臣视君如国人；君之视臣如土芥，则臣视君如寇仇。"可见，孔子、孟子所言的君臣关系是相互的、双向的对等关系，而韩非所言的君臣关系以及父子关系、夫妻关系则是单向的、一方对另一方具有控驭权的服从关系。韩非将君臣完全对立起来，倡扬权术和法制的重要性，而儒家则强调亲情和仁义是维持社会关系的根本。

"三纲"的正式提出者是西汉时期的董仲舒，他在《春秋繁露》中说："君臣、父子、夫妇之义，皆取诸阴阳之道：君为阳，臣为阴；父为阳，子为阴；夫为阳，妻为阴。"又言："阴者阳之合，妻者夫之合，子者父之合，臣者君之合。""合"，是配合的意思，也就是被支配的一方。这也就是后来统驭中国社会思想2 000余年的"王道三纲"。

"三纲"虽然打着儒家的旗号，但与孔孟之学相去甚远，实则是后来君主专制社会的思想家为迎合政治需要而制定的伦理规范。朱熹曾经说自孟子之后真孔学即失传，这表明后来在中国社会占据思想主导地位的儒家学说相较于儒学创始时期孔孟的思想言论发生了很大变异。

"五常"的具体内容是什么？

"五常"，指仁、义、礼、智、信这五种精神信念与行为规范，是儒家伦理思想的核心。"五常"的定称，出于董仲舒《天人三策》："夫仁、谊、礼、知、信五常之道，王者所当修饬也。"之所以将仁、义、礼、智、信称作"五常之道"，是因为"常"表达的是永恒不变之义。后来，"五常"与"三纲"常常并称，成为中国传统社会的最高伦理准则，但是实际上"五常"的观念比"三纲"早很多，在孔子之前就已经是社会上广为认同的德行规范，孔子继承了华夏文化的优秀传统，并将之发扬光大，泽于后世。可以说，"五常"作为一种思想理念，有着比"三纲"更为广泛的适应范围，当今虽不再有"五常"的提法，但是仁、义、礼、智、信这些基本理念仍在相当程度上影响着中国人的思想和行为。

"三纲""五常"

此长卷形象地展示了"三纲""五常"的内涵。

"孝"是中华民族的优良传统，你知道它的具体内容吗？

孝，指的是子女对父母所应当尽的职责和义务，包括尊敬、顺从、赡养、送终、守制等内容。在动物界中存在着"反哺"的现象，人类的孝在生物意义上来讲也是以这种"反哺"为基础的，但是人作为一种"道德动物"，这种"反哺"就具有了较之动物界的本能现象远为复杂的含义，并且升华为"孝"的概念。应当说，"孝"是全人类所共有的伦理行为，但是在中国有着尤为重要的意义。

早在上古时期，孝的理念在中国人的意识中就已经相当强烈。这种理念的产生，或与原始的宗教情感有关，先民们认为祖先的在天之灵可以福佑子孙，因而对祖先产生一种敬畏的心理。另外，在中国古代的宗法制社会中，家国同构，宗统与君统合二为一，孝与忠紧密相连，这也加深了中国人孝的意识。

在孝的内容中，"慎终追远"是尤为重要的一条，语出《论语·学而第一》："曾子曰：'慎终追远，民德归厚矣。'"其意为，慎重地办理父母的丧事，虔诚地祭祀远代的祖先，这样就可以令人民的品德归于忠厚。又如，孔子在解释孝的时候说："生，事之以礼；死，葬之以礼，祭之以礼。"这表明了孝不仅在于父母的生前，而且亦重于父母的身后。由于对父母葬祭格外重视，所以古代有"守制"的规矩，也就是父母亡故之后要在家守丧三年，而不得从事嫁娶、应官、交游等活动。关于此点，孔子说："子生三年，然后免于父母之怀。夫三年之丧，天下之通丧也。"守丧的礼法尤其展现出中国人在对待孝这一问题上的独特性。

什么叫"万物类象"？它是哪种学说中的理论表述？

"万物类象"，是易学中的一项重要的理论表述。在易学中，八卦是研究象的，天地万物有万般形态，凡此形于外者皆叫作象。

易学中将世上庞杂纷繁的万物进行分类，分别归类于一个卦，用八卦来拟象万物，即万物类象。一个卦所拟象的物类难以计数，而归类的依据是八卦本身的爻象及其意义，通晓了这一点就可以知道各种物类应当归属于哪一卦。换言之，"健、顺、动、入、陷、附、止、悦"这宇宙万物的8种功能属性即8类动态之象，是据象归类的本纲。如乾卦，其卦象为三阳爻，纯阳之卦，其数一，五行属金，居西北方，色白。《易经》曰："乾为天、为圜、为君、为父、为玉、为金、为寒、为冰、为大赤、为良马……为木果。"乾卦三阳爻，纯阳刚健，故为天；天体进行圆周运动，故为圜；天生万物，如君王管理万民，如父亲主管家庭，故为君、为父；纯阳爻为刚强坚固之象，所以为玉、为金、为冰；阳盛则色极红，故为火红，即大赤色；马有刚健之性，故为马……树上的果实呈圆形，故为木果。总而言之，凡是具有刚健、圆形、权威、珍贵、富有、寒冷、坚硬等属性的事物都归于乾卦。

"有与无"的哲学定义是什么？是我们通常理解的有和没有吗？

有与无，是道家关于宇宙起源和本体问题的哲学范畴。"有"指实有，为事物的存在之意；"无"指虚无，为事物的无有之意。最早提出有无范畴的是老子，他指出："天下万物生于有，有生于无。"又言："无名天地之始，有名万物之母。"也就是说，天地万物起始于"无"，"有"从"无"中生发而来，这是老子关于天地起源和万物源生的哲学观点。而后庄子言："泰初有无，无有无名。"并且说："有始也者，有未始有始也者，有未始有夫未始有始也者；有有也者，有无也者，有未始有无也者，有未始有夫未始有无也者。俄而有无矣，而未知有无之果孰有孰无也。"这段话可以看作是庄子对老子的有无论的进一步深入。

宇宙生成于"无"，而这"无"又是从何而生的呢？庄子对这一问题的解答是，"无"

并非宇宙的起点，无穷地追溯上去，"有"与"无"都是不可知的，不能够断定终极的有无。关于有无的论述在庄子这里变得更加玄奥，而这种玄而又玄的问题在相当长的时期内遭到人们的冷落，直到魏晋之际老庄之学盛起之时才又被提上案端，有无之辩成为一个流行的哲学话题。在辩难之中，形成了"贵有"与"崇无"的两派，如王弼以"崇无"论出发，主张"以无为本"，而裴颜则认为"至无"不能够生"有"，因而主张"以有为本"。

有无之论是中国古代哲学所特有的范畴，与西方哲学中的唯心论和唯物论并没有对应关系，以西方的和当代的视角来简单地框定中国古代的哲学论题是十分荒谬的。

"名与实"的哲学定义是什么？

名与实，是关于事物的实质与其概念的哲学范畴。"名"，指名分、概念；"实"，指实际、实质。对名与实之关系的论述最初是一个政治层面的话题，孔子曾提出"正名"的说法，《论语·子路第十三》记载："子路曰：'卫君待子而为政，子将奚先？'子曰：'必也正名乎！'"子路问孔子："卫国国君等待您去治理国政，您准备先做什么呢？"孔子回答说，一定是纠正名分上的用词不当吧。子路认为孔子的想法很不切实际，名分又有什么可以纠正的呢？孔子于是接着解释说："名不正，则言不顺；言不顺，则事不成；事不成，则礼乐不兴；礼乐不兴，则刑罚不中；刑罚不中，则民无所措手足。故君子名之必可言也，言之必可行也。君子于其言，无所苟而已矣。"这里的"正名"，指的是依据人的等级名分来明确其权利和责任以及一整套从于礼法的行为规范。孔子指出，概念不明确，说话就不能顺理成章，礼乐制度就不能实施，而没了礼法的尺度，定刑判罚就会失据，老百姓就会手足无措。概念明确了，社会生活才能纳入正道，秩序井然。以人为例，君、臣、父、子的概念都明确了，身当其位的个人才能各守其职分，享有相应的权利，

担起相应的责任，履行相应的义务。这就是孔子对齐景公所讲的为政之道，是言"君君，臣臣，父父，子子"，这四种关系所表达的实际就是名与实的问题。孔子强调的是要让行为的实际符合其所承担的名分，即追求所谓的名副其实。

荀子继承了孔子的"正名"思想，提出"制名以指实"，后来韩非子也主张"循名而责实"。名实之论发展到后来演变为哲学上的问题，战国时代很多学说流派都对名实关系提出了自己的见解，如墨子提倡"取实予名"，即认为"名"是"实"的反映，应当依实而赋名，而庄子主张"名者实之宾"，"实"为主体。《尹文子·大道上》说："形以定名，名以定事，事以验名。"惠施、公孙龙等名家则将逻辑学引入对名实问题的论说，提出了诸如"白马非马""鸡三足""规不圆"等一系列诡谲的命题，这些论点在开启人们思路的同时也带有浓重的诡辩和谬论的色彩。

"知与行"包含的哲学内容是什么？二者有怎样的关系？

知与行，是儒家学说中关于认知与实践之关系的哲学范畴。《论语·季氏第十六》载："生而知之者，上也；学而知之者，次也；困而学之，又其次也；困而不学，民斯为下矣。"这是孔子对于知的观点。孟子充分肯定了"生而知之"的提法："人之所不学而能者，其良能也；所不虑而知者，其良知也。""良能"和"良知"是与生俱来的，也就是"恻隐之心""羞恶之心""恭敬之心""是非之心"等，这也是孟子性善论的出发点。这里仅言"知"而没有提到"行"，但是显然人所具有的这些知能是先于"行"，即先于人的实践而存在的。其后的儒家学者也大都主张"知先行后"的观点。这里的"知"，并不是指具体的生活知识，着重指向的是人心所本有的道德法则。这种知识是先于实践而存在的，"知"是"行"的依据，而"行"则是"知"的结果。程颐在论述"知在行先"时曾举例说："譬如人欲往京师，必知是出那

门，行那路，然后可往。"这种"知在行先"的观念并非轻视"行"，而是强调在"知"的指导下身体力行的重要性。朱熹曾形象地以眼睛和脚的关系来比喻"知"与"行"二者的关系："知行常相须，如目无足不行，足无目不见。"这明确地表达了知行并举，认知与实践皆应予以重视的观点。王守仁更是直接强调"知行合一"，言："知而不行，只是未知。"王守仁还阐述说："食味之美恶，必待入口而后知，岂有不待入口而已先知食味之美恶者邪……路歧之险夷，必待身亲履历而后知，岂有不待身亲履历而已先知路歧之险夷者邪？"他指出，必要有亲身的实践而后方能获得真知。与"知在行先"相反，这里的表达成了"行在知先"。其实这两个命题是根据"知"与"行"在不同的语境中存在不尽相同的含义，以及论题所强调的不同的侧重点而分别提出的，并不存在直接的对立，这是由语言表达的模糊性而造成的，但是在未详知其意的人看来往往会产生误解。

何谓"常与变"？

常与变，是中国古代哲学中关于法则的恒定性和变化性与执行的原则性和灵活性的命题。《孟子·离娄上》记载了孟子与淳于髡的一段著名的对话："淳于髡曰：'男女授受不亲，礼与？'孟子曰：'礼也。'曰：'嫂溺，则援之以手乎？'曰：'嫂溺不援，是豺狼也。男女授受不亲，礼也。嫂溺，援之以手者，权也。'"此中的"权"，即为权变之意。由此可见，孟子虽然严格坚持礼法的原则性，但在此基础上，提倡针对实际情况和具体问题而采取灵活的对策。这就是儒家对于"常与变"问题的基本态度。《易经·系辞传下》中有言："《易》之为书也，不可远。为道也屡迁，变动不居，周流六虚，上下无常，刚柔相易，不可为典要，唯变所适。"这也体现了对于"变"的强调。"变"的思想在社会面临改革之际更是被领潮者所主张，清末维新变法的核心人物康有为曾说："盖变者，天道也。天不能有昼而无夜，有寒而无暑，天以

善变而能久；火山流金，沧海成田，历阳成湖，地以善变而能久；人自童幼而壮老，形体颜色气貌，无一不变，无刻不变。"又说："法既积久，弊必丛生，故无百年不变之法。"可见，常，是相对的；而变，则是永久的。

"形而上"与"形而下"具体包含什么内容？它们之间的联系和区别是怎样的？

形而上与形而下，是中国古代哲学中分别用来描述抽象与具象两种范畴的概念，语出《易经·系辞传上》："形而上者谓之道。形而下者谓之器。""形"，是指形体、形迹等可见之象，所谓"形而上者"即指没有形体、形迹的抽象存在，也就是"道"；相应地，"形而下者"即指有形体、形迹的存在，也就是"器"。朱熹对此的阐述是："理也者，形而上之道也，生物之本也。气也者，形而下之器也，生物之具也。"朱熹的观点是理在气先，理本气末。而王夫之则认为："器而后有形，形而后有上。"意思是说，形而上的存在是以形而下的存在为基础的，即"无其器则无其道"，这与朱熹的观点正相对立。

"天人合一"的思想具体指的是什么？它为什么是中国传统思想的核心？

"天人合一"，是中国古代哲学中对于天人关系的经典命题。天人关系，是哲人所必然要面对、要思考的一个基本问题，其关键在于对"天"的理解。

在原始社会人的智慧尚未开化的阶段，华夏先民将"天"视为有意志的神灵，原始巫术的基本意义就是进行天人之间的沟通，《易经》中所载伏羲发明八卦，其意图就是"以通神明之德，以类万物之情"。"天人合一"的命题建立在天人相通的基础上。发展到东周时代，在人们的社会生活中巫术的作用已经淡化，这时人们的关注重心已经由"天"转向人，"天"的神话色彩也开始消退，逐渐转向自然和人伦意义的一面。孟子将"天"视为道德的本原，认为人的心性受之于天，尽心知性而可与天地相通达。"仁义忠

信，乐善不倦，此天爵也"，孟子在此即用天赐的爵位来表示人的高尚道德。"夫君子所过者化，所存者神，上下与天地同流"，这是君子的道德修养所能达至的崇高境界。在庄子看来，"天"指向自然的意涵，人是自然的一部分，所以天人本来就是一体的，而天与人的分隔是人的文化造成的，所以庄子倡导"绝圣弃智"，返璞归真，从而可达天人相融的本然境界。最早明确表述"天人合一"这一命题的是西汉的董仲舒，他在《春秋繁露》中提出"天人之际，合而为一"的主张。此后，"天人合一"一直都是中国传统哲学思想中的核心。

"自强不息，厚德载物"出自哪里？包含了怎样的哲学思想？

"君子自强不息"，语出《易经·乾卦》："天行健，君子以自强不息。"与此相应，在《坤卦》中有："地势坤，君子以厚德载物。"这是《易经》中最为人所熟知的两句话，清华大学引为校训：自强不息，厚德载物。这两句话的意思是：天的运动刚强劲健，君子处世也应像天一样，积极追求自我的进步，刚毅坚卓，奋发图强，永不停息；大地的气势厚实和顺，君子也应当像大地一样，增厚美德，容载万物。一个人若想有所作为，自强不息作为个人品性是必须具备的；而一个国家若欲强大兴盛，自强不息作为一种民族精神也是不可缺少的。

千百年来，自强不息成为中华民族一代又一代的志士仁人持身自省的根本精神，激励着一代又一代的中华儿女积极进取、奋勇向前，为自我崇高的理想和民族辉煌的明天而拼搏不息。

"心外无物"说的是人的主观意识决定客观物质的存在吗？如果不是，那它说的是什么？

"心外无物"是中国明代哲学家王守仁提出的哲学理念。宋代心学的创始者陆九渊提出"心即理也"和"宇宙即是吾心，吾心即

是宇宙"的重要命题，这种观念最早可追溯至孟子的"万物皆备于我"的提法。王守仁发展了陆九渊的心学思想，提出"心外无物，心外无理，心外无事"的核心观点。王守仁所说的"心"，是一个内涵较为复杂的概念，它指代一种最高的本体，如"心即道，道即天"，也指称个人的主观意识，如"心一而已，以其全体恻怛而言谓之仁，以其得宜而言谓之义，以其条理而言谓之理"。这两种意涵往往是交杂在一起的，这比陆九渊学说中"心"的内涵要更为宽泛。

"心外无物"的基本含义是，心与物同为一体，物不能离开心而存在，心也不能离开物存在。离开灵明的心，便没有天地万物；而离开了天地万物，也没有灵明的心。一方面，灵明的心是天地万物的主宰；另一方面，心无体，以天地万物感应的是非为体。客观的事物没有被心知觉，就处于虚寂的状态。如深山中的花，若未被人看见，则与心同归于寂；而若被人看见，则此花的颜色就一时明白起来。

王守仁所谓的"心外无物"，并不是说人的主观意识决定着客观物质的存在，而是指外界事物的存在离开了人的主观体验则没有意义，它指向的不是宇宙本原问题，而是存在与意识之关系的问题。

"性三品说"是谁的观点？具有怎样的哲学内涵？

"性三品"是董仲舒提出的人性论。董仲舒将阴阳的观念引入对人性的分析，如同天有阴阳一样，人也分善恶。人所具有的善的品质，体现了天的阳性，董仲舒称之为"性"；人所具有的恶的品质，体现的是天的阴性，他称之为"情"。尽管"性"蕴含着善的一面，但并不等同于善，而只是意味着善的可能。他比喻说："性比于禾，善比于米；米出禾中，而禾未可全为米也；善出性中，而性未可全为善也。"

董仲舒依据人所具有的"性"和"情"的地位不同而将人性分为三品，上品为"圣

人之性"，是"性"主导，而"情"很少，因此是不教而可为善的品性；下品为"斗筲之性"，是"情"主导，而"性"缺乏，因此是虽教而亦不能为善的品性；介于两者之间的为"中民之性"，是"性""情"相当，是为善而亦可以为恶的品性。董仲舒的"性三品"说将先天的人性进行了有差异的类分，这与孔子所言的"性相近"和孟子所说的"人皆可以为尧舜"是迥然不同的。东汉时期的思想家王充指出：董仲舒之言本性有善有恶，说的是普遍的人的本性；孟子之言性善，说的是上等人的本性；荀子之言性恶，说的是下等人的本性。几种言说的差异在于论说对象范畴的不同。王充的这种提法对董仲舒的"性三品"说给予了充分的肯定。

到唐朝，韩愈作《原性》，对董仲舒的"性三品"说进行完善，更进一步地将"性"与"情"都分为上、中、下三品，"性"与"情"相互对应，"上品之性"发为"上品之情"，"中品之性"发为"中品之情"，"下品之性"发为"下品之情"，这是一种更为精致化的"性三品"说。

"人伦"指的是什么？为什么在中国古代人们的思想中那么重要？

人伦，是儒家伦理学说的一个基本概念。伦，为条理、顺序之义，《说文解字》中言："伦，辈也。"人伦，是指儒家思想中所特别重视的人与人之间的关系，又特别指尊卑长幼之间的辈分关系。《孟子·滕文公上》说："人之有道也，饱食暖衣，逸居而无教，则近于禽兽。圣人有忧，使契为司徒，教以人伦：父子有亲，君臣有义，夫妇有别，长幼有序，朋友有信。"可见，在孟子看来，父子、君臣、夫妇、长幼、朋友之间的人伦关系是人与禽兽之别的一个基本方面。《管子·八观》言："倍人伦而禽兽行，十年而灭。"这里表达了与孟子一致的观点。《汉书·东方朔传》载："上不变天性，下不夺人伦。"宋代周密《齐东野语·巴陵本末》言："人伦睦，则天道顺。"从这些表述中可以发现，人伦已经被提高到与天性、天道同等的位置，可见人伦在中国古代社会人们思想中的重要性。

"只是父亲伯叔兄弟之伦，因是圣人遗训，不敢违忤。"说这句话的是贾宝玉。贾宝玉在《红楼梦》中以性格叛逆著称，但是对于人伦大道这样的圣人遗训还是甚为尊奉的，由此可以推知人伦思想对人的强大的约束力。

"礼义廉耻"的具体含义是什么？

"礼义廉耻"，语出《管子·牧民》："何谓'四维'？一曰礼，二曰义，三曰廉，四曰耻。"又言："国有四维，一维绝则倾，二维绝则危，三维绝则覆，四维绝则灭。"由此可见，礼义廉耻占有着作为国家纲纪的崇高地位。管子解释说："礼不逾节，义不自进，廉不蔽恶，耻不从枉。故不逾节则上位安，不自进则民无巧诈，不蔽恶则行自全，不从枉则邪事不生。"意思是，礼要求人们的行为不超越一定的界限，义要求人不自矜，廉要求人们不隐瞒自己的过错，耻要求人有羞耻之心，不跟邪恶者同流合污。做到了这四点，就可以避免种种社会问题的产生。欧阳修在《新五代史·冯道传》中对管子的这一论说大加激赏："善乎，管生之能言也！礼义，治人之大法；廉耻，立人之大节。盖不廉，则无所不取；不耻，则无所不为。人而如此，则祸乱败亡，亦无所不至，况为大臣而无所不取，无所不为，则天下其有不乱，国家其有不亡者乎！"

"五伦"是儒家思想中人伦关系的基本，它具体包含哪些内容？

"五伦"，指的是君臣、父子、夫妇、兄弟、朋友这5种基本的人际关系，也是儒家思想中人伦关系的基本方面。《孟子·滕文公上》说："父子有亲，君臣有义，夫妇有别，长幼有序，朋友有信。"这就是孟子对五伦的简要的阐述。《礼记·礼运》对孟子的五伦说作了进一步的阐释，解为"十义"，即"父慈、子孝、兄良、弟弟、夫义、妇听、长惠、幼顺、君仁、臣忠"。"五伦"是儒家所倡导的人际关系的基本准则，是中国传统社会伦理思想的核心内容。

"忠"作为一种基本的道德要求，具体包含什么样的内容？

忠，是中国传统社会中一项基本的道德要求。"忠"最初是指对别人尽心尽力的忠诚态度，而不是专指臣对君的道德规约和行为职责。《论语·述而第七》载："子以四教：文、行、忠、信。"忠，是孔子的四项基本教育内容之一。在先秦时代，并没有后来那样的忠君观念，孔子关于臣对君忠的看法是："君使臣以礼，臣事君以忠。"也就是说，不是单方面地要求臣对君忠诚，首先是君要以礼待臣。孟子更说："贼仁者谓之'贼'，贼义者谓之'残'。残贼之人谓之'一夫'。闻诛一夫纣矣，未闻弑君也。"由此可见，在孟子看来，暴虐之君如纣者，实为民贼独夫，杀掉这样的暴君，是无所谓弑君的。这样的话是完全没有死忠、愚忠的色彩的。而要求臣下绝对忠于君主的始作俑者还是法家的韩非。韩非认为，根本不存在所谓的共同的国家公利，君主和臣民之间的利害完全相反，因而绝无道义可言，彼此之间纯粹是相互利用的关系。但是，韩非是以君主本位来处理君臣关系的，他倡言："故人臣毋称尧舜之贤，毋誉汤武之伐，毋言烈士之高，尽力守法、专心于事主者为忠臣。"这可以说是汉代大一统时期董仲舒的"君为臣纲"的理论渊源。

自从"忠"被列入"三纲"之后，这一观念为封建统治者绝对化，皇帝作为万民之君，受命于天，受权于神，要求民众对皇帝无条件地忠诚，也就是所谓"君让臣死，臣不得不死"。另外，在帝制时代，皇帝往往是作为国家的代表被看待的，臣民效忠于皇帝常常与尽忠于国家是合在一起的，出于对国家的情感和职责，贤臣也要求自己尽到对皇帝的忠诚。

作为自我修养与评价他人的一项根本准则，"仁者爱人"具体指什么？

"仁者爱人"，语出《孟子·离娄下》："君子所以异于人者，以其存心也。君子以仁存心，以礼存心。仁者爱人，有礼者敬人。爱人者，人恒爱之；敬人者，人恒敬之。"其实在《论语》中就已经有了"仁者爱人"这样的表述，只是没有在字面上将其连接起来。"樊迟问仁。子曰：'爱人。'""仁"，是儒家思想的核心理念，《汉书·艺文志》在阐述儒家学派的特点时概括说："游文于六经之中，留意于仁义之际。"而早在孔子之前，"仁"就已经是华夏民族的一个重要的道德范畴，《尚书·商书·太甲下》中记载："民罔常怀，怀于有仁。"也就是说，唯有仁德才是民心的常归之所。孔子将"仁"这一为世人所崇尚的理念发扬为一种至高的人生境界。在《论语》一书中，有关"仁"的表述屡屡可见，诸如："志士仁人，无求生以害仁，有杀身以成仁。""士不可以不弘毅，任重而道远。仁以为己任，不亦重乎？死而后已，不亦远乎？""克己复礼为仁。一日克己复礼，天下归仁焉。""仁者先难而后获，可谓仁矣。"孔子对"仁"进行了多种不同角度的阐释，"仁"可以说是孔子心目中的道德准则。后来孟子继承和发展了孔子的"仁"的学说，积极倡导"仁政"，提出"仁者天下无敌"的观念，将"仁"看作是帝王为政的最高标准。孔孟之后，"仁"的思想更是深深地刻在中国人的头脑中，"仁"成为自我修养与评价他人的一项根本准则。

作为传统的价值规范，"义"的具体内容是什么？

义，是中国传统的基本价值规范之一。"义"的本义是指合宜的行为表现，而这种合宜的判断标准是社会公认的准则。"义"的繁体字为"義"，在造字上含有群我关系的因素，也就是说，令自己的言行符合群体的规范要求者乃称为"义"。概而言之，"义"体现着一种超乎个人利益的道德范畴。孔子曾言："不义而富且贵，于我如浮云。"并且有"义然后取""见得思义""见义勇为"等关于"义"的行为要求。孔子是将"义"作为自身去就取舍的准则来看待的。如有所取，必当符合义的要求而后可；若有所去，亦当首先思考是否符合义的标准。孟子发扬了孔子的义的思想，言称："生，亦我所欲也；义，亦我所欲也。二者不可得兼，舍生而取义者也。"由此人们常将"舍生取义"与"杀身成仁"并述，"仁""义"二字也成为儒家思想的标志，作为中国传统的核心价值理念，传承千年，根深蒂固。

作为中国传统价值的核心，"礼"的具体内容包括哪些？

礼，是中国传统价值的一个核心范畴。礼最初是指祭神的宗教仪式，后来发展到人事方面，表示与人的身份地位相应的行为规范和仪式制度。《礼记·中庸》载："礼仪三百，威仪三千。"可见当时的礼仪是非常繁复的，礼制涉及人们生活的方方面面，无大无小，细至举手投足之间都有相应的礼节来规范。如此繁缛的礼仪显然只有在物质生活富裕的贵族阶级才能施行，所谓"刑不上大夫，礼不下庶人"。根据传统的说法，西周初年，周公旦制定了严密的礼乐体系，奠定了以礼为治的教化传统。孔子对周公之礼极为尊奉，将礼视作修身与治国的基础，曾对其子孔鲤言："不学礼，无以立。"并且提出著名的"克己复礼为仁"的论说。礼之所以具有如此重要的地位，是因为礼所反映的不仅仅是行为上的一套规矩，更是体现着言行规范所蕴含的严肃的道德伦理基础，其严格的形式性承载着重要的实质性。

"智"的具体含义是什么？

智，是儒家的核心价值范畴之一。儒家思想中的"智"，指的并不是科学智慧，而是一种道德智慧，也就是辨别善恶、是非的能力，亦即孟子所言的人的与生俱来的"是非

之心"。《论语·雍也第六》记载："樊迟问知（即智）。子曰：'务民之义，敬鬼神而远之，可谓知矣。'"孔子的解释是，致力于民众应当遵从的义德，尊敬鬼神但是并不亲近它，这就可以叫作"智"了。又《论语·宪问第十四》记载："子曰：'君子道者三，我无能焉：仁者不忧，知者不惑，勇者不惧。'子贡曰：'夫子自道也。'"孔子在这里将"知者不惑"作为君子所具有的基本美德之一。其后孟子进一步指出，所谓"智"，就是生而有之的"是非之心"，只要尽心将这种智慧来发扬，就能够做到知性，由知性而知天，知天则意味着达到超凡脱俗的人生之境，这是"智"的最高境界，也是儒家思想中作为一种道德智慧范畴的"智"的概念的本真之义。

我们常说，做人要讲诚信，那么，"信"具体指什么？

信，是中国传统的核心价值范畴之一。信，就是诚，是无欺，是使人无疑。"信"不仅被奉为人际相处的起码准则，亦是治理国家的基本理念。孔子曾说："人而无信，不知其可也。大车无輗，小车无軏，其何以行之哉？"孔子将人没有诚信比作车没有輗、軏（輗和軏，指车辕与横木相连接的关键部位），称其无法立足于世。孔子在回答子贡关于政事的提问时指出"足食""足兵"与"民信"这基本的三点，又言其中最为重要的是取信于民，称"民无信不立"。另外，孔子的弟子子夏也说："与朋友交，言而有信。"曾子的每日三省其身中的一项重要内容同样是"与朋友交而不信乎"。在法家的治国之术中，尤其重视对人民的守信，商鞅"南门立木"就是重信的一个明证。到了汉代，"信"这一道德准则被奉为五常之一，更是确立了至高无上的地位和影响力。

人们常说"知足常乐"，你知道"知足"具体指的是什么吗？

"知足"，是道家提倡的伦理观念。《老子》第四十六章："罪莫大于可欲，祸莫大于

老子像

不知足，咎莫大于欲得。故知足之足，常足。"第四十四章："名与身，孰亲？身与货，孰多？得与亡，孰病？是故甚爱必大费，多藏必厚亡。知足不辱，知止不殆，可以长久。"老子提倡去掉身外之欲，劝导人们知足知止，而可常足常乐。

人类处于一个物欲横流的世界，老子的话有着鲜明的规劝意义，只是要让人们在实践中对这样的理念给予执守和认同却并非易事。试问，面对纷纭杂陈的诱惑，能够做到静然不动心者能有几人？知足的戒条在明晃晃的利诱面前往往显得十分脆弱。

"温、良、恭、俭、让"这五种美德具体指的是什么？

"温、良、恭、俭、让"，是儒者所具有的五种美德，语出《论语·学而第一》："子禽问于子贡曰：'夫子至于是邦也，必闻其政，求之与，抑与之与？'子贡曰：'夫子温、良、恭、俭、让以得之。夫子之求之也，其诸异乎人之求之与？'"这段话的意思是，子禽问子贡："孔子到了一个国家一定会了解到那个国家的政事，这是主动问来的呢，还是别人自动告诉的呢？"子贡回答说："那是孔子依靠温、良、恭、俭、让这些美德所得来

的，孔子得到这些听闻的方式与别人获取的方式是不相同的吧。"温、良、恭、俭、让，指的就是温和、善良、严肃、节俭、谦虚这五种品德，这是孔子的学生对他的评价，可见孔子自身是躬行着这些美德的，而这也成为后世效法的榜样。

"己所不欲，勿施于人"的内涵是什么？

"己所不欲，勿施于人。"语出《论语·卫灵公第十五》："子贡问曰：'有一言而可以终身行之者乎？'子曰：'其恕乎！己所不欲，勿施于人。'"子贡向孔子求教是否有一句话可以终身奉行的呢，孔子回答道，大概就是恕吧，并且解释说，自己所不想要的，就不要给予别人。这句话是《论语》中被传诵最广的名言之一，是君子持身处世的一项基本准则。

《论语·里仁第四》记载："子曰：'参乎！吾道一以贯之。'曾子曰：'唯。'子出，门人问曰：'何谓也？'曾子曰：'夫子之道，忠恕而已矣。'"也就是说，以曾子的理解，孔子一以贯之的道，可以用"忠恕"两个字来概括。忠，说的是对他人尽心；恕，说的就是推己及人，也就是先前所言的"己所不欲，勿施于人"。

"立德、立功、立言"出自何处？具体内涵是什么？

立德、立功、立言，即"三不朽"，语出《左传·襄公二十四年》："太上有立德，其次有立功，其次有立言。虽久不废，此之谓不朽。"当年，鲁国的叔孙豹与晋国的范宣子就何为"死而不朽"这一问题各自发表过见解。范宣子认为，他的祖先自虞、夏、商、周以来世代为贵族，家世显赫，香火不绝，这就是"不朽"。叔孙豹则认为这只能叫作"世禄"，而并非"不朽"。在言及什么是真正的"不朽"时，叔孙豹说了上面那段话。唐代孔颖达在《春秋左传正义》中对立德、立功、立言三者分别作了明确的阐释："立德，谓创制垂法，博施济众"；"立功，谓拯厄除难，

功济于时"；"立言，谓言得其要，理足可传"。也就是说，"立德"指道德操守，"立功"指事功业绩，而"立言"指的是把真知灼见形诸语言文字，著书立说，传于后世。"立德""立功"与"立言"，指向的都是身后之名的流传不绝，因此而谓之"不朽"。而对身后不朽之名的追求，正是古圣先贤超越个体生命的局限而追求永生、超越物质欲求而追求精神满足的独特形式。孔子说："君子疾没世而名不称焉。"屈原在《离骚》中说："老冉冉其将至兮，恐修名之不立。"司马迁在《报任安书》中也说道："立名者，行之极也。"这些话语都表达了先贤对于不朽之名的热衷。不朽之名与通常而言的名利之名并不是一回事，因为不朽之名指向的是一种极致的人生境界，对这种人生境界的追求，激励着个体生命拼搏奋进，敢于取舍，从而释放出无比巨大的能量，昭己名于后世，亦泽被千秋，而绝非求得一时的浪声虚名以得心慰而已。

"独善"和"兼济"的具体内涵分别是什么？

独善和兼济，是儒家提倡的修身准则，语出《孟子·尽心上》："穷则独善其身，达则兼善天下。""独善"和"兼济"，是这两句话的简括提法，其意为，一个人在不得志的时候，要汲汲于修善己身，而在发达的时候，则要有志于普济天下，惠及苍生。孟子还说："得志，与民由之；不得志，独行其道。""得志"，就是"达"；而不得志，也就是"穷"。这里的"达"与"穷"，意指是否有为官参政的机会，只有获得了执掌政权的机会，才能够将自己的治世理想进行实践和推广，否则自己的一腔热情只是纸上空谈。即使是一介平民，依然要严格自律，保持操守，而不可放任自流，放弃自我的修养。这就是儒家的退则修己身、进则济天下的积极入世的人生观念。

"气节"的含义是什么？

"气节"，是儒家所提倡的一种道德操守，是指坚持正义、面对强压而不屈服的高贵品质。分开来讲，"气"指的是一种精神状态，孟子所言的"浩然之气"，就是一种高邈的修养境界；而"节"指的是节操，是一种道德品格，是在重大是非面前所表现出的正确抉择，是《论语》中所言的"临大节而不可夺"乃"君子人也"之意。后来"气""节"并称，指称充满正义和正气的坚贞的人格。《史记》中评价汲黯"好学，游侠，任气节"，此之谓也。汉代苏武持节牧羊的事迹就是气节的一个最佳说明。

"君君，臣臣，父父，子子"指的是什么？

"君君，臣臣，父父，子子"，语出《论语·颜渊第十二》："齐景公问政于孔子。孔子对曰：'君君，臣臣，父父，子子。'公曰：'善哉！信如君不君、臣不臣、父不父、子不子，虽有粟，吾得而食诸？'"这段话表达的意思是，齐景公向孔子询问治理国家的方略，孔子回答的对策是，要令做君主的像个君主的样子，为臣的要像个臣下的样子，当父亲的要像个父亲的样子，而做儿子的要像个儿子的样子。也就是说，要各自都按照自己的身份行事，各就其位，名副其实。齐景公对孔子的论述非常肯定，并且说如果不这样的话，即使国家有很多的粮食，自己也会吃不上，也就是国家会大乱。

孔子这段关于君臣父子的表述被后世演化为"君为臣纲，父为子纲，夫为妻纲"的伦理准则，其实这与孔子的原意相去甚远。孔子强调的是每个人都应当依照礼法来做符合自己身份的事情，而"三纲"强调的是君对臣、父对子、夫对妻的统领，两者的目的都是实现国家与社会的安定有序，但办法却是不同的。

你知道"名不正则言不顺"的观点吗？它是谁提出来的？具体指什么？

"名不正则言不顺"，语出《论语·子路第十三》："名不正，则言不顺；言不顺，则事不成；事不成，则礼乐不兴；礼乐不兴，则刑罚不中；刑罚不中，则民无所措手足。"

孔子说这段话所要表达的是，做任何事情，都要名义正当，如果名义不正当，讲话就不能通顺，事情就做不成，礼乐制度也就无法兴办，刑罚也就不会得当，如此一来，老百姓也就会不知所措。孔子是极为重视名分的，在这里从名之不正的负面影响的角度来讲述了正名的重要意义。孔子所讲的名正，是实至名归的"名"，通过正名所要强调的是事理的端正，名之正是行事有方的端始。前面的话从正面来讲就是，名正而言可顺，言顺而事可成，事成而礼乐可兴，礼乐兴则刑罚为中，刑罚为中则民可有所循，如此则天下治。

"万物皆是一个天理"是谁提出来的？具体内涵是什么？

"万物皆是一个天理"，是程颢、程颐兄弟所提出的理学观念，他们认为，"理"或"天理"是一个例外的存在，不是从事物中所抽象出来的，这唯一的"理"是永恒存在的，而且是先验地存在于一切事物之中的。"所以谓万物一体者，皆有此理"，世界必先有一个普照万物的理，然后才有被照的万物存在。天理之照物，犹如"月印万川"。也就是说，千万条河流中都映照着月亮，可是这许多条河流中的月亮却都是那同一个月亮。这就是程氏兄弟的"天下只有一个理""万物皆是一个天理"的理学思想。

"知行合一"的哲学观点是谁提出来的？具体内涵是什么？

"知行合一"是王守仁的哲学观念。明武宗正德三年（1508 年），王守仁在贵阳文明书院讲学时首次提出"知行合一"的说法。王守仁所讲的"知行合一"，指的并不是实践与认识相符合的含义，这里的"知"，是一种良知，也就是指人的道德意识和思想理念，而"行"，是指人的道德践履。王守仁指出，"知"与"行"二者之间，互为表里，不可分离，知必然要表现为行，不行不能算真知。而"良知"无不行，自觉的行也就是知。在王守仁看来，知决定着行，道德意识是人之

行为的指导思想，按照道德的要求去行动就是达到良知的层面，在道德指导下产生的"良知"是行为的开始，符合道德要求的行为则是"良知"的完成。

"无为而治"是怎样的哲学思想？具体内容是什么？

"无为而治"是道家的基本思想，首先是由老子提出来的。老子认为天地万物都是由道化生的，而且天地万物的运动变化也都遵循着道的规律，而道所遵循的又是自然的规律，也就是"道法自然"。既然道以自然为本，那么对待事物就应该顺其自然，无为而治，让事物按照自身的必然性自由地发展，使其处于符合道的自然状态，不对它横加干涉，不以有为影响事物的自然进程，只有这样，事物才能正常地存在和健康地发展。老子说："是以圣人处无为之事，行不言之教。""上德无为，而无以为；下德有为，而有以为。""为学日益，为道日损，损之又损，以至于无为。无为而无不为。"这些讲的都是"无为而治"的好处。当然，所谓"无为"，并不是一无所为，不是说什么都不做，而是不妄为，不随意而为，不行违反自然规律之为。

"小康"社会一度被认为是理想的社会，那么所谓的"小康"到底指的是什么？

"小康"，是儒家所描述的一种社会状态，《礼记·礼运》中记载孔子在讲述"大同"之后接着说道："今大道既隐，天下为家，各亲其亲，各子其子，货力为己。大人世及以为礼，城郭沟池以为固，礼义以为纪；以正君臣，以笃父子，以睦兄弟，以和夫妇，以设制度，以立田里，以贤勇知，以功为己。故谋用是作，而兵由此起，禹、汤、文、武、成王、周公，由此其选也。此六君子者，未有不谨于礼者也，以著其义，以考其信。著有过，刑仁讲让，示民有常。如有不由此者，在势者去，众以为殃，是谓小康。"在孔子看来，禹、汤、文、武、成王、周公之时的社

会可以称作"小康","小康"虽不及"大同",却也是一种比较好的社会风貌。康有为根据《春秋公羊传》的"三世"说，将"小康"比作"升平世"，将"大同"比作"太平世"，社会的发展规律是由"据乱世"走向"升平世"，再进入"太平世"。

"中和"是一种怎样的哲学思想？

"中和"，原为中正、平和之义，后来引申为中庸之道的思想内涵，成为一个哲学概念。《礼记·中庸》言："喜怒哀乐之未发，谓之中；发而皆中节，谓之和。中也者，天下之大本也；和也者，天下之达道也。致中和，天地位焉，万物育焉。"这段话的意思是，喜怒哀乐没有发作失控，叫作"中"；各种情绪表现出来而又都恰到好处，叫作"和"。"中"，是天下最大的根本；做到"和"，天下才能归于道。君子如果能将"中和"做到完美的程度，天地都会赋予他应有的位置，万物都会养育他。可见，"中和"是儒家所提倡的一种最为高尚的修养范畴。

"君子重义，小人重利"是谁提出来的？具体包含哪些内容？

"君子重义，小人重利"，这是孔子所讲的君子与小人之间的区别之一，也可说是孔子的义利观。孔子的原话是："君子喻于义，小人喻于利。"也就是说，君子所看重的是义，而小人看重的则是利。由此而引发，君子做事，是以义为标准的，如孔子所言："不义而富且贵，于我如浮云。"君子非义毋得，唯义是取，为了保持和维护义，甚至不惜牺牲自己的生命，也就是孟子所言的"舍生取义"。小人则不然，小人行事取舍的标准是利，非利不为，唯利是图。一个人一旦达到了唯利是图的地步，便可以为所欲为，置仁义道德于不顾，这种理念和行为给社会所造成的危害是可想而知的。长久来看，这对其本人也是没有好处的。《左传·隐公元年》有云："多行不义必自毙，子姑待之。"自毙，就是不义的可耻下场。

"罢黜百家，尊崇儒术"是谁的主张？它对中国社会有何影响？

"罢黜百家，尊崇儒术"，是董仲舒所提出的主张。汉武帝元光元年（公元前134年），召集各地贤良求问治理天下的策略，董仲舒在进策中提出："《春秋》大一统者，天地之常经，古今之通谊也。"他认为当时执政者的理念无法统一，而百姓也莫知所从的原因是"今师异道，人异论，百家殊方，指意不同"，于是他倡导进行文化上的统一，尊崇孔子的学说，而罢黜其他各家的思想观点，也就是尊崇儒术。

董仲舒的这一建议为汉武帝所采纳，儒学自此取得中国官方正统学术的地位，并且绵续2 000余年，对中国古代的意识形态和社会生活都有着极大的影响。"罢黜百家，尊崇儒术"为汉武帝政治上的大一统创造了思想基础，一方面加强了君主专制制度，另一方面对统一的民族国家的形成和巩固也产生了巨大的积极作用。

"存天理，灭人欲"是谁提出来的？阐述了怎样的哲学思想？

"存天理，灭人欲"，这一说法的提出习惯上被归于朱熹，而实际上类似的提法早有渊源。《礼记·乐记》中说："人化物也者，灭天理而穷人欲者也，于是有悖逆诈伪之心，有淫佚作乱之事。"意思是讲，人为外物所诱惑而丧失了天理、纵容人的欲望，于是有了各种邪恶的想法和恶劣的行为。这里已将"天理"和"人欲"相对立。"天理"，也就是孟子所说的人与生俱来的仁、义、礼、智等良知，而"人欲"则是对"天理"的违背，是为所欲为的不善之举。程颐说："人心私欲，故危殆。道心天理，故精微。灭私欲则天理明矣。"这也是将"人欲"和"天理"相对立的表述，说的也就是"存天理，灭人欲"。朱熹传承了这种思想，说道："孔子所谓'克己复礼'，《中庸》所谓'致中和''尊德性''道问学'，《大学》所谓'明明德'，

《书》曰'人心惟危，道心惟微，惟精惟一，允执厥中'，圣贤千言万语，只是教人明天理，灭人欲。"

朱熹实际上并非"存天理，灭人欲"的首倡者，但是他将此看作是儒家思想的精髓之所在，并且对其进行了详细的阐发，极大地提高了这一观念的影响力。值得注意的是，朱熹并非一概反对人的任何欲望，他所说的"人欲"是指那些超出了正当要求以及违反了社会规范的欲望，是属于非分之想一类的欲求，只是后来人们脱离了具体的语境，对字面的含义产生了误解，因而严厉地抨击朱熹对于人欲的否定。事实上，朱熹的这种倡导之于纷杂混乱的社会实际乃及乱世之中人的行为操守也并非毫无积极意义的，但不可否认的是，朱熹的这种表述对后来的社会思想产生了极为不良的影响，以致出现了"以理杀人"的现象。"存天理，灭人欲"的错谬，其根本之处不在于对"人欲"的否定，而在于将"天理"和"人欲"相对立，使"理"和"欲"之间不是相和谐的关系，而是此生彼灭的相冲突的关系。

"治大国若烹小鲜"是一种怎样的哲学思想？

"治大国若烹小鲜"，语出《老子》第六十章，意思是治理大国就如同烹制美味的小鱼一样，这是老子所崇尚的治国方法。据说上古时期的贤君汤曾向伊尹询问治国的主张，伊尹用这样的比喻来说明："做菜既不能太咸，也不能太淡，要调好作料才行；治国就如同烹饪，既不能操之过急，也不能松弛懈怠，只有恰到好处，才能把事情办好。"老子取用了伊尹的这个说法来表达自己的政治方略，强调治理国家要依照规律循序行事，一切有条不紊，长此以往，国家必定和谐而昌盛。

"合纵"与"连横"分别指的是什么？

"合纵"与"连横"，指的是战国时期列国之间为了配合自己的军事行动和捍卫自己的国家利益而根据随时变化的政治形势所采取的两种不同的外交策略。《韩非子·五蠹》言："纵者，合众弱以攻一强也；横者，事一强以攻众弱也。"到了战国后期，由于秦国独强，实力远远超过其他各国，"合纵"就主要指东方六国联合起来共同抵御西方强大的秦国；而"连横"则基本上是秦国所采取的外交方略，是对东方各国"合纵"策略的瓦解，令六国之间分崩离析，从而将六国各个击破。这两种策略驰骋匹敌，相互颉颃，造就了一批叱咤风云的纵横家，张仪和苏秦是其中最为杰出的代表。东方各国之间因为有着明显的利益分歧，面对日益强大的秦国，只图取眼前的一时利益，而缺乏长远的筹算，并不能够真正地联合一心，这使得"合纵"政策始终没有得到良好的执行，结果是秦国的"连横"策略占据上风，最终六国相继覆灭，秦国结束了长达数百年的诸侯纷争，实现了天下的统一。

第七章
教育要事·科举趣谈

孔子是最早创办私学的人吗？后世皇帝为何要把他奉为"万世师表"？

春秋时期，周王朝王权衰落，一些朝廷官员感到天下即将大乱，纷纷离开朝廷，有的到诸侯国为诸侯服务，有的则走向民间。同时，在诸侯纷争的局面下，一些诸侯国的官员因为本国的衰落，也纷纷走向民间。于是文化出现了下移，民间文化兴起。

春秋以前，教育被官方垄断，民间没有教育。这些文化官员走向民间后，开始教授文化与礼仪，于是民间私学兴起。鲁国的柳下惠、郑国的邓析都曾开设私学，传授文化知识。这些人或早于孔子，或与孔子同时，所以，孔子并不是最早创办私学的人。

孔子年轻的时候便有志于教育，收徒讲学。他亲自删节整理了《诗经》《尚书》《易经》《礼记》《春秋》《乐经》六本书，并以这

孔子讲学图　清

此图展现了春秋时期孔子在杏坛讲学的情景。图中孔子端坐讲授，弟子们在周围恭敬地聆听。作品因是宫廷绘画，所以特别讲求整体结构。

六本书作为自己的教材，提出了"有教无类"的教育理念和"知行合一"的学习方法，并提出了"仁""义""礼""智""信"等教育内容和"君子"的培养目标。孔子在中国历史上第一次开办了比较系统的有规模的私学，史载其"弟子三千，身通六艺者七十有二人"。孔子的私学教育不论在当时还是在后世都产生了深远的影响，因此，从某种意义上说，孔子可算中国开办私学的第一人。

作为一位伟大的教育家，孔子因为其教育事业和教育精神而被后世所景仰。魏黄初二年，魏文帝发诏册封孔子后裔时，称孔子是"亿载之师表"；元朝至大元年武宗在加封孔子为"大成至圣文宣王"的诏书中称孔子为"师表万世"；到清代，康熙皇帝于康熙二十三年（1684年）在孔庙大成殿亲自题匾"万世师表"。

后世皇帝之所以多次追封孔子，将之奉为"万世师表"，主要是因为儒家学说一向尊崇王道，其伦理学说以及提倡"忠孝"思想也利于统治者维护统治与社会稳定，于是历代帝王都有意识地尊奉孔子。尤其元、清两代皇帝，因为是少数民族统治汉族，更热心于通过尊奉孔子来取得汉人的心理认同。

何谓"丧家狗"？用它称呼孔夫子是对圣人的侮辱和不敬吗？

"丧家狗"，顾名思义，是没了家的狗。用在人身上，显然不是什么好词儿，一般是形容一个人的狼狈相。春秋时有一个郑国人

曾经以此来比喻孔子，但在当时，却只是对于孔子处境的客观描述，并非有意侮辱，而孔子也欣然接受了这种说法。

孔子师徒在宋国时，宋国权臣桓魋发难，于是孔子师徒只好匆匆逃离宋国。在慌乱中，孔子和弟子们失散了，一个人奔波了几天，流落到了郑国都城新郑。孔子独自来到东门外四下张望着，等自己的学生们来会合。

而年轻的子贡等人已经在孔子之前到了新郑，此时正在四处寻找老师。有个郑国人看到子贡等人在找人，便上前对他们说："东门外有个大个子老头儿，长相奇特，他的脑门像古代帝王唐尧，脖颈像有名的法官皋陶，双肩又类似我们郑国的大政治家子产，腰以下比禹少了三寸，脊背微曲，看上去又瘦又累，像一条丧家之犬，不知道是不是你们要找的人。"子贡于是按照这个郑国人的指引，找到了孔子。后来，子贡将那郑国人的话告诉了孔子，孔子听后笑道："把我说成圣人，我怎么敢当呢？倒是把我说成丧家之犬，十分贴切啊！"

显然，对于别人的这种说法，孔子并未放在心上。但他的回答，除了表现出他宽广豁达的心胸之外，也难免有些许无奈。当时孔子为实现自己的政治主张，辗转流离，先后到了卫国、曹国、宋国、郑国。这一路上，君主们虽然大都很热情，却只是慕其名声，而对他的"仁"政主张兴趣不大，因此孔子一直没能实现自己的政治抱负。郑国人的这番说法，可能一下子提醒了孔子，于是便由衷地发出了充满凄凉和自嘲的感慨。

孔门"四科"是什么？他的弟子中谁能列为四科之首？

孔子当年的教育，大致分为四个方面，《论语》记载："子以四教：文、行、忠、信。"

"文"指知识学问。当年孔子以《诗经》《尚书》《易经》《礼记》《春秋》等书作为教科书，教授弟子政治、哲学、历史、文艺方面的知识。"行"即指身体力行之意，孔子要求弟子们将他所传授的学问道德付诸实践，

在实践中体会并增长学问。因为孔子教学的核心是做人，因此他特别强调"行"的作用，认为学问只有落实在自己的行动上，才是真正的学问，所谓"巧言令色，鲜矣仁"。"忠"即与人共事时的认真与真诚，所谓"与人谋而不忠乎"。这里所说的"忠"的对象，不仅包括上司，也包括朋友等。孔子教授弟子与人共事，只有真心对人，全力以赴，才能问心无愧。"信"指一个人与人交往时的诚信，即"言而有信"。这是孔子特别强调的一种品格，"信"这个字在《论语》中出现多达38次之多。孔子说"人而无信，不知其可"，意思是说一个人一旦没有信用，真不知道该拿他怎么办才好。可见，他认为"信"是一个人做人的根本原则。

后人根据孔子教学的内容，又结合体现在他的众弟子身上的教学效果，对他的教学提出了"四科"之说，大致分为"德行、言语、政事、文学"四个门类。其中，德行指道德修养，言语指口才演说能力，政事指政治才能，文学指文学才华。根据《论语·先进》记载，众弟子中，德行表现比较突出的是颜渊、闵子骞、冉伯牛、仲弓；在言语方面表现突出的是宰我、子贡；政事方面属冉有、季路两人；文学方面则是子游和子夏。需要指出的是，孔子本身并未做出具体科目的分类，事实上他所教授的内容比"四科"要宽泛得多。

隋时，崔颐在所著的《八代四科志》中，即以"四科"为孔子弟子分类，"四科"的说法便随之沿用下来。

孔子最得意的弟子、最有政治才干的弟子、最有军事才干的弟子、最有钱的弟子分别是谁？

认真读过《论语》的人都会看得出，孔子最得意的弟子是颜回。以孔子的严格，《论语》中记载他竟夸过颜回四次。有一次，孔子突然无缘无故地发感慨："贤德啊，颜回！吃的是用筐装的饭，喝的是用瓢装的水，住在穷陋的小房中，别人都受不了这种贫苦，

颜回却仍然不改变向道的乐趣。贤德啊，颜回！"

孔子之所以非常器重颜回，是因为颜回是对孔子之"道"理解得最透彻的人，后人曾评价"颜渊独知孔子圣也"。另外，颜回不仅好学，而且将孔子之道落实在了自己身上，真正做到了知行合一。颜回不幸早逝，孔子非常悲恸，当着其他弟子的面直言再也没有像颜回这么好学的人了。

孔子最有政治才干的弟子应该算是子路了。从《论语》中可以看出，子路请教孔子的问题大多围绕着如何治理政事。子路先后在鲁国和卫国做过地方长官，政绩卓然。鲁国执政大夫季康子问孔子："子路这个人，可以让他治理政事吗？"孔子说："子路果敢决断，让他治理政事有什么困难呢？"一般人听讼需要听取当事双方的言辞才可判案，据说子路只根据一方的言辞便可比较准确地判案，其政治才干可见一斑。

冉求是孔子弟子中最有军事才干的。冉求是鲁国人，是鲁国执政大夫季康子的家臣。鲁哀公十一年，齐国的国书、高无丕率领军队进攻鲁国。冉求先是说服了犹豫的季康子，又用激将法使本不愿出兵的鲁国卿大夫叔孙氏出兵，然后出谋划策击败了齐国军队。对此，季康子很好奇，问他的军事才能是天生的还是后天学习的。他则回答是跟老师孔子学的。于是季康子决定迎接在国外游荡的孔子回鲁国。

孔子门生中，最有钱的是子贡。子贡因为深谙经商之道，每每能预测市场行情，以致"家累千金"。《史记》记载，子贡有钱到可以与诸侯国君主分庭抗礼。后世认为他是春秋时期与范蠡并列的几大商人之一，有"陶朱事业，子贡生涯"的说法，陶朱即范蠡。孔子周游列国14年，子贡在财力上的支持肯定不小。

中国最早的学校出现在何时？当时也叫"学校"吗？

中国教育传统非常悠久，夏朝时便设有"序""校""庠"等专门的官方教育机构，后来商朝则增加了"学"和"瞽宗"，周代的官方学校则大致沿用了夏商时期的校名，并进一步完善了教育制度。夏商周时期的官方学校只针对贵族子弟而设。

除官学之外，春秋时期，由于统治阶层力量削弱，学术出现下移，以孔子为代表的民间私学兴起。虽然就教学设施与教学制度而言，孔子的传道之所可能算不上学校，但就其教育理念与教育内容而言，也可以算是学校了。

无论官学还是私学，早期的教育对于"小学""大学"的区分，虽然不像现在这样严格，但还是有的。比如，在西周的贵族学校中，针对不同的年龄段学生，所教的内容已有所区分。对于刚入学的幼小子弟，有专门为他们而设的小学课程，具体内容为"六艺"，即"礼、乐、射、御、书、数"。其重点在于基本的识字教育、德行培养、情操陶冶、身体锻炼；而对于年龄稍长的儿童，则开始更高一级的教育。孔子在自己的私学中，也继承了这种教学制度，先教小学部分的"六艺"，然后是以"诗、书、礼、乐、易、春秋"这六经为学习内容的"大学"部分，以期学生担负起闻道救世的重任。

后世的学校则继承了早期的这种划分方法，形成了教育的"蒙学""大学"两阶段制。"蒙学"各代名称不一，诸如"四门小学"、"内小学"、私塾的"蒙馆"等，相当于现在的小学教育。蒙学之后，则是"大学"教育。一般而言，古代的小学阶段指13岁之前，这时主要教学生识字、背诵，13岁之后则对学生讲解文章的义理，并教授作文之法。

对人文学科来说，这种"小学""大学"二分法的教育是非常智慧的，北宋文豪苏辙的"早岁读书无甚解，晚年省事有奇功"便道出了这种教育模式的优点所在。

另外，现在的"中学"教育在古代虽然没有单独划分出来，但也并没有跳过去，而是包含在"大学"教育之中。毕竟一个人的学习规律是古今如一的，不可能跳过哪个阶段，区别只在于是否有外在的具体划分罢了。

知识链接

蒙 学

所谓蒙学，指中国传统的幼儿启蒙教育。古代殷实之家的儿童一般会在4岁左右开始读私塾，称之为"开蒙"。学习内容包括两方面：一是学习衣帽整洁、洒扫应对、文明礼貌之类；二是读背一些蒙学书籍，主要就是所谓的"三百千千弟子规"，即《三字经》《百家姓》《千字文》《千家诗》《弟子规》等。同时，在蒙学阶段也会让儿童接触"四书"等经典书目，为日后的学习打下基础。蒙学教育通常采用个别教育的手段施教，注重背诵与练习。

蒙学教育的基本目标是培养儿童掌握认字和书写的能力，养成良好的日常生活习惯，了解基本的道德伦理规范，并且掌握一些基本文化常识及生活常识。蒙学阶段一般在4—12岁之间，相当于现在的小学阶段。

"教授"现在是一种职称，与古人所说的"教授"是一回事吗？

现在的"教授"一词与古代是不同的，但大体而言，是由古代的"教授"演变而来的。

"教授"一词，最早出现在汉代。汉武帝时，官府设立"太学博士"一职，教授学生。这时的"教授"是一个动词，意为传授知识，而"博士"则相当于现在的教授。

宋太宗时期，宗学王公子弟的老师被称为教授，"教授"首次成为一个名词。到宋仁宗时，副宰相范仲淹推行庆历新政，教育上，在中央和地方的学校设立"教授"一职。在一些诸如宗学、律学、医学、武学等专门学校中，"教授"便是教师，负责传授知识或技能；而在各路、州、县学中的"教授"，则是地方专门负责教育事宜的官方机构的长官，官职正七品，负责科举考试、教育内容设定、监督教学纪律等事情。元代沿用宋代的"教授"制度。

明太祖朱元璋得天下，为赢得士人之心，第二年便开始制定教育制度，在府、州、县三级均设立学校，并规定各府学设一名教授，各州学设一名学正，各县学设一名教谕。由此，"教授"开始成为普遍意义上的教师称谓。但总体来说，教授只是地方学校的最高级老师，而中央学校即国子监、太学里的教师则称为"博士""助教"等。

到了清代，"教授"大致沿用明代的职责，但其教师属性减弱了，增添了官员属性，具体负责评价学生品行优劣、督促学生学习等，有点像现在中学里的教导主任的角色。但其资历相当高，必须进士出身方可。

清末洋务派兴办的大学中，设有正教员、副教员。1912年，中华民国临时政府教育部公布《大学令》，规定大学设教授、助教授。"教授"一词正式成为现代大学教员的称呼。

1927年，南京国民政府教育行政委员会规定大学教员分教授、副教授、讲师、助教四级，并沿用至今。

知识链接

宗 学

"宗学"是中国古代皇族子弟学校。每个朝代，统治阶层除了兴办针对平民的普通学校，往往还会为皇族、贵族子弟办有专门的贵族学校。在这些贵族学校里，教学设施与师资都是最好的。东汉的四姓小侯学，北魏的皇宗学，唐朝的弘文馆，宋朝的宗学、诸王宫学及内小学，明朝的宗学，清朝的旗学、宗学等，都属于此类。

古今的"博士"都是指学位吗？历史上"博士"的地位比今天如何？

"博士"，如今是中国高等教育的最高学位。其实早在战国时代就已经有这个称谓了。

据《汉书·百官公卿表上》记载："博士，秦官，掌通古今。"此时的博士是一种官职，职责主要是掌管图书，保管朝廷文献档案，并随时准备向帝王讲解知识，有一些

"顾问"的意味。因为工作性质与职责所在，当时的"博士"学问相当渊博。例如，秦国博士伏生，学问相当高深，尤其精通《尚书》，到汉文帝时，90多岁的他仍然能够背诵此书。秦始皇"焚书坑儒"毁灭诗书，西汉兴文教，正是靠他的记忆，《尚书》才得以再传。汉武帝时设立"五经博士"，专门负责儒家五经的研究、讲解和传授；唐代则设有国子、四门等博士，负责教授学术，属于文化类官职；宋代的国子博士，官职五品；明清两代，同样有"国子博士"，官职不高。

另外，在古代，政府还设置了一些专精一艺的"博士"官职。西晋设"律学博士"，北魏增设"医学博士"，唐朝又增置"算学博士""书学博士"等。这种"博士"，除去官职的意味，非常接近于现代意义上的教授。宋代时，这些专业"博士"被废止。

进入现代，"博士"一词成为纯学术性的称谓，并且更加专业化。应该说，这是一种社会的进步。在中国古代，社会结构简单，学术没有自己发展的空间与动力，只能依附于政治权力。随着现代社会的发展，学术可以脱离政治而独立存在，取得自己的文化价值，并促进社会发展。

古今"博士"相比，古代的"博士"要比现在的"博士"地位更高，他们一般充任教育长官、担任教职，享受国家俸禄；现在的"博士"仅仅是一级学位，从事某种学术的专门研究，没有正式的职位，也不享受国家俸禄。

知识链接

汉代五经博士

汉代太学学官，负责教授五经。公元前136年，汉武帝接受公孙弘的建议，罢黜其他各家学术博士官，将《诗经》《尚书》《礼记》《周易》《春秋》定为经典，立于太学，每一经设置一"博士"，教授弟子，故称五经博士。从此，儒家学说垄断"博士"官职，并且"博士"的职责不再是"通古今"，而是作为经师，成了太学的专职教官，

以传授经学为业。同时，五经博士也参与朝廷议政、制礼，或巡查地方政教。到西汉末年，研究五经的学者逐渐增至14家，所以也称"五经十四博士"。

现今"博士"高于"学士"，古代"学士"的等级也低于"博士"吗？

在现代，世界通用的高等教育学历以博士最高，硕士次之，学士最低。但在中国古代，并非如此。

"博士""学士"以及"硕士"并非舶来品，在中国古代这些名称都已存在，但其意思与现在有所不同。"硕士"一词，在古代指品德高尚、学问渊博的人，但相对来说，这个词出现得较少，不是正式的称谓。

"博士"一词则比较正规了，在战国时代就已经出现，秦朝发展成为政府正式官职，其职责主要是掌管图书，备帝王顾问。汉武帝时设立五经博士，专门负责儒家五经的研究、讲解和传授。唐代则设有国子、四门等博士，属于文化类官职，负责教授学术，官职不高。明清两代，同样有"国子博士"，官衔同样不高。也就是说，长期以来，博士乃是一种职衔不高的文化官员或教职。

"学士"一词最早出现在周朝，原指在学校读书的贵族子弟，后来成为文人学者的泛指。南北朝时，"学士"正式成为负责文学撰述之官。唐玄宗时，建翰林学士院，供职者称翰林学士，简称学士，负责为皇帝起草诏书。但这种"学士"并非固定职位，而是一种临时工作，由其他官员兼任。宋代因宰相权力变小，翰林学士的地位得到提高，相当于皇帝的私人幕僚，而宰相由翰林学士中提拔也成了不成文的规定，翰林学士逐渐成为固定的官职，官阶三品。到明清，学士不再单独存在于翰林院，逐渐渗透到内阁，大学士也成了文官最高官职。和珅、纪晓岚、刘墉均为内阁大学士。

总体而言，"博士"最初比"学士"有地位，但逐渐下降；而"学士"的地位职衔则步步高升。唐宋之时，"学士"的职位超越

"博士"，宋代的国子、五经博士仅为正五品，而翰林学士则是正三品；到清代，大学士位列正一品，远非"博士"所能比。

知识链接

协办大学士

清代官名。清朝没有宰相，沿用了明代的内阁制，主要官员为大学士、协办大学士、学士。其中，大学士地位和权力最高，品级为正一品，是清朝最高官员；协办大学士是大学士的副职，雍正时设立，职责是在大学士在内廷行走或奉差外出时代理大学士处理内阁事务，但并不常设。乾隆四年将其确立为常设职务，规定满、汉官员各一个，从六部尚书或总督中选任，为大学士副职，并可递升大学士，从一品。清代著名才子纪晓岚最后几年在朝所担任的主要官职便是协办大学士。

老师所教的学生就是"门生"吗？皇帝不教学，可进士们怎么都自称"天子门生"？

"门生"一词，大概由"门人"一词流转而来。春秋时期，一个人直接（当面拜其为师）或间接（以其思想为师）以某人为宗师，便自称其"门人"。比如，孔子的三千弟子都自称孔子门人。"门生"一词，最早见于西汉宣帝时，到东汉开始大量出现。《后汉书·袁绍传》言袁氏"门生故吏遍天下"，这里的"门生"有弟子的意思，但又有所不同。当时宗师亲自教授的人为弟子，转相教授的则为"门生"。同时，门生还有另一个意思。汉代文官选拔制度采用举荐方式，士人被当地官员举孝廉、秀才进入仕途，举荐的州郡官吏被称作"举主"，而被举荐的贤士便被称为"举主"的"门生"。

到魏晋南北朝时期，"门生"一度变质为依附于士族豪强的一类人，有臣属、门客，甚至奴仆的意味。唐宋时期，科举考试中考中举人或进士的人，称主考官为"座主""座师"或"恩门"，自称主考官的"门生"，这与汉代类似。这样，这些新举人、新进士就和主考官之间建立起了一种特殊的师生关系。新举人、新进士常把自己的考中看成是主考官对自己的一种师恩，并且通过这种师生关系也可在仕途上得到老师的一些照应；而主考官也乐于有这样的年轻后进来亲近自己。于是，科举考试就成了主考官结党营私，培养和拉拢自己势力的一种渠道，唐末便出现了涉及科举官员结派的"牛李党争"。鉴于此，宋太祖赵匡胤把最终决定考生能否被录取的大权收归皇帝。他在原来的两级考制的基础上又加了第三级考试——殿试。殿试中皇帝亲自出题考试，并定出名次。这样皇帝就成了最终的主考官，成了所有进士的"恩门"，所有的新进士都成了皇帝的学生，也即"天子门生"。由此，科举考试的取士大权就转移到了皇帝手中，这便有效地杜绝了官员通过科举考试结党营私。

"夫子"本来是尊称，人们为什么用"老夫子"来打趣读书人呢？

从古至今，当人们对孔子、孟子、朱熹等儒学大师以"夫子"称呼时，完全是一种尊称。但如果是称呼某个名不见经传的读书人，恐怕就有点揶揄的味道了。

"夫子"一词在上古时代已经存在，是对当时男子的一种尊称。《尚书》里有"夫子勖哉"。《孟子·梁惠王上》有："愿夫子辅吾志，明以教我。"孔子的弟子们在《论语》里将孔子称为"夫子"，以表尊敬。后来因为儒家学说成为统治者推崇的主流学说，孔子的地位日渐神化，"夫子"一度成了对孔子的特殊称谓。

孔子著书教徒，堪称教育的楷模，被历代帝王尊为"万世师表"，所以后世就沿用"夫子"作为对老师的尊称。因为教书先生往往都有一定年纪，于是人们不自觉地习惯在夫子前面加个"老"字，形成"老夫子"一词。到明代，举子对自己的主考官也尊称为老夫子。再后来，"夫子""老夫子"成了读书人的泛称，清代官员的幕僚也一度有此称谓。

孔子像

中国古代社会"以老为尊",年轻人路上见到陌生的老年人都要恭敬地站在路旁打招呼,因此称老师为"老夫子"是表示尊敬甚至有些奉承的意思。而一旦"奉承",尊敬便不再真心,于是这个词在后世就逐渐流转出一些谑称、戏称的意味。人们开始将"老夫子"与"学究""迂腐"这样的意思挂上钩,用以称呼那些读死书、思想陈旧的人,含有讥讽之意。比如,《牡丹亭》中的陈最良,就堪称迂腐老师的典型。

国子监是个什么机构?相当于现在的教育部吗?为什么最高负责人称"祭酒"呢?

国子监最早由隋炀帝改"太学"而成,当时主要负责全国的教育行政管理,其职能大致相当于现在的教育部。其后历代均在都城设有"国子监",其职能也有所变化。

唐代先后在长安、洛阳设立国子监,下设国子、太学、四门、律算、书等六学,国子监本身依旧主要承担教育行政管理职能。至宋代,国子监开始具有贵族学校的功能,招收七品以上官员子弟为学生,并一度成为全国最高学府。后因这些官员子弟往往只是挂名,并不上课,学校不成气候,其最高学府职能仍被"太学"代替,国子监只负责全国教育行政,掌管全国学校。另外,宋代之前的国子监,除了教育管理职能之外,还附有监督功能,可以弹劾官员和参议国家政策。宋代之后,此职能逐渐淡化。

元朝以后,国子监均同时作为国家的最高教育行政机构和最高学府,隶属礼部。在国子监读书的学生称为"贡生"或"监生"。明代因永乐皇帝迁都北京,国子监分为北京的"北监"和南京的"南监",也称"北雍"和"南雍"。至清代中期,国子监变为只管考试、不管教育的考试机构;清末,国子监沦落成为卖官机构,凡依照规定缴纳一定数额的钱给朝廷,即可成为"例监生"。慈禧太后的父亲便是一个"例监生"。

清光绪三十一年(1905年)科举制度被废除,国子监也遭取消,新设的学部成为教育行政机构,后来学部在民国初年变身为教育部。

"祭酒"一职,是自古对掌管教育的官员的固定称谓。早在"国子监"之前的汉代太学就已经设立"博士祭酒",为太学最高官员;西晋设有"国子祭酒";隋唐模仿晋制设置"国子监祭酒",官职为从三品,为国子监最高领导,此制度一直沿用至清代末期。至于"祭酒"一词的来源,据说古人举行宴会或祭祀时,推选一位德高望重的人先举杯子为祭,称为"祭酒"。古代社会一向尊崇老人,也重视祭祀,因此将"祭酒"作为负责教育长官的称谓,也是古人重视教育的一种表现。

宋代书院鼎盛,这是一种什么样的机构?它是如何运作的?

书院是中国历史上一种集藏书、教学与研究功能于一体的独特的教育机构。最初大多由士人或富人自筹经费兴办,教学方式与内容自由灵活,学生以自学为主、导师辅导为辅。其最大特点在于多数时候不以科举考试为目标,而是重教育和学术研究,从而形成了中国历史上与科举教育分庭抗礼的民间学术研究传播场所,对中国封建教育和文化产生了重要影响。

唐末至五代期间，战乱频仍，官学衰败，许多读书人避居山林，模仿佛教禅林讲经制度创立书院，以弥补学校的不足。这时的书院为私学性质，以培养学生参加科举考试为目标。

到宋代，私人讲学的书院大量产生，陆续出现白鹿洞、岳麓、睢阳（应天府）、嵩阳、石鼓、茅山等书院。其中白鹿洞、岳麓、睢阳（应天府）、嵩阳书院并称为中国古代四大书院。在南宋孝宗、光宗时期，朱熹等理学家以书院为阵地，宣扬学术，对抗朝廷正统教育。当时的书院最闪光的地方在于使学术首次不依附于政治与科举，凭借自身魅力取得尊崇地位，并一度繁盛。南宋末期，书院为官府所控制，逐渐衰落。

元朝继承了南宋后期的政策，把书院列入全国官办学校系统，书院教育完全没有特色。明代书院又一度活跃，发展到1 000多所，出现官私并存的局面。一些私立书院自由讲学，抨击时弊，成为思想舆论阵地和政治活动场所。江苏无锡的东林书院，曾遭到朝廷四次毁禁，然而在严酷的政治压迫下，书院师生宁死不屈，此事成为中国历史上读书人对抗强权的标志性事件。"风声雨声读书声，声声入耳；家事国事天下事，事事关心。"这副著名的对联便出自东林书院。清朝书院完全为官府控制，失去书院特色，清末全部改为现代大中小学校，书院模式结束。

总体而言，书院起源于唐代，兴盛于宋代，清末消亡。

知识链接

四大书院

四大书院是指后人总结出的北宋时期最负盛名的四座书院，即江西庐山白鹿洞书院、湖南长沙岳麓书院、河南登封嵩阳书院、河南商丘应天书院。

这四座书院均源远流长，翰墨流香，人才辈出。宋代名儒朱熹、陆九渊、司马光、范仲淹、程颐、程颢等人曾先后在这些书院讲学，使得书院在当时与后世都令人无限神往。尤其岳麓书院，有人称之为"潇湘洙泗"，将其与孔子讲学的场所并称，并有"千年学府"之誉。

人们称正派的人为"正经人"，但"正经"在古代却是实指，它具体包括哪些经书？

生活中，"正经"与否就代表了一个人道德水准的高下。那么，"正经"具体何指呢？

"正经"一说最早出现在唐代。唐代规定，除音乐、算学等专门性学校外，其他学校都以儒家经典为基本教学内容，并进一步将儒家经典分为"正经"和"旁经"。其中"正经"部分为学生必学之课，要求至少要全部熟悉，并精通其中的一部分，方可毕业。具体而言，正经又可分为"大经""中经""小经"三类。其中《礼记》《春秋左氏传》为大经，学制为三年；《诗经》《周礼》《仪礼》为中经，学制为二年；《周易》《尚书》《春秋公羊传》《春秋谷梁传》则被称为小经，学制为一年半。"旁经"则是指《孝经》和《论语》，学制为一年。相比而言，学校对于"正经"的教学要重视得多，每一门经都有专门精通这一经的老师讲解，对学生学习"正经"的要求也比"旁经"高得多。

后来，随着儒家学说的演变发展，"正经"具体所指也有所变化。到南宋，理学大师朱熹将《中庸》《大学》从《礼记》中提出来，与《论语》《孟子》并为"四书"，加上《诗》《书》《易》《礼》《春秋》的"五经"，形成"四书五经"。此后，"四书五经"成为读书人奉为圭臬的"正经"。另外，历史上也一度有人将儒家的"十三经"都作为"正经"，而将其他"诸子"著作作为"旁经"的分类法。比如，晋代葛洪在《抱朴子・百家》里言："正经为道义之渊海，子书为增深之川流。"总体而言，因为儒家学说一直为统治者所推崇，这些"正经"变来变去也不出儒家"十三经"。

因为历代科举考试都是以这些"正经"为考试内容，对于"正经"的掌握水平决定了读书人的命运，所以读"正经"就包含有做官的可能性而被视为"正经事"，读"正经"的人也称为"正经人"，而读其他的书则被视为不务正业。

科举中武举具体考什么项目？是骑马射箭等功夫吗？为什么武举不受重视？

科举制度始于隋朝，当时只针对读书人，并没有设武举。至唐代，武则天首次开设武举。据说，武则天因为以一女子身份登上皇位，旧势力对她并不完全服从，这位女皇帝便开设武举，选拔册封武将，培养为自己的势力。

唐代武举主要考骑射、步射、举重等技术，此外对考生相貌也提出了要求，要"躯干雄伟，可以为将帅者"。宋代，因宋太祖赵匡胤定下"以文立国"的国策，武举考试除考武力外，还要"副之策略"。武艺考"步射""骑射"两场，合格后再参加文化考试。文化考试则考一些诸如兵法、布局类的知识等。总体上以武艺为主，以策略为辅。元朝科举制度兴废不常，没有武举制度。到了明代，武举考试则更进一步，不仅以考察谋略的笔试为主，以武艺为辅，而且先进行谋略考试，如果不及格，就直接淘汰，武艺再高也没用。清朝以后，尚武的统治者又将个人武艺考试放在了前面，首先考骑射、力气、武艺等，合格者再参加笔试。

历史上武举一共进行过约500次，宋神宗时设立武状元。历史上有案可稽的武状元有近200名，其中许多人的详细资料都已经丢失。总体而言，相比于文科考试，武举一直不怎么受重视。

历朝的武举制度时而设置，时而废弃，不仅取士人数远远少于文举，而且武人考中武举后只授出身，并不马上授官职。因此，武举人的地位也低于文举人，以至于一些武举状元还有再考取文科举人的念头。历史上比较出名的武举人只有唐朝大将郭子仪和明代抗倭名将俞大猷。

古代科举考试中作弊的现象严重吗？有没有替考的？

作弊现象自古便有。事实上，科举考试自诞生的那天起，便进入了一场千年的作弊与反作弊的斗智斗勇的较量之中。为获取功名，能够想得到的作弊手段，古人都已经想到。

最古老最常规的手段便是"夹带"了。早在唐朝，夹带经文的方法已经被考生们发明，这种手段因操作简单、成本低廉而被考生广泛使用。具体操作手段便是将经文藏在衣服、鞋袜、砚台、蜡烛、食品中，或者干脆写在衣物或身体上。现在还存有古代用于科举考试作弊的"袖珍型"经书，上面以非常小的字体刻着"四书五经"中重要篇目的摘录、讲解等。

另外一个常用的作弊手段，便是替考了，古代被称为"枪替"。这种手段在唐朝已经出现。古代没有照相机，也不可能为几万考生一一画像，因此对于"枪替"是防不胜防，以致流传有"入试非正身，十有三四；赴官非正身，十有二三"的说法。唐代著名婉约派词人温庭筠便是历史上有名的"枪替"。据说他就是因为以"枪替"出名，所以虽然才华横溢，但数次应试，都被主考官以品德问题刷下。民国初年的政要胡汉民，早年也是个"枪替"，曾在清末两次代人参加乡试，并且都中了举。

此外，一些有门路的人则在考试之前"买题"。还有人事先买通阅卷人，然后通过在考卷上做记号来取得好成绩，等等。

当然，针对考试各个环节，历代统治者也都有严格的防作弊手段。据说清代考生入场，连辫子都要解开检查，甚至肛门都要检查，以防"夹带"。而对于作弊者的惩罚也相当严重，按照《大清律例》，科考作弊者，要戴枷示众3个月，杖一百，最后发往边疆充军；而查处有人印刷与科举有关的袖珍书者，则株连九族。

为什么把考取进士第一名叫作"中状元"？"状元"是什么意思？

"中状元"又称"大魁天下"，意思是在科举考试中考取进士第一名。这是古代读书人的最高荣誉。"状元"一词则产生于唐代，"元"是"头""首"的意思，而"状"字则与旧时科举程序有关。

唐代科举考试是两级制，先在地方考得"贡生"（相当于后来的"举人"）资格后，才有资格参加在京城举行的考试，进一步考取"进士"。进京考试的"贡生"先要到礼部填写包括自己身世和近况的个人资料，相当于现在的报考表，名曰"书状"或者"投状"。因此，后来考得进士第一名的就是这些"投状"中的第一名，故称为"状元"，或者"状头"。还有一种说法是，在发布进士榜时，因为进士名单是依照名次自上而下，进士第一名自然在最前面，位于榜首，所以称之为"榜首"或者"状元""状头"。

需要补充的是，"状元"在宋代并非指进士第一名，而是对于殿试三甲中"一甲"的统称，即进士前三名均可称为"状元"。只是到了明清之际，殿试一、二、三名分别称为"状元""榜眼""探花"，自此，"状元"成为名副其实的第一名，其地位也日益特殊，成为中国读书人"一朝成名天下知"的象征。

据史书记载，从唐代实行科举考试开始，至清光绪三十年（1904年）最后一次科考，其间历代王朝有名有姓的文状元共654名、武状元共185名。其中历史上比较有名的有唐代的贺知章、王维，宋代的文天祥，明代的杨慎，清代的翁同龢、张謇等，而历史上最后一名状元，则是清光绪三十年（1904年）的刘春霖。

知识链接

"榜眼"和"探花"

"榜眼"是古时人们对科举考试中第二名进士的称呼。

在北宋之前，第一名称状元，第二、三名都称为榜眼。原因是填进士榜时，状元的姓名居上端正中，二、三名分列左右，如人两眼。到北宋末年，只以第二名为榜眼，第三名则称探花。北宋陈若拙并无文才而考中第二名，人们都嘲笑他是"瞎榜"。

"探花"一词则比"榜眼"出现得早，在唐代便有，但其时并非进士第三名的意思。唐代中进士者会游园庆祝，并举行"探花宴"。由进士中的年龄最小者作为"探花使"，到各名园采摘鲜花，迎接状元。至北宋末年，"探花"成为进士第三名的专门称呼。"状元""榜眼""探花"都只是一种俗称，在正式发放的金榜之上，只会称进士一甲第一名、一甲第二名、一甲第三名。

"登龙门"和"跳龙门"是一回事吗？考中进士后会被立即封官吗？

"登龙门"与"跳龙门"的意思大致相同，是同一个民间传说衍生出的两种说法。

唐代民间有一个传说，说很早以前，龙门还未凿开，伊水流到这里被龙门山挡住，在山南积聚出一个大湖。这时黄河中生有一群鲤鱼，它们听说龙门山的另一面风景非常美丽，想看一看，于是便沿着黄河支流洛河游进伊水，但到龙门山前却被挡住。鲤鱼们商议跳过龙门山，其中一条大红鲤鱼特别勇敢，便自告奋勇第一个跳。它使出全身力气纵身一跃，到了半空中，置身于空中的云雨之间。它奋力前移，途中还被天火烧了尾巴。它历尽艰难，最终跃过了龙门山，落在了山南的湖中。一落入湖中，它便变为一条龙。它的伙伴们看到这个情形都吓坏了，不敢再去跳。这时龙飞到空中，对它的伙伴们说："你们也跳过来呀，这样就可以成为会飞的龙了，再也不会被水所困。"于是剩下的鲤鱼们便努力学大红鲤鱼的方式，试图跳过龙门山，但只有极少数能跳过去变成龙，其余多数都在半空摔下，并且之后额头上就落了一个黑疤，这疤现在还能在鲤鱼头上看到。这件事在辛氏的《三秦记》、清代李元的《蠕范·物体》等书中均有记载，唐代诗人李白专门为这件事写了一首诗："黄河三尺鲤，本在孟津居。点额不成龙，归来伴凡鱼。"

鉴于科举考试的艰难与极低的成功率，人们便将士人科举及第称为"跳龙门""登龙门"，《封氏闻见记·贡举》言："故当代以进士登科为登龙门。"李白也留下了"一登龙门，则声价十倍"的句子。另外，相比于"跳龙门"，"登龙门"还多出另一个意思——古人以此来比喻因得到有名望、有地位的人援引而身价大增。

虽然考中进士被喻为"跳龙门"，但也并非许多人想象的那样，中进士后便万事大吉，立刻可以做官。在唐代，考中进士之后，只是有了做官资格，要想获得官职，还要通过吏部的考察。此外，他们还可以去地方官那里做几年幕僚——相当于行政见习，然后由地方官举荐从而获得官职。因此，考中"进士"多年得不到官职的也不在少数。宋明清三代的进士，则要尊贵多了，一般前几名如状元、榜眼、探花等都会立刻被授予高官，其余的也等不了多久便可正式上任。

什么是"连中三元"？其中的"三元"具体指什么？

"连中三元"是形容古代科举考试中的一种特殊情况，指某个考生在乡试、会试、殿试三次考试中均考得第一名，即接连考得"解元""会元""状元"。这种说法大约出现在宋代。

宋代及以后的科举考试中，读书人首先在县、府参加考试，通过考试的称为"生员"，俗称"秀才"。考得秀才之后，才算获得了参加正式考试的资格。接下来，首先是参加每三年一次由省府主持的"乡试"，因为在秋天举行，俗称"秋闱"。乡试连考三场，每场三天。乡试考中者称为"举人"，头名举人称"解元"。举人便具备了做官的资格，中举者正式跨入士大夫阶层。清代讽刺小说《儒林外史》中的"范进中举"一段，说的便是乡试的情形。

通过乡试的举人，次年三月参加在京师举行的"会试"和"殿试"。会试由礼部在贡院举行，也称"春闱"，同样是连考三场，每场三天，由翰林或内阁大学士主考。会试考中者称为"贡士"，贡士第一名称"会元"。贡士可以参加四月举行的殿试，殿试是科举考试的最后一级，由皇帝亲自主持和出题，并定出名次。据说殿试制度始于武则天。殿试只考一题，考的是对策，为期一天。殿试一般不再淘汰人，只是将所有人排出次序，录取名单称为"甲榜"，又称"金榜"，即所谓的"金榜题名"。具体分为三甲，一甲只取三人，第一名为"状元"，第二名为"榜眼"，第三名为"探花"。剩下的分在二甲、三甲。

自古言："文不称第一，武不称第二。"客观地说，要在文科考试中做到"连中三元"，确实相当难，历史上的王安石、苏东坡父子等大文豪均没有出现"连中三元"的现实也说明了这点。据史料记载，历代数下来，总共出现过17次"连中三元"的情形，其中还有两次武举的"连中三元"。

"鳌头"是什么东西？为什么科举取得第一名称为"独占鳌头"？

"鳌头"指的是古代帝王宫殿台阶上鳌的头。"鳌"是传说中的一种庞大的海生动物，据说头像乌龟，尾巴像鲤鱼，身形巨大，威猛有力，能够背起一座大山。民间传说它是海龙王的三太子，因为偷吃了玉皇大帝的玉浆液，被发配到东海为鳌。唐宋时期，皇帝殿前陛阶上的中陛石上经常镌刻巨大的鳌鱼，以象征皇权威严。翰林学士觐见时，都会立在鳌头上，等待皇帝的召见。于是，人们将进入翰林院称为"上鳌头"。

科举考试中的殿试结束后，状元、榜眼、探花等人到皇帝殿前陛阶上迎榜。因只有状元一人独自站在中陛石上，将鳌踩在脚下，所以就说他"独占鳌头"。后"独占鳌头"便用来指在科举考试中考得第一名。

在古代，人们一般把"魁星点斗"与"独占鳌头"连用，来表示一个人中了状元。"魁星"本为"奎星"，是北斗七星中的第一颗星，后来逐渐演变成人格神。传说此神蓝面，赤发，像个鬼在翘足踢斗，主管读书人的文运。

"魁星"之所以是这副样子，传说与古代一个秀才有关。此人很有才华，因满脸麻子，又瘸一条腿，屡屡面试时落第。后来，他终于以第一名的成绩通过了乡试、会试。殿试时，皇帝一看这副尊容，便问道："你那脸是怎么搞的？"他回答："回陛下，这是'麻面映天象，捧摘星斗'。"皇帝又问："那么你的瘸腿呢？"他又回答："回陛下，这是'一脚跳龙门，独占鳌头'。"皇帝觉得他挺机敏，又问："那你说，如今天下谁的文章写得最好？"他想了想说："天下文章属吾县，吾县文章属吾乡，吾乡文章属舍弟，舍弟请我改文章。"皇帝很欣赏他的机智，等阅读完他的文章后，更是拍案叫绝，于是钦点他为状元。

后来此人因其才情、执着、勤奋升天成为魁星，主管功名禄位，成为读书人供奉的神。后因"魁"有"首"的意思，所以逐渐代替了"奎"。

什么样的人才能称"秀才"？"秀才"一直是科举考试中最低、最容易考取的功名吗？

关于"秀才"，人们对它的理解最重要的大概有两点：首先，这是科举考试中的最低功名；其次，"秀才"没有做官资格。但事实上，秀才并非一直是科举考试的最低功名。

"秀才"一词最早出现于春秋时期，原本并非属于科举功名的范畴，也不特指读书人，而是相当于现在的"俊才""英才"。根据《史记·屈原贾生列传》可知，贾谊是有史记载的最早被称为"秀才"的人。

汉武帝时期，朝廷推行官员选拔制度改革，"秀才"与"孝廉"一起成为地方官员举荐的两种优秀人才。东汉光武帝时期，为避光武帝刘秀名讳，"秀才"改称为"茂才"，曹魏时期又改回"秀才"。隋朝开科取士，最初也称作"取秀才"，这时的"秀才"是考中功名的所有人的指称。唐初，科举考试中设立秀才科，但要求非常高，很少有人考取。后来秀才科被废除，"秀才"一度成为读书人的统称。宋时，凡是参加科举府试的人，无论考中与否，都称为"秀才"。

明清之际，"秀才"的意思逐渐固定下来。这时的秀才有一定门槛，参加科举考试的读书人，经过院试，取得入学资格的"生员"才可称为秀才。考中秀才之后，可以说是十年寒窗初步获得成果。进，可以去考取举人，一旦考中，便正式进入为官的士大夫阶层；退，则可以开设私塾，也算有了个正经职业。秀才虽然没有国家俸禄，但可以获得一定的特权，如免除赋税、徭役，可以直接找县官提建议等。于是，秀才这个最低功名成了明清两代出身贫困的读书人科举考试的"歇脚所"。他们往往一边通过教书获得经济来源，一边继续考取功名。但因为竞争激烈，尤其清代时满族统治者排斥汉人做官，许多人也就一辈子待在这个"歇脚所"了。清小说家蒲松龄曾以第一名中"秀才"，之后再也"晋级"不得，不得已才以写小说聊以自慰。

第八章

书画雅趣·歌舞风流

人们为何把绘画称为"丹青"?"中国画"一词又是怎么来的?

人们常把绘画称为"丹青"。《汉书·苏武传》载道:"竹帛所载,丹青所画。"最初,"丹青"指的是古代绘画中常用的两种颜料。丹,指的是朱砂;青,指的是青色。因这两种颜料不易褪色,所以备受画者的喜爱。

汉代的陆贾在《新语》中说道:"民弃本趋末,技巧横出……丹青玄黄琦玮之色,以穷耳目之好,极工匠之巧。"意思说,绘画中,人们广泛使用"丹青"这两种颜料。最初,"丹青"仅指代红、青两种颜色。后来,绘画中的所有色彩都被泛称为"丹青"。因而,由各种色彩绘出的图画,便被人们通称为"丹青"。一些杰出画家和绘画高手也被称为"丹青手""丹青妙手"。

"中国画"又名"国画"。在绘画艺术史上,中国画的起源可以追溯到5 000多年前仰韶文化中的"鹳鱼石斧图"。但是以"中国画"一称享誉世界,则要从清代与西洋画相对的画作说起。《颐园论画》中说"西洋画工细求酷肖",也就是说,西洋画重写实,尤以素描和油画驰名。

与西洋画不同,中国画更重意境和神韵。中国画按使用材料和表现方法,主要分为工笔、写意和兼工带写三种,具体可分为水墨画、重彩、浅绛、工笔、写意、白描等;按题材又可分为人物、山水画、花鸟画、动物画等。按照画幅大小和形状及折叠方式,可以分为横向的长卷、横批,纵向展开的条幅、中堂,仅有一尺见方的册页、斗方,画

在折扇、团扇等扇子上的扇面等。中国画重点强调点、线、面的结合,工笔画重视线条细致逼真、形神兼备;写意画重视整体的意境,比较重视对浓淡光影的表现,追求神似。

总体而言,中国画体现出中国独特的风韵,或干净简练,或华丽繁复,有着与西洋画截然不同的审美情趣和艺术造诣。

为什么中国的肖像画叫"写真"?现在"写真"一词又有什么含义?

杜甫的《丹青引赠曹将军霸》中写道:"将军画善盖有神,必逢佳士亦写真。"这里所说的写真,指的是曹将军的肖像画。那么,人们为什么要把中国的肖像画称为"写真"呢?如今我们所说的"写真",与杜甫诗中所说的写真是一个含义吗?

古时,肖像画又叫写真。它还有写照、传神、写貌、写像、影像、追影、写生、容像、云身、小像等别称。在中国传统绘画题材中,人物、山水、花鸟是三大类别,肖像画便是人物画别中的一个分支。

据湖南长沙马王堆西汉墓出土的帛画显示,早在汉代,我国的肖像画艺术水平便已经达到了一定的高度。作为人物形象的描绘,肖像画要求做到形神统一。在以绘画技巧描摹人物外部特征的同时,还要求将人物内在的性格特点、情态特征表现出来。可以说,一幅肖像画是个人外在形象、内在精神的全面真实展示。因而,人们将其命名为"写真""传神"等。

东晋画家顾恺之曾经说过:"传神写照,

正在阿堵中。"说的便是肖像画表现人物的关键所在便是传神逼真。明代以后，受西方肖像画绘画风格影响，我国还出现了一个新的绘画派别——写真派。他们以画家曾鲸为代表，专以写真为题材。

如今，"写真"的含义被人们扩大化，甚至有了贬低之意。其含义和古代的肖像画之"影像"的别称含义颇为相似，却不单单指代肖像那么简单了，其中包括了"摄影""照片"的内涵。

时人为何称顾恺之为"虎头三绝"？"三绝"又是指什么？

东晋画家顾恺之，小字虎头，世人又称他为"顾虎头""虎头将军"。他出身于书香门第，从小能诗善赋，书法精湛，绘画称绝。他是中国绘画理论"六法论"的奠基者。世人这样评价他的画作："法如春蚕吐丝，初见甚平易，细玩之六法兼备。"顾恺之自评说："四体妍蚩，本无关于妙处；传神写照，正在阿堵中。"除了上述评价外，顾恺之还有"虎头三绝"的称号。那么，这"三绝"又是绝在哪里呢？

所谓"三绝"指的是"才绝""画绝"和"痴绝"。

"才绝"说的是顾恺之的才思敏捷，多才多艺。作为绘画界的一代宗师，顾恺之诗、文、赋、书无一不通。其文学造诣颇深，现流传于世的有《雷电赋》《观涛赋》《冰赋》《湘中赋》等。尽管数量有限，但从中可窥知其文学修为。

"画绝"指的是顾恺之的精湛画技。顾恺之师从卫协，尽得真传。此后，他在认真观察事物的基础上，开拓新领域，创出了自己独特的画风。顾恺之画人物，传神之处在眼睛。据说，当年建康瓦官寺修建，因为资金筹措不足，一度停工搁置。顾恺之听说了，便在寺院一面墙上画了幅维摩诘居士像。画作完成之时，栩栩如生的人物唯独少了双眼睛。顾恺之放出话去："观点睛，头天十万，第二天减半，第三天随意布施。"

想一睹顾恺之点睛的人蜂拥而至，不长时间便收到一百万。就这样，顾恺之帮助瓦官寺筹足了修建寺院的银子。顾恺之作画擅长利用各种绘画技巧遮掩缺陷，扩大美感。史上有名的殷仲堪画像，便是顾恺之运用飞白画法的杰作。此举掩盖了殷仲堪的眼疾，突出了他的神韵。

"痴绝"是说顾恺之爱开玩笑。他"好谐谑"，也禁得起别人的玩笑。此外，"痴绝"还指他作画行文纯真自然，不矫情、不做作。在他的作品里，总有一种大智若愚的憨傻之气。有人认为，顾恺之所以如此，实际上是对当时社会的蔑视，也是明哲保身的一种手段。

史上画家数不胜数，为什么将吴道子奉为"画圣"？

在中国绘画史上，被称为绘画大师的人很多，诸如顾恺之、阎立本、徐渭、李唐等，不胜枚举，但是享有"画圣"美誉的，却只有吴道子一人。是什么原因使人们对吴道子的评价如此之高呢？

吴道子是唐代画家，唐玄宗赐名为"道玄"，画史称他为"吴生"，民间画工尊他为"祖师"。他擅长画佛道、神鬼、人物、山水、鸟兽、草木、楼阁等。据记载，吴道子曾经在长安、洛阳两地的寺观中绘制过300多幅壁画，竟然没有一幅雷同，可见吴道子的壁画造诣。他的画风自成一体，不拘一格。苏轼在《书吴道子画后》中评论说："出新意于法度之中，寄妙理于豪放之外。"吴道子的人物画生动传神，线条明朗，衣褶飘逸，极具动态效果。故而，时人称吴道子的画为"吴带当风"。

吴道子从小失去双亲，生活清苦。他曾跟随张旭、贺知章学习书法，但多年都没什么成就。于是，他开始专心于绘画，20多岁已经成为小有名气的画师，当时便有人评价他的画作为"穷丹青之妙"。后来，吴道子的画作被唐玄宗看中，召入宫中，并下诏说"吴道子只能为皇帝一人作画"。从此，吴道子便开始了宫廷画师的生涯。相传，当年唐玄宗想念蜀地风光，要吴道子前去写生。吴道子巡查一番回来，竟没带一张草本。他在大殿当场作画，提笔一气呵成，将嘉陵绝妙风光尽展无遗。

在吴道子之前，山水画并不是一个独立的画种。他在绘画山水时，采用了一种笔近意远的"疏体"画法，使得山水画独立出来。在绘画史上，此谓开山之创。他作画速度极快，挥笔即就。古人赞评说"笔才一二，象已应焉"。他的画作不仅集聚了民间画的精华，还吸收了外来画的精妙画艺，形成了新的风格。这种画风对当时的画坛影响很大，也为后世的绘画开辟了新路。

尽管吴道子一生所创画作很多，但是流传下来的真迹却凤毛麟角。现存吴道子的壁画真迹有《云行雨施》《溪谷图》等。

张择端的名作《清明上河图》描绘的是清明时节的景色吗？

《清明上河图》是中国十大传世名画之一。在这幅画里，张择端以娴熟的绘画技巧、精工细描，尽展汴京繁荣景象。据统计，画中人物共 1 643 人，牛马 208 只。他采用散点透视的绘画方法，将农村的宁静安逸和城市的热闹繁荣集中展示在一幅图画中。画中人物表情生动，场景疏密有致，节奏韵律性极强。整幅画气势恢宏，仿佛整个北宋汴京的车水马龙、街道风物全在眼前一般。这幅高度写真的作品，为后人研究北宋历史文化提供了宝贵资料。

关于《清明上河图》中所描绘的时令，画界存在着两种观点。一种观点认为，根据画中景象推断，这是一幅展示汴京清明时节场景的图画。据考证，《清明上河图》的最早收藏者是宋徽宗。"清明上河图"的名字也是他题上去的。据《味水轩日记》记载，《清明上河图》中，热闹的河堤之上，柳枝飘摇，正是清明时节人们游春场景的再现。加之《清明上河图》真迹中，有宋徽宗的"瘦金体"题词"水在上河春"，又有双龙小印为证，所以，"清明"时节是名副其实的。

孔宪易在《清明上河图的"清明"质疑》中，提出了《清明上河图》中所反映时节的另一种观点。据他考证，《清明上河图》曾名《西湖争标图》，被定名为"清明"，是应进献帝王歌功颂德之需而改的。"清明"并非时节的含义，而是借助画中一片繁荣祥和景象，颂扬帝王统治下的开明盛世。依据图中场景推断，这更像是一幅秋景图。

徐渭为什么要自杀？

中国明代杰出的文学家、画家徐渭，号称"青藤道人""青藤老人""天池山人"等。后人又称他为"狂人徐渭"。他出生在浙江山阴的一个小官僚家庭，很小的时候便展露出艺术才华。成年后，他的作品到处洋溢着张狂不羁和潇洒奔放。

徐渭诗、文、书、画无所不长，他评价自己"书法第一，诗第二，文第三，画第四"。袁宏道称赞他为"明代第一诗人"；汤显祖谓其"词坛飞将"；扬州八怪之一的郑板桥甘愿做"青藤门下走狗"；艺术大师齐白石只恨没有早生 300 年，得为青藤磨墨理纸。如此看来，后人对徐渭的评价极高。既然这样，一代大师为什么要 9 次选择自杀呢？究竟发生了什么事情？

徐渭 20 岁中秀才后，接下来的 8 次乡试都名落孙山。1558 年，兵部右侍郎胡宗宪发现徐渭在军事方面有杰出的才能，便把他聘入浙闽总督幕中。其间，徐渭曾参与多次抗倭斗争，被誉为"东南第一幕僚"。接着，又因代胡宗宪作《献白鹿表》，而受到明世宗的青睐。

后来，受严嵩案牵累，胡宗宪被捕入狱自杀。刚刚在仕途有点儿希望的徐渭又受到挫折。受胡宗宪狱中自杀的刺激和严嵩案的牵累，徐渭的精神几近崩溃。于是，他经常采取自虐的方式寻求解脱。据记载，徐渭先后以各种残忍的方式自杀过 9 次。或以铁锤击头，血流满面；或以长钉刺耳，深入寸许，等等。在一次发病时，徐渭杀死自己的继室张氏，被判入狱。7 年的牢狱生活，使徐渭从此消沉，出狱后绝意仕途。

历尽磨难的徐渭开始了游历生活，并潜心钻研艺术。乡居的淳朴生活让他认识到官场的虚伪，他便借助诗文书画抒发自己内心的不满。1593 年，徐渭在落寞中与世长辞，享年 73 岁。

"丑八怪"一词是怎么来的？一开始就是指人长相难看吗？

生活中，人们常称长相难看的人为"丑八怪"，这是为什么呢？

其实，"丑八怪"得名于"扬州八怪"。在这里，"八"指八位画家。"扬州八怪"是一群画风相似、兴趣相投的画家。因其所好相近，便在画界形成了独立的一派。其中又以李鱓、汪士慎、高翔、金农、郑燮、黄慎、李方膺、罗聘等人为代表。

"扬州八怪"的成员，大都是些不得志的知识分子。他们也曾十年寒窗苦读，但是换来的结果要么是被排挤罢黜，要么是仕途无望。对社会的不满和相似的生活经历造就了他们相似的格调：生活上，蔑视世俗，狂放不羁；画风上，不拘形式，标新立异。他们的绘画大都以花鸟虫鱼为题材，注重表意达情，个性极强。这种画风与当时的正统画派格格不入，因而被视为不合群的一派。于是，正统派画家便对他们排挤打压，贬斥他们为"丑八怪"。

"八怪"之中，尤以郑燮（郑板桥）、金农和汪士慎最为有名。他们的书画取材简单，但是风格犀利，冲击传统礼教。尽管他们的画风不受传统画派的喜欢，却因取材于生活，抒发的是真性情而得到了百姓的喜爱和欣赏。

后来，人们将"丑八怪"拓展到了生活领域，泛指那些和五官端正的人相比相貌丑陋的人，其中便是借用了"丑八怪"另类怪异的内涵。

"天下第一行书"是指哪幅书法作品？它的作者是谁？

东晋书法家王羲之被后人誉为"书圣"。人们称他的书法"飘若浮云，矫若惊龙"，"龙跳天门，虎卧凤阙"，"天质自然，丰神盖代"。他的主要书法作品有楷书《黄庭经》《乐毅论》，草书《十七帖》，行书《姨母帖》《快雪时晴帖》《丧乱帖》《兰亭集序》等。其中，以《兰亭集序》的声誉最高，被视为"天下第一行书"。

《兰亭集序》也叫《兰亭序》《禊序》。东晋永和九年，王羲之和谢安、孙绰等四十几人，在山阴的兰亭举行"修禊"礼。其间众人作诗行文表达对兰亭美景的赞叹，王羲之写《兰亭集序》作为众人所写诗文的序。作为一篇序文，《兰亭集序》不仅文字优美，章法更为古今第一。北宋书法家黄庭坚这样称赞《兰亭集序》："《兰亭序》草，王右军平生得意书也，反复观之，略无一字一笔，不可人意。"解缙也在《春雨杂述》中赞叹道："右军之叙兰亭，字既尽美，尤善布置，所谓增一分太长，亏一分太短。"可见，《兰亭集序》的行书艺术可谓精美绝伦。整篇《兰亭集序》总共 324 个字。每字各生妙趣，行云流水，笔锋圆转，收放自如。序文中很多相同的字，都被王羲之写出了不同的风格，可谓重字不重形。这一点，也是《兰亭集序》书法艺术的精妙之处。

据说王羲之写完了之后，因为极为喜爱，便重新誊写了几份。但是看上去都没有最初的那份精妙。后来，唐太宗得到了兰亭真迹，

《兰亭集序》帖　东晋　王羲之

曾令工匠临摹石刻，作为赠送大臣的大礼。人们普遍认为，现存的《兰亭集序》并非王羲之的真迹，真迹早已随着唐太宗的驾崩而成了殉葬品。

书法史上有"柳从颜出"之说，柳公权与颜真卿有师承关系吗？

书法家柳公权是师从颜真卿吗？不然书法史上为什么会有"柳从颜出"的说法呢？

颜真卿是唐开元年间的书法大家。他自幼家贫，但勤奋上进。为学习书法，他先后师从褚遂良、张旭。后来，在吸收了初唐四家书法特点基础上，融汇篆隶和魏碑笔意，创出了一种气势恢宏、体态丰满、遒劲有力的字体，被世人称为"颜体"。"颜体"字一改古体楷书的书写风格，使楷书有了新的气象。

欧阳修评价颜真卿说："斯人忠义出于天性，故其字画刚劲独立，不袭前迹，挺然奇伟，有似其为人。"《续书断》说颜真卿是自王羲之之后中国书法史上的又一集大成者。他的《祭侄文稿》享有"天下第二行书"的美誉。米芾在《书史》中也对颜真卿的书法评价颇高："《争座位帖》有篆籀气，为颜书第一，字相连属，诡异飞动，得于意外。"

作为唐朝最后一位书法大家，柳公权因官至太子少师，又有"柳少师"的别称。他的字曾受到了唐穆宗、敬宗、文宗三朝皇帝的青睐，足见他的书法在唐朝是极受推崇的。据说，当年穆宗曾向他请教如何写得一手好字，柳公权仅用9个字便概括了写好字的要诀："用笔在心，心正则笔正。"因此话有讽谏之意，史称"笔谏"。

柳公权最初学习书法时，曾以王羲之的书法为范本，但效果不佳。遍临名家后，他发现颜真卿和欧阳询的字最为精妙。于是，他在吸取"颜体"书法艺术的基础上，创造出一种刚劲挺拔的"柳体"字。这样看来，"柳从颜出"的说法确实有道理。由于柳公权的书法字形匀称、瘦而劲挺，后人又将它和颜真卿的"颜体"合称为"颜筋柳骨"。

宋体字因何得名？它与宋徽宗有关系吗？

关于宋体字的起源，大致有两种说法：一说它是由甲骨文，到秦始皇"书同文"，最终由书法家们集汉字特点，简化汉字结构而成的字体；二说它是应雕版印刷术的需要而发明出来的印刷字体。

在第二种说法中，有人认为它是在宋徽宗独创的字体"瘦金体"基础上发展而来的。"瘦金体"也称"瘦筋体"，又有"鹤体"的雅称。瘦金体字形瘦长，又挺拔傲立。书写柔缓又强劲顿挫，横带收锋，竖有顿笔，撇捺甩出锋利不飘。整个字体看下来，柔中带刚、刚柔相济，是宋徽宗时期御用文书的专用字体。

据说，瘦金体最终衍生成宋体字与宋朝宰相秦桧有关。秦桧因写得一手娟秀字体，又极尽迎合奉承之能事，而深得宋徽宗的喜爱。在处理文牍过程中秦桧发现，各地呈上来的公文字体五花八门，阅读起来极为不便，于是他便有心规范字体。为了讨徽宗欢心，秦桧在模仿徽宗瘦金体字的基础上，取汉字精简笔画，创造出了一种新的字体形式，时人称为"秦体"。后来，秦桧因陷害忠良而成为千古罪人，人们便以朝代名称，将"秦体"字更名为"宋体"。

关于这种说法，文献中并没有明确记载。但是据汉字学家考证，如今我们所用的宋体、仿宋体，从字形到笔锋，都和瘦金体一脉相承。

苏轼的书法特色如何？人们为什么称他的字为"石压蛤蟆"？

北宋文豪苏轼以飘逸洒脱的诗词闻名于世。除此之外，苏轼的书法也是一流的。他与黄庭坚、米芾、蔡襄并称为"宋四家"。那么，苏轼的书法有什么特色？人们为什么用"石压蛤蟆"来评价他的字呢？

在书法上，苏轼专长行书和楷书。他曾经自评"我书意造本无法"，"自出新意，不践古人"。从流传下来的苏轼真迹看，苏轼的字既有天真烂漫的韵调，又有饱满强劲的丰腴之态。其下笔有神，流畅自然。他的书法汲取晋、唐、五代书法名家所长，揉以自己对生活、对诗文、对汉字的独特理解，不拘泥于古体，自成一派，创造出一种具有苏氏特色的书法风格。黄庭坚曾在《山谷集》中评价道："本朝善书者，自当推（苏）为第一。"

关于苏轼的字被评为"石压蛤蟆"，有这样一段趣事。《独醒杂志》卷三中记载说："东坡曰：'鲁直（黄庭坚字）近字虽清劲，而笔势有时太瘦，几如树梢挂蛇。'山谷曰：'公之字固不敢轻论，然间觉褊浅，亦甚似石压蛤蟆。'二公大笑，以为深中其病。"

苏轼本比黄庭坚年长几岁，由于经常在一起切磋诗文，推敲书法画艺，两人渐渐成了亦师亦友、无话不谈的忘年交。黄庭坚虽然也以诗词见长，但是他在书法上的成就要略胜一筹。他学习书法最初学习周越，又取法颜真卿、怀素、焦山等人，最终自成体系。他的字虽凝劲有力，但是每一个字为了突出其中的一些笔画，往往写得特别夸张，以致结构变化性极强，整体呈现出中间细腰的效果，所以苏轼调侃黄庭坚的字为"几如树梢挂蛇"。对于苏字所呈现的头向上斜、脚向下伸的结构特点，黄庭坚则概括为"石压蛤蟆"。可以说，两人在调侃的同时，也精准地指出了对方书法的不足之处。纵观苏轼的书法，确有鼎石施力的效果。因而，后人沿用了黄庭坚的这句调侃之词，将苏轼的书法概括为"石压蛤蟆"。

古代的五音六律是指什么？

《尚书》中记载："予欲闻六律、五声、八音，在治忽；以出纳五言，汝听。"《孟子》中也有"不以六律，不能正五音"的说法。那么，"五音六律"究竟指的是什么呢？

五音，是最古老的音阶，又名"五声"。据说，它是根据乐器埙所发出来的五种声音而得名的。它的概念最早出现在《周礼·春官》："皆文之以五声，宫商角徵羽。"古人还认为，宫、商、角、徵、羽五声音阶，与人

的不同发音部位喉、齿、牙、舌、唇相配。《玉篇》和《广韵》都持这种观点。

五音的说法源于五行。中国文化是一种综合性极强的文化，古人认为万事万物都有某种联系，"五音"和"五方""五行"等都存在对应关系。具体如下：

五音：宫商角徵羽
五行：土金木火水
五方：中西东南北
五脏：脾肺肝心肾
五色：黄白青赤黑

宫，为五音之主，又名五音之君，与脾相对应，是从喉发出的音位。它的声音舒缓悠长，给人一种柔滑之感。宋张炎《词源·五音相生》中说："宫属土，君之象……宫，中也，居中央，畅四方，唱施始生，为四声之纲。"商，为五音中的第二级，与肺相对，是从齿发出的音位。它的声音短促清脆，犹如金属碰撞之音。角，居于商之后，与肝相对应，是从牙发出的音位。这个音位调长并且沉闷，古语有"角属木，民之象"的说法。徵，与心相对应，从舌出音。从心而出声势雄明。古人评价为"徵属火，事之象"。羽，是五音中的第五级，与肾相对应，从唇发声。它的声音细长如水。古语云："羽属水，物之象。"

律，是中国传统音乐理论中衡量音高的标准。它由12个音高组成，古人分别将其命名为黄钟、大吕、太簇、夹钟、姑洗、仲吕、蕤宾、林钟、夷则、南吕、无射、应钟。人们将这12律按照从低到高的顺序排列，排在奇数位的6个音被称为"六律"；排在偶数位的则被称为"六吕"。有时，人们也称六律为六阳，六吕为六阴。

由于五音六律相结合，组成了音调的结构韵律，所以古人经常将"五音六律"合称，以指代音乐。

为什么把音乐盒叫作八音盒？音乐史上的"八音"是指什么呢？

人们常把唱歌不好听说成是"五音不

全"，五音指的是中国古乐中的五个基本音阶。从古至今，人们习惯用"五音"来指代音乐。但是有一种音乐盒，人们却叫它"八音盒"，而不是"五音盒"。这"八音"指的又是什么呢？

据《周礼·春官》记载，古代的乐器，按照材质的不同，可分为匏、土、革、木、石、金、丝、竹八类。也就是说，用这八类材料，可以制成很多种乐器。其中，匏包括笙、竽之类；土包括埙、缶之类；革包括鼗、雷鼓之类；木包括敔、柷之类；石指的是磬类；金包括钟、镈、铙之类；丝包括琴、瑟之类；竹则包含箫、笛等。古人将这八类乐器统称为"八音"。以"八音"划分乐器种类的方法，被视为是中国最早的乐器分类法。

据记载，古代的器乐演奏多为宫廷需要或者为宗教仪式所用，因此，相对来说形式比较固定。后来受外来文化影响，我国的古代传统乐器逐渐没落，外国乐器替代了传统乐器的地位。如今我们所见的乐器，多数是融合了外国乐器特点而形成的。虽然传统意义上的"八音"多数被外来乐器所替代，但是这丝毫没有影响到"八音"在民间的发展。

在民间，人们在古代"八音"分类的基础上，将"八音"扩展为八个乐种。在一些民族地区，还相继出现了与"八音"有关的器乐派别。

音乐盒传入我国后，受传统文化的影响，人们便将这种能发出各种乐器演奏声响的盒子称为"八音盒"了。

为什么把知心朋友称为"知音"？这个说法源于哪里？

俗话说"千金易得，知音难觅"。词典里对"知音"的解释为：原指通晓音律，后来以此代指彼此了解、情投意合的人。那么，"知音"这个词是怎么来的呢？

古诗有云："摔碎瑶琴凤尾寒，子期不在对谁弹！春风满面皆朋友，欲觅知音难上难。"该诗说的便是"知音"一词的由来。

伯牙是春秋战国时期有名的音乐家。他不仅精通音律，更弹得一手好琴。然而，纵使他琴艺高超，却始终曲高和寡，没有几个人能够听懂他的琴曲。有一次，伯牙来到汉阳江口。黄昏时分，伯牙命船夫停船靠岸，调琴弹奏起来。伴着朦胧夜色，草丛间传出悠扬曲调。弹琴间隙，伯牙听见草丛中有声响，便命书童前去查探。待书童回来，身边又跟了一个人。伯牙询问方知，此人名叫钟子期，是附近古娄子村的樵夫。砍柴回家途中，他听到有人弹琴，便隐匿在草丛中欣赏起来。

伯牙觉得此人是在说大话，心想一个樵夫怎能懂得他琴中表达的情感，便想试探试探他。于是，伯牙转弦弹奏了一支表达泰山雄险的曲子。站在一旁的钟子期屏息凝神，表情随着伯牙的琴曲不断变换。一曲弹罢，钟子期叹道："妙曲，高山巍峨，雄险非常。"伯牙听后，不禁对钟子期刮目相看，随即调整琴弦又弹一曲。钟子期面容平静，如沐春风，悠然说道："潺潺溪流，东流到海。由微波荡漾，到波涛澎湃。"伯牙听罢激动不已，终于找到了能听懂自己琴曲的人了。于是，他邀请钟子期来到自己船中。两人把酒言欢，畅谈琴曲，并结为兄弟，相约来年此时此地再相聚。

第二年，伯牙守信而来，却不见钟子期的身影。经过打听才知道，早在几个月前，钟子期就去世了。当地人说，他为了遵守和伯牙的约定，特意告诉家人将他葬在江边。伯牙听后，心痛不已。他来到钟子期坟前，弹奏起《高山流水》。弹罢摔琴长叹："知音不在，还有谁能懂我琴音。"

后人在伯牙和钟子期相遇的地方筑起了伯牙台，以纪念他们"以琴觅知音，摔琴祭友人"的感人故事。"知音"也成了知心朋友的代名词。

孔子听到一种音乐，着迷得"三月不知肉味"，这是一种什么音乐？

《论语·述而》中记载："子在齐闻

《韶》，三月不知肉味，曰：'不图为乐之至于斯也！'"这段话是说孔子在齐国的时候，曾经和太师讨论音乐。闻听《韶》乐，孔子深深地被吸引，以至于三个月尝不出肉是什么滋味。那么，这种《韶》音究竟是种什么样的音乐，竟让孔夫子如此着迷呢？

据史料记载，孔子不仅治学严谨，在音乐方面也颇有造诣。孔子访问东周洛邑的时候，曾跟周敬王的大夫苌弘学习过一段时间的音乐。学习期间，两人经常讨论音乐。有一日，他们谈到了音乐中的高雅之曲——《韶》乐。孔子说道："尽管我很喜欢音乐，却不是十分精通。我知道《韶》乐和《武》乐都很高雅，是流行于诸侯国宫廷的一种音乐。只是不知道，这两种音乐的区别在哪里？"苌弘解释道："依我对音乐的理解，《韶》音曲调优雅宏大，是种和谐之乐；《武》乐则侧重表现豪放壮阔。这是两者乐风上的不同。"孔子听了，感叹道："《韶》乐、《武》乐各有所长。《韶》乐尽善不尽美，《武》乐尽美不尽善啊。"

后来，孔子游历到了齐国，有机会欣赏到了《韶》乐。就是在这段时间里，孔子对《韶》乐的痴迷达到了"三月不知肉味"的程度。

说起这种让孔子痴迷的音乐，要追溯到5 000多年前的舜帝时代。据《竹书纪年》记载："有虞氏舜作《大韶》之乐。"可见，《韶》乐是舜创作的一种乐曲。舜做这种乐曲的目的是歌颂尧的功德。

孔子闻《韶》图

嵇康临刑前演奏《广陵散》，说是"绝响"，这首古曲真的从此失传了吗？

相传，魏晋时期的音乐家嵇康因反对司马集团的统治而被害。临刑前，他最后一次弹奏心爱的《广陵散》。一曲完毕，嵇康仰天长叹："我不怕死，只可惜这《广陵散》恐怕要成为绝响了。"说罢摔琴就刑。《世说新语·雅量》中详细地记载了这一段历史："嵇中散临刑东市，神气不变。索琴弹之，奏《广陵散》。曲终曰：'袁孝尼尝请学此散，吾靳固不与，《广陵散》于今绝矣！'"那么，《广陵散》真的随着嵇康之死而失传了吗？

《广陵散》又名《广陵止息》。"广陵"是古代扬州的名字，"散"在乐曲中指代的是操、引乐曲之类的音乐。以《广陵散》为名大概成型于汉魏时期。最早关于《广陵散》的记载，见于魏人应璩《与刘孔才书》："听广陵之清散。"可见，"广陵散"是扬州的一种古乐。根据史料记载，嵇康所弹奏的《广陵散》实际上是在扬州古乐基础上，经过加工创造出来的一曲琴乐。在嵇康之后，《广陵散》因他的慷慨悲歌而被更多的人知道。

据蔡邕的《琴操》记载，《广陵散》表现的是聂政刺韩王的故事。聂政的父亲为韩哀侯铸剑，因误期被韩王杀害。聂政长大后，母亲告诉了他父亲之死的真相，聂政发誓刺杀韩王，为父报仇。聂政习武练剑，入宫行刺未成。于是逃进深山学琴，苦练十年，习得卓绝琴艺。回到韩国后，聂政在街市弹琴，听者围堵，马牛止步。聂政声名鹊起，引得韩王召见。聂政把锋利短剑藏于琴内进宫。在韩王殿上，聂政奏出仙乐般的琴声。韩王、大臣和侍卫们听得如醉如痴。在他们放松警戒的时候，聂政突然抽出短剑，猛扑上去，将韩王刺死。聂政本人也自杀身死。后来，人们将这段可歌可泣的历史故事编入《广陵散》中。整部曲子由井里（聂政故乡）、取韩、亡身、含志、烈妇、沉名、投剑、峻迹、微行组成，表现了聂政刺韩王的全过程。嵇康临刑前，弹奏这首曲子，正是借助《广陵散》的战斗气氛来抒发自己反抗强暴的抗争精神。

事实上，《广陵散》并没有因嵇康的死而绝响后世。明代朱权编印的《神奇秘谱》中，收录了《广陵散》的谱曲。全谱共45个乐段，分别表现了"刺韩""冲冠""发怒""报剑"等内容。中华人民共和国成立后，古琴家管平湖根据《神奇秘谱》，将这首旷古绝曲复原，使得《广陵散》重现人间。

戏曲艺人为什么又叫"梨园子弟"？这个行业的起源与"梨园"有关系吗？

《儒林外史》第三十回说道："通省梨园子弟各班愿与者，书名画知，届时齐集湖亭，各演杂剧。"意思是说，各个班子的戏曲艺人将齐聚湖亭，表演看家本领。通常，人们将戏曲艺人称为"梨园子弟"。那么，戏曲和梨园有什么关系，人们为何要这样称呼戏曲艺人呢？

戏曲艺人被称为"梨园子弟"是从唐玄宗时期开始的。据《新唐书·礼乐志》记载："玄宗既知音律，又酷爱法曲，选坐部伎子弟三百，教于梨园。声有误者，帝必觉而正之，号皇帝梨园弟子。"从历史资料中可以看出，唐玄宗李隆基是个多才多艺的皇帝，不但懂音律，打得一手好羯鼓，还是个戏曲行家。他曾经挑选了300名乐工舞女，置于梨园中亲自调教。如果乐工弹奏有破音走调的，唐玄宗一听就能听出来。

据说，当时的梨园只是皇宫之中的一个果树园，场地空旷，花蝶飞舞。乐工弹奏，宫女翩然起舞，人景合一。可以说，梨园既是人间仙境，也是培训演员的基地。因此，后人便以"梨园子弟"来称呼这些乐工舞女，而唐玄宗也被称为戏曲的祖师爷。随之衍生而来的，还有"梨园行"——戏班子、"梨园世家"——戏曲家庭、"梨园界"——戏曲界等。

"梨园弟子"虽然泛指戏曲演员，但是，他们在梨园中的分工却是很细的。按照类别分，梨园子弟分为乐部和舞部。其中，乐部

又分为坐部和立部。所谓的坐部，指的是一些资历高、技艺好的演员，因他们可以坐在堂上表演而得名。与之相对，立部则是只能站在台下弹奏的乐手。根据各自扮演角色及所在声部不同，立部又细分为男部、女部和小部（儿童）。舞部则根据舞蹈的形式划分为文舞和健舞。对唐代皇家墓室壁画研究发现，这一时期的宫廷曲艺，已经达到了极为繁盛的程度。

什么样的板凳才叫"冷板凳"？这个词是从梨园行来的吗？

生活中，人们常称那些不被重视的人为坐冷板凳。那么，这个"冷板凳"究竟是种什么凳子？为什么人一坐上去就要受冷落呢？

"冷板凳"一词源于梨园行。在戏曲行当里，有演戏的，还有伴奏的。通常演员在台上演，伴奏者坐在下场门侧，被幕布遮掩着，观众基本上看不到敲锣打鼓的人。整个戏曲跌宕起伏，除了靠演员的唱念做打之外，锣鼓起到了不可忽视的烘托渲染作用。如果场上只有演员清唱，显然气氛不够热闹。因而，人们便以锣鼓班坐的长条板凳来指代敲锣鼓的人缺场，将冷场的清唱称为"冷板凳"。

后来，人们取"冷板凳"的引申义，将那些受冷落、不受重视的人称为"坐冷板凳"。

人们把干杂活称为"跑龙套"，这是为什么？

文艺圈里，经常提到"跑龙套"一词。词典中对"跑龙套"的解释为：原指戏曲中拿着旗子做兵卒的角色，后比喻在人手下做无关紧要的事。其实，"跑龙套"一词源于"龙套"。所谓"龙套"指的是戏曲表演上的一种戏服。这种戏服上绣有龙纹，且为套头装。穿这种衣服的演员通常没有台词，只是在台上走走过场，因而得名"跑龙套"。

沈从文曾写过一篇名为《跑龙套》的文章，文中说："跑龙套在戏台上像是个无固定任务角色，姓名通常不上海报，虽然每一出戏文中大将或寨主出场，他都得前台露面打

几个转，而且要严肃认真，不言不笑，凡事照规矩行动，随后才毕恭毕敬地分站两旁。"

在戏曲界里，除了有主要演员和次要演员外，还需要一些人物陪衬烘托场面，而出演烘托场面的人物通常就被称为"跑龙套"。最早充当跑龙套的人，多由戏班里的新人担任，四人组成一个单位，叫作堂。像这类的"跑龙套"大都是侍从衙役，主要的演出活动是呐喊助威。如果戏曲所表现的是战争场面，那么这些"跑龙套"的便要从主角们的刀枪剑戟下来回穿梭，以表示兵丁冲锋陷阵。"跑龙套"的时而还要摇旗呐喊增添声势。通常，"跑龙套"手里拿着门枪旗、红门旗、飞虎旗，或风旗、水旗、火旗、云牌等，所以有些曲目里，打旗的演员也被称为"跑龙套的"。

新人们通过"跑龙套"这一过程，不仅熟练了基本功，还增强了表演技能。当新人们将这些技艺练到炉火纯青的地步之后，他们开始饰演锣、伞、报之类的带有少量台词的角色。随着艺龄及演技的增长，他们才有可能成为配角，甚至是主角。

如今，人们已经很少严格划分"跑龙套"和正式演员之间的区别了。在拍戏人手不够时，很多演员都会临时客串一下"跑龙套"的。这个角色虽然看着不起眼，但是在整个故事情节中，却起着不可忽视的烘托作用。

什么是生、旦、净、末、丑？人们为什么用这些字眼来命名角色？

在中国戏曲发展早期，戏曲角色的名称一直在变化。直到元代，角色的名称才基本固定，大体分为生、旦、净、末、丑五类。随着戏曲文化的进一步发展，末角逐渐被划到生角中。所以，如今的戏曲行里，多以生、旦、净、丑来划分角色类型。那么，人们为什么要用生、旦、净、末、丑这样的字眼来命名角色呢？

关于戏剧角色名称的由来，历来说法不一，其中最主要的观点有两种。第一种观点认为，生、旦、净、末、丑的划分源于古印度梵剧。人们取元代的《青楼集》为证："院本始作，凡五人：一曰副净……一曰副末……一曰引戏……一曰末泥……一曰装孤，杂剧则有旦、末。旦本女人为之，名妆旦色；末本男子为之，名末尼。"据文献考证，这些角色名称确与古印度梵剧中的角色有一脉相承之处。

另一种观点是从中国传统文化的角度评析生、旦、净、末、丑名称的由来。这种观点较前一种观点更受戏曲界的推崇。这种观点认为，戏曲中的角色名是角色反意的用法。

通常扮演生角的人为男性。根据年龄角色，又分为老生、小生、武生、红生等。整场演出中，生角是关键，因而要求生角做到唱腔唱词纯熟，能够灵活演出。于是，人们反"熟"的意思将其命名为生。

旦是女性演员的称呼。根据年龄身份分为青衣、花旦、刀马旦等。人们认为，傍晚时分才是女性活动的时刻，而且女为阴，所以便将与阳相对的阴命名为"旦"，用以代指女角。

净是花脸角色。这类角色主要以各色油彩的脸谱彰显人物性格或相貌的与众不同。所以，人们反"脸不干净"之意，将其命名为净角。饰演净角的为男性演员，按唱功和表演，又分为正净和副净。

扮演丑角的人，通常是灵活聪明之人。整部戏的诙谐气氛要靠这个角色烘托。他们的扮相比较怪异，人们取丑之意称呼这个角色。其中丑角又分为文丑、武丑。

已划归为生角的末角大都是些中年男子扮演，又名"末泥""末尼色"，是戏曲演出中最先出场的引戏演员，所以人们反"首"出场称他们为"末"角。

何谓"压轴戏"？人们为什么用它指称最精彩的那出戏？

所谓的"压轴戏"并非字面上所指的最后一个演出的节目，它是京剧中的术语。在京剧形成今天的这种表演形式之前，一场戏通常是由5出戏构成的。当时的京剧一般在下午一两点钟的时候鸣锣开演，直到午夜散场。在长时间的演出中，为了吸引观众眼球，迎合观众生活规律，戏曲演员将整场演出分成了5大块。

鸣锣开唱便算"开锣戏"，唱了一两个小时之后，观众明显有些困乏。演员就会抖出些提神的剧目，给观众缓解一下疲劳。这出叫"早轴子"。到了傍晚时分，在观众有些饥肠辘辘，准备回家吃晚饭的时候，戏班子便抬出一场闹戏，暖暖场，这个环节叫"中轴子"。待到大家吃饱喝足，戏班子便开始整场演出的正戏部分，精彩的节目也开始登台亮相了。到倒数第2场的时候，吊了观众一天的胃口，该是表演精彩绝活的时候了，这场戏中，一般会请出班子里的名角出场。因此，整部戏里，前后几出戏都是为倒数第2场名角儿演出做铺垫的，因而倒数第2场被称为"压轴戏"。也唯有这一场，最让观众叫好。整部戏曲唱到这个时候，夜深了，戏也渐渐接近尾声了。最后，为了表示感谢，戏班通常会安排一场"送客戏"。这场热闹的武戏结束后，观众也就散了。

随着京剧的不断发展，这样的演出形式渐渐被一整部完整情节的戏曲曲目所替代。但是，"压轴戏"这个戏曲术语却被人们保留下来，并在其他领域广泛使用。人们借助于戏曲中"压轴戏"，表示最精彩的演出部分。

什么是"独角戏"？这种戏只有一个演员吗？

"独角戏"又称"滑稽戏"，有时也写作"独脚戏"，是用上海方言表演的传统戏。最初，"独角戏"戏如其名，是只有一个人的演出。独角戏有两种表演形式：外部独角戏和内心独角戏。

外部独角戏指的是演员虚拟人物场景，对观众说话，以幽默诙谐的语言、滑稽的表演和观众互动。内心独角戏则指的是演员一个人自说自话、自我剖析的一种表演形式。现如今，这种"独角戏"成为娱乐脱口秀的

前戏。在节目之前，来段"独角戏"起到抛砖引玉、开启下文的作用。

后来，这种独角戏吸收了小热昏、文明戏等戏曲的艺术形式，渐渐演变成一人身兼数职，扮演多种角色，或有很多人参与的戏曲表演形式。1920年前后，上海文明戏艺人王无能以"独角戏"之名挂牌演出。随后，"独角戏"在大江南北红火起来，两人、三人的"独角戏"表演形式相继出现。20世纪30年代，"独角戏"进入了繁盛时代，出现了诸如江笑笑的"笑笑剧团"之类的"独角戏"团体。同时也出现了很多"独角戏"名演员，如姚慕双、周柏春等。

现如今，"独角戏"日臻成熟。它是地方戏曲中深受百姓喜爱的一个戏种。简单的道具、夸张的动作、多样的形式、诙谐的语言、滑稽的表演等，已经成为"独角戏"的标志。尽管很多曲目都已经被翻演了很多次，百姓仍然看得津津有味，乐在其中。其中《哭妙根笃爷》《宁波空城计》《七十二家房客》便是最为经典的几部曲目。

"四大徽班"具体指哪四个戏剧班子？它们为什么到北京？

中国的国粹京剧，是在融合了徽调和汉调的基础上形成的。北京算是京剧的摇篮，而"四大徽班"进京可以说是京剧发展的里程碑。

"四大徽班"指的是三庆班、四喜班、和春班、春台班。最早进到京城来的是三庆班。据说，清朝的统治者都很喜爱戏曲，地方经常借各种庆典之由向皇帝献媚。乾隆五十五年（1790年）秋天，乾隆帝八旬寿辰，各地更是借机奉承，纷纷派出实力演出队伍到京城贺寿，阵容十分强大。在祝寿的演出队伍中，有一支由扬州戏曲艺人高朗亭撑台戏班，名为三庆班。他们以唱二黄声调为主，又兼具昆曲、吹腔、梆子的戏风，形式多样，曲调优美，贴近生活，颇受当时北京百姓的喜爱。一场祝寿演出下来，三庆班声名大噪。

京城看戏图
乾隆八十大寿时，四大徽班进京演出祝寿。此图表现当时乾隆看戏的情景。

后来，三庆班在京城中落下了脚。在不断吸收其他戏曲艺术精华的基础上，三庆班进一步完善自己的戏曲表演风格，深受京城人民的喜爱。听说三庆班在京城尝到甜头，四喜、启秀、倪翠、春台等安徽戏班相继进京寻求发展。一时之间，融合了多种戏曲风格的徽戏成了京城戏曲的主流，致使当时在北京发展的秦腔、昆剧一度受到了冷落，甚至还有很多秦腔、昆剧演员转入徽班。

渐渐地，进京的徽班开始合并，最终形成了实力强大的"四大徽班"：三庆班、四喜班、和春班、春台班。其中，三庆班以出演整本大戏出名；四喜班以昆曲风格为主导；和春班则以武戏吸引观众眼球；春台班则是突出孩童戏曲的特点。

可以说，"四大徽班"的进京，使得我国的戏曲事业有了飞跃性的发展。尤其是在融合了楚调、西皮调的基础上所形成的"皮黄戏"影响最大。也正是在皮黄戏的基础上，京剧开始形成、发展，并日臻成熟。

京剧脸谱丰富多彩，这些脸谱有什么含义？脸谱产生于何时？

丰富多彩的脸谱是京剧的一大特色。那么，这些五颜六色的脸谱有什么含义呢？脸谱又是什么时候产生的呢？

说起脸谱的起源，便要追溯到周代的面具"傩"。这是一种绘有黄金四目的面具。汉代，在表演杂技的艺人中，兴起了戴面具之风。人们称这种戴面具表演的艺人为"象人"。

南北朝时期，戴面具表演歌舞极为盛行。据说，以这种方式演出是为了歌颂兰陵王的丰功伟绩。传说兰陵王貌相俊美，虽然在战场上所向披靡，但是面相却缺少些凶悍霸气。所以，每逢上阵，他都要戴上凶煞假面，以震慑敌军。后来，人们为了纪念他，编排了一出男子独舞。当时表演独舞的演员脸上就戴了假面。

到了唐代，这种"假面"舞已经成为戏曲的主要表演形式。它在"假面"基础上进一步完善，直接以粉墨、油彩涂绘面部，以展示不同人物形象。这种方式相较于"假面"来说，更能彰显人物的表情、性格，观众也更容易识别。

根据描绘着色方式，脸谱可分为揉、勾、抹、破四种基本类型。其中，揉脸是一种最古老的脸谱形式，主要表现的是威武正色；勾脸是一种比较绚丽的脸谱，彰显华丽气色；抹脸多为浅色粉墨盖脸，是奸诈之人面相底色；破脸指的是面相扭曲的画法，这样观众可以一目了然地看出扮演的角色为丑角或反面人物。

除此之外，脸谱的颜色也是评判角色类型的一个标准。例如，红脸表示赤胆忠心；黑脸表示铁面无私；白脸表示奸诈多疑；黄脸表示凶暴勇猛；蓝脸表示坚毅果敢；等等。

如今，脸谱已经成为京剧中的一大亮点，吸引了很多中外好奇者的眼球。

"相声"产生于什么时候？为什么要用"相声"来为这种艺术命名？

相声，又名像声、象声。据史料记载，早在春秋战国时期，就已经出现了"单口相声"，当时人们称之为"滑稽戏"。后来，经过不断的融合发展，相声才最终演变成了今天的样子——讲究说学逗唱的滑稽性舞台表演形式。

关于相声的起源，有人认为源自口技艺术。康熙年间的李声振在《口技》中记载道："口技俗名'象声'。以青绫围，隐身其中，以口做多人嘈杂，或象百物声，无不逼真，亦一绝也。"《燕京岁时记》补充道："像声，即口技，能学百鸟音，并能作南腔北调，嬉笑怒骂，以一人而兼之，听之历历也。"从这两部书中所载我们可以看出，清人将口技艺术称为"象声"。此时的"象声"是一种娱乐性的声音模仿，并没有语言、肢体表演形式。

还有观点认为，相声是由唐朝的"双人相声"即"参军戏"发展而来。据《乐府杂录》记载："开元中，有李仙鹤善此戏，明皇特授韶州同正参军，以食其禄。是以陆鸿渐撰词云'韶州参军'，盖由此也。"这种参军戏是种对口相声。表演者穿军绿色衣服，与现在对口相声相似，一个为逗哏，名为"参军"，扮演灵活机敏的角色；另一个为捧哏，名为"苍鹘"，饰演愚笨迟钝的角色。两人以生活为基点，语言诙谐幽默，行为滑稽搞笑，有时也兼具讽刺戏谑。必要时，伴有歌舞吟唱。

随着相声艺人的不断崛起，相声的表演形式不断丰富扩展。人们在融合了口技、戏曲等多种艺术的基础上，将相声发展成了一种遍及全国、雅俗共赏的艺术形式。在这期间，涌现出了很多著名相声艺人和相声流派。例如，清末民初相声"八德"：裕德隆、马德禄、李德钖、焦德海、刘德智、张德泉、周德山、李德祥，相声界泰斗马三立等。

第九章
吃穿住行·消遣休闲

**从古至今，人们的饮食都是三餐制吗？
"一日三餐"的说法从何而来？**

俗话说：人是铁，饭是钢，一顿不吃饿得慌。现如今，人们的饮食大都是一日三餐制，那么，古人也是实行这样的饮食制度吗？

在秦汉以前，人们一天通常吃两顿饭。由于当时的生产力比较落后，人们经常食不果腹，所以，即使是一天两顿饭，也不是人人都能享受得到的。这还要根据家庭，以及人们的地位而定。

一般情况下，人们在9点到11点左右吃第一顿饭，这顿饭被称为"朝食"或"饔"；下午4点左右，人们进行一天中的第二餐，这顿饭被人们称为"飧"或"食"。《孟子·滕文公上》记载说："贤者与民并耕而食，饔飧而治。"也就是说，一天吃两顿饭，以朝食为开端，飧食结束。吃过了飧食，也就意味着一天结束了。

其实，人们实行一天吃两顿饭的餐制，除了粮食有限这个原因外，还受其他因素影响。据《论语》记载，如果人们私自开了小灶，没有在饭点吃饭，便是违反礼仪规范的行为。如此看来，一日两餐准时准点吃，还是礼仪规范的内容。按照相关规定，如果人一天之内能吃上第三顿饭，多是获得某种特殊奖励。

有人说，一日三餐的饮食制度，源自庄子《逍遥游》中的"适莽苍者，三餐而返，腹犹果然"。意思说，只有一天吃三顿饭，才能保证人体基本需要，到了晚上，肚子还是饱饱的样子。事实是否如此，并没有其他资料佐证。但是，一日三餐的制度逐渐被人们所接受。汉代以后，人们渐渐形成了一日三餐的餐制。

一日三餐的饮食，不仅符合养生学原理，还是人们工作生活最佳的饮食安排。一般来说，早餐是大脑活动的能量之源，所以早饭要吃好；中饭是人身体的加油站，因而要吃饱；晚饭之后人们活动减少，即将进入睡眠状态，所以要吃少。

筷子是中国人的特色食具，据说是大禹发明的，这是真的吗？

东西方餐桌之上，最明显的不同，便是人们吃饭的工具。中国人习惯使用筷子，西方人擅长用刀叉。用过筷子的人都知道，筷子是一件神奇的餐具，手能做的动作，筷子基本能做。据说经常使用筷子，还可以健脑。那么，这个神奇的餐具是由谁发明的呢？

民间流传，洪荒时代，水患横行。为了尽快将洪水制伏，解人民疾苦，大禹经常吃不好，睡不着。一日，奔波劳碌的大禹感到饥饿难耐，便在野外就地取材煮起肉来。由于煮沸的肉汤很烫，大禹没有时间，也没有耐性等到肉汤凉了再吃，于是，他折下两根树枝，捞出锅中的肉便吃了起来。大禹发现，用树枝夹热的食物吃，既方便又不会烫伤手。后来，这种以树枝捞食物的方式流传开来，人们便形成了用"筷子"吃饭的习惯。

大禹捞肉发明筷子的说法，只是个传说。其实，在远古时期，人们吃的是生食，用手抓取。随着钻木取火的发明，人们的生活也发生了变化。以手抓食的方式不再适用于煮熟的食物，借助于木棒等工具吃饭便成了人们的最佳选择，筷子也就应运而生。

很长一段时间，人们并不以"筷子"称呼这种餐具。据《礼记》记载，商纣王使用一种叫作"象牙箸"的东西吃饭。这种箸，便是我们所说的筷子。

"筷子"一词的出现，是宋朝以后的事。据说，这一名称是从江南的水乡传出来的。在古代，人们很忌讳一些谐音不吉利的字。所操行业、家世背景不同，忌讳的字也有所不同。在水乡，船家尤其忌讳"陈""住"等字。在他们看来，"陈"即意味着"沉"；"住"即意味着"蛀"，或船走不快的意思。平时生活中，人们经常使用的"箸"刚好和"住"谐音。于是，船家便将"箸"改为了"快儿"，有穿行飞快的意思。后来这种叫法流行了起来。人们借鉴箸从竹声的方法，在"快"字上加了个竹字头，"筷子"便产生了。

知识链接

用筷禁忌

民间诸如"筷子掉了要挨打""吃饭咬筷子，家里要来人"等说法不胜枚举。在餐桌文化中，使用筷子的讲究也颇多。通常情况下，人们不会使用长短不一的筷子，这样的筷子有"三长两短"的不吉利兆头；人们更忌讳将筷子直插在饭碗中，这是祭奠死人的做法。

餐桌之上，人们也忌讳将筷子放在口中磨，这是一种被人们鄙视的下贱行为；用筷子敲饭碗等餐具，更是被视为乞丐；北京人还讨厌拿筷子时食指伸出，这是北京人骂大街的典型动作。吃饭时，执筷人不停地在盘子中挑来挑去，共同进餐的人会认为这个人很没教养；假若筷子颠倒使用，人们会觉得此人饥不择食……

总之，在使用筷子时，尽量减少小动作，所谓多则乱、乱则多错。

"馒头"是诸葛亮发明的吗？这种食物跟"头"有什么关系？

《三国演义》中足智多谋的诸葛亮，不仅用兵如神，还是个厨房能手。据说，馒头这种食物，就是诸葛亮发明的。

相传，诸葛亮辅佐刘备建立蜀国，刘备死后又辅佐刘禅。当时，蜀国一片祥和景象，唯有南蛮孟获不断滋生事端。诸葛亮决定亲自带兵讨伐。在七擒七纵孟获后，南蛮事件得以解决。班师回朝途经泸水地区，泸水上波涛汹涌。由于人烟稀少、瘴气湿重，很多士兵都中了泸水毒。听当地人说，要解泸水之毒，必须以49颗南蛮人头为祭，以安抚泸水河神。诸葛亮听罢，说道："南蛮的事都已经平定了，我怎么能虐杀俘虏呢？"为了解决祭祀河神的问题，诸葛亮想出了一个绝妙的主意。他叫来行厨，命他宰杀牛羊，用面和水，将牛羊肉包至其中，做成人头的形状蒸熟。待一切物件准备就绪后，诸葛亮用这49颗"人头"祭祀河神，果然士兵病好了大半。蜀军也浩浩荡荡地渡过泸水，顺利回朝。

后来，这种面食就流传了下来。因为当初是以面食代替"蛮头"祭祀河神，所以人们就称这种食物为"蛮头"。

其实，馒头的由来并非如此。早在魏晋以前，我国是没有馒头的。人们所吃的发面食物中，只有一种叫"蒸饼"的面食。据《齐书》记载，在太庙祭祀上，人们用"起面饼"作为供物，这种起面饼"入酵面中，令松松然也"。也就是说，在蒸饼之前，是没有发面食物的，人们吃的大都是死面食物。如今我们所吃的馒头，在当时叫"蒸饼"。

到了晋代，"馒头"的字样出现在史书中。《饼赋》中记载，"馒头"指的是内含肉馅的大个"蒸饼"。唐朝，馒头的形状开始变小，有了"玉柱""灌浆"的别称。直至宋代，馒头作为一种常见点心，出现在人们的餐桌上，馒头的形状也渐渐有了现在的模样。

时至今日，馒头的样子仍然没有定式，北方不带馅的馍、卷子之类，被称为馒头；

南方带馅的面兜子、汤包等也是馒头。

"饺子"起于何时？过年的时候为什么要吃饺子？

俗话说："大寒小寒，吃饺子过年。"饺子是我国的传统食品。北方地区都有过年吃饺子的习俗。民间流传，饺子源于医圣张仲景的"祛寒娇耳汤"，所以，形似弯月的饺子又被人们称为"娇耳"。

据《方言》记载，汉代人将带馅的汤饼称为"馄饨"。这种馄饨形如偃月，与汤一起食用，便是最早的饺子。《东京梦华录》中说："凡御宴至第三盏，方有下酒肉、咸豉、爆肉、双下驼峰角子。"也就是说，饺子又有"角子"的称呼。到了元朝，饺子成了一种叫"扁食"的食品。很多资料文献中都曾记载，人们每逢初一正旦，都要吃水果点心，也就是扁食之类。直到清朝，饺子才有了"饺儿"之类的称呼。

从资料文献中，我们不难看出，饺子的历史源远流长。关于过年为什么吃饺子，更是说法不一。清代的文献记载说："元旦子时，盛馔同离，如食扁食，名角子，取其更岁交子之义。"这是说人们通常会在除夕包好饺子，等到夜里子时，开始煮饺子吃，有"更岁交子"的含义。还有人说，因为"饺子"与"交子"谐音，所以人们借吃饺子讨吉利。在新旧更替之时吃上顿饺子，祈愿新的一年吉祥如意、财源广进。在民间，有的人家还会把钱币、花生、枣等包在饺子里，用以占卜新的一年运气如何。如果谁有幸吃到了包吉祥物的饺子，说明这个人这一年都会顺顺利利、福气安康。其实，这些都是人们讨口彩的方式而已。

元宵和汤圆有区别吗？

"正月十五闹花灯，家家团圆吃元宵。"在北方，人们称之为元宵；在南方，人们称之为汤圆。那么，元宵和汤圆是同一种食物的两种叫法呢，还是本就是两种食品呢？

其实，元宵和汤圆属同一种食品。元宵又名"浮圆子""元宝""圆不落角"等，其中以"元宵"和"汤圆"之名最为常用。据说，这种食品自宋代出现后，很快得到了大家的认可。因为当时的人们只在元宵节食用这种食品，所以汤圆有了元宵的别称。

南方的汤圆软嫩香滑，通常是用糯米以水调制成皮，里面包上桂圆、蜜饯等馅。口味可以调成香、辣、甜、酸等，这也是南方汤圆的特色之一。一碗汤圆，往往配以银耳、莲子、虾仁等熬制成汤，不仅汤圆味美，汤料也鲜。

吃一口南方的汤圆，再咬一口北方的元宵，二者最基本的不同便已分晓。北方的元宵大都是先将馅料调制好，做成小球状。然后将馅料球放入盛有糯米的筛箩里，不断地加水摇晃，糯米便像滚雪球一般粘到了馅球上。这样制出来的元宵相对南方的汤圆来说较实成，因而吃起来口感比汤圆硬些。与南方汤圆的多色多味相比，北方的元宵主要以砂糖、豆沙、枣泥等为主馅，香咸为主味。

有关元宵被称为汤圆，民间流传着这样一种说法：窃国大盗袁世凯当了总统，由于名不正言不顺，他终日忧心忡忡，唯恐哪天自己被拉下总统宝座。疑神疑鬼的他，凡是谐音不吉利的字眼，他都要避讳。话说到了正月十五元宵佳节，人们都要吃元宵。袁世凯觉得"元宵元宵，说的不就是消灭我'袁'世凯嘛！"他便下令，元宵更名为"汤圆"。随着袁世凯的下台，人们也就不再避讳"元宵"的说法了。事实上，"汤圆"一称，早在明朝便已确定了下来，民间如此说法，不过增加了元宵的传奇色彩罢了。

粽子为什么要捆起来？这种食品是怎么来的？

在我国，粽子是一种传统色彩很浓的食品。早在1 600多年前的《风土记》中，就有关于粽子的记载。当时，人们称这种食品为"角黍"。《本草纲目》解释说："古人以菰叶裹黍米煮成尖角，如棕榈叶之形，故曰粽。"除了这种粽子之外，江南还有一种将米装入竹筒中的粽子，名为"筒粽"。

关于粽子的由来，民间的说法很多。但是流传最广的，便是为了祭奠伟大诗人屈原的说法。据历史文献记载，战国时期，楚国三闾大夫屈原刚直不阿，曾经进谏楚王，联合齐国共同抵抗强秦。楚王非但没有采纳屈原的建议，还听信奸佞谗言将他流放。

公元前278年，秦国大败楚国。身在异乡的屈原听到这个消息，心痛不已，便跳汨罗江殉楚。屈原投江之时，正是农历的五月初五。于是，民间便形成了五月初五，向江中投撒粽子纪念屈原的习俗。

至于粽子为什么要捆起来，《续齐谐记》曾记载说："屈原以五月五日投汨罗水，而楚人哀之，至此日，以竹筒贮米，投水以祭之。汉建武中，长沙区曲，白日忽见一士人，自云三闾大夫，谓曲曰：'闻君当见祭，甚善。但常年所遗，恒为蛟龙所窃。今若有惠，可以楝叶塞其上，以彩丝缠之。此二物，蛟龙所惮也。'曲依其言。今世人五月五日作粽，并带楝叶及五色丝，皆汨罗水之遗风。"意思是说，人们用棕榈叶包粽子，并用五彩绳将粽子捆上，是因为屈原带话给汨罗江一带的人们，他们投入江中的粽米，经常被江中蛟龙截获。原本祭奠屈原的供品居然成了蛟龙

裹角黍　清　选自《端阳故事图册》

的美餐。所以，他告诉人们，蛟龙最惧怕的就是棕榈叶和五彩绳，只要将米包在棕榈叶中，并用五彩线捆起来，蛟龙就不敢再碰粽子了。之后，粽子便形成了如今的模样。

天津"狗不理"包子因何得名？为什么有这么大的名气？

俗话说："不吃狗不理包子，白来一趟天津。"狗不理包子是天津最有名的小吃，吃过的人都忘不了那薄皮大馅、肥而不腻、满嘴流油的感觉。既然这包子这么好吃，为什么狗却不愿意搭理呢？

此"狗不理"非狗不搭理。据说，狗不理包子是因它的创始人得名。清咸丰年间，河北有户高姓人家，高家儿子高贵友生性好动，难管教。其父还担心孩子不好养大，便给他起了个贱名"狗子"。

狗子14岁那年，只身一人到天津刘家蒸吃铺做学徒伙计，勤学好动的他很得师傅喜爱。在师傅的精心指导下，狗子的厨艺进步很快。满师后，狗子踏上了创业之路。当时天津的包子铺很多，想要在众多包子铺中脱颖而出，必须有所改进。于是狗子潜心钻研做包子的技术，终于创出了令整个饮食界都为之一震的特色面食。

光顾狗子店的人逐渐多了起来。由于本小利薄，狗子没有太多资金雇工人。狗子一人身兼多职，既做包子，又卖包子。店面门庭若市，狗子自己经常忙得不可开交。后来，狗子想出了一个主意。他在柜台前摆上一大摞碗，来买包子的客人将包子钱放在碗里，狗子按钱分包子。这样客人随拿随走，既省时又省事。

时间一长，老主户中就流传"狗子卖包子，一概不理"的说法，时间一长，"狗子卖包子，一概不理"便传成了"狗不理"。人们也就习惯地将狗子家的包子叫"狗不理"。

狗不理包子能够享誉中外，自然有与众不同的地方。它用面讲究，做工精良，就连馅如何配料都是有严格要求的。据说，当年慈禧太后吃了袁世凯进献的"狗不理"包子，

赞叹道:"山中走兽云中雁,陆地牛羊海底鲜,不及狗不理香矣,食之长寿也。"狗不理包子也因此更加出名。

冰糖葫芦是北京特色食品,它最早出现在何时?是谁发明的?

冰糖葫芦可以说是中国的传统美食,细说起来,它还是北京的特色食品。歌里唱道:"都说冰糖葫芦儿酸,酸里面它裹着甜;都说冰糖葫芦儿甜,可甜里面它透着那酸。"传统的冰糖葫芦,一串穿起来的山楂外面裹着一层糖稀,晶莹剔透的样子看着就有食欲。那么,这种美食是谁发明的呢?

据说,冰糖葫芦最初是一种药膳。话说南宋绍熙年间,宋光宗赵惇最宠爱的黄贵妃得了怪病,终日茶饭不思,口舌生烟,不多日便已身形憔悴,面容枯槁。宋光宗看在眼里,疼在心上。宫里的御医都看遍了,仍然找不出病症所在。试过了很多名贵药材,黄贵妃的病依然没有半点起色。

无奈之下,宋光宗贴出皇榜,悬赏寻找能医治黄贵妃异症的人。一日,一名游历江湖的郎中看到了皇榜,便揭下皇榜进宫行医。诊过黄贵妃的脉,郎中开出了一副药方:以冰糖煎熬山楂,每顿饭前吃5—10颗,不出半月自会痊愈。看着郎中开的药方,众御医都不以为然,吃了那么多名贵药材均未见分毫起色,如此廉价的药材又如何管用?宋光宗看着药方心想:山楂也吃不坏人,照爱妃现在这种情况倒不妨一试。便命人熬冰糖煎山楂。不出半月,黄贵妃果然面色红润起来,食欲大振。宋光宗高兴得不得了,重金赏了郎中。

山楂,中医多用于消食积、散瘀血、止水痢等。医药学家李时珍曾经说过:"煮老鸡硬肉,入山楂数颗即易烂,则其消肉积之功,盖可推矣。"可见,山楂是种很好的健胃消食药膳。

后来,这个药方流传到了民间。人们觉得蘸了糖稀的山楂吃起来不方便,就用木签将它穿了起来。久而久之,便形成了今天的

冰糖葫芦。药膳糖稀山楂也成了一种特色小吃。

油条是怎么来的?它的发明和秦桧有关系吗?

很多人都有早餐喝豆浆、吃油条的习惯。油条,又被称为"油炸鬼""油炸果""油炸桧"等。金灿灿的油条咬在嘴里外酥内软,吃过之后满嘴留香。它是中国人最喜爱的食物之一。关于油条的由来,民间流传着这样一个故事。

南宋高宗在位时,奸贼秦桧以"莫须有"之罪杀害了岳飞父子。百姓听闻此事,无不悲恨交加。秦桧和他妻子也因此成了百姓的公敌。人们恨不得吃秦桧的肉、扒秦桧的皮,以祭奠岳飞的在天之灵。

在临安城最热闹的集市上,有两个面摊。一家是做芝麻烧饼的,一家是卖油炸糕的。摊主不忙的时候,总是喜欢闲聊一会儿。有一天,两人的生意都很好,没到太阳落山,东西就卖得差不多了,于是两人收摊准备回家。闲聊之间,说到奸佞秦桧毒害岳飞一事,两人都愤恨不已。芝麻烧饼老板揉搓着手里的面团,狠狠地将面团摔在了面板上,好似他刚才摔的是秦桧一样。卖油炸糕的摊主看着被摔成饼的面,抄起来就扔进了油锅里,嘴里还嘟囔着:"真应该把他们扔进油锅里,受油煎火烤的惩罚。"烧饼老板一听,更觉义愤填膺,便把剩下的面团都捏成了人形,通通扔到了油锅里。这样还觉得不解恨,又将俩面人捏在一起,意思是说出馊主意的秦桧老婆也罪当如此。两人边做边吆喝:"油炸桧了,油炸桧了。"群众一听,都好奇地凑了过来,看到油锅里翻滚着的面人,立刻明白了其中寓意,拍手叫好。

只要掌握好火候,配以调料,炸出来的面人香脆可口,是种很美味的食品。后来,人们开始简单地将面团抻成长条放入油锅中。久而久之,"油炸桧"便有了"油条"的称呼。

人们为什么说吃肉是"打牙祭"？吃肉和祭祀有关系吗？

《儒林外史》第十八回中关于"打牙祭"有这样一句描述："伙计们平时每日就是小菜饭，初二、十六跟着店里吃牙祭肉。"看来，"打牙祭"就是吃牙祭肉。那么，人们为什么说吃肉是"打牙祭"呢？它和祭祀有什么关系吗？

"打牙祭"可以说是祭祀文化和社会现实相结合的产物。古人向来重视祭祀活动。逢年过节，人们都要祭拜已逝亲属或者在天神明。有好吃的自然也要先分给神仙祖宗吃，以求神明保佑。古代祭祀中，牛羊猪是常见的祭品，皇家祭祀全牛全羊，这样做普通人肯定承受不起。所以，百姓通常是在神龛或者祖先灵位前放上一块肉，点上冥币、蜡烛，以示祭告。

人们认为，祭祀的贡品是神祖的吃食，人吃了很吉利。所以，皇帝经常把祭肉分给王公大臣，分祭肉的故事也史不绝书。此俗流入民间，家长们通常会把祭完神祖的贡品分给家人吃。过去，人们的生活水平不高，而且肉价昂贵，平时吃肉都是奢求，只有逢年过节，人们才能借祭祀的光，吃上些"祭肉"。因而，这样难得的吃肉机会就被人们戏称为"祭牙"，也就是后来人们说的"打牙祭"。

随着人们生活水平的提高，能吃上肉已经不再是普通百姓人家的奢求了，这种"打牙祭"的说法也就渐渐地被人们淡化了。但是，在老一辈人心中，"打牙祭"却承载了一个时代的历史，记录了他们那个年代的生活。

古代有没有火锅？"涮羊肉"是什么时候出现的？

火锅在全国各地都很受欢迎，而且各地火锅各有特色。但是无论在哪儿，人们吃火锅的时候，都要或多或少涮上盘羊肉。那么，古代人也吃火锅、涮羊肉吗？

据史料记载，早在三国时期，就已经出现了铜制的火锅。南北朝时期，火锅逐渐成了北方人御寒煮食的工具。宋代，京城出现了以火锅招揽生意的特色酒楼。明清时期，火锅的种类已经纷繁多样了。

最初，人们也是用火锅煮些牛羊肉吃。但是像如今这般，将羊肉切成薄片下入锅中涮煮，则始于元代。据说，"涮羊肉"的发明和元世祖忽必烈有关。

相传，元世祖忽必烈讨伐阿里不哥的时候，征途劳顿的他除了睡觉之外，最想的就是饱餐一顿家乡的美食——清炖羊肉。一日，元军在一处旷野安营扎寨，望着周围的青山绿水，忽必烈实在按捺不住，便命行厨宰羊做清炖羊肉吃。一切收拾停当，行厨正准备将肉下锅，忽然有探子来报："敌军在前方不远处安营扎寨，与我军形成对垒之势，随时有进攻的可能。"听到这个消息，忽必烈心想：这炖羊肉又吃不上了。行厨看了看手里的羊肉，对忽必烈说："大汗不要着急，我且将羊肉切成薄片，这水已经煮沸，羊肉到锅中翻两下就可以食用了。待吃饱喝足再去收拾他们也不迟。"

说罢，行厨将羊肉切成薄片放入锅中，搅拌了几下，捞出羊肉放到蘸料碗里，递给忽必烈吃。大敌当前，忽必烈哪里有时间细嚼慢咽，夹起羊肉便狼吞虎咽起来。吃罢便到阵前杀敌去了。这一战元军大捷。

班师回朝后，大宴群臣的忽必烈想起行厨做的羊肉。仔细回想，那肉比清炖羊肉还要清香爽口，便命厨师再做此菜宴请群臣。第二次吃到这样的羊肉，忽必烈觉得好吃万分，看着水中翻腾的羊肉片，便赐名为"涮羊肉"。

后来，这种涮火锅的方法流传到了民间，成了百姓喜爱的饮食。

"东坡肉"是一道怎样的菜肴？为什么以宋代文学家苏东坡的名字命名？

到杭州游玩的人，都要尝一尝杭州名菜"东坡肉"。色泽红润、肥而不腻、入口香嫩的"东坡肉"，令很多食客回味无穷。这道

"东坡肉"，便是大名鼎鼎的苏东坡传下来的。

百姓吃"东坡肉"并非恨之而食其肉的意思，而是为了感念苏东坡的功德。据说，苏东坡很爱吃肉，每餐的饭菜里要是缺了肉，他都觉得难以下咽。好食肉的他还做得一手好肉，而这"东坡肉"便是出自苏东坡之手。

相传，苏东坡任杭州太守之时，带领杭州百姓疏导西湖之水。为了确保人们安居乐业不受水涝威胁，他带人将疏导出来的淤泥堆砌成了长堤。这样不仅解决了西湖水患问题，还改善了当地的生态环境。从此西湖垂柳，一片旖旎风光。

当地百姓为了感谢苏东坡，在过年之时，以他最爱吃的肉作为贺礼，送到苏东坡家。看着乡亲们送来的肉，苏东坡感念不已。于是，他按照在黄州当团练副使时焖制肉的方法，命人将肉切成了方块，入锅焖制。待到肉焖好后，分发到百姓家里。

百姓吃着父母官送来的肉，香在嘴里，暖在心上。有人从苏东坡那里学来了制作这种肉的方法，爱戴苏东坡的百姓便将这种肉称为"东坡肉"。

关于东坡肉的做法，苏轼在《猪肉颂》中，这样写道："净洗铛，少著水，柴头罨烟焰不起。待他自熟莫催他，火候足时他自美。"现如今，人们在东坡肉原制作方法的基础上进行了改良，使得"东坡肉"更加味美，并适合今人的口味。

福建有道叫"佛跳墙"的名菜，为什么会有这么奇怪的名字？

"佛跳墙"，原名"福寿全"。它的原料有海参、鲍鱼、鱼翅、干贝、鱼唇、花胶、蛏子、火腿、猪肚、羊肘、蹄尖、蹄筋、鸡脯、鸭脯、鸡肫、鸭肫、冬菇、冬笋 18 种之多。将菜入坛之前，还要分别将原料煎、炒、烹、炸……制作工艺十分复杂。它汇聚了多种荤菜于一坛，互相借味的同时又各自保持原有味道，被视为福建的招牌菜。

传说清朝同治末年，福州官钱局的一名官员想巴结京城派来的布政使周莲。他不敢大张旗鼓地在外面宴请，怕同僚见了参他一本。于是，他命私厨做拿手好菜在家设宴款待周莲。厨子觉得，想要做出能够取悦布政使的好菜，并不是件容易的事，索性将所有材料都烹制出来，做个大杂烩吧。于是他将鸡、鸭、羊肉、海参等 10 多种原料加作料煨制，再将它们装入绍兴酒坛中呈到了周莲面前。

话说这周莲也是好吃之人，家中备有名厨数人，什么奇珍美味没有尝过？望着端上来的酒坛，周莲一脸不屑。待打开坛盖，周莲竟被坛中飘出来的香气所吸引，禁不住连吸几口气。他顾不得形象，拿起筷子吃了个底朝天。望着空空如也的酒坛，周莲问厨子："这是什么菜？"厨子随口答道："福寿全。"

还有传说称，清朝时，有一群骚人墨客到福州郊外春游野餐，他们把各自带来的山珍海味 20 余种都放在一个酒坛里，在吟诗之时慢慢地煨着。酒坛中的菜熟了以后，奇香无比。香味飘到附近的一座古寺，引诱得一群和尚跨墙而来，想一尝异味。其中一个秀才见状，不禁赋诗曰："启坛菜香飘四邻，佛闻弃禅跳墙来。"佛跳墙由此得名。如今佛跳墙已随福建华侨扬名海外。

"满汉全席"是什么菜？人们为什么把它列为最奢华的菜肴？

所谓的"满汉全席"指的是融合了满族和汉族菜色之精华的大餐，堪称最奢华的盛宴。全部菜品加起来有 108 种之多。乾隆年间，李斗所著的《扬州画舫录》中就收录了一份较详细的满汉全席食单，这是关于满汉全席最早的记载。

在清代官场的一些重要庆典仪式上，受民族意识的影响，宴请之时通常先开满席。满席菜品以迎合满族人口味的涮、煮、烧等为主要特点；之后开的汉席，兼具煎、炒、烹、炸等汉式菜色的特点。为了在宴席上争风头，满汉厨师经常暗中较量，在菜品上精雕细琢。于是，一场宫廷大宴往往是满汉极品美味荟萃，因而被人们称为"满汉全席"或"满汉荟萃"。

"满汉全席"最初为宫廷御膳。按照宴请的场合不同，"满汉全席"分为如下几种：

蒙古亲藩宴。这种宴是为了招待与皇室联姻的蒙古亲族而设。设宴地点讲究，一般设在正大光明殿。陪坐的大都是满族一、二品大臣。蒙古亲王们更是以吃亲藩宴为荣。

廷臣宴。在每年的正月十六，皇帝都要为钦点的大学士、九卿中的功臣设宴。一般此宴设于奉先殿上，这被视为帝王笼络臣心的"收买宴"。

万寿宴。据说，当年慈禧太后 60 大寿之时，在寿辰的前一个多月，便已开始宴请群臣了。整个寿宴耗费白银近 1 000 万两。由此可知，这万寿宴是何等的奢华。

千叟宴。据史料记载，康熙五十二年曾在畅春园首次举行千人大宴。因参宴人数众多、规模庞大，而且席间康熙帝还曾赋诗《千叟宴》得名。

九白宴。这种筵席是专为蒙古外札萨克等四部落而设。因其投诚后，每年以白骆驼一匹、白马八匹向朝廷进贡，为表皇恩浩荡，特设九白宴回馈使臣。

节令宴。这是清宫在主要时令节气时所设的筵席。筵席之上，欢声笑语，一片祥和景象。

知识链接

八大菜系

菜系也称"菜帮"。根据选料、切配以及烹制方法等的不同，人们将菜肴按照省、文化等分成了不同体系。其中以鲁、川、苏、粤、闽、浙、湘、徽八大菜系最为著名。

鲁菜是北方菜肴的代表。它以原汁原味、鲜嫩爽口为主要特点。如今的鲁菜以济南和胶东菜为主打。川菜在秦汉时期初具规模，以香辣、味浓、油重为主要特点。有关粤菜的记录最早见于西汉时期。粤菜主要以广州、潮州、东江三地的菜品为代表，兼具煎、炸、焗、烩等特点，并以菜品原料稀奇古怪著称。

闽菜则以色调美观、清鲜闻名。苏菜讲究口味平和、原味汤浓。浙菜和苏菜并称为"南食"两大台柱，以清、爽、脆、鲜受到养生之人的喜爱。湘菜用料广，口味重。徽菜注重味浓汤美。

"叫花鸡"真的是叫花子们的杰作吗？它最早出现在什么时代？

相传，清朝的时候，在江苏常熟的虞山一带，经常有叫花子上街乞讨。有一天，一个叫花子从一户富贵人家讨来一只活鸡。饿了好几天的他不想和伙伴分享美味，便带着鸡到了一座破庙。

除了手中残缺不全的破碗，叫花子什么都没有，怎样把鸡做熟成了令他头疼的问题。看着庙门外的黄土堆，叫花子突然想起了老家烧乳猪的方法。于是，他将鸡收拾利索，用水将黄土和成了泥，然后将鸡用黄泥裹起来。他捡了些干树枝架起火，把黄泥裹起来的鸡放在火上烘烤。不一会儿，鸡身上裹的黄泥就出现了一道道裂缝。叫花子弄掉黄泥，捧着鸡肉就啃了起来。

此时，隐居虞山的明朝学士钱谦益恰巧路过破庙。闻得庙中肉香浓郁，便走进来一看究竟。看着叫花子手里捧着的泛着黄光的烧鸡，钱谦益忍不住吞了几下口水。叫花子见了，很不情愿地分了一小块鸡肉给他。钱谦益一尝，果然美味。于是向叫花子询问制作方法。回到家后，钱谦益命家厨添加作料调制，按照叫花子说的方法烘烤鸡肉。制成的烧鸡比在破庙吃到的烧鸡还要美味。后来，这种烧制鸡肉的方法在民间流传开来。人们在原有烹制方法的基础上，将精肉、虾仁、香菇等配料放入了鸡肚中，使其更具风味。因这种烧鸡最初是由叫花子发明的，人们便称它为"叫花鸡"。

"叫花鸡"又称"黄泥煨鸡"。"叫花鸡"不但味美，还有很高的营养价值。所用主原料大都为母鸡，其肉蛋白质含量较高，是很好的强身补品。

绿茶、红茶以茶色得名，"乌龙茶"因何得名的呢？

在中国，饮茶的历史可以追溯至汉代。制作方法不同，茶的味道自然有所差别。根据沏泡出的茶水颜色，茶农们区分出了红茶、绿茶。茶中有一种名为"乌龙"的茶，它是因什么得名呢？

乌龙茶，又名青茶，是一种半发酵茶。据《安溪县志》记载，清雍正年间，在福建省安溪县西坪乡南岩村有一个名叫苏龙的茶农。他不仅是个采茶能手，还是个打猎高手。他身材魁梧，皮肤黝黑，性子直爽，村里人都叫他"乌龙"。

话说有一天，乌龙上山采茶。中午时分，正欲休息的他发现一头山獐在附近徘徊。于是，他端起随身携带的猎枪，向山獐的要害射了几枪。垂死挣扎的山獐向茂密林中跑去。乌龙沿着血迹找寻山獐踪影。不多时，他便发现了尚有余温的山獐。

傍晚时分，乌龙背着猎物返回家中。家人见有野味，便动手忙了起来。一家人享受了一顿美餐。第二天清晨，乌龙闻到茶篓里飘出阵阵清香，这才想起来，前一天只顾打猎，竟忘了制茶。打开茶篓一看，前一天采的茶已经发酵了。乌龙将有些发酵的茶炒制成成品，原茶的清香更加浓郁了。泡出来的茶水青绿明亮，味道比绿茶、红茶更胜一筹。后来，经过反复试验，乌龙终于制得了一种新的成品茶。

因其茶叶呈黑褐色，又是由乌龙最先制成，人们便将这种茶命名为"乌龙茶"。乌龙茶主要产于福建、广东、台湾三地。采摘下来的茶叶经过萎凋、摇青、半发酵、烘焙等工序方能成为成品茶。因其茶品上乘，茶香清醇，还有解脂、消食的功效而行销海内外。

现代人所说的"衣裳"与古代词义一样吗？古人都有哪些主要衣服？

《现代汉语词典》中，"衣裳"解释为衣服，常用在口语中。也就是说，我们平时说的衣裳，仅仅指的是上面穿的衣服，不包括下面的裤子。在古代，"衣裳"也是这种含义吗？

在古语里，"衣"通常指的是上衣。《诗经》中"岂曰无衣？与子同袍……岂曰无衣？与子同裳"，"绿兮衣兮，绿衣黄裳"说的就是这个意思。古人的上衣除了衣领、衣袖、衣襟、后身之外，还配有腰带。按照衣服的长短款式不同，上衣又分为深衣、袍、裘、衫、襦、袄、半臂等。

深衣产生于春秋战国时期。它是一种上衣下裳相连接的衣服，因其前后衣襟深长而得名。据说，这是士以上的人常穿的衣服。所谓的袍，和我们现在所说的大衣差不多，袍一般都比较长，经常被人们称为"长袍"。在古代，帝王、官员多穿长袍，因而有词曰"黄袍""官袍"。在汉魏时期，出现了一种与袍相对的衫。它以利落的剪裁、宽松的袖口为特点，成为当时较常见的一种服饰。与前几种服饰的深长不同，东汉后期，又出现了一种短上衣，人们称这种妇女常穿的短上衣为"襦"。魏晋时期出现的"袄"是一种有衬里的夹衫，春秋时节可以穿单衫。天冷时，续上棉花便可以做御寒的棉袄。

与"衣"相对，"裳"在古代指的是下衣，也就是我们现在说的裤子之类。但是在古代，人们所穿的下衣又分为裙、裤等。据史书记载，古代无论男女，都穿一种名为"裳"的下衣。《说文》中解释说："裳，通常。下帬（裙）也。"可见，这种裳说的就是裙子。在战国以前，人们是没有裤子穿的。《释名》中记载，当时人们穿的是一种有两条裤筒的"绔"，这种绔和现在的裤子已经有几分相似了，只不过绔没有前后裆。

除了这些分类之外，古人还有头衣、上衣、下衣和足衣之说。这些分类不仅仅包含上衣和下衣，其中还包括"冠""帻""屐""履"之类。

古人讲究"冠冕堂皇"，"冠"与"冕"有何区别？它们与帽子比，哪个出现得早？

古代男子20岁的时候要行冠礼，从这个

时候起，男子开始戴一种叫"冠"的头饰。"冠"也是贵族成年男子的必备饰品。一般情况下，小孩、平民、罪犯等是不能够戴冠的。所以，"冠"被视为古代划分地位等级的标志。但是帝王登基，通常说"加冕"，而不说"加冠"，难道"冕"比"冠"还要尊贵？"冠"和"冕"有什么区别呢？

据说，"冠"和"冕"都是帽子的一种。据《后汉书》记载"上古衣毛而冒皮"。后人作注说：冒，指的是帽子。所以有观点认为，在上古时期，就已经出现了帽子。当时，它是人们御寒保暖、遮日防雨的工具。随着生产力的发展、等级制度的建立，才出现了"冠""冕"这样的分类。

冠不仅是一种头饰，还是礼仪、身份的象征。冠不似我们现在看到的帽子，它只是遮住头顶一部分。古人用冠来罩住头顶的发束，以笄固定。有的冠圈两旁还有两条丝绳，用以固定冠圈。据史料记载，除了可以从是否佩戴冠饰上看出等级尊卑外，还可以从所佩戴之冠的种类上区分地位。在古代，按照位别高低，冠可以分为通天冠、进德冠等。通常，通天冠为帝王所戴之冠，进德冠为朝廷重臣所戴之冠。

据考证，冕的出现要早于冠。作为一种最为尊贵的礼冠，最初，冕只有封建帝王以及士大夫以上的官员才能佩戴。到了南北朝以后，它成了皇帝一人的专属。冕一般外黑内红。上方有一块长方板，称为延。冕前低后高，延前后两端缀有数串圆珠子，取目不斜视之意。冕的两旁通常缀有两条丝带或绵丸，意为充耳不听谗言。据史料记载，天子冕前后所缀珠线被称为旒。因其前后各有十二旒，故天子之冕又被称为"十二旒冕"。佩戴旒冕是帝王的象征，因而继承皇位，又有了"加冕"之说。

在古代，衣服有贵贱之分吗？人们可以像现在一样随意穿着吗？

现代生活中，对穿衣并没有条条框框的限制。那么在古代，人们也可以随心所欲地穿衣服吗？

以等级制度森严著称的古代，当然不允许人们想穿什么就穿什么。这不但是法律制度的规定，还是封建礼制的要求。按照礼法要求，人们不仅要注意言谈举止，更为重要的是要"量体裁衣"，穿适合自己身份等级的衣服。如若不然，甚至可能引来杀身之祸。

关于古代服饰等级的分类，大致有以下几种：

材质表贵贱。在古代，平民百姓是没有资格穿绫罗绸缎的。通常，只有皇室宗族、达官贵人能够身着锦帛，没身份、没地位的黎民百姓只能穿粗布麻衣。因而，古代的平民百姓又被称为"布衣"。

颜色明地位。上古时期，人们以黑白为主色，黄色为贵色。后来，黄渐渐成了皇家专属，红为吉色。这在服饰文化上也有所体现。史书中所载的"白衣""乌衣"便是身份地位较低的人所着服饰。"白衣"指的是没有官职的平民，也指未考取功名的读书人；"乌衣"通常指的是地位较低的胥吏所穿的黑服（但也有例外，东晋时期，由于王、谢两族的子弟喜欢穿黑衣以显示身份尊贵，乌衣巷因此得名）。而像"朱绂""紫绶"之类，指的都是地位较高的人。中唐诗人白居易有诗云"朱绂皆大夫，紫绶悉将军"。另外，在官场中，通常穿青绿官服的，多为六品以下官员；着紫红官服的，大都为五品以上官员。

纹饰划等级。纹饰划分等级主要体现在官员所穿的服饰上。据史料记载，天子所穿之服，也就是龙袍，上面绣有日、月、星、辰、山、龙、雉、宗彝、水草、火、粉米、黼（斧形）、黻（亚形）。取其九五至尊、庄重威严、光明贤德之意。诸侯所着服饰，绣以龙以下的图案；士族则只能用水草、火两种图案。

衣服长短显身份。"孔乙己是站着喝酒而穿长衫的唯一的人。"说明穿长衫的人有一定的身份地位，本该坐着喝酒的。诸如伙计、下等人之类，则只能穿短衫，站着喝酒。可见，在古代，对穿衣的要求是很严格的。

女子戴耳环、戴耳坠的习惯是如何形成的？

自古女子爱打扮。仔细观察，你会发现，就连小巧玲珑的耳朵上，都被做了精心的修饰。那么，最初人们是因为什么穿耳洞、戴耳饰的呢？

考古学家认为，远古时期，人们就有穿耳洞的习惯。《山海经》中记载说："有儋耳之国，任姓，禺号子，食谷。北海之渚中，有神，人面鸟身，珥两青蛇，践两赤蛇，名曰禺强。"后人解释道："珥，裙也。"也就是说，在古代，人们穿耳洞，戴一种叫作"珥"的装饰物。这种"珥"便是我们现在所说的耳环，也叫"瑱"等。

关于女子为什么佩戴耳环，历来说法不一。其中较为流行的，有以下几种观点：

辟邪说。远古时期，祖先常佩戴各种各样动物的牙齿、坚果等装饰物。人们认为，佩戴这些东西，不仅可以划分种族，炫耀能力，还可以起到辟邪免灾的作用。在氏族争斗中，它也可以保护脖子不受兵器伤害。随着人类文明的不断发展，这些具有辟邪功能的动物骨骼，渐渐成了妇女们的装饰品。

卑贱说。据《留青日札》记载："女子穿耳，带以耳环，盖自古有之，乃贱者之事。"于是，有观点认为，女子佩戴耳饰，其实是对女子的一种警告。据说，这一风俗源于少数民族。有些女子因不甘独守深闺，经常跑出家门游乐，所以人们就想出在女子耳朵上穿孔悬珠坠的主意，这样她们行动起来就会有所牵累，只能在家恪守妇道了。后来这种行为在汉族流传开来。根据这个说法，民间还衍生出了：女孩小的时候就要穿耳洞，以表示从小谨记礼教的说法。后来人们发现，戴耳饰有装饰的作用。久而久之，便形成了女子穿耳洞、戴耳环的习俗。

《西厢记》里的"厢"指什么？古人住的舍、斋、寝、楼、阁有何区别？

古代建筑中，厢、舍、斋、楼、阁等分类明确。《西厢记》中，与莺莺幽会的张生，便是借住在普救寺的西厢之中。厢，古汉语中又写作"箱"。《说文解字》中说："凡堂之内，中为正室，左右为房，所谓东房、西房也。"这里所说的东房、西房，指的便是厢房。汉代的资料显示，古人在堂室外还筑有一道墙。其中，北半部分房与墙之间的间隔叫作东夹西夹，南半部分叫作东堂西堂，也叫东箱西箱。有一种观点认为，箱指的是君王办公的正室东西方向的屋子。《周昌传》有："吕后侧耳于东箱听。"后来，人们将南北向分布的正房两侧的房子通称为"厢房"。

舍泛指房屋。《说文解字》中说，"舍"指的是市居之所，包括客栈、旅馆、庐室之类。在古语中，天子所赐的舍称为候馆；客栈之类称为旅舍。人们也以"舍"作代词使用，借指破旧或简陋之家，如"庐舍""茅舍""寒舍"等。

古代的斋室一般指的是书房和学校。斋，常含清心雅静、读书思过之意。在宗教信仰中，一些斋戒场所也称为斋室。

说到寝，人们经常想到的就是卧室。《尔雅·释宫》中说："无东西厢有室曰寝。"也就是说，在古代，没有东西厢的堂室总称为寝。到了周代，大寝为堂，小寝为室。同时，寝还有指代帝王宫室的意思。后来，人们将很多人睡觉的大房间称为寝。

所谓的楼指的是很多层的屋子，在古代称为重屋。《古诗十九首》中"西北有高楼，上与浮云齐"，可见，当时的"楼"和现在所指的"楼"相差无几。据古籍记载，古时候人们住的楼大多是木制或竹制二层楼，楼上并不住人，而是放些杂物。

作为古代一种特有的建筑形式，阁最初指的是阁板。后来，阁成了与楼相对应的架空小楼房。阁多为四边形或多边形，周围雕栏回廊，作藏书、游园、远眺之用。在南方，楼房上的小房间也被称为阁。古代有些女子居住的场所亦有"阁"之称，因此女子出嫁有"出阁"的说法。

围棋起源于什么时候？为何棋子只有黑白两种颜色？

相传在上古时期，帝尧治理天下，百姓安居乐业，邦内一片祥和景象。由于之前经常在外巡查，帝尧很少有时间管教孩子。好在孩子们大都很懂礼数，唯有散宜氏所生之子丹朱最让人头疼。丹朱已经十七八岁了，却终日游手好闲，惹是生非。有的时候，甚至散宜氏都拿他没办法。

如今天下太平，帝尧可以抽出时间过问孩子的事情了。他听说了丹朱的所作所为，心中惭愧：是自己没尽到做父亲的责任啊。帝尧想：丹朱如此放纵，定是没有找到心中志向，如果适当引导，定是个可塑之才。于是，帝尧命人把丹朱带到平顶山，一边将天下苍生指给丹朱看，一边循循善诱，希望丹朱能明白他的一片苦心。但是丹朱根本没把天下放在眼里。

帝尧明白，丹朱的心不在如何治理天下上。他顺手拿起身边的一根树枝，在地上画了十几条纵横相交的网格，然后命人取来数百颗石子，告诉丹朱："我现在要教你能够打败所有人的能力，这样以后就没有人能奈何得了你了。"丹朱一听，立时有了兴趣，跟着帝尧学起了"制人之术"。从此，丹朱一心放在学习"制人之术"上，再也不胡作非为了。他也渐渐明白，这"制人之术"其实是父亲在教他"博弈"的技巧，里面包含有治理天下、行军作战的艺术。据说，这种"博弈"之术，便是我们现在说的"围棋"。

据史料记载，早在春秋战国时期，围棋就已经是一项比较常见的棋类活动了。人们称这种黑白棋为"弈"。下围棋就是博弈。双方各执一色棋，以围为攻，以占为进。大约在汉魏时期，围棋有了今天的样子。

围棋棋子只有黑白两种，自古便是如此。人们认为，黑白表示阴阳。万物由阴阳而生，二者相生相融，变化多端。此外，黑白还有黑暗与光明的意思。执棋双方相互攻击，你来我往，其中蕴含的不仅是军事作战方面的

战略技巧，还承载了很多动静博弈之术。所以，围棋又被人们称为"黑白棋"，一直是国人喜爱的棋类游戏之一。

古代象棋起源于什么时候？中国象棋和国际象棋有没有关系？

在我国，象棋是一项很古老的棋类运动。在《楚辞·招魂》中，已有关于象棋的记载："蓖蔽象棋，有六簙些；分曹并进，遒相迫些；成枭而牟，呼五白些。"战国时期，象棋成为贵族中一项很流行的棋类活动。有观点认为，此时，史书中所记载的象棋，并不是我们现在所说的象棋，而是一种叫六博的棋类游戏。

据史料记载，北周武帝宇文邕曾写了本《象经》。虽然这部书已经失传，但是从之后的文献中可以推断，它是一部讲棋道的书。书中记载了一种名为"象戏"的棋类活动。据后来的出土文物，《象经》中所说的象戏和当今的象棋类似。因而有观点认为，"象戏"才是当今象棋的雏形。

"象戏"以日月星辰之象为棋子，以 8×8 的 64 线格为棋盘，棋子的分布排列也与星象密切相关。直到唐朝，象戏才演变成如今"车""马""炮""将""士""相"的样子。宋代，象棋棋制进一步完善。棋盘之上，出现了楚河汉界，32 棋子。"象戏"不仅是兵家行军作战的微缩图，还成了民间斗智的一项热门棋类活动。

还有一种观点认为，如今的中国象棋以及国际象棋其实源自印度。有资料显示，公元 7 世纪左右，我国的"象戏"传入印度。印度人在"象戏"的基础上，结合了当时印度的军队组成，以"象""马""车""兵"替代"象戏"中的日、月、星、辰之象。

后来，这种改造后的象棋传回了中国，同时也传到了西方国家，才形成了如今我们所看到的中国象棋和国际象棋。

唐代流行的打马球起于何时？这种游戏具体怎么玩？现在为何失传了？

打马球又叫"击鞠""击球"，是唐代很

流行的一种马上游戏。据说，这种游戏在汉代便已经出现。曹植曾经作诗云："连翩击鞠壤，巧捷惟万端。"说明汉代的人已经打得一手好马球了。据史料记载，打马球最初是军队中的一种练武方式。后来，这种活动传到民间，成了一项受百姓欢迎的娱乐活动。

据陕西乾陵章怀太子墓中的壁画显示，打马球在唐代是一项很盛行的球类活动。要打得一手好球，首先马上技术必须过硬。参赛者分成人数相等的两队，每人手中一根顶端形如弯月的球杖。比赛场地通常比较开阔，根据人数多少，或双方各半场、两个球门，或双方整场、一个球门。比赛开始后，参赛者骑马以球杖争夺马球（马球大都是用材质比较坚硬、韧性极强的木料做成），以将马球打入球门为胜利。

通常情况下，这项运动是端午节的活动项目。到了唐朝，这项活动却是皇家经常玩的游戏。据史料记载，唐代有 11 个皇帝是打马球的高手。唐玄宗李隆基便是高手中的高手。当时，还设立了"打球供奉"一职，马球技术成为了拔官选将的标准之一。每逢科举之后，曲江宴中，新科进士之间的马球赛是必不可少的一项活动。明清时期，史料中依然有关于这项活动的记载。

王直有诗云："玉勒千金马，雕文七宝球。鞚飞惊电掣，仗дви觉星流。"可见，打马球是一项危险性很高的运动。为了打得一手好球，不仅选手所骑的马匹上乘，而且所持的球杖质地也十分精良。赛场之上，相互冲撞，马球如流星飞舞，人仰马翻、马球伤人是经常发生的事情。人们曾经以驴代替马打过"马"球。因为驴相对马来说行动较为迟缓，奔跑起来也不像马那样激烈冲动。但是，球伤人仍是避免不了的事情。后来，打马球也就渐渐退出了历史舞台。

拔河要求比赛双方拉扯绳索，但为什么把这种游戏定名为"拔河"呢？

在我国的一些地方，有清明节、元宵节举办拔河比赛的习俗。拔河活动在民间很常见，学校里、军队中、小区里经常举办热闹的拔河比赛。参加比赛的人劲往一处使，观看比赛的人心随绳而偏。通过拔河，不仅能够锻炼身体，还能增强人们团结合作的能力。那么，这种活动为什么被称为"拔河"呢？

据《封氏闻见记》记载，"拔河"在古代被称为"牵钩"。最初，它是训练水兵的工具。《墨子》中说："公输子自鲁南游焉，始为舟战之器，作为钩强之备，退者钩之，进者强之，量其钩强之长，而制之为兵。"也就是说，当年鲁班在楚国为官时，设计了一种用竹片制成的篾绳。这种篾绳是专门用来训练水兵的。将兵将分成两组，各执篾绳的一端，用力向两边拉。实战中，敌船撤退逃跑时，可以用篾绳钩住敌船，使他们不能逃脱；敌船势强进攻时，可以利用篾绳阻止敌船靠近。篾绳，在作战中起到了推拉敌船的作用。因而，篾绳便有了"拖钩""强钩"的称呼。

后来，这种训练水兵的方法流传到了民间，在楚国旧地广为流行。拖钩敌船活动渐渐演变成两拨人相互"较劲"的集体活动。据史料记载，唐朝时期，"牵钩"活动已经十分盛行。上至文武百官，下至黎民百姓，都热衷于这项活动。也是从唐朝开始，"牵钩"更名为"拔河"。据说，当时的拔河和现在不同，人们在绳中央插一面红旗，麻绳的两端分设有数百条小绳。参加拔河的人手里各执一端。拔河的时候，绳子两端形成两个扇面，旁边观看的人擂鼓助威，这样的拔河场面，要比现在壮观得多。

如今的拔河比赛相对来说形式比较简单。人数相等的两队将绳子往自己的方向拉，以将对方排头拉过河界为赢。它更多的是体现大家心往一处想、劲往一处使的团结奋战精神。

斗鸡是古人喜欢的游戏，这种游戏最早出现在何时？史上有何趣闻？

斗鸡，是古代人很喜爱的一种游戏。据说，这项游戏在上古时期便已萌芽，春秋战国时期成为当时最流行的一种游戏。据记载，当年齐桓公曾因宋国违"北杏之会"，携诸侯讨伐宋国。得胜之后，高筑看台，以斗鸡活动庆祝。唐代韩愈与孟郊曾有斗鸡联句："裂血失鸣声，啄殷甚饥馁，对起何急惊，随旋诚巧给。"可见，在古代，斗鸡是一项颇为壮观的"赛事"。

在民间，斗鸡多为一种赌博活动，有的人专门以养斗鸡为业。相对来说，皇宫中，则是以大规模的斗鸡活动为乐。据史书记载，斗鸡在唐朝最为盛行，这一时期因斗鸡出的趣闻也最多。

唐高宗时期，亲王大臣不仅以斗鸡为乐，还以斗鸡作为相互倾轧的一种手段。谁家的斗鸡要是赢了，主人家自然盛气凌人；输家也不甘心咽下这口气，伺机报复。一时之间，官场之上，以斗鸡倾轧心狠之风盛行。

相传，沛王与英王经常以斗鸡暗中较量。一日，沛王命府中近臣王勃作檄文声讨英王。王勃提笔写道："两雄不堪并立，一啄何敢自妄？养成于栖息之时，发愤在呼号之际。望之若木，时亦趾举而志扬；应之如神，不觉尻高而首下。于村于店，见异己者即攻；为鹳为鹅，与同类者争胜。爰资枭勇，率遏鸥张。纵众寡各分，誓无毛之不拔；即强弱互异，信有喙之独长。昂首而来，绝胜鹤立；鼓翅以往，亦类鹏抟。搏击所施，可即用充公膳；剪降略尽，宁犹容彼盗啼。岂必命付庖厨，不啻魂飞汤火。羽书捷至，惊闻鹅鸭之声；血战功成，快睹鹰鹯之逐。"沛王见了，振奋不已。后来，这份檄文传到了高宗手里，高宗觉得此文有挑拨皇室不合之嫌，便将王勃罢官。

古人多少事，真是几家欢喜几家愁。唐玄宗时期，对斗鸡痴迷的玄宗曾提拔13岁孩童贾昌为"鸡坊五百小儿长"，专门负责训练斗鸡。每逢斗鸡之时，文武百官、六宫粉黛悉数到场。贾昌盛装出席，指挥斗鸡激烈争斗。当时，民间有歌谣说"生儿不用识文字，斗鸡走马胜读书"。

奸贼高俅因踢得一脚好球而得来荣华富贵，他擅长的运动叫什么？

北宋末年，本是破落子弟的高俅，却得到了端王（即宋徽宗）的赏识。这并非因为高俅拥有傲人才华，有助于江山社稷，而是因为他踢得一脚好球，可以讨端王欢心，陪端王玩乐。端王即位后，立刻封高俅为殿帅府太尉。那么，高俅擅长的这种运动究竟是种什么运动呢？为什么他能够凭借此项运动平步青云呢？

高俅擅长的运动叫"蹴鞠"。也就是我们现在说的足球。古汉语中，"蹴"指的是用脚踢、踏；"鞠"指的是一种皮球。最初，这种皮球是以毛发填充皮囊而成。

据说，这种球类运动发源于春秋战国时期齐国的临淄。《史记·苏秦列传》中记载说："临淄甚富而实，其民无不吹竽、鼓瑟……蹹鞠者。"但是在当时，这项活动还不是十分流行，只有一些下层人以"蹴鞠"为娱乐活动。直至汉代，这种运动才被贵族接受，并成为一项全国盛行的球类运动。当时一度出现了"贵人之家，蹴鞠斗鸡"为乐，普通百姓"康庄驰逐，穷巷蹴鞠"的现象。

唐宋时期，"蹴鞠"运动最为盛行。据记载，唐代蹴鞠进一步发展，不但出现了双方对抗蹴鞠，还出现了女子蹴鞠。不似男子足球对抗赛那般激烈，女子蹴鞠则以踢花样、娱乐观赏性为主。

宋代，人们总结出了一套踢球技巧。这为后世足球爱好者提供了一项参考。这套技巧兼具了肩、背、拍、拽、捺、控、膝、拐、搭、肷等十多种踢法。据说，高俅便是以"球不离身，球随身动"的高超球艺得到端王赏识的。

到了清代，蹴鞠活动虽不似唐宋时期那么盛行，但是作为一项古老的运动，它一直拥有广大的拥趸。

梁山好汉燕青擅长的"相扑"是什么运动？与现在日本的相扑一样吗？

施耐庵在《水浒传》第七十四回中，详

尽地讲述了浪子燕青与任原相扑比赛的全过程。"燕青除了头巾，光光的梳着两个角儿，脱下草鞋，赤了双脚，蹲在献台一边，解了腿绷护膝，跳将起来，把布衫脱将下来……""燕青却抢将入去，用右手扭住任原，探左手插入任原交裆，用肩胛顶住他胸脯，把任原直托将起来……"从施耐庵的描述中，我们可以看出，在宋代，相扑是一项规则完善的比赛活动，而且和现在日本的相扑相差无几。那么，日本的相扑是从中国传过去的吗？

相扑，又名"角抵"。关于"角抵"运动的记载早在先秦时期便已出现。据《述异记》记载："蚩尤氏头有角，与黄帝斗，以角抵人，今冀州为蚩尤戏。"意思是，在汉代的冀州一带，流行着一种"蚩尤戏"。这种"蚩尤戏"是从上古时期传下来的，因蚩尤以角抵御黄帝而来。

晋代，"角抵"更名为"相扑"。唐宋时期，相扑运动发展成型。据《日本书记》记载，公元7世纪的时候，在日本允恭天皇的葬礼上，中国使者表演"素舞"以示致敬。这种"素舞"便是古代的相扑。表演之前，

帛画角抵图（局部）　临沂汉墓出土

裁判焚香祭祀。表演者赤裸上身，腰间围有兜裤。表演者登上台后，喝"神水"以示祭祀。然后两人开始争交搏斗。这与日本传统的相扑运动十分相似。因而，有观点认为，中国的相扑在这个时候传入日本。

宋代，相扑运动更为兴盛。每逢宫廷庆典，军士都要表演相扑节目。在民间，不但兴起了以相扑表演为职业的专业相扑人，还出现了很多诸如同文社、角抵社、锦体社之类的相扑团体。到了明清时期，相扑运动渐渐淡出人们日常游戏的舞台。而日本的相扑运动逐渐兴盛起来，并成为日本国粹。

第十章
节庆习俗·文化溯源

除夕许多人家彻夜不寐，谓之"守岁"，人们为什么要这么做？

除夕不睡的习俗叫"守岁"。人们为什么要"守岁"呢？

"守岁"又叫"熬年"。相传，古代有种叫"年"的怪兽，每到年三十晚上它就要出来作祟。原本辞旧迎新的喜庆日子，成了人们最不愿意过的时间。到了年三十，家家户户早早地料理完家务，门窗紧闭。因为害怕年来为祸，所以没有人敢睡觉。为了消除"年"即将到来的恐惧，人们便准备了一年里最丰盛的晚餐，一家人齐聚餐桌前，说笑逗乐，畅想未来美好生活，借此挨到天明。三十晚上一过，人们便张灯结彩，燃放鞭炮，庆祝自己躲过"年"的毒手，熬过了"年"关。后来，民间就逐渐形成了除夕守夜的习俗。

早在西晋，就有文献记载有关守岁的事宜。《风土志》中说，除夕晚上，大家互相赠送礼物，预祝对方新的一年财运当头，讨个好彩头，这叫"馈岁"；准备丰盛的酒席，祭神祈福，这是人们告别旧的一年的方式；一家人其乐融融地聚在餐桌前，互相沾点福气，这是所谓的"分岁"；彻夜不眠，欢声笑语一直到天明，这就是"守岁"。

俗话说"一夜连双岁，五更分二年"。也就是说，除夕这天晚上，人们不仅要告别旧的一年，辞旧迎新，同时，人们年龄也要再长一岁，所以就有了"此夜守岁惜年华"的说法。

"除夕不空锅"的习俗流行民间，这种习俗有什么来历？

在民间，有"除夕夜，锅压粮，新的一年粮满仓"的说法。也就是说，除夕这天，家里的锅是不能空着的。这个说法和习俗是怎么来的呢？

关于"除夕不空锅"的习俗，并没有明确的史料记载，但是民间却流传着这样一个故事：明太祖朱元璋当皇帝之前，以乞讨为生。作为男儿，朱元璋还能忍受风餐露宿，甚至吃了上顿没下顿的生活，但是他年事已高的老母亲却受不了这种折磨。眼看年岁已大、身体虚弱还要忍饥挨饿的母亲，朱元璋心里很不是滋味。

又一个农历新年来到了，正是家家团聚欢宴的时节，到处流浪的朱元璋看着日渐消瘦的老母，心里愧疚不已。他四处乞讨，可是大过年的谁会待见要饭的？在街上来来去去几十个来回了，他竟没讨到半粒粮食，一气之下便起了贼念。

趁着夜黑，他连摸了几户人家，但是家家锅里都是空空如也。本就饥饿难耐的朱元璋更加愤怒，抄起人家的锅就走。他想：没饭吃，我总可以拿锅换点粮吧。刚走出几步，朱元璋便觉得这么做有些不妥。虽说自己没饭吃饿得发昏，但是人家如果没了锅，怎么做东西吃，年怎么过，这不是又连累一家人挨饿吗？想到这儿，他便把人家的锅放回了灶台。

后来，朱元璋苦尽甘来，当上了衣食无忧的皇帝。但是每每想到自己曾经因为一餐饭而做出的羞愧事，便懊悔不已。于是，他下令：每到年三十，家家户户的锅都不许空着，里面可以放些熟干粮、白米饭等粮食，让那些因饥饿而起邪念的人拿去充饥。这样一来，那些人就不会去偷别人家的锅了。从此，民间便形成了"除夕不空锅"的习惯。

时至今日，在一些地方仍保留着除夕"压锅"的习俗。每到年三十，人们就会将收获的粮食做成各种各样的食物放在锅里。这样做不单是为了那些无处乞食的乞丐，还有着陈粮留新年、新年吃旧粮、年年有余粮的美好祈愿。

人们习惯把每年农历的一月叫作"正月"，这个叫法是从哪里来的？

大年初一，也就是农历的新年头一天，人们通常把这一天之后的一个月叫正月，那么，为什么不是叫初月、春月呢？

要说起正月的来历，还要从初月说起。每逢江山易主，新朝天子总要破旧制、立新政，这样才能代表江山唯我一统。破旧立新中十分重要的一条就是"改正朔，易服色"。所谓"改正朔"，就是抛弃前朝旧历法，采用新历法，而重新确定每年的岁首之月是更改历法最重要的标志，所以更换岁首之月的现象是常有的。夏朝的时候，和现行月份基本一致，规定夏历的一月为每年的第一个月，而商朝则将岁首变更为夏历的十二月，到了周朝又规定夏历的十一月是岁首。新朝君臣认为，更改后的岁首的这个月，不仅是新的一年，也是新的王朝开始的时间。但是在古代历法中，由于月份规定并不是十分科学，因而经常出现"朔晦月见，弦满望高"这样的现象。于是人们开始研究新历法，最终发现，夏历以一月为岁首是最为科学的。到了汉代，农历一月为岁首才最终被正式确定下来。

由于更改岁首之月代表新王朝的开始，意味着拨乱反正，所以更改后的岁首之月便被称为"正月"。至于"正"什么时候读成了"征"的音，相传这和自封为始皇帝的嬴政有关系。古代的避讳制度很严格，嬴政名字中有"政"，而岁首的"正"读音刚好和"政"相同，这就犯了忌讳。所以，秦始皇便下令，将"正"的读音改为"征"，也称"端月"。

从此以后，人们便习惯性地称每年的第一个月为"端月"或"正月"，沿用至今。

每逢春节，人们总要放鞭炮，这里面有什么讲究呢？

每逢春节，人们都要燃放鞭炮，以示庆祝，那么人们最初为什么要燃放鞭炮呢？

我们现在所燃放的鞭炮，其实源自古代的爆竹。据《荆楚岁时记》记载，正月初一，天不亮人们就已经起床了，家家户户都在庭院里燃烧竹子。竹子爆裂发出哔哔啵啵的清脆响声，可以驱除妖魔鬼怪。火药发明之后，人们便将硫黄、硝石、木炭放进了竹筒里，这样一来，点燃后竹子发出的声音更加响亮。后来，人们还将火药放入纸卷，这就是"炮"。把"炮"编成串，就成了"鞭炮"。"鞭炮"点燃后，可以持续地发出响声。因为鞭炮的来源与古代烧竹子有关，所以又称为"爆竹"。

古人之所以要烧竹子，目的是驱魔。据说，古时候人们经常被一些妖魔鬼怪骚扰，尤其是一种名为年的怪兽为祸甚巨。年长了一张人脸，却只有一条腿，每年春节都会出来害人，碰到它的人便浑身忽冷忽热，如果得不到救治，就会疼痛而死。

有一年的春节，为了庆贺丰收，祈愿下一年风调雨顺，家家户户张灯结彩，载歌载舞，一直闹到了后半夜。沉浸在欢乐中的人们忽发奇想，围着篝火燃起竹子。投到火中的竹子发出啪啪的响声，把欢乐的气氛推向高潮。

夜半时分，危害人类的年来了。它进入村子，正要兴风作浪，忽然听到篝火中的燃竹正发出噼里啪啦的响声，吓得掉头就跑。人们见此情景，才知道恶魔年害怕响声和火光。于是，每年到这个时候，老百姓都要燃放爆竹，为的就是把年吓跑。时间一久，年再也不敢出来祸害百姓了。虽然年不再出现，但是人们春节放鞭炮的习俗保留了下来。如今，人们过年燃放鞭炮已不再是驱除鬼怪，而是为了辞旧迎新，增添喜庆气氛。

春节时人们要相互拜年，这种习俗是怎么来的？

过了大年三十，人们开始走亲访友，互相拜年道贺。据说，这一习俗源于一种怪兽。

相传，古代有种人面独腿的怪兽，叫作"年"，每到除夕都要出来兴风作浪。到了三十这天，家家紧闭门窗，围坐在丰盛的年夜饭前，互相打气壮胆，祈愿能平安地度过除夕。三十一过，"年"也就离开了。因而，能活过三十，就算闯过了"年"关。到正月初一，侥幸生存下来的人们便互相道喜，庆祝大难不死。后来，春节拜年的习俗也就延续了下来。

关于拜年，还有这样一件趣事：唐太宗李世民发动玄武门之变，程咬金、尉迟敬德等人立下汗马功劳。随着李世民帝位的稳固，元老们也开始居功自傲。尤其是程咬金，他总觉得自己追随李世民最早，劳苦功高，无人能及，满朝文武他都不放在眼里。鄂国公尉迟敬德也认为自己功不可没，与程咬金相比并不逊色，所以两人针锋相对，关系逐日恶化。

李世民见他们钩心斗角，便忧心忡忡，不知如何化解。魏徵见了进谏说："万岁，您的愁苦我了解，来之前，我早已为陛下想好了解决的办法，不知道皇上是否肯采纳。"李世民一听，急忙道："爱卿尽管讲，能解决矛盾，我愿意接受。"魏徵道："明日是年三十，您在早朝的时候屈尊给大臣们拜个年。就说新年讨吉利，希望大家初一也能互相拜年道贺；拜年时不光要说吉利话，还要检讨自己的言行，以求新年有个新气象。"

李世民一听，这也没什么大不了的，倒不妨试试。于是第二天上朝，李世民按照魏徵的建议拜完了年，吩咐道："明日免朝，都相互拜年去吧。"大臣哪有敢违背的，所以年

初一一早，文武百官便热闹了起来。程咬金还是不肯低头，正在家里想怎样做才能不违皇命时，尉迟敬德登门拜年来了。程咬金一看尉迟敬德先礼让一步，自己也就让步了。于是，两人互相道贺，说起自己的不是。通过拜年，两人的疙瘩解开了。

现在，拜年是人们沟通感情、互相表达祝愿的一种方式。

贴春联是中国人过年的传统习惯，这种做法起于何时？

除夕这天，人们除了要守岁，吃年夜饭，家家户户都不忘贴春联。大红的春联贴在门两侧，喜庆又吉祥。那么，中国是从什么时候开始有了贴春联的习俗呢？

春联由古代的桃符演化而来。桃符起源很早，据《后汉书·礼仪志》记载："正月一日，造桃符著户，名仙木，百鬼所畏。"可见，最初的桃符是用来驱除鬼怪的。

传说，古代有种凶残无比的怪兽，为害甚烈，无人能降住它。后来，有两位居住在山林中的神仙，用桃枝降伏了这头怪兽。于是，民间相传，只要门上悬挂桃枝，上面刻上两位神仙的名字，任何妖魔鬼怪都不敢上前。这种桃枝就被人们称为"桃符"，也就是所谓的镇鬼灵符。后来，人们便延续了这种风俗。

写春联　清

《燕京岁时记·春联》载："自入腊以后，即有文人墨客，在市肆檐下书写春联，以图润笔。"

桃符开始演变成春联，源起于五代十国时期。据史书记载，后蜀主孟昶曾经令学士张逊在桃木板上题词。张逊写完后，蜀主一看，不对仗，便提笔写道："新年纳余庆，嘉节号长春。"这便是中国历史上最早的一副"春联"。但是，此时文献里并没有出现"春联"的字样，人们依然称之为桃符。之后的很长一段时间里，人们都保留着挂桃符的习俗。北宋王安石诗云："千门万户曈曈日，总把新桃换旧符。"足见新年悬挂桃符已经风行。

随着纸张的出现，人们便将厚重的桃木板换成了轻便的红纸张。

直到明代，桃符才正式以"春联"的身份亮相。《簪云楼杂说》记载说，明太祖朱元璋规定，不论公卿士庶，大门上都要贴一副春联，而且皇帝会亲自审查。于是，大街小巷的门庭上贴满了画有各样花色的春联。据传，朱元璋出城审查时，发现一户屠夫家没有贴春联，便提笔在门上写道："双手劈开生死路，一刀割断是非根。"百姓看了，都觉得这春联题得恰到好处，又对仗工整。后来，春联也就成了年俗文化中的独特文学样式。

春联又被称作"对联"，在1 000多年的发展过程中，春联文化日臻成熟。如今，对联已经不仅仅是春节的贺词，更是传统文化的象征。

春节将"福"字倒贴，仅仅是为了讨"福到"的口彩，还是另有来由？

春节贴"福"字的风俗由来已久，《梦粱录》中就曾记载了春节家家户户张灯结彩、挂门神、贴"福"字的喜庆场面。有的人家还会将"福"字倒贴，意思是借着"倒福"讨个"福到"的口彩。

相传，清代的恭亲王府中，有一个能言善辩的管家，不但人机灵，还写得一手好字。每年的春节，王府里的春联和"福"字都是出自他手。转眼又是一个春节到来，管家照例在大红纸上写了几个龙飞凤舞的"福"字。

欣赏片刻之后，便叫来家丁，让他们将"福"字贴到王府大门、仓库等地方。王府中有一名新进的家丁，大字不识一个，看着"福"字只管往上贴。在大门上，他把"福"字贴颠倒了。

恭亲王福晋看到大门上硕大个"福"字居然是倒着贴在上面的，顿时火冒三丈，不由分说便命人鞭笞那个家丁。管家一听，慌忙跪下解释道："奴才听说，恭亲王寿高福大造化大，如今王府门上的大福字都到（倒）了，这是大吉大利的征兆啊。"福晋一听，这话说得在理，于是便赏了管家和家丁各五十两银子。后来，倒贴"福"，福气"到"，也就成了百姓们讨吉利的说法。

其实，在传统民俗中，在哪里倒贴"福"字是有讲究的，并不是倒贴在哪里都可以。人们常说"破五之前不扫地，垃圾藏在筒子里"，意思是说在正月初五之前，是不能除尘倒垃圾的，否则会把财运和福气都扫光、倒光，这样一年都不会交到好运。所以，人们除了不倒垃圾之外，通常会在垃圾桶和水缸等地方贴上个倒"福"，这样就冲淡了将福倒出去、走霉运的忌讳。

除了这两个地方，装东西的箱子和衣柜上，也会被贴上倒"福"，意味着将福压进了箱子底，福气留在了家里，财源广进。

大门上所贴的"福"字，是开门迎福的意思。这个"福"字一般是不能倒贴的。

如今，人们贴"福"字更注重喜庆，所以哪里倒贴、哪里正贴的忌讳已经被人们淡化了，"'福'倒"即"福到"的说法被更多的人所接受。

过年时，长辈要给小孩子发压岁钱，这种习俗是怎么流行起来的？

相传，古代有种叫"祟"的小怪兽，性情十分古怪，专喜欢在过年的时候摸小孩子的头，偷取他们的思想。八仙听说了，便化身为八枚铜钱来到人间。此时恰逢年关。

有一家穷人，夫妻俩老来得子，喜欢得不得了。除夕这天，老两口怕祟来偷孩子的思想，便哄着孩子玩，不让他睡。孩子小，困了便要吵，夫妻俩实在没办法了，便将家里仅有的八枚铜钱拿出来给孩子当玩具玩。夜深了，孩子玩累了攥着铜钱睡着了，夫妻俩也不知不觉地进入了梦乡。

崇看见这家人都睡了，便偷偷地溜进他们的家。它伸出手刚想去摸孩子的头，便被八束金光击得连连后退。从此，崇再也不敢来偷小孩的思想了。原来，夫妻俩给孩子玩的这八枚铜钱正是八仙所化。

后来人们听说，只要在孩子手里放些钱，崇就不敢靠近孩子了，便纷纷效仿。于是，民间就流行起了过年给孩子压"崇"钱的习俗。压崇，意味着辟邪、避晦气。渐渐地，"压崇钱"谐音作"压岁钱"，成了长辈表达对小辈们祝福的一种形式。

据史料记载，最早的压岁钱并不是普通的流通货币，而是一种专门铸造出来，用以避邪的钱形佩饰品。在汉代出土的文物里，一些钱币形状的佩饰上刻有龙凤、斗剑、双鱼等吉祥图饰，有的佩饰上甚至还印有诸如"去殃除凶"的字样，人们把这种压岁钱称为"压胜钱"。

还有一种说法认为，压岁钱是由古代的春日散钱风俗演变而来的。据《燕京岁时记》记载，在民间，人们通常会用彩线将铜钱串起来，再编成龙形，将这种东西放在床角，作为护身符。这种钱串俗称压岁钱。一般情况下，长辈会直接把编好的铜钱给晚辈，希望压岁钱能给孩子带来一年的平安吉祥。这种做法，在明清时期最为盛行。

到了近代，压岁钱逐渐成了人们表达美好祝愿、祈愿大吉大利的一种形式。比如，送小孩子几张新的连号纸币，意为"连连发"；晚辈给长辈包个红包，意为"长命百岁"。压岁钱也就成了另一种文化内涵的载体。

每逢正月十五，家家都要挂红灯，这个习俗是怎么来的？

在中国，有正月十五闹元宵的民俗。每到元宵佳节，不但家家户户挂着喜庆的大红

卖元宵　清　选自《太平欢乐图》

灯笼，就连大街小巷都张灯结彩，人们赏灯游园，一片祥和景象。那么，正月十五人们为什么要挂红灯笼呢？

相传唐朝末年，黄巢带领起义军沿长江一路攻到濮州。但是，起义军连续奋战三天，没有撼动濮州城池半分。眼看就要到年关了，再拖下去军中将士就会无心恋战。于是，黄巢决定进城摸摸情况，寻找濮州城难以攻克的原因。

黄巢乔装成卖汤圆的小二哥，偷偷进入城内。刚进城不久，便听街道上一片慌乱声，众官兵高呼："不放过一个卖汤圆的，黄巢进城了。"黄巢心想，军中定是出了内鬼，看来此行凶多吉少，还是先避避风头再说。于是，他闪身跑进了旁边的小巷，翻身进了一家庭院。人刚落地，便碰到一名老汉。黄巢拱手说道："老人家，我被官兵追捕，实有隐情。还望老人家行行好，助我逃过此劫。"老汉看黄巢不像恶人，便将他藏在自家的醋缸里。

此时，官兵已经搜寻到了这里，不由分说将老汉家翻了个底朝天，但还是没有发现黄巢踪迹。待官兵走后，老汉引出黄巢说："我家里尚有老小，恐不能帮你太多。我能做的都做了，你还是自己想办法出城吧。"黄巢听了，向老人表示感激，并询问老汉有没有逃出城去的地方。老汉对黄巢说："城中天齐庙城墙南有一个豁口，平时少有人注意，你可从那里出城。"黄巢听后，松了一口气。他

向老汉问道:"老人家,你可知我是何人?"老汉徐徐答道:"你一来,我便知黄将军入城了。"黄巢听后跪谢老汉,并告知老汉:"您可取些红纸扎成灯笼,待我军攻进城时,看见红灯笼,定不伤恩人分毫。"说完转身离开。

老汉知道黄巢军早晚会攻入城内,便将这个消息悄悄地告知了乡里百姓。一时之间,红灯遍地。待黄巢军攻入城内,凡是挂红灯笼的人家便一概不骚扰,只取恶霸贪官府宅。此时,正值正月十五。后来,正月十五挂红灯、闹元宵、逛庙会、赏河灯的习俗也就延续了下来。

不管由来如何,正月挂红灯的习俗已经成为我们传统文化的重要内容。

清明扫墓踏青的习俗是怎么来的?起于何时?

杜牧诗云:"清明时节雨纷纷,路上行人欲断魂。"短短两句,便将清明的清冷凄凉衬托得淋漓尽致。每逢清明节,人们便会踏青扫墓。那么,人们为什么要在清明节这天踏青扫墓呢?

据说,清明扫墓早在西周时期便已成俗,它是由古代帝王春天祭祖的习俗演变而来的。后来,这种宫廷祭祖礼仪推广到了民间,春日祭祖的习俗渐渐形成。

清明节最重要的内容是上坟扫墓。从古至今,每逢清明,几乎所有的家庭都会派人前往家族墓地,为已故的亲人上供烧纸,给冥府的亲人"送物送钱"。祭奠之余,还要给祖坟填土加固,以免墓地被虫兽盗洞,扰了死者的安宁。由于清明节备受国人重视,便和春节、中秋、端午一起,并称为四大传统节日。

清明节又被人们叫作寒食节。据史料记载,寒食节本在清明的前几天。这一天里,人们要禁火,吃冷食,祭祖。但是并没有文献记载,寒食节上坟的习俗源自何处。唐玄宗曾经下诏说:"寒食上坟,礼经无文,近世相传,已成习俗,应当允许,使之永为常

式。"后来,寒食节与清明节逐渐合为一天,寒食节上的一些习俗也就迁移到了清明节。白居易曾有诗云:"乌啼鹊噪昏乔木,清明寒食谁家哭。"从某种意义上说,清明节承载了两个节日的内涵。

清明是二十四节气中的一个节气,大约在每年阳历 4 月 5 日。4 月里,雨水逐渐增多,万物复苏。俗话说:"清明前后,种瓜点豆。"可见,此时的气温已经回暖。这一时期也是传染病多发的季节,古人认为踏青折柳能够防止病毒侵害。清明踏青由此而来。后来,清明节又增添了折柳、蹴鞠、荡秋千等文娱活动。如今,清明节举家春游,进行户外运动,已成为流行风尚。

"寒食节"为什么不允许生火做饭?

相传,春秋战国时期,公子重耳为逃避晋献公宠妃骊姬的迫害,流亡异乡。颠沛流离之中,食不果腹是常有的事。据说有一天,几天没吃饭的重耳饿昏了过去。追随他的臣子们也饿得东倒西歪。重耳这一昏,他们更像无头苍蝇一般,乱作一团。

随臣中,介子推看着昏迷的重耳,狠了狠心,走到小树林里。他撩起衣襟,割下了大腿上的一块肉,忍着剧痛,把肉煮熟了喂给重耳吃。有了充饥的食物,公子重耳总算捡回了一条命。

流亡 19 年后,重耳在秦国的帮助下重返晋国,登上了国君的宝座。这就是晋文公。为了感谢那些当年与他患难与共的臣子们,晋文公给狐偃等人加官晋爵,并且赏赐大量财物,唯独冷落了介子推。介子推心想:贵人多忘事,可与之同苦,不能共享富贵啊。于是,他什么也没说,便回乡去了。

晋文公听说介子推走了,十分懊悔,因为他连恩人都给忘记了!醒悟过来的晋文公赶紧派人去请介子推回朝,然而,接连派出的几批人都没能请回介子推。晋文公不甘心,便亲自到介子推家中请罪。到了介子推家,只见屋内空无一人。询问邻人,才知道介子推早已带着老母隐居绵山了。

晋文公想：介子推这是心里有怨气，不想见我啊。我一定得把他找回来，重谢他的救命之恩。想到这儿，晋文公便带人来到绵山，命官兵搜山寻找恩人。但是，官兵搜遍了绵山，也没见介子推的影子。这时有人献策说："山中除此路之外别无下山之途，我们不如放火烧山，介子推那么孝顺，就算他不愿出山，也肯定不忍老母受苦，必会从此路下山来。"晋文公一听，好主意，便下令放火烧山。大火点燃，整个绵山成了一片焦土。等在路口的晋文公一行，直到大火熄灭，也没见有人从山中出来。晋文公下令进山再找，终于有人在一棵大树下发现了已被烧焦的介子推。死前，他还背着自己的老母亲。

看着被烧焦的尸体，晋文公懊悔不已。为了纪念介子推，他下令改绵山为介山，并规定，放火烧山这一天，举国上下禁火默哀，全民只能吃寒食。此后每年的这个时候，晋文公都来介山祭奠介子推。寒食节由此而来，民间也就流传下来寒食节吃寒食、忌烟火的习俗。

寒食节在清明节前后，人们很容易混淆两个节日的日期，后来，寒食节渐渐与清明节合并在了一天，寒食节的习俗也就移到了清明节上。寒食节渐渐被人们淡化了。

端午节是为了纪念屈原吗？为什么有人说是纪念伍子胥呢？

每年阴历的五月初五，各地都会举行龙舟竞技活动。锣鼓喧天，群龙遨游，场面颇为壮观。关于端午佳节的起源，民间有这样几种说法：

"节分端午自谁言，万古传闻为屈原"两句诗，道出了端午佳节起源中流传最广的一种说法。相传，战国时期，楚国三闾大夫屈原对国家忠心不二，却落得流放乡野、以死殉楚的悲惨结局。

据史料记载，屈原辅佐楚怀王期间，天下大势，七国争雄，唯有汉中秦国最为强盛。为了楚国的生存和发展，屈原力谏楚怀王联合齐国，共同对抗强秦。受张仪等人欺骗的楚怀王只顾眼前利益，听不进屈原的真知灼见。在疏远屈原之后，又将他流放溆浦。楚国与齐国断交后，齐国投进秦国怀抱，楚国孤立无援。秦国看时机成熟，便派兵攻打楚国。势单力薄的楚国被秦军击败，被迫割让土地，国力受到极大削弱。

楚顷襄王即位后，不但没有总结失败的原因，反而任人摆布。重返朝廷的屈原依然不改耿直的心性，冒死进谏，终是抵不过奸佞的谗言，被再次流放。公元前278年，楚国都城郢被破。听到这个消息，屈原心痛不已，于五月初五跳汨罗江自尽。当地人听说屈原投江，纷纷划着小船到江中打捞，却没能找到屈原的尸首。后来，为了纪念屈原，人们每年在屈原投江这天鸣鼓赛龙舟，向江中投粽子，希望江里的游鱼有食吃，而不去啃咬屈原的尸体。据传，这就是端午节的起源。

《后汉书》中说，浙江东部的百姓在夏历五月初五这天，沿曹娥江载歌载舞迎涛神。涛神指的是楚国人伍子胥。相传，伍子胥性刚强，足智多谋。家人被楚平王杀害后，被迫流亡吴国。后来，伍子胥辅佐吴王大败越国，并攻破自己的祖国——楚国。夫差掌权后，伍子胥不再得志。听信谗言的夫差将伍子胥赐死，投尸江中。天帝见伍子胥含冤而死，便封他为涛神。从此，江水澎湃便是伍子胥表达心中冤屈的方式。江浙一带至今仍保留着五月初五祭伍子胥的习俗。

除上述两种说法外，民间还有端午恶日、龙节、夏至节等说法，但是以纪念屈原的观点流传最广。

过端午节的时候，家家插艾蒿、剪"艾虎"，这是为什么？

端午节，民间有吃粽子、插艾蒿、剪"艾虎"的习俗。吃粽子是为了纪念屈原，那么插艾蒿、剪"艾虎"又是为了什么呢？

有这样一种说法，五月是"毒月"，其中尤以五月初五这天毒气最重。相传，这天是天帝派天神向人间散播瘟疫的日子。不单天降瘟疫，世间的蛇、蜥蜴、蜈蚣、蝎子、癞蛤蟆等毒物也会在这天兴风作浪，一些妖魔鬼怪也会趁百毒入侵之时出来害人。为了驱邪镇妖，人们将画有钟馗、张天师等图案的捉鬼降魔符咒贴在大门上；为了驱瘟解毒，人们还在符咒旁边挂上艾蒿等药草。后来，便形成了端午挂门神、插艾草、贴"艾虎"的习俗。

据说，"艾虎"是张天师的坐骑，是一头很有灵性的神兽，具有镇邪驱魔的法力。据《岁时广记》记载，端午这天，许多人将艾草扎成小老虎的形状，或悬挂于门前，或戴在身上；也有人用红纸剪出小老虎图案，粘于艾叶上，制成饰物佩戴于头上，用来防毒除瘟。

另外，人们还会折些菖蒲、艾蒿等植物，悬挂在房门、窗前。人们相信，这些草药与瘟疫毒虫相克，放在身边，可以保佑身体健康。古人这样做虽有迷信成分，但是其中不乏科学依据：艾蒿、菖蒲之类久置于床前，散发出来的气味融合在空气中，确有驱蚊杀毒的功效。

古人认为，雄黄酒能杀百虫、治百邪、防百病，因而在端午节还有用雄黄粉清洁屋子、用雄黄酒擦拭皮肤的习俗。

时至今日，人们虽然不再相信端午避邪除瘟的迷信说法，但作为传统文化，插艾蒿、剪"艾虎"的习俗依然被延续下来。

七夕"乞巧"的习俗从何而来？与牛郎织女有关吗？少女是如何"乞巧"的？

农历的七月初七是七夕节，这一天，牛郎织女鹊桥相会，以解相思之苦。世间男女便在这天祭拜牛郎织女星，希望找到终身伴侣。民间还有少女七夕"乞巧"的习俗，这是为什么呢？

唐朝王建有诗云："阑珊星斗缀珠光，七夕宫娥乞巧忙。"说的就是七夕节里少女们乞巧的情形。事实上，有关七夕乞巧之事，早在汉代便有文献记载。

相传，王母娘娘的小外孙女织女随众姐姐下凡游玩的时候，爱上了放牛娃牛郎。从小与哥哥相依为命的牛郎在人间吃尽了苦头，遇到美丽善良的织女，自然珍惜得不得了。牛郎有一头神奇的老黄牛，在它的帮助下，两人背着天庭偷偷地结了婚，生下一儿一女，过起了男耕女织的幸福生活。牛郎勤劳肯干，织女心灵手巧，两人日子过得温馨甜蜜。但时隔不久，王母娘娘便知道了这件事。神仙与凡人私会已是违反天条的大罪，更何况还有了孩子。盛怒下的王母娘娘将织女带回了天庭，从此不许牛郎织女见面。

牛郎终日思妻日渐消瘦，老黄牛见了，心痛不已。它对牛郎说："等我死后，你披着我的皮到天庭找织女，这是我能为你做的最后一件事了。"牛郎听了，潸然泪下。老黄牛死后，牛郎披着牛皮，带着孩子便上天来寻织女。王母娘娘见了，恼羞成怒，拔下玉簪划了条银河，把牛郎织女隔在银河两边。织女见状，极为悲伤，整日茶饭不思，隔河眺望丈夫和儿女；这边的牛郎也领着孩子，向河对岸日夜遥望。王母娘娘看在眼里，心有不忍，最终作出让步，准许牛郎织女每年的七月七见一次。于是民间便有了七夕牛郎织女鹊桥会的传说。

织女是天上最巧的神仙，据说能织就五彩祥云。人们相信，七月七日，只要虔心祭拜，织女定会将自己的一手巧活传给少女，使少女成为巧妇。因而，七夕节上，除了坐看鹊桥会，葡萄架下听情话的习俗外，少女中又流行起了贺双星、乞巧手的习俗。

七夕来临，少女们不但会准备"五子"敬献织女，还会举行形式多样的乞巧活动。有的地方会举行穿针乞巧的活动。在这个活动中，谁穿的七孔针越多，谁的手越巧。有的地方，少女们还通过投针验巧、喜蛛应巧等方式，来向织女乞巧。相传，七夕的露水是牛郎织女的眼泪，涂在眼睛和手上，人就会变得眼明手巧。

中国人有重阳节登高饮酒、插茱萸的习俗，这个习俗因何而起？

王维的《九月九日忆山东兄弟》说道："遥知兄弟登高处，遍插茱萸少一人。"古人认为，九为阳数，九月九日两九相连，谓之重阳。那么，重阳这天，人们登高饮酒、遍插茱萸赏秋菊的习俗是怎么来的呢？

《九日与钟繇书》中记载："岁往月来，忽复九月九日。九为阳数，而日月并应，俗嘉其名，以为宜于长久，故以享宴高会。"在这之前，人们虽没有将重阳作为节日过，但有重阳畅饮、赏菊的习惯。直到唐代，重阳才正式作为节日被确定下来。

重九登高饮酒、插茱萸源自一个古老的传说。

俗话说"请神容易送神难"，但是东汉时期的汝河一带，人们没请，瘟神却自己找上了门。自从瘟神来到这里，汝河一带瘟疫横行，当地人口几近灭绝。有一个叫恒景的年轻人，曾经感染瘟疫，几番挣扎，终于在鬼门关前捡回了一条命。经历过生死的他决定求仙学医，救家乡父老于水火之中。

经过多方打听，恒景来到一座高山上，找到了隐居深山的仙长。仙长听说了恒景的遭遇，便收他做了徒弟，教他降妖之道、救人之法。经过几年的修炼，恒景出师了。临下山之前，仙长对恒景说："那瘟神奇恶无比，为师送你一方斩妖剑。回去之后，待世间双阳之时，你引乡人到深山躲藏。我已为你备下辟邪的茱萸叶，你将茱萸发到乡人手中，定可保乡人平安。为师再送你瓶黄菊酒壮胆，你放心斩魔除瘟去吧。"

恒景回到家乡，等到九月初九这天，按照仙长交代，将乡人带至附近高山上。他把师父所赠茱萸发到乡人手里，叮咛他们无论发生什么都不要丢掉手中之物。他还将仙长为他准备的菊花酒分给乡人喝，这才到汝河引瘟神出洞。

原本嚣张无比的瘟神刚一浮出水面，迎面一股茱萸香扑来，它被熏得连晃两下。恒景乘机持利剑猛刺，击中瘟神要害。准备还击的瘟神又被恒景身上的黄菊酒气所镇，无法回神。恒景趁此机会将瘟神斩杀。

为了庆祝瘟神被"送走"，乡人手持茱萸欢呼雀跃，家家开怀畅饮。此后每年的九月九日，人们都登高饮酒以示庆祝。于是，民间便形成了重阳插茱萸、登高饮酒的习俗。

民间有"冬至节不吃水饺，冻掉耳朵"的说法，这是为什么？

老北京有俗语说"冬至馄饨夏至面"，民间还有"冬至节不吃水饺，冻掉耳朵"的说法。为什么会有这些说法呢？

据史料记载，冬至作为节日源于汉代。唐朝以后，这一天又多了祭祖的习俗。《清嘉录》中说，冬至节和农历的新年差不多，是人们很重视的一个节日。冬至节这天，皇帝不上朝，店铺不开张。

据说，"冬至节不吃水饺，冻掉耳朵"的说法，源自医圣张仲景的"祛寒娇耳汤"。

相传，东汉末年，各地灾害不断，瘟疫横行。告老还乡的医圣张仲景虽然整日忙于治病救人，但仍然有很多乡人得不到及时救治。话说有一年冬天，天气特别寒冷，不少人耐不住严寒，耳朵上生了冻疮，严重者甚至命丧黄泉。张仲景分身无术，看在眼里，痛在心上。

为了帮助百姓解除冻灾，张仲景研制了一个名叫"祛寒娇耳汤"的方剂。他让人在村口空地上支起一口大锅，将那些祛寒草药放在锅中煎熬，再将暖身排毒的辣椒粉撒入锅中，煮好之后，命人将这些材料包进了面皮中，分给百姓吃。这种东西既可以充饥，又能治病祛寒。人们吃了张仲景做的药食，感到浑身发热。不久，耳朵上的冻疮便结痂痊愈了。

此后，人们为了纪念张仲景治病救人的事迹，便在每年冬至节这天吃药食。后来，这种药食发展成为水饺。由此民间流传，冬至节吃水饺，耳朵就不会冻掉。

有关冬至节吃水饺，老北京还有这样一种说法：古代，北方匈奴经常骚扰边疆百姓，为害最烈的两个恶名昭著的匈奴首领名叫浑氏和屯氏。终日生活在恐慌中的百姓痛恨匈奴，便用肉馅包成大肚水饺，把这种食品叫作"浑屯"。在冬至节这天，边地百姓都会制作这种食品，吃了泄愤。他们相信，这样一来，匈奴人就会受到惩罚。久而久之，民间便形成了冬至节吃大肚水饺的习俗。后来，人们就取"浑屯"的谐音，称之为"馄饨"。

腊八节因何而设？为什么要在这一天喝"腊八粥"呢？

腊月初八被人们称为腊八节。民间有句俗语，叫"腊七腊八，冻掉下巴"，所以，腊八节这天家家户户都要熬腊八粥喝，以驱寒保暖。那么，这一习俗是从何而来呢？

据史料记载，农历的十二月，夏代被称为"嘉平"，商朝被称为"青祀"，到了周代，又名"大蜡"。大蜡节周代帝王要举行比较隆重的祭典——冬祭。《说文》中有"冬至后三戌日腊祭百神"的记载。后来，大蜡节祭祀百神的习俗流传到了民间，"大蜡之月"也被简称为"腊月"。到了南北朝时期，腊祭确定在了腊月初八这天，腊八节由此得来。

除了上述说法，关于腊八节的起源，还有另外的说道。

相传，佛教始祖释迦牟尼修道成佛之前，曾是古印度北部一个小国的王子。因为心系苍生，又看不惯婆罗门教的神权，便离家出走，潜心苦修，希望能够找到拯救苍生的方法。一天，奔波苦修的释迦牟尼又饿又累，晕倒在了路边。一位牧牛女看见了，便挤了些牛奶，就着身上仅有的干粮喂释迦牟尼吃。醒来后的释迦牟尼谢过恩人，便盘坐在路边的菩提树旁，继续思考。腊月初八这天，望着璀璨的星空，释迦牟尼悟透了世间的一切，修道成佛。

后来，弟子们为了纪念释迦牟尼成佛，也为了感谢救助佛祖的牧牛女，便将腊八这天定为佛教节日。这一天，僧人们手捧钵盂，到街上化缘。他们将化来的米、枣、胡桃、松子、栗子等煮成粥，发给门徒以及挨饿的人们吃。腊八喝粥的习俗由此而来。因为包含了佛家寓意，人们又称腊八粥为佛粥。

关于腊八喝粥的习俗，还有观点认为，源自腊八赤豆打鬼一说。古人向来相信鬼神。据说腊八这天，鬼怪将会出来作祟，只要用赤豆击打它们，它们便不敢靠前。后来赤豆打鬼逐渐演化成了赤豆熬粥、祛病镇邪的说法。

有关腊八节，还有观点认为是为了纪念岳飞；也有人说，腊八吃粥源自明太祖朱元璋。但是腊八吃粥的习俗，却被人们一直延续着。

节日庆典，中国人为什么会偏爱红色？

以如火的红色作为喜庆象征古已有之。世间的颜色那么多，为什么唯独红色如此受宠呢？

在人类文明之初，红色并未像现在这般受重视。远古时期，人们以黑、白为主色，黄色为吉色。周代，王室之中开始用红色绸幔作为宫中装饰，红色点缀之风初见端倪。至于红色成为高贵的色彩，则是汉高祖刘邦所定。传说刘邦乃"赤帝之子"，刘邦当了皇帝以后，便把红色定为皇家御用色彩。从此，红色逐渐成为喜庆祥和的主色调。

相传，红色成为吉色，还与"年"有关。传说"年"不仅害怕火光和响声，还害怕红色。于是，民间便形成了过年放鞭炮、贴红纸的习俗。因此，古人认为红色可以辟邪驱魔。

红色之所以能够长"盛"不衰，除了本身具有的浓烈色调之外，还因为它为百色之本。色彩之中，红、绿、蓝被并称为三原色。也就是说，众多的颜色都可以通过这三种基色调和出来。于是，这浓艳庄重的红色便有了根基、本源的含义，被历代帝王所推崇。故而，红色又被赋予了庄严、神圣的内涵。在皇宫中、公章上，到处可见醒目的红色标记。时至今日，象征着激情、奋进、吉祥喜庆的大红色，仍然是人们节日庆典的首选。

古代君王为什么要"南面"治天下？尊长为什么要坐北朝南见后生晚辈？

古代以方位表示尊卑，并有清晰的划分标准。南面被视为尊，所以正房通常坐北朝南，生活中朝南而坐的通常也都是尊者。那么，这个习俗又是从何而来呢？

我国位于北半球，房屋朝南采光效果自然最好，这也是房屋建筑坐北朝南的自然原因。但是，对于君王"南面"治天下、尊长坐北朝南见后生影响最大的，当属《周易》八卦、五行学说。按照《周易》的说法，南为离。离有明的含义，指的是光明，世间万物都可见。也就是说，阳光自南方照射过来，只要面朝南方，便可集天地之精华、日月之灵气。在五行中，南方又属火相。因而，南便被人们视为赤地、上者，是尊位。

后来，以南为尊的观念成为主流。除秦面东而治外，之后历朝基本南向。据史料记载，天子登基，君权神授，自然是人间至尊。坐北面南，不仅有彰显其地位不凡，还有面向光明、吸纳天地之气、统御天下的意味。由此，历代帝王便形成了"南面"治天下的定式。"南面称王"的说法也因此形成。

还有一种说法认为，古代君王大都以北方为上首，面南而治能够体现出皇室在北方的权威，有临北坐镇、傲视南土的意思。

帝王之家如此讲究方位，民间自然也有此说法。据《汉书》载："定国乃迎师学《春秋》，身执经，北面备弟子礼。"可见，拜师的人都要面向北方给师父行礼。因而，拜师学艺，或者臣服某人又有了"北面"的别称。古时大户人家通常都会在正厅的北面设置一张座椅，主人面朝南坐在这张座椅上，招待客人或主持家庭会议。坐北朝南者的地位，昭然可见。

古代男女婚配，有"合八字"的要求，为什么会有这个讲究？

人们通常用"八字还没一撇"，来形容男女之事没有半分眉目。男女情事和八字有什么关系呢？难道八字有一撇，就说明好事将近了？

现代人结婚，追求的是自由，靠的是感情，只要相处融洽便符合结合的条件。在古代，自由恋爱是不被封建礼教所允许的。两人必须依媒妁之言成婚。但是，即使有媒妁之言，两个人想要结合在一起，还要看看两人八字是否合适。

所谓的八字，指的是人的生辰八字，即将出生的年、月、日、时与天干地支相配，两两一组，四组相加正好八个字。通常，保媒的人将双方庚帖互换后，便会根据双方的生辰八字来推算，两个人生活在一起是否合适。

合八字，主要依据的是五行学说：木生火，火生土，土生金，金生水，水生木；水克火，火克金，金克木，木克土，土克水。如果两个人的八字相生相合，那么这两个人便是天作之合，结婚后就会幸福美满。如若八字相制相克的两个人结合，轻者夫妻不睦，重者可能导致家破人亡。

有的地方，依照男女双方的生肖属相推算八字，比如，民间有"白马怕金牛，鼠羊不到头，蛇见猛虎如刀锉，猪见婴猴泪长流"的说法。

古人十分重视命理，所以在婚姻大事上，自然要做一番考究。人们无法解释身边发生的一切，于是宁愿以八字相生相克之说来择亲，也不愿冒招灾引祸的风险。

现在，合八字已淡出了历史舞台。

之所以把男女成亲叫作"结婚"，是不是因为古时婚礼在黄昏举行？

男女成亲叫"结婚"，是因为古代人在黄

昏举行婚礼，才这么叫的吗？

现代婚礼，除了宣告男女双方结合之外，更多的是庆祝答谢成分。要么是庄重纯洁的白色婚纱，红色装饰；要么是传统的大红布景。但是在古代，婚礼大多是庄重的祭告仪式，不但讲究颇多，而且以黑色为主导。据《仪礼》记载，古人结婚，新郎要着黑色礼服，在黄昏时分到新娘家迎亲，迎亲队伍以及迎亲物什同样以黑色为主。迎亲队伍前，由人手持蜡烛在前方开道。古人实行这种婚礼方式，在现代人看来有点不可思议，仔细考察，发现另有缘由。

远古时期，民间有抢婚的习俗，强悍的人通常在黄昏时将新娘抢走。为了防止他人抢婚，人们不敢太招摇，便选择在黄昏举行婚礼。故而，男女结合被称为"昏因"，现在的"婚姻"一词便由此而来。随着阴阳学说的发展，黄昏成亲有了新解。古人认为，黄昏时分，是昼夜交替的时刻。阴阳调和，相生相长，此时结婚正是调和阴阳之气的好时候。

男人谓之阳，女人谓之阴，如若两人结合借助于天时地利，必然大吉大利，不但符合礼法规范，还遵从了阴阳之术。因而，古人认为黄昏举行婚礼，可以达到阴阳平衡的目的。为了与阴阳相交替的黄昏融为一体，迎亲队伍以及新郎必须穿着黑色礼服。此时的婚礼被称为"昏礼"（婚礼），意为黄昏举行的典礼。

据《酉阳杂俎》记载，婚礼在黄昏举行的定式直到唐朝才被打破。古婚礼所用的黑色，也逐渐被喜庆的大红色取代。后来，人们淡化了婚礼的阴阳观念，除了婚俗礼数仍然保留外，喜庆热闹的庆祝氛围更加突出。

新娘出嫁的时候都要在头上蒙上"红盖头"，这一习俗是怎么来的？

古代婚礼中，头顶红盖头为新娘增加了几分神秘色彩。据说，古时很多新人结婚之前从未见过面。洞房里，新郎揭开红盖头，

新娘才露出"庐山真面目"。那么，新娘出嫁蒙"红盖头"的习俗是怎么来的呢？

据说，新娘出嫁蒙"红盖头"源自天皇地母的传说。《独异志》记载，当初宇宙初开，天地一片混沌，世间仅有伏羲、女娲两人。他们原是天上神仙后裔，本是一对兄妹，被天帝派下人间掌管苍生。为了广阔的大地上有生气，二人决定成亲繁衍。但是两人碍于兄妹身份，羞于结合。于是，伏羲带着女娲来到一片空地上，祈求上天说："天如允我兄妹二人结婚，允许我们繁衍生息，就让白云将我二人环绕。如若不然，云朵都散了吧！"说罢，伏羲和女娲便被云团重重环绕。为了遮羞，女娲便用草叶编了个团扇将脸挡了起来。古语中，"扇"与"苦"同音，有盖头的意思。后来，民间便效仿女娲以扇遮羞，开始有了新娘出嫁蒙盖头的习俗。

据史料记载，早在汉朝，便已有了"盖头"的雏形。古人开始操办婚庆典礼始于东汉和魏晋时期。人们不但要择良辰选吉日，更要酒宴乡邻。只有情况特殊无法操办之时，才会采取以纱蒙头，拜见舅姑，喝交杯酒的方式成婚。"纱"算是最早的"盖头"了。

之后，盖头逐渐成为婚庆典礼上一种重要的饰物。众色中唯有红色最能彰显喜庆，所以，新娘的盖头多用红色的丝绸。有的红盖头上绣以龙凤、鸳鸯等饰物，还有的人家以彩穗装点。

姑苏繁华图（局部）　清　徐扬
图中表现的是婚礼场面。一对新人在堂上参拜长辈，阶下有鼓吹者作乐。

"拜天地"是古人结婚必不可少的仪式，这一婚仪因何而来？

古人结婚，最重要的仪式是拜堂。届时，新娘头蒙红盖头，新郎以红绸牵着新娘走过红地毯，然后司仪官高喊"一拜天地""二拜高堂""夫妻对拜""送入洞房"……古人为什么要先拜天地呢？

在中国的传统婚俗中，拜天地、拜高堂、夫妻对拜统称为拜堂，有时也称为"拜天地"，而夫妻只有行过这一礼节，才算合法夫妻。"拜天地"相传始于唐代，源自一个民间神话传说。

女娲造人之初，她只造了一个男人，天地万物都归他所用。这个人物质生活虽然丰足，精神生活却很空虚，整天一个人形影相吊，实在寂寞无聊。所以，他每晚对着月亮，抱怨生活的单调。

一个月圆之夜，这小伙子又开始喋喋不休。月老终于按捺不住了，到了女娲那里，请女娲再造个人给这小伙子做伴。于是女娲就造了个女人。

正在小伙子叹气的时候，白胡子月老带着姑娘出现在了小伙子面前，并为二人主持了婚礼。在举行新婚仪式时，月老对那对新人说："你俩先拜谢天公土地，你们今后的生活还要仰仗他们啊。"以后，凡新婚皆先拜天与地，形成"拜天地"仪式。

这个始于唐代的仪式，宋朝以后风行全国，成为婚礼过程中最重要的大礼。

新婚的卧室叫"洞房"而不叫"新房"，这是为什么？

古语云，人生四大喜：久旱逢甘霖，他乡遇故知，洞房花烛夜，金榜题名时。如今，四喜之中，洞房花烛夜、金榜题名时最能引起人们的共鸣。通常，人们将新人所居的房间叫"洞房"，这是为什么呢？

《词源》中解释说，洞房指的是深邃的内室。如此看来，能被称为洞房，必是深幽之屋。这深邃之室最终演化为新郎的结婚用房，

与一个传说有关。

尧帝时，在今山西临汾的西边，有一座姑射山，山上有一个深邃的山洞。据说，这是鹿仙的住所。尧为了了解人民的生活状况，经常到民间访查。他忧民之所忧，苦民之所苦。

有一次，尧正在与牧人闲聊，远处走过一位亭亭玉立、相貌美丽的女子。女子手中的火把照亮她的面庞，尧顿觉此女非同凡俗。经过打听，他才知道，这个女子竟然是山中鹿仙。仔细询问，得知鹿仙经常帮助当地的人民。

回到寝宫后，尧对鹿仙朝思暮想。在与众大臣商议之后，尧便带着人上山寻访鹿仙。众人正在山中行走，一条巨蟒拦住了去路。尧率众人与巨蟒展开了激烈的搏斗。在大家快要支撑不住的时候，一头美丽玲珑的梅花鹿出现在了巨蟒身边。梅花鹿抬脚轻轻一踏，巨蟒顿时僵如木棍。

尧知道是鹿仙解围，便软语挽留。化为人形的鹿仙也被尧的风采所吸引，两人一见倾心。于是他们来到了鹿仙洞，当晚便结为夫妻。在他们携手走向婚床的时候，洞外紫光乍现，星光璀璨。这便是尧娶鹿仙的传说，"入洞房"也由此产生。

还有观点认为，"洞房"源自古人居住的山洞。黄帝一统天下后，改群婚为一夫一妻制，为避免抢婚，便在新人所居山洞外砌高墙，谓之"洞房"。尽管说法不一，"洞房"一词却流传了下来。

新人完婚时，家里会到处张贴红色的"囍"字，这是为什么呢？

中国人万事喜欢十全十美、好事成双，就连结婚贴喜字都要剪成一对的。大红的"囍"字是怎么来的呢？

相传北宋名相王安石当年进京科考时，路上遇到一户人家大摆筵席宴请乡邻。旅途劳顿的王安石也没问宴请的原因，便混在人群中大吃起来。不一会儿，家丁挂出一盏走马灯，上面提着"走马灯，灯走马，灯熄马

停步"。王安石见了，大呼"妙"字。家丁一听，连忙跑回庭院禀告老爷，说有人要对对子。原来，这是马员外家特设的酒宴，专等有才学的士子登门对对子，以招佳婿。

王安石一时没想出好联相对，吃过酒饭，便匆匆进京赶考去了。到了考场之中，王安石挥笔即就，轻轻松松便答完了试题。过了几日，王安石被告知参加复试。进得厅堂的王安石淡定自若。只听主考官指着厅前的旗子说道："飞虎旗，旗飞虎，旗卷虎藏身。"王安石一听，这和路上那副走马灯对子倒是挺配的，便张口答道："走马灯，灯走马，灯熄马停步。"主考官一听，如此回环往复之对，竟能出口对上，真是难得的人才。

科场完毕返乡，王安石特地来到马员外家道谢，并用主考官的上联对上了员外的对子。马员外在王安石进京赶考之时，早已派人摸清了他的家底。如今气宇不凡的王安石就站在他面前，便当即将女儿许配给他。

就在新人准备拜堂成亲之时，门外一阵锣鼓喧天。原来，王安石科举高中。双喜临门的王安石一时兴起，便提笔在喜纸上的"喜"字旁又写了个"喜"字。后来，红色的"囍"字便出现在了新人的婚礼中。

中国式婚礼最热闹的是闹洞房，这个习俗是怎么来的？

婚礼中，闹洞房是最受年轻人喜爱的一个环节。亲戚朋友在一起肆无忌惮地闹上这一回，既宣告了新郎单身时代的结束，又庆祝了新人的喜结连理。那么，闹洞房的习俗是因何而来呢？

相传，"斗数之主"紫微星经常到凡间游玩。一次，紫微星看到一户人家正在娶亲，便来到他家凑热闹。浩浩荡荡的迎亲队伍敲锣打鼓而来，场面十分热闹。但是在迎亲队伍的后面，却跟着一个披头散发的女鬼。紫微星知道，这是恶鬼伺机行凶。他便悄悄地混在了迎亲队伍中，观察动向。

新人拜天地的时候，紫微星发现女鬼不见了踪影，便四处寻找。在洞房门口，紫微

星闻到了恶鬼的气息，他守在洞房门口准备拦截新人。拜完天地的新人，在众人簇拥下来到了新房门口。急于看到新娘子的新郎谢过亲友后，推门便想入内。紫微星连忙抵住门板说道："新郎不可贸然入内，里面藏有厉鬼，非你等能够降伏。"众人一听，都聚拢过来，央求紫微星指点破解之法。紫微星笑道："鬼虽厉害，毕竟阴气过重，只要你等一起入内，阳气旺盛。大家欢声笑语闹到晨光乍现，恶鬼自然返回阴间。"于是，本应夫妻二人独处的花烛夜，成了众人欢闹的"吓鬼"夜。到了五更，恶鬼果然飘走了。

后来，民间便流传"洞房之时闹一闹，妖魔鬼怪都吓跑"的说法。

如今，人们闹洞房除了驱鬼辟邪之外，更多的是为了增加婚礼的喜庆热闹气氛，"闹洞房"不但可以让新娘子与亲朋好友熟络，还可以增加新人的洞房情趣。

旧时民间有"偷瓜送子"的习俗，它是怎么来的？

在我国的很多地方，都流行着"偷瓜送子"的习俗。要是哪家的媳妇婚后久不生子，亲戚邻人便会在中秋之夜，伴着皎洁的月光，到别人家的地里，偷偷地摘个冬瓜。然后将冬瓜装扮成小孩子的模样，送到不生育的妇人家里。据说，妇人抱着冬瓜睡上一夜，再将冬瓜吃掉，十有八九会怀上孩子。巴蜀民歌中唱道："生育艰难暗带愁，乡邻送子贺中秋；冬瓜当作儿子耍，喜得闺人面带羞。"

据说，"偷瓜送子"这种具有地域特色的民俗，源自伏羲、女娲坐葫芦成亲的故事。

《独异志》中记载，人类的始祖伏羲、女娲兄妹是从昆仑山的葫芦里生出来的。后来他们又坐葫芦成亲，繁衍了汉、彝、苗、藏等九族。在各民族中，都有伏羲、女娲坐葫芦成亲的传说。只不过，这段传说被各民族赋予了不同的文化内涵。

很多地方，都有祭拜葫芦的民俗。另外，葫芦外形酷似母体，其下部肚大籽多，引申为多子多福。于是，人们效仿祖先坐瓜成亲，

渐渐形成了偷瓜送子的习俗。

关于"偷瓜送子",还有种观点认为,"瓜"和人们出生时"呱呱"哭声谐音,偷瓜送子,无非是借着瓜的谐音讨个好彩头。民间还有送南瓜的习俗,"南瓜"者,"男瓜"也,送南瓜也就是送男孩。

中国人有给孩子取小名的习惯,并且取的都是"狗剩"之类的,这是为什么?

在中国,人们有给孩子起小名的习惯,尤其是在农村,诸如狗剩、铁蛋儿之类的贱名不胜枚举,人们为什么要给孩子起这种小名呢?

有关起小名的习俗,在秦汉时期就已经存在了。《史记》中,汉代文学家司马相如便被其父称为"犬子"。有种观点认为,给孩子起贱名,源自古人的名字。古代的男人,经常会有名、字、号等。所谓的名,是孩子出生后父母亲给取的;到孩子成年之后,由长辈赐予字,寄托对孩子的期待和祝愿。在这以前,父母为了表达对孩子的宠爱,会给孩子起个小名,亲人或朋友都如此称呼孩子。秦汉之后,人们认为小名不雅,不够庄重,才立了"正名"。但是更多的观点认为,人们之所以会给孩子起小名,源自古人的迷信。人们认为,孩子若想平安顺利地长大成人,必须有一个能够承载命运的名字。

在生产力比较落后的古代,孩子夭折的事情经常发生。人们不认为这是现实原因造成的,而是妖魔鬼怪在作祟。笃信神明鬼怪学说的人,为给孩子保命,便想出了给孩子起贱名的方法。巧合的是,经常被家人唤贱名的孩子,要比没有贱名的孩子好养活得多。于是,人们更加相信,孩子有了小名,妖魔鬼怪会因贱名而厌弃这个孩子。妖精不喜、魔鬼不爱的孩子自然就会远离灾祸,平安健康。

通常,人们会借用身边的飞禽走兽、花鸟虫鱼的名字唤自家小孩,这样不仅好记,而且,诸如"阿猫""狗蛋""牛娃"之类,更是象征着如牲畜般健壮,并富有生机。总之,起贱名是大人祝愿孩子健康长寿的一种表达方式。

如今,给孩子起贱名的习俗已经越来越少了。

孩子出生后,父母要为其挂上长命锁,这种做法起于何时?有何寓意?

相传,夏代的少康出生在战乱的时局中。他的父亲夏王相战死在寒浞手中后,母亲后缗怀着他逃到娘家。惊吓加上营养不良,造成后缗早产。颠沛流离又寄人篱下的后缗,看着夏后氏唯一的传人,心中感慨万千。为了养活夏后氏唯一的血脉,后缗命人铸了把长命锁,上面刻有"长命百岁"四个字,戴在少康脖子上。她希望少康能够平安地长大成人,如大禹般长命百岁。

后来,少康历经劫难,重振夏朝雄威,并开创了"少康中兴"的局面。于是,人们相信给孩子戴长命锁,就能使孩子消灾免祸,健康成长。

关于长命锁,还有另外的说法。长命锁又叫"寄名锁",它是由人们所佩戴的"长命缕"而来的。《红楼梦》中,贾宝玉便佩戴着这种物件。据史书记载,在汉代,戴长命缕的习俗便已形成。最初,长命缕并不似现在这般形似锁状,而是与端午节人们所佩戴的五彩线十分相似。

到了魏晋时期,五彩绳成了人们佩戴于身上的装饰物,或佩在手腕,或系在脚脖上。宋朝,巧于设计的人们又将五彩绳编成珠结,此时的五彩绳便又有了"彩结""珠结"的别称。明代,这种饰物成了儿童身上的专属装饰,由五彩绳进一步演化成佩于脖子上的长命锁。

通常,长命锁以金银为材质制成,上面刻上"长命百岁""福寿万年"之类的字样,旁边以祥云莲花、游龙八宝等纹样为装饰。锁,有锁住、挂牢的意思。人们希望借助锁的含义,祈求孩子健康成长、长命百岁。等孩子平安地长到成年,长命锁才被摘下来。

小孩满一周岁时要"抓周"，这项活动能够预测孩子的前程吗？

俗话说，三岁看大，七岁看老。在民间，还有孩子满一周岁时通过"抓周"预测孩子将来命运的习俗，这又是从何而来呢？

相传，"抓周"活动兴起于魏晋南北朝时期。据史料记载，刚刚登上东吴帝位不久的孙权，痛失爱子。太子位空缺，众皇子无不觊觎，于是拉帮的拉帮、结伙的结伙。表面风平浪静的孙权心里明白得很。一日，一介布衣景养托人带话说，要觐见皇上并献计。孙权一听，立刻派人请他入宫。景养来到宫中，行完大礼缓缓说道："陛下，古人说，龙生九子各有不同。您想选个德才兼备，又有雄才大略的皇子做接班人，固然不错，但从江山万年考虑，还应该看看他们的下一代是否有福德。"孙权一听有道理，便请景养详细说明。景养又道："待良辰吉日，陛下取一宝盆。里面放上珍珠翡翠、绶带典章，请皇孙自行挑选。从他们所取之物，便可看出他们心性所向。"

孙权便照着景养的建议做了。结果，只有孙和之子孙皓手持典章绶带，爱不释手。孙权觉得这是天意，便立孙和为太子。众皇子不服，纷纷抗议。孙权抵不过众人的反对，便改立孙亮为太子。孙亮继位没过几年，就被一场突如其来的政变轰下了台，孙休接替孙亮为吴主。孙休寿终正寝后，当初抓着绶带典章不放的孙皓成了皇位的继承人。老臣们感叹说："命当如此，早已天定！"通过这件事，人们相信，在孩子周岁的时候举行"试儿"活动，便可预测孩子将来的命运。"抓周"习俗也就流传下来。

人们在举行抓周活动时，一般会将珍宝美食、弓矢纸笔、绣针刀箭之类摆在孩子面前，让孩子自己选择。

生日祝寿的习俗起于何时？送寿礼的做法因谁而起？

中国自古就有生日祝寿的习俗吗？生日送礼之风又是因谁而起的呢？

关于生日贺寿送寿礼的起源，有这样两种观点：

其一，据《汉书》记载，秦末，民间就形成了诞辰贺寿的习俗。相传这一习俗源自汉高祖刘邦。刘邦的父亲和卢绾的父亲是生死挚友，平日里两家来往甚密。在乡里，两家都是受人尊敬的庄户，与邻里相处也十分融洽。恰巧，刘邦和卢绾同年同月同日出生，于是两家摆酒设宴，互相祝贺喜得贵子。乡人听说了，纷纷送来礼物表示祝贺。之后，每年的这一天，两家都摆酒设宴，纪念孩子同天出生。渐渐地，民间便流行起生日这天祝寿送礼的习俗。

其二，据《隋书·高祖记》记载，隋文帝曾下令，在他生日这天，举国上下都要食素，以纪念他的生身父母。当时的生日被赋予了母亲受难日的内涵。人们认为，孩子的出生日，便是母亲生产受难的日子。后来，民间也流行起了这一习俗。

渐渐地，在江南的一些地方，小孩子满周岁庆贺的习俗开始流行。到唐朝，成人庆生之风逐渐兴起内涵。宋朝的时候，官场中开始出现生日贺寿送礼的风气。《水浒传》中，杨志运送生辰纲一事就表明了当时祝寿贺礼的奢华程度。

据说秦桧掌权后，满朝官员为了讨好他，便借生日贺寿之名，将各种奇珍异宝敬献给他。一时之间，官场腐败之风盛行。后来，祝寿送礼之风由官场延伸到了民间，这一习俗便流行起来。

"长寿面"是寿宴上必不可少的吃食，吃长寿面的习俗有何由来？

相传，有一天，汉武帝在与大臣游园的时候，看到满园春色，不禁感叹人生苦短。他对大臣说："都说人中越长，寿命越长。人中一寸相当于100岁呢。不知道我这人中还能不能长。"话音刚落，近臣东方朔大笑出声。汉武帝甚是愤怒，问道："爱卿如此大笑，不知所为何事?"东方朔连忙解释道:"陛下息怒，我所笑乃寿星彭祖。相传彭祖活了800岁，照这个说法，他的整张脸得多长啊。"汉武帝一听，也跟着哈哈大笑起来。

后来便流行起了一种说法，叫"想长寿，脸必长"。古语中，面有脸的意思。希望长寿的人们便根据"面"的这个引申义，在面上做起了文章。于是，"长寿面"诞生了。人们希望，通过吃"长寿面"，能够长命百岁，长长久久。后来，过生日吃长寿面的习俗便流传开来。

如今的长寿面五花八门，甚至成了一种饮食文化。有的地方的长寿面，面宽，配以骨肉浓汤，意为"富贵宽心面"。还有的地方在面中加入青菜、鸡蛋等，意为"幸福圆满，长青常有"。

不论长寿面的花样如何翻新，其承载人们祝福长寿的宗旨始终未曾变过。

为人祝寿的时候，古人一般要送寿桃，这个习俗是怎么来的?

蛋糕店里，贺寿的蛋糕样品上，总是点缀着一颗大大的寿桃。在贺寿图上，我们也经常会看到诸如"南山不老松""东海长流水""童子抱桃"的图案。"南山不老松""东海长流水"都含有生命长久、生生不息的意思。那么，寿桃又有怎样的内涵呢?祝寿送寿桃又是从何而来呢?

有关祝寿送寿桃，民间流传着一个传说。在诸侯纷争的春秋战国时期，18岁的孙膑想寻求发展，便有心深造。于是他背井离乡，到了云濛山拜师鬼谷子，跟他潜心学习兵法。一晃12年过去了。一天，已到而立之年的孙膑望着天上的皓月，又思念起了家乡的老母。鬼谷子看出孙膑的忧伤，劝道:"你来此已经十余载了，万物生灵尚知回报养育之恩，你非无情，也该对老母有个交代了。"孙膑听罢，谢过恩师，便准备回家探亲。

在孙膑临行之前，鬼谷子来到他的房间，递给他一颗新鲜的桃子，说:"为师送你一颗桃子，此桃非普通桃子，你且带回家献与老母吃。"说罢，鬼谷子转身离开。

孙膑日夜兼程，终于在老母60大寿这天赶到了家。看到家里人大摆筵席为老母贺寿，孙膑不禁伤心落泪，愧叹这些年自己一直没尽到孝道。来到大厅，看到满头白发的老母，孙膑心中更是自责不已。老母亲看到孙膑，不禁潸然泪下。母子互相倾诉一番相思苦之后，孙膑便拿出师父所赠的桃子献给老母。

孙母刚吃了一口，众人惊奇地发现，老人家如雪的白发顷刻间化为青丝，本已衰老的容颜又焕发出了青春的光彩。众人无不惊叹感慨。孙膑心知，定是恩师所赠的桃子发挥了神奇的作用。

乡人听说了这件事，便四处传扬。人们都说，只要在老人过寿的时候吃上个桃子，老人就会青春常驻、健康长寿。"寿桃"因此得名。于是，民间便流行起祝寿送桃子的习俗。

古人送别时，多会折柳枝，"折柳"有何寓意?这个习俗起于什么时候?

据史料记载，人们以柳寄情始于汉代。《诗经·小雅·采薇》中写道:"昔我往矣，杨柳依依。今我来思，雨雪霏霏。"说的是离人在春光明媚、万物尚青之时离开，归来时却是一幅白雪皑皑的冬景。其实，这里作者是借景勿烘托离别的心情。在这之后的很多乐府民歌中，开始陆续出现以杨柳表离别的诗句。

汉语中，柳与"留"谐音。人们希望通过折柳，表达挽留离人的心情。亲人们依依惜别，难舍难分的情愫就像随风飘荡的柳枝一样绵绵无期。人们送离人折柳，又意在祝愿远行的亲人或朋友，能够如同折柳一样，到哪里都能有旺盛的生命力，不因背井离乡而不适。折柳在身，便如亲人在旁，随遇而安。

据说，在古代的长安灞桥长堤上，每隔几米，便有一株如丝绦般的垂柳。此地是出入长安的必经之路，因而有很多人在此送别。微风吹拂着岸边的杨柳，更增添了人们的离别感伤。于是，人们折下柳枝送与离别之人，带着柳枝离开的人，便会如柳枝一样易于生存，并以柳枝遥寄相思无解之情。唐代张九龄有诗云:"纤纤折杨柳，持此寄情人。"

折柳的意象产生后，文人墨客对其加以拓展升华，使得送别感怀的场景更显得意境缥缈，折柳惜别以表祝愿的情结也更加浓重了。

家属为什么要给去世的亲人烧纸钱？这个习俗起于何时？

民间有"烧七"的习俗。意思是说，在死者下葬后的49天内，每隔7天，亲人们便要到坟前烧纸送钱，这样才能保证死者有足够的钱花，平安地到达地府。给亡者烧纸钱，这个习俗又是源于何时呢？

相传，东汉蔡伦改良了造纸术后，不仅自己成了名人，家境也富裕起来。他还将这门技术教给了哥嫂，希望他们也能发家致富。然而，心性急躁的蔡莫（蔡伦哥哥）刚学到了点皮毛，便迫不及待地开店做生意了。当时人们对纸的重视不够，加之蔡莫的纸张粗制滥造，所以店里生意十分冷清。

望着已经积压的纸张，蔡莫夫妻俩终日茶饭不思。一天夜里，正在熟睡的左邻右舍听到蔡莫家传出哭声，纷纷赶过来一探究竟。刚一进门，就看到大堂之上放着一口棺材，蔡莫跪在棺材前，泪如雨下。蔡莫一边哭一边往火盆里放纸。邻人上前询问方知，慧娘（蔡妻）突染急病，刚刚离世。

众人听了，都感叹不已，劝蔡莫节哀。就在这时，木棺中发出"咚咚"的响声，吓得邻人顿时睡意全无。只听棺内有人说道："相公，给我开门，我回来了。"蔡莫早已吓得魂不守舍，哪里敢上前丝毫。"相公，真的是我，你开门我再与你细说。"棺材里又传出话来。在邻人的帮助下，蔡莫颤抖着打开棺木。慧娘容光焕发地走了出来。

在鬼门关绕了一圈的慧娘说道："我本来已经到了地府，阎王要我受苦赎罪。我被押往刑场的路上，小鬼接到阎王令放我回人间。询问了才知道，原来相公送了阎王很多金银财宝。"蔡莫惊诧道："我未曾见过阎王，如何给阎王送财宝了？"慧娘说："你所烧的纸，就是阴间钱财。阎王看你送了那么多，才如此开恩的。"

众人一听，纷纷抢着买蔡莫家的纸，准备在清明节、中元节等焚烧，以求死去的亲人死而复生。一时之间，蔡莫家的纸供不应求。原来，这是蔡莫和慧娘演的一出戏，并非真的转世还阳。后来，民间便流行起了烧纸钱的习俗。

人们相信，人死后有灵魂存在。为了让死去的亲人能在阴间少遭些罪，心诚的人烧纸钱给他们，希望他们在另一个世界能过上好日子。

烧纸送钱给亡者，亡者自然不会收到，但是人们通过这种方式缓解对离世亲人的思念之情，并借助这种方式继续尽着世间没有完成的孝道，聊以自慰。

亲属为死者披麻戴孝是怎样来的？

在中国传统葬礼上，亲属都要披麻戴孝为死者送殡。披麻戴孝的丧葬队伍浩浩荡荡，哭声震天动地，纸钱漫天飞舞。这个习俗是因何而来呢？

说起披麻戴孝，还要从魏晋时期的丧葬五服说起。五服从重到轻分别为斩衰、齐衰、大功、小功、缌麻。按照五服制度的规定，血缘关系越近，所穿丧服越重。丧服轻重不同，所制丧服的材质、样式、穿着时间又有所不同。

所谓的披麻戴孝，通常指的是披麻布服，头戴白孝，垂到腰间。

如今，城市中通常以胸前佩戴白花、手臂上缠黑纱来代替传统的披麻戴孝。但是在有些地方，披麻戴孝的习俗仍然延续着。

第十一章
礼仪应酬·称谓讲究

古代男子成年时要行"冠礼",这种成年礼具体是如何举行的?

在古代,女子15岁、男子20岁要举行成年礼。那么,成年礼是如何举行的?

古代的男女都是要蓄长发的,当他们到了举行成年礼的年龄时,男子把头发盘成发髻,叫结发,并戴上帽子,因此,男子的成年礼在古代又叫"冠礼"。

据《礼记·曲礼》记载:"二十曰弱,冠。"《说文》中解释道:"冠,絭也,所以絭发,弁冕之总名也。"也就是说,20岁的男子,即将步入成年人的生活。加冠意味着成年,通常在加冠的同时,还要给参加成年礼的男子取字。古人都有名和字,名是在人出生后所取,字则要等到成年礼的时候,由德高望重的长辈或贵宾来取,以表期望、鞭策、鼓励之意。

据记载,"冠礼"源自周朝,它是由早期原始社会的一种仪式演变而来的。在远古时代,男女青年进入成年阶段,便要举行一种名为"成丁礼"或"入社式"的仪式,为的是指引青年过成人的生活,后世也就延续了这种为青年举办成年礼的活动。

古代的"冠礼"是十分讲究的,举行冠礼的日子要通过"筮日"的方式来确定,仪式在宗庙中进行。举行仪式之前,参与仪式的人员都要沐浴斋戒。仪式当天所穿服饰也是有礼法考究的。"冠礼"中,通常受冠者要依次戴上三顶帽子,被称作"三冠"。第一顶缁布帽表示已经是成年人了,可以独立行事;

第二顶一般是由兽皮做的皮弁,表示国家兴亡,匹夫有责;第三顶为素冠,这是古人在祭祀典礼中常戴的帽子,表示有了祭祀的资格。

每次加冠,授冠者都要说一些祝词,或寄予厚望,或指明方向,然后加字,祭拜先祖。之后,受冠者要一一参拜长辈。仪式结束后,举办"冠礼"的主人要大摆宴席,宴请来宾,宾客也会送上礼物以表祝贺。

这种仪式到清朝便已逐渐淡化,只是在男子成年的时候,家人小聚以表庆祝。

知识链接

笄礼

古代男子成年有"冠礼",那女子成年是否也有这样的仪式呢?

在古代,女子15岁便已成年。史书记载,女子"十有五年而笄","女子许嫁,笄而礼之,称字"。由此可见,在女子地位卑微的古代,"笄礼"是在她们订婚或者出嫁前的一个仪式。

在女子成年的时候,会把长发盘起,用簪子固定,因而又叫"加笄礼"。俗称"上头礼",表示可以婚嫁了。贵族的女子加"笄礼"后,一般要接受成人教育,学习三从四德、女红等。民间的"笄礼"相对来说比较简单,由多子多福的老妇为受礼女子梳洗打扮,以借老妇的福吉。

"拜"是一种什么礼仪?它和"揖"是一回事吗?

在古代,"拜"又称"跪拜礼",是最常

历朝贤后故事图（之四）　清　焦秉贞
跪拜在古时为大礼，用于庄重的场合。

见的礼仪。所谓"拜"，古人解释说："以头着地为拜。"拜起初为一种表示臣服的礼仪，后来推而广之，表示下对上的敬意。由于唐朝以前几乎没有椅子，都是席地而坐，行"拜"礼时，必然先"跪"下，所以"拜"和"跪"是不分家的，故称"跪拜"。

"拜"最典型的动作是"以头着地"。根据头触地时间的长短，"拜"可分为"稽首"和"顿首"两种。"稽首"礼头触地时间长，表达的尊重程度也高；"顿首"礼头触地时间短，敬意略低于"稽首"礼。这两种礼仪一般用在臣对君、下级对上级、晚辈对长辈。

"拜"礼中还有一种"空首"礼，不要求"以头着地"。行这种礼时，跪在地上，双手拱至地上，然后垂头到手就可以了。这种礼是君对臣、上级对下级、长辈对晚辈所施的"跪拜"礼的答礼。

由此可见，"拜"是十分隆重的大礼，多用在庄重的礼仪场合。通常情况下，行"揖"礼时，行礼人是站立的，双手合握，从上而下。南宋陆游的《老学庵笔记》中说："古所谓揖，但举手而已。"这种礼是一种相见礼，用于人们见面时的场合。古人礼仪烦琐，即便是作"揖"，行礼人也会根据对象，按要求实行不同程度的拱手方式。显然，"拜"和"揖"是完全不同的两种礼仪。

"三叩九拜"是一种怎样的礼仪？这种礼真的要求行礼人连拜九次吗？

在古代礼仪中，"九拜"是明确的，礼制对其行礼方式和使用场合都有详细的规定，但"三叩"不是古礼，只是民间对"跪拜"礼的俗称。由此可见，"三叩九拜"只是人们对隆重大礼的民间称谓而已。具体说来，"三叩九拜"便是指上文"拜"礼中的"稽首"礼。

古代"九拜"包括稽首、顿首、空首、振动、吉拜、凶拜、奇拜、褒拜、肃拜。

九拜中最隆重的要算稽首了。这种礼，不仅要求行礼人头触地，而且要"头至地多时"，是"拜中最重，臣拜君之拜"。具体行礼细节为：行礼的时候，行礼者首先屈膝跪地，左手按在右手上，然后拱手于地。接下来，行礼人的头慢慢触地。头触地的具体位置是在膝盖之前，双手之后。头触地后，要停留一段时间。

上述动作为一次行礼。古人为了表示尊重，有时候这样的礼节要反复做几次，通常以三次或九次居多，于是便有了"三叩九拜"的说法。由这些动作和次数，我们不难看出，这一礼节是何等的庄重。因此，这个礼常在臣子拜见君王时所用。后来，儿子拜父亲，祭祀时拜天拜神、拜祖拜庙，新婚夫妇拜天地、拜父母，扫墓时拜墓等，也都用这样的大礼。

九拜中的其他几项具体如下：

顿首：和稽首礼的叩拜方式相差不多，只是头要轻叩地面，而非俯首。

空首：施礼人跪拜，拱手俯身行礼。

振动：丧礼用，顿首恸哭，浑身震颤，以哀逝者。

吉拜：宾客在丧家守制三年后见丧家时施行，先施空首礼，再施顿首礼。

凶拜：居丧者拜宾客之礼，和吉拜礼相反，先行顿首礼，后施空首礼。

奇拜：指拜一次。

褒拜：指拜了又拜。

肃拜：身体呈跪姿，以手触地，抬头。

打躬作揖是古代常用礼仪，见面时的"拱手"之礼具体如何操作？

在古代，人们见面是要拱手作揖的。只有在君臣相见、拜见上级或长辈等一些重要的场合才会行像跪拜一样的大礼。提到作揖，有资料表明，在周朝的时候就有作揖这种礼节了，直到姜子牙辅佐武王革命成功，作揖才正式作为一种礼节施行于天下。

通常，规范的作揖是身体不动，手背向外抬至额头处，右手压左手，然后行 90 度大礼，手的位置始终不变。在日常生活中，古人会按照双方地位的不同，施行不同的揖礼。《周礼》中记载："孤卿特揖；大夫以其等，旅揖；士，旁三揖。"这里就讲述了按照不同级别划分出的特揖、旅揖和旁三揖。像上卿这样的职务，就要一个一个地作揖了；一般的官员按等级分别作揖；而对其他人，一并三揖即可。

除了按等级划分外，一般没有婚姻关系的异姓，会行土揖，也就是行礼时推手微向下；有婚姻关系的异姓，会行时揖，行礼时推手平而置于前；同姓的宾客则行天揖，行礼时推手微向上。

一般情况下，人们会以拱手或抱拳来代替作揖。所谓拱手礼，最早是模仿奴隶所戴枷锁，表示忠诚敬畏，后来人们便将这种形式演化为双腿站直，双手合于胸前，微微俯身，以表示对人的一种尊重。关于交握的双手，也是很有讲究的。正常情况下，男子右手握拳，左手覆于右手上；在丧事中，则要左手握拳，右手覆于左手上。

当今，人们已经很少行作揖礼了，取而代之的是握手与问候。

清朝时期流行的"打千儿"是一种什么样的礼仪？如何行这种礼？

在古代，人们见面为了表示对人的尊重，通常会行一些礼节，比如，见到皇上要三叩九拜，见到长辈和长官要跪拜，见到平辈要作揖。清朝时，有一种左膝前屈，右腿后弯，上体稍向前倾，右手下垂的动作，叫作"打千儿"。

"打千儿"是最常见的请安礼，介于作揖、下跪之间（请安礼具体又可以分为"打千儿""问安礼""跪安礼""蹲安礼"几种）。

关于"打千儿"的由来，有两种说法。其一，"打千儿"原是明代军礼。据《大明会典》所载，明朝全国的指挥使司和各卫所都使用这种礼节。原因在于，兵士甲胄在身，不便向上级军官行跪拜礼，变通为屈一膝或半膝。时间一长，便成了固定礼节。建州女真习得此礼，努尔哈赤建后金后保留。八旗人家的晚辈见长辈，奴仆见主人，还有亲友相见时，都行这个礼。其二，这种礼产生于辽金时代，是满族人对尊长或上级施行的礼节，平辈相见表示敬重时也行此礼。

"打千儿"之礼有男女之别。男性行礼的具体动作为：行礼人先立正站直，将左右袖口拂掸，随后左脚向前迈半步下屈，右膝下跪，右手下垂，俯身低头，同时口中说"××给××请安"，说完站起身，恢复立正神态，就算行礼完毕。

满族女人喜穿一种名为花盆底的鞋子，穿上这种鞋，行走活动都不是十分灵便，因此她们在行打千儿礼的时候，通常是左右脚稍微前后相错，双手交叠放于腰间轻轻一蹲。

知识链接

跪 安

在清时的请安礼中，除了"打千儿"，常用的还有"跪安"礼。这个礼相当于汉人的"跪拜"礼。其具体动作是：行礼人快步走到受礼者的身旁，拂掸双袖，然后双手扶膝，双膝跪下，同时口中念道："××给××请安！"随着话音落地站起，走到侧面站立，即为行礼完毕。宫中太监向其主子请安，奴仆向主人请安，通常施行"跪安"礼。"跪安"礼是比较庄重的标准请安礼，一般用在正规的请安场合。普通人相见，屈身作"打千儿"就行了。

古人为什么不能穿鞋子上殿？关于脱鞋的礼仪有哪些？

据《礼记》记载："待坐于长者，屦不上于堂。解屦不敢当阶。就屦，跪而举之，屏于侧。"可见，古人对什么时候穿鞋、什么时候脱鞋是十分讲究的。之所以如此规定，是与古人的生活习惯密切相关的。

在古代，无论帝王将相还是平民百姓，都是要脱鞋进屋的。因为在古代，居家没有桌椅板凳、沙发条几之类的陈设，只是在室内铺上"筵"和"席"。"筵"是席的一种，通常铺在下面，"席"则铺在"筵"的上面。在正堂里也可能全都铺有"筵"，进屋要走过"筵"，然后落座于"席"上。如果穿鞋直接进屋，必然会弄脏人家的"筵席"，极不礼貌。后来，脱鞋进屋由卫生的需要转化成一种礼仪，这样做成了对主人的一种尊重。

据《吕氏春秋》记载，有一次，文挚因为穿着鞋子去拜见君王，君王看见了，理都没理他。像这样的情况，算文挚幸运，如若遇到个严厉的君王，小则罢官，重则会被关到牢里。

普通人家，讲究还不是太严格，但是在帝王以及一些重要礼仪上，穿鞋、脱鞋则要谨慎小心了。通常，人们进屋之前，要把鞋子脱在屋子门前的台阶之下，并且将鞋放在不妨碍进出的地方，出来之后再将鞋子穿上。据《左传》记载，人们为此还设立了专门放鞋的"鞋架"。但是，并不是所有的场合脱鞋都意味着尊重和礼貌。《礼记》中说，在葬礼或者祭祀场合都要穿鞋，室内是不能露脚趾头的。

人们在书信结束时，一般会写"此致"和"敬礼"，这两个词有关系吗？

据史书记载，早在商代，中国的边疆就已经出现了通信兵，也就是邮差的雏形。到了西周，已经有完善的邮驿制度了。

人们在写信的时候通常要署名落款，写上某某缄、某某敬呈等。查询书信历史，我们会发现，除了这些，书信格式中还有"此致""敬礼"两个词。那么，人们为什么要写这两个词呢？

"此致"意思是"到此结束"。亦即写信者完整地表达了自己的意思后，告诉收信人，信写完了。人们在书信中结束时习惯写成"就此搁笔""至此再续"等字样，大都是"此致"的衍生。

"此致"与后面的"敬礼"，在内容上没有关联，因此，通常情况下，"此致"和"敬礼"要分两行写，表示不同概念。"敬礼"是一种礼仪，是写信人向收信人表示的问候。"此致"后面的"某祺""某安""某福""某禧""某吉"之类的祝福和"敬礼"同源，所要表达的意思虽有区别，但都属敬祝之语。因写信人与收信者的不同关系，信中的问候语也就形式多样。以前，书信后面的祝词是很有讲究的，比如，给长辈写信，通常用到"敬请福安""敬颂崇祺"等字样；给上级领导写信，"恭请""祗请""敬请"一类的祝词必不可少；平辈之间相对来说就比较随意了，"顺颂起居""顺候大安"即表问候；至于晚辈，"近好""近佳"也就表示了关怀。

清朝后期几个皇帝的名字非常难写难认，老皇帝为何用生僻字给儿子取名？

清军入关，不仅带来了满族文化，还带来了八旗制度。除了他们的姓氏冗长拗口，就连皇帝的名字都生僻难写。这是因为他们长期生活的环境造成的呢，还是另有原因？

其实，这源于古代的避讳制度。若要追根溯源，则要推至周代。当时，人们只是简单地避讳王公贵族的名讳，秦汉时期才被发展成为一种制度，而在宋朝最为完善规范，之后一直被延续，直至清王朝灭亡。

最初，避讳分官讳和私讳。所谓私讳，

就是在说到父祖的名讳时，都要用其他字代替，不得直呼名讳。《红楼梦》中，黛玉读到"敏"字时，总是念作"密"字，写字遇着"敏"字，也要减一二笔，就是为了避她母亲贾敏的名讳。在很多古书典籍中，书中人物、地名等，都因避讳而另寻他字，以致有很多事物与史书记载有出入。

官讳，相对来说忌讳就多了。官讳又叫国讳，可想而知，整个国家都要避讳，足见所要避的人非同一般。一般情况下，国讳所要避讳的是皇帝，包括旧名、御名、庙号甚至是祖先之名。有时，皇亲国戚的名字也要避讳，不但不能说，即使文字也要避讳。这一制度被明确写入律法，违者轻则有牢狱之灾，重则满门抄斩。

古时避讳的方法大抵有改字法、空字法和缺字法。也就是在遇到所避之字时，换成其他字，或者空出用方框代替，或者将原有的字减一两笔来代替。

清朝统治前期，由于受满族文化的长期影响，帝王们并没有太注重这些。到了康乾盛世，满族人吸收了大量的汉文化，朝廷也开始实施起避讳制度来了。皇家如用常用字取名，一旦避讳，民间要改动的地方太多，就会造成很大麻烦。所以，皇帝给皇子取名字的时候，尽量用生僻字，这样需要避讳的地方就少了，书写上的麻烦也会减少。这也是帝王爱民的一种表现。更重要的是，皇族也要遵守避讳制度，只有采用生僻字，才能尽量独一无二，不和祖辈冲突。

"寡人""孤""朕"等字眼并不好听，古代君主为何拿来作为自己的专有称呼？

一个人落魄孤立无援的时候常会说："我现在是孤家寡人，要什么没什么。"孤家寡人就是形单影只、孤立无援的意思。可是，在秦始皇之前，古代的君主一般都自称"孤"或"寡人"。自秦始皇起，皇帝一般都以"朕"自称，而一般被封的诸侯王还是自称"孤"或"寡人"。君主众星捧月，群臣簇拥，又怎么会是"孤家寡人"呢？

"寡人"一词在古代意为"寡德之人"，这是古代君主的谦辞。先秦时期，王、诸侯、士大夫等，都可以自称为"寡人"，如《左传》记载："请子奉之，以主社稷，寡人虽死，亦无悔焉。"《史记·廉颇蔺相如列传》中也有"秦王以十五城请易寡人之璧"的说法。由此可见，古代君主常用"寡人"来谦虚地说自己无德无能。

皇帝自称"朕"的情况，也和"寡人"差不多。早先，人们都可以用"朕"自称，"朕"和现代汉语里的"我"相似，并且使用这一称谓的人不分等级。然而到了秦始皇称帝，"朕"就只有皇帝一人可以自称，而且明文规定，违者重罚。其实，"朕"最早指的是身体的意思，嬴政认为自己功盖三皇五帝，以始皇帝自称，并且认为这个词有"预兆""朕兆"的意思，所以要专用在自己身上，以尊皇权。

"孤"的用法完全是延续了秦朝以前的称谓习惯。但是到了汉末，"孤"却有了雄霸的意思。群雄独占一方，各自称孤。"孤"从此就演变成了王者的代名词，其中也包含有高处不胜寒、傲然孤茕的意味。

为了表示对皇帝的尊敬，大臣们称其"陛下"，为什么会用这个称谓呢？

古代皇帝的称谓有很多，皇帝自称"朕"，嫔妃、大臣称其"皇上""万岁爷"等。从字面上就可以看出，这些称谓都含有尊崇敬畏、祈福祝愿的意思。但是大臣称皇帝为"陛下"，这是为什么呢？

据史料记载，古代的皇宫设计相当考究。皇帝的宝座高高在上，从下面通向宝座有一系列台阶。这个台阶，古人称为"陛"。许慎的《说文解字》说："陛，升高阶也。从阜，坒声。"为了保卫皇帝的安全，侍卫分列台阶两侧。朝会的时候，大臣们则站在台阶下。臣子们向皇帝讲话时，不敢直呼天子，所以先叫一声"陛下"，意思是"我要向皇上说话，请站在台阶下的侍卫们代为向上传达"，以此表示地位低的人向尊贵的皇上进言。蔡邕的《独断》中就记载了这样的史实："谓之陛下者，群臣与天子言，不敢指斥天子，故呼在陛下者而告之，因卑达尊之意也。"因此，"陛下"也就成了皇帝的代名词，指代大臣候旨于台阶之下，皇帝高居台阶之上。

有史表明，"陛下"除了指代皇帝外，还有尊称行使皇权的人的意思。据《汉书》记载，汉元帝的皇后王政君就曾被王莽等人尊称为"陛下"。

知识链接

殿 下

皇太子通常被称为"殿下"，意为比陛下的地位稍低。那么，自古殿下就是皇太子的专有名词吗？和陛下一样，殿下最初也不是指人。古时的建筑中，宫最大，殿其次，陛下指的是皇帝龙椅前的台阶，殿下指的是殿檐之前的台阶。

《三国志》中，杜袭称曹操为殿下，这是有关殿下最早的出处。原先殿下也指皇上，后来经过演变，殿下成了王公亲王的尊称。到了唐以后，殿下多用来指代皇太子、皇太后和皇后。如今，一些君主制国家中，皇室成员依然被称为殿下。

皇帝的女儿称"公主"，这个称谓是怎么来的呢？

其实，"公主"这一称呼最早并不是皇帝女儿的专称。早在周朝时，周天子的女儿称为王姬。而"公主"这一称谓，则始于春秋战国时期。周天子嫁女儿，自己不作为主婚人，而是请和自己同姓的诸侯代为主持，"主"是主持的意思，而"公"则是指主持婚礼的诸侯，"公主"也就是由诸侯主持婚礼。后来，天子和诸侯的女儿也就称为"公主"了。

"公主"成为皇帝女儿的专利则始于西汉。据《汉书》记载，因为主婚的是诸侯，皇帝的女儿便叫公主；而诸侯女儿的婚礼由父亲主持，父亲又叫"翁"，所以诸侯的女儿就叫翁主，也叫王主。

西汉时期，皇帝的姐姐的地位也是十分尊崇的，比如，汉景帝的姐姐就被呼为"长公主"，汉武帝即位后，她又被呼为"太长公主"。汉代公主都有封邑，且由皇帝赐给上等的豪华宅第，有的还拥有大片的园林。皇帝还允许她们在自家的府里设置官吏，称之为家令、家丞等。皇帝对公主赏赐丰厚，她们中的许多人都拥有大量的土地财富，富奢堪比王侯。

隋唐时期，宫中的等级划分更加明确，皇帝的姐姐、先皇的姐妹，以及皇帝的女儿被称为公主，而皇太子和诸王的女儿则不得以公主自称。太子之女为郡主，诸王之女为县主。宋朝一度推翻了公主的叫法，用帝姬、宗姬称呼皇室女儿。明朝又改回隋唐旧制。

清军入关前，皇帝的女儿称格格。崇德元年，皇帝的女儿才改叫公主。清朝时皇后生的女儿叫"固伦公主"，表至尊一国；而嫔妃所生的女儿称"和硕公主"，表重尊一方。

为什么把公主的丈夫称为"驸马"？除了这个称谓，公主的丈夫还有别的叫法吗？

最早，"驸马"一词并不是指皇帝的女婿。据《汉书》记载，"驸马"是一种官职，全名为驸马都尉，主要负责掌管御用的副车，是汉武帝时期设立的。起初，担任这一职务的大都是皇室或外戚，还有一些王公大臣子弟，他们都是皇帝的贴身侍从官。据史料记载，驸马都尉待遇不薄，俸禄两千石。

"驸马"作为皇帝女婿的专有名词始于魏晋时期。相传曹魏时期的玄学家何晏容貌俊美，魏文帝将金乡公主许配给他，并授以"驸马都尉"一职。于是，魏晋之后的皇帝，大都封娶了公主的女婿为"驸马都尉"。时间长了，人们便用"驸马"代指公主的丈夫。

随着名字的更改，"驸马"作为官职的意思也淡化了。比如，晋宣帝与晋文帝的女婿虽为"驸马都尉"，但已经只是个称呼，没有实际职位了。

除了"驸马"这个称谓，古人还称公主的丈夫为"帝婿""主婿""国婿"。此外，驸马还有别称，这还得从玄学家何晏说起。据说，何晏不仅貌美，而且拥有一张比女人还要白皙的脸，魏文帝原以为何晏敷粉欺骗皇室，就用计试探。结果何晏以衣袖拭脸都没有改变，于是人们便因他的脸如施粉黛而称他为"粉侯"。随后这一称呼也就被沿用到了所有公主的丈夫身上。到清朝，公主的丈夫又被冠以"额驸"封号，皇后所生的公主的丈夫为"固伦额驸"，嫔妃所生的公主的丈夫为"和硕额驸"。

古人为何管地方长官叫"父母官"？这个称呼是怎么来的？

父母官是旧时百姓对州、县等地方官的尊称。那么，人们因何称地方官为"父母官"呢？

据《汉书》记载，汉元帝时期，有一位叫召信臣的大臣，担任南阳太守。他在任期间，爱民如子，造福一方。他兴修水利，建了一系列利民惠民的工程。他还经常到田间地头，亲自带领人民耕作。劳作累了，便与民同吃同睡。由于灌溉及时、耕作合理，农民的收入逐年增加。在带领人们努力生产的同时，召信臣还特别重视教化。他制定不少移风易俗的条规，比如，要求当地人婚丧嫁娶不得铺张浪费；官吏及其子弟如有骄奢淫逸者，罢官受刑；等等。

在他的治理下，南阳郡安乐祥和，地方富庶，节俭之风盛行。其他地方的百姓听说了，都迁居这里。当地人非常爱戴这位太守，于是称他为"召父"。唐河县城南至今还保留有"召父渠"遗址。

无独有偶，到了东汉光武帝时期，南阳百姓又遇到一个好太守，其人名叫杜诗，相传他比召信臣带给人们的好处还多。于是，南阳民间就开始有了"前有召父，后有杜母"的说法。

后来，老百姓也常把那些勤政廉洁的官员亲切地称为"父母官"。再往后，不论官员政绩如何，都是"尊在"乡野，所以，人们为了抬举这些官员，便把所有地方官统称为"父母官"。当然，这么叫也有希望他们能像"召父""杜母"一样为民谋福利的成分在里面。

为什么把国家或组织的最高领导人叫作"主席"？这个称呼与坐席有关吗？

"主席"这个称呼在很多国家都有使用。"主席"是中国创造的吗？它和我们平时说的"坐席""席位"有关系吗？

隋唐以前，中国是没有桌椅的，人们通常席地而坐。《论语》中记载说，古人不但坐席子，而且怎么坐都有讲究。比如，席子放的位置不正当，是不可以坐的。

在古代，铺在下面的较大的席子被称为筵，而上面较小的席子才被称为席。通常，人们脱鞋进屋，经过筵，到了正位上，坐到席上。古人重礼，一般情况下，室内的大席子是几个人一起坐，而尊者或长辈则会单据一小席，这样一来，通过所坐席子，就可以区分出地位卑尊。

后来，大席制衰落，人们开始分坐小席。原来单据一席的主人、尊者和长辈便坐到室内的主位上，也就是"主席"上。"主席"一词，由此而来。

外文译著中，"主席"一词被翻译成了"坐在高背椅上的人"，也就是权威者，所以，这个词也就被迁移到了含有主人、主持人、领导人等场合。

由"坐席"一词引申出来的词汇很多，如"宴席""入席""席位"等。如今，我们所说的主席通常指的是国家或组织的最高领导人。

"领袖"本是服装上的组成部分，怎么会成为最高领导人的代名词？

在很多书籍里，我们都会看到"领袖"这个称谓，如农民领袖、抗倭领袖等。也就是说，人们经常用"领袖"这个词来指代最高领导人，含有敬仰的意味。那么，"领袖"一称究竟从何而来呢？

"领袖"，原本指衣服的领襟和袖口。衣服的式样无论怎样千变万化，无非就是在衣领和袖口上做文章，可见"领袖"在服装中的重要性。在古代，衣领和袖口同样有着不可替代的作用。古人为了美观大方，往往会在衣领和袖口处点缀刺绣和一些饰物，或表示庄重，或彰显华美。比如，大唐盛世流行的是阔领广口袖的服饰，还有吸收胡人骑马装的紧身短小服饰，这两种服装的特点都体现在衣领和袖口上。

作为服装的组成部分，衣领与袖口是最容易脏的，因为这两个地方经常和皮肤接触，所以不能光为了美观，还得考虑实用。故而，衣领与袖口通常会加厚或换作较耐磨的材料。这样一来，衣领和袖口不仅有了装饰美观的作用，还有着提携全服的能力。由此可见，在服饰上，衣领与袖口占据着重要的地位。由于"领"和"袖"既醒目突出，又庄重严谨，并且有表率的作用，因此产生了"领袖"一词。

开始时，人们只是用"领袖"来指代那些非凡的人物，比如，《晋书·魏舒传》就说，魏舒仪表堂堂，是人们的领袖。这里的"领袖"仅为"表率"之义。后来，人们就将"领袖"迁移到能够为人表率、统领全局的人身上。现在，"领袖"一词则专指国家或者团体组织的最高领导人。

人们为何把知识分子称为"老九"？

人们为什么要用"老九"来指代文人呢？

在中国古代，有着比较严格的等级制度。春秋战国之后，宗法制度下的贵族统治被消灭。汉武帝尊崇儒术，文人士子的社会地位空前提高，文化世家几乎代代出任高官。隋唐以后，采用科举制度选拔官员。因此，社会上能出官为仕的，除了皇亲国戚，就是读书的学子了。在等级分明的古代，做文人是光宗耀祖的。因此，社会上便有了"万般皆下品，唯有读书高"的说法。连做皇帝的宋

真宗也说："富家不用买良田，书中自有千钟粟。安居不用架高堂，书中自有黄金屋……娶妻莫恨无良媒，书中自有颜如玉。"可见，读书是很光彩的事情。

但是，到了蒙古人统治时期，文人的地位一落千丈。

统治者将人分成了四个等级，蒙古人最尊，色目人居其次，金所统治的汉人排第三，南宋汉人为第四。不但如此，据《铁函心史》记载，蒙古人还按职业把人分为十等：一官、二吏、三僧、四道、五医、六工、七猎、八民、九儒、十丐。其中"九儒"指的就是文人。这一规定在元代被明确编进了法典。因为文人儒士被列为第九等，所以他们也就被称为"老九"。当然，这个称呼有轻视的成分。

人们为什么把主持活动、招待他人的一方称为"东道主"？

"东道主"一词出自《左传》。春秋五霸之一的晋文公重耳，早年因为骊姬之难在外流亡了19年，其间受到过赵国、楚国等的帮助，最后由秦国相助返回晋国当上国君。但是在他流亡期间，途经郑国时，郑文公并没有对他施以援助之手，晋郑两国因此结下了仇怨。鲁僖公三十年的时候，晋国联合秦国一起攻打郑国。郑文公派出老臣烛之武出使秦国，意图化解危机。

长于游说的烛之武见到秦穆公，并没有卑躬屈膝，而是言辞中肯地说道："郑国与秦国相距很远，中间还隔着晋国。就算郑国灭亡，对秦国来说也没有多少好处，只是增加晋国的实力而已。再说，郑国与秦国向来交好，如果秦国和郑国互惠互利，把郑国作为东方道路上的主人（东道主），秦国使者途经于此，郑国加以款待，这有什么不好吗？"

秦穆公一听有理，便采纳了烛之武的建议，不但撤了兵，还留下兵将帮助郑国守卫城池。秦军一撤，晋文公势单，只好从郑国撤军。

烛之武原话里有"东道主"之语，郑国也因此成了最早的"东道主"。

在古代，方位的排列很讲究。根据五行学说，天子坐北朝南，以南为尊；东西相较，以东为上，因在宴会等一些场合中，主人通常坐在东面，因而东道主又有主人的意思。

在现代，东道主的意思已经被拓展了，一般泛指接待或宴请的主人，一些活动的主办方也被称为东道主。

主人又称"东家"，主人招待宾客为何叫"尽地主之谊"而不是"尽东家之谊"呢？

现代汉语里，"地主"指的是占有土地，能够依靠出租获得资本的人，这些人组成的阶级就是地主阶级。但是，最早的"地主"并不是这个意思。"地主"一词最早出现在《左传》中，文中提到"夫诸侯之会，事既毕矣，侯伯致礼，地主归饩，以相辞也"。也就是他国客人来到诸侯国，作为主人的诸侯要设酒款待，以表礼仪。地主，指的就是会盟地的诸侯，这个地方的主人。因此，后来人们就以"地主"指称待客的主人。主人家操办宴请，便被叫作尽"地主之义"。此番行为又有彰显礼教的意味，于是改为"地主之谊"。

所谓的东家，源自古代人的方位观、五行学说。有史料记载，一些大户人家常在正厅的南面按东西分置座椅，主人坐于东位，来客坐于西位。不仅如此，在宴请等公众场合，作为主人，一般都会坐于东位。于是，人们在习惯上将东座的人称为"东家"，也就是房屋主人的意思。由此演化，古代就将那些有一些资产的地主或店主称为东家。

"地主"和"东家"都有指代主人的意思。后来人们便习惯于将请客吃饭、招待客人叫作"做东"，也就是"尽地主之谊"。

"鼻祖"是创始人的代名词，这个称谓跟鼻子有关系吗？

在中国，孔子被称为儒家鼻祖，姜子牙被称为谋略家鼻祖，范蠡被奉为商人鼻祖。

我们不难发现，这些人有一个共同特点，就是首创了某件事，或开辟了某个领域。那么，为何把这些创始人称为"鼻祖"，这和"鼻"又有什么关系呢？

在甲骨文和金文中，找不到"鼻"这个字。但是，通过资料文献可以看出，古人将"自"当成"鼻"用，发"鼻"的音。许慎在《说文解字》中就对"自"作了注释："自，鼻也。象鼻形。"这说明"自"字是个象形文字，本义指代鼻子。

生活中，人们在说到自己时，总喜欢指着自己的鼻子，所以"自"便有了"我""自己"之义，被人们拿来作代词用。进一步引申转义，又有了"从""由""本来""当然""开始"的意思。

后来，为了表意精确，人们便在"自"下面加了一个声符，造出"鼻"字，专指鼻子。由于"自""鼻"本为一个字，所以"鼻"也继承了"自"的衍生义，"鼻"也被拿来代称创始、最开始的事物。

关于鼻祖的说法，西汉的扬雄作了这样的阐释："鼻，始也。兽之初生谓之鼻，人之初生谓之首。梁益之间，谓鼻为初，或谓之祖。"于是后世便用鼻祖来称谓那些创始人、祖先一类的人，含有赞誉敬仰的意思。

女英雄往往被人称为"巾帼英雄"，她们为何有这么个称呼？

在杨家将中，穆桂英是女将中的代表，她领兵挂帅，率千军万马冲锋陷阵，是女中豪杰。人们都称她为"巾帼英雄"。人们为什么把女英雄叫作"巾帼英雄"呢？

民间流传，"巾帼英雄"出自《木兰诗》。

其实，"巾帼"是古代妇女所佩戴的一种头饰，类似帽子。据史料记载，最早男女都可以佩戴这种饰物。它内衬金属丝套，或用薄竹丝、薄木片扎制成各种新颖式样，外罩彩色长巾。它可以围在发际，将前额遮住，勒于后脑，有的还在两侧垂下丝带。这种头饰容易取下，还不会弄乱发型，因而在古代很流行。

到了汉朝，这种头饰被妇女所独占，男人戴的只是中规中矩的头饰。但是对于妇女来说，也不是人人都能享有这种特权的。因为巾帼制作讲究，做工精巧，而且所用材料相对昂贵，于是这种头饰就成了贵妇人的标志。不仅如此，佩戴巾帼还是一种礼仪。

后来，人们用不同材料装饰巾帼，有"剪氅帼""绀缯帼"等，所以妇女中可以戴这种头饰的人就多了起来。后来一说巾帼，人们就知道说的是女人，巾帼也就成了妇女的代名词。那些女中豪杰、女英雄一类的人物，也就被人们赞为"巾帼英雄"了。

《木兰诗》中有"阿爷无大儿"，"爷"何时变成了对祖父的称呼？

如今，我们说爷爷，通常指的是祖父。有时候，称谓中单字"爷"也表示对人的尊称。例如，旧时主人或为官者的贵称，如老爷、王爷等；对年长男子的尊称，如大爷等。有时候，自矜之称也可说成"爷"，如《骆驼祥子》："祥子明知道上工辞工都是常有的事，此处不留爷，自有留爷处。"在古代，"爷"本是父亲的称呼。《木兰诗》中有："阿爷无大儿，木兰无长兄，愿为市鞍马，从此替爷征。"其中的"爷"便是父亲的称谓。那么，"爷"从什么时候开始成了祖父的代名词呢？

最早关于"爷"的记录见于三国之后的文献中。《玉篇》中有言："爷，以遮切，音耶。俗呼为父，爷字。"从《木兰诗》之后的诗篇中，我们不难看出，"爷"作为父亲的称谓已经被后人广泛接受。唐代诗人杜甫有诗曰："耶娘妻子走相送，尘埃不见咸阳桥。"可见，虽然"爷"的写法有所变化，但是其指代父亲的含义却没有变化。

宋元时期，"爷"的含义开始发生变化。叠词"爷爷"有了指代祖父的含义。《汉语方言大辞典》中记载："明沈榜《宛署杂记·民风二》，祖曰'爷'。"而这一时期的父亲开始有了"父""爹"的别称。现在，"爷爷"已成为祖父称呼的定式。只有在一些方言中，仍保留着称呼父亲为单字"爷"的习惯。

《木兰诗》意境图

为什么用"两口子"称呼夫妻？这个称谓是怎么来的呢？

两口子，指的是夫妻。老两口、小两口，也说两口子。

从古至今，有关夫妻的称呼一直在演变。夫对妻的称呼有细君、堂客、妻子、娘子、贱内、糟糠、屋里的、内子等；妻对夫的称呼有相公、官人、官家、良人、郎、郎君、先生、外子、丈夫等。而"两口子"这个统称夫妻的称谓，则源于民间流传的故事。

相传乾隆年间，山东有一恶少石万仓，虽娶得美貌妻子曾素箴，但是恶习不改。他终日在外饮酒作乐，风流快活。一日曾素箴外出，遇见一名青衣书生，一见倾心。后来得知，此书生乃山东有名的才子张继贤。张才子看见曾素箴美貌，也是魂不守舍。于是，两人便开始了私下约会。不久，石万仓因饮酒过度丢掉性命。石家人因曾素箴不守妇道，便诬陷她，说她是为了和张继贤双宿双飞而蓄意谋杀。官府收到石家的状子，也就做了顺水人情，将张曾二人判处死刑。

乾隆皇帝向来惜才。一日在翻看死刑卷宗的时候，看到了张继贤的供状。发现此人文章行云流水，才华横溢，便心生疑窦。在详细了解了事情的始末后，乾隆帝便有心救他。一日，乾隆南下巡游，发现微山湖的卧虎口和黑风口不错，于是就下令将张、曾两人发配于此。二人经历磨难，感情更深，尽管分居两口，却时常来往探望。于是，人们便把二人叫作"两口子"，本义是"住在卧虎口和黑风口"两个"口子"的人。随着这个叫法的流传，人们便用"两口子"来指代夫妻。

古代男人对妻子有许多古怪称谓，如"拙荆""贱内"等，为何用这些称呼？

《后汉书》中记载了这样一件事，东汉梁鸿饱读诗书、品德高尚，很多人家都想把女儿嫁给他，但是梁鸿一直独身。在他所住的地方，一户姓孟的大户，家里有个女儿，肤色黝黑，体态肥胖，已经30岁了仍没有成家。媒婆倒是也给介绍了一些，但是她都不嫁。问她原因，原来也是想嫁给梁鸿这样的人。梁鸿听说这件事后，索性下了聘礼，娶了孟家女。

婚是结了，梁鸿却冷落了这位新娘子。一日，孟女终于按捺不住脾气，质问梁鸿为什么这样生分地对待自己。梁鸿说："我要的是能穿粗布麻衣、与我共甘苦的女人，你身着绫罗绸缎，哪像过日子的人？我有些后悔娶你了。"孟女一听，从此便粗布麻衣着身，安心过起了日子，后来便有了"举案齐眉"这个成语。同时，对妻子也有了"荆钗布裙"的叫法。

"荆钗布裙"其实是指妇女穿的粗布麻衣类装束，于是文人们就以"拙荆""山荆"来谦称自己的妻子，有甘苦与共的意思。

在古代，女子地位向来不比男子，所以在对妻子的称呼中，通常也带有这种等级观念。女子婚嫁之后，很少出门，因而会以"内子"来称代妻子；在外人面前介绍妻子时，前面会加个"贱"字，用以表示身份卑微。

为什么把原配夫妻称为"结发夫妻"？这个称呼与古代婚俗中的结发仪式有关吗？

相传，有一位皇帝在登基的前一天，翻来覆去睡不着觉，皇后便问他发生了什么事情。原来，当时人们以胡须的长短衡量学识的多少，而这位要登基的皇帝胡子很短，他担心登基后压不住群臣。皇后听了，便剪下自己的长发，接在了皇帝的胡须上。第二天早朝，群臣见皇帝一夜之间胡须过腰，认定其为天之骄子，无不拜服。这一佳话流传开来，人们便以"结发"来指代互助互爱的夫妻。

当然，这只是个传说。以"结发夫妻"指代原配夫妻，另有来由。其源自古代婚俗中的"结发仪式"。据《礼记》记载，古代女子许嫁之后，要用一种发绳将头发扎起来，以表示已经有婆家了。这条扎头发的绳子要等到成婚之后，由新郎亲自解下来。这种婚俗被人们称为"结发仪式"。

"结发仪式"是由古代的"成人礼"衍生而来的。在古代，女子15岁便被视为成年人，人们会为她举行"笄礼"。仪式中，女孩改变少女时的装扮，将长发扎拢起来，表示可以嫁人了。据史料记载，并非女子年龄到了15岁必须举行笄礼，而是在许完人家之后举行笄礼。由此，笄礼也就成了婚俗的一部分，后来便演变成了"结发仪式"。

到了唐朝，这种结发仪式已经淡化。新婚夫妇会在新婚仪式结束后，喝交杯酒，然后各剪一绺青丝系在一起，以表喜结连理、夫妻同心。

随着婚礼习俗的变更，这种结发礼虽然已经不再拘泥于形式，但是人们还是习惯沿用"结发夫妻"来指代原配夫妻。

知识链接

伉　俪

在赞美事业上较有成就的夫妻俩时，人们经常会用到"贤伉俪"；说到夫妻情深，人们也会说"伉俪情深"，可见"伉俪"是"夫妻"的同义词。起初，人们称那些男女双方都在事业中有所建树的夫妻为"伉俪"。后来，一般夫妻也使用这一称谓。

现代人都把兄长称为"哥哥"，这个叫法是从什么时候开始的？

通常，人们将那些年长于自己的男性同辈称为"哥"，也就是古人所说的兄长。"哥"这个词并不是自古就指代这个意思，那么是从什么时候开始，"哥"有了兄长的意思呢？

其实，在古代汉语中，"哥"是"歌"的本字，也就是音乐中所说的歌曲小调，包含有"欢乐""快乐"及"吟唱""奏乐"双重含义。《诗经·小雅·正月》中说："哿矣富人。"这里的"哿"本义指的是"歌"，作欢乐讲，会意解释为"二可"。

而"哥"作为"歌"的本字，在晋代以前的文献中也可以查阅得到。《节赋》中就曾出现过"黄钟唱哥，九韶兴舞"；《史记》中，这种用法也出现过："召公卒，而民人思召公之政，怀棠树不敢伐，哥咏之，作《甘棠》之诗。"可见，最初"哥"并不是现在"兄长"的意思。

据一些学者考证，"哥哥"指代兄长，源于胡语。古代的鲜卑族中，兄长被称为"阿干"。随着民族的融合、政治的统一，鲜卑族语言渐渐被汉族同化，"阿干"一称也逐渐转音成了"阿哥"。在中国的一些少数民族中就能寻到"阿哥"的踪迹。在后来的使用中，称呼语都变成了叠词，以表示尊重与亲切。

于是，"阿哥"最终演变成了"哥哥"。

在唐朝，"哥哥"并不是兄长的专有名词，有的地方是对父亲的称呼。直到元代还保留着这样的用法，如白朴的杂剧《墙头马上》中，仍旧将父亲称为"哥哥"。

元以后，"哥哥"被唤作年龄稍长的同辈多了起来。随着"爹""爸"称谓的出现，"哥"逐渐成为"兄长"的专称。

"姐"字的本义是母亲，什么时候变成了对年长女性同辈的称呼？

如今，人们习惯将比自己年龄稍长的女性同辈称为"姐"。在书面语言中，也写作"姊"。但是，很多字典里都将"姐"解释为母亲的意思。也就是说，"姐"是个形声字，表母亲的含义。既然这样，"姐"被作为年长女性同辈的专有名词，是从什么时候开始的呢？

"姐"被用来称呼年长女性同辈是从宋代开始的。据吴曾的《能改斋漫录》记载："近世多以女兄为姐，盖尊之也。"也就是说，在宋朝前后，"姐"有了女性同辈的含义。方言中常有"阿姐""大姐""二姐"等称呼。至此，"姐"指代母亲的含义被淡化，后来主要指称年长女性同辈。

此外，"姐"还被人们用来指代妻子或年轻女子。《京本通俗小说·碾玉观音》中写道："只见浑家坐在床上，崔宁道：'告姐姐，饶我性命！'"这里，"姐姐"就是对妻的昵称。"姐"也可以指未婚女子，这种用法在旧社会比较常用，一般指代大家小姐。如今，人们也用这个词语来表示对陌生女子的尊称。

古人为什么称女孩子为"黄花闺女"，而不是"红花""紫花"闺女呢？

在生活中，我们经常会听到有些人将还没有婚嫁的女孩子称为"黄花闺女"，为什么要叫她们"黄花闺女"呢？

自古女子爱美，即使身居闺阁，仍然勤于梳洗打扮、换装描眉。相传南北朝时期，宋武帝刘裕的女儿寿阳公主，不仅性格开朗、美丽大方，而且精于化妆术。正月里的一天，她和宫女嬉戏于宫中，微风拂过，香气四溢。不一会儿她们就玩倦了，寿阳公主躺在檐下沐浴花香假寐起来。被风吹落下来的梅花飘落在了寿阳公主的额头上，留下淡淡花痕。宫女见了，发现公主更加明艳照人。从此以后，寿阳公主就经常摘取一些梅花贴于额前，这让本就美丽的女子更显妩媚。之后，宫女也学着公主这种妆容。后来，这种化妆术流传到民间，人们叫这种妆容为"梅花妆"或"寿阳妆"。

梅花虽好看，但是开放的时间有限，在没有梅花的季节里，爱美的女子便想到用其他花瓣代替。因而，贴花瓣、施花粉成了当年的时尚。

由于这种妆术最早是点缀在额际，颜色又以黄色最衬人，人们便称这种黄色的粉妆为"花黄""额黄"。但是这种妆只有女子嫁人之前可以画，出了阁的女子是要着妇人装扮的。

"贴花黄"所用原料是从黄菊里采集来的黄色花粉，因而人们便以黄菊的孤冷清高来形容女子保持操守。这样一来，"贴花黄"又成了区分女子是否婚嫁、恪守贞操的一个标准，"黄花"也就有了指代未婚女孩的意思。

到了金元时期，没有出阁的小女孩虽然已不再这样精心装扮，但是人们还是习惯叫未婚的女孩子为"黄花闺女"。此后，这种叫法一直保留下来。

"千金"一词什么时候成为女儿的代称？这个称谓从何而来？

相传周幽王得了个冰美人，名叫褒姒。为博得美人一笑，周幽王绞尽脑汁也未能如愿。后来，虢石父为周幽王献上一计——骊山烽火戏诸侯。褒姒见到各路诸侯声势浩大地赶来，又索然无趣地离开，觉得可笑之极，便轻扯嘴角，粲然一笑。周幽王见了，欢喜得不得了。因为难得美人一笑，就赏了虢石父千金。于是，千金就与美人一笑扯上了关系。

从古至今，一些大户人家的女儿通常被

称为"千金小姐"。小姐是一种尊称，这可以理解，但是为什么前面要加"千金"两个字呢？

在古代，金是一种货币。秦汉时期，金指的是黄铜，千金指代很多由黄铜铸成的钱。于是，人们就将千金引申为"贵重难得"的意思。

唐朝李白有诗云："五花马，千金裘，呼儿将出换美酒，与尔同销万古愁。"其中"千金"意在说明豪放洒脱、视金钱如无物，即使这么多珍贵的东西还抵不上一壶浊酒。

"千金"一词被用来称呼人，据说源自南朝梁司徒谢朏。相传他10岁能诗文，行文如流水。一日与其父谢庄游山之时，挥笔成章，文不加点。宰相王景文见了称赞不已，冠以"神童"的称号。谢庄听了甚是得意，于是有感而言说："他真是我家的千金啊。"从此，凡是才华横溢的男子便都被称为"千金"，不但意指人才难得，还有形容人金贵的意思。

"千金"被用来指代有身份的小姐，始于元杂剧《薛仁贵》。剧中将官宦人家的女儿称为"千金小姐"。后来在明清的很多剧本里，官宦人家的女儿都被称为"千金小姐"，"千金"也就成了女儿家的代名词。

什么人家的女儿有资格称"金枝玉叶"？"小家碧玉"又是指什么人家的女儿？

相传，汾阳王郭子仪大寿之日，众子携眷前来祝贺，唯有郭暧独自赴会，因此受到兄弟姊妹的戏弄。郭暧盛怒之下回宫，怒砸宫门红灯，并动手打了妻子昇平公主，这就是"打金枝"。昇平公主进宫向父皇唐代宗告状，郭子仪吓得将郭暧绑至朝廷。然而，唐代宗念及郭家对国家的耿耿忠心和巨大贡献，不但没怪罪，反倒提升郭暧的官职，并命公主返回郭府道歉。这里的"金枝"指的是大唐公主。事实上，"金枝玉叶"一词出自王建的《宫中调笑》，原本叫"金花枝叶"，是形容花木枝叶美好的词汇。那么，它什么时候成了皇族子孙的代名词呢？

能被称为"金枝玉叶"显然不是一般人家的女子。皇室以黄色为贵色，而钱币之中又以金最贵。古人尚玉，但其材质极易破碎，把玩之人都要小心操持。因而，后来人们就用"金枝玉叶"来形容皇室子孙，意为高贵娇柔。

相较于"金枝玉叶"的出身不凡，"小家碧玉"则有更多的适用群体。据记载，"小家碧玉"是从《乐府诗集》中摘取出来的。相传晋代宗室司马义有妾名叫碧玉，虽不算倾国倾城，但也花容月貌，并且颇有韵味，因而深得司马义宠爱。孙绰诗云："碧玉小家女，不敢攀贵德。感郎千金意，惭无倾城色。""碧玉破瓜时，相为情颠倒。感郎不羞郎，回身就郎抱。"

从此，"小家碧玉"也就成了拥有如此特点的女子代名词。一般这样的女子清秀活泼、温柔含蓄，一副娇羞样，人见人爱。后来，人们用"大家闺秀"来称呼气度非凡的贵族女子，"小家碧玉"便成了小户人家年轻漂亮的女孩子的代名词。

泰山本是一座名山，怎么会成为岳父的代称呢？

民间口头语中，经常称妻子的父亲为"岳父""老丈人"，但是一些文学作品中，书香门第中的女婿通常叫岳父为"泰山"，这是读书人的特殊叫法吗？"泰山"怎么会成了岳父的代名词呢？

据《汉书》记载："大山川有岳山，小山川有岳婿。"依此出处，岳婿山便是岳父的前身，可视为小川之首，也就是一家之主。名山之中，又以五岳为尊，五岳之中的泰山自古被视为最接近天的地方。因而，在古代祭祀中，它拥有很重要的地位，历代皇帝都喜在这里封禅，又因其位于东方，所以泰山又成了五岳之首。

但是将"泰山"作为"岳父"的代名词，却是出自唐代段成式的《酉阳杂俎》：唐明皇李隆基封禅泰山，命宰相张说为"封禅使"。张说乘机搞腐败，把自己的女婿——一个小

的九品官郑镒拉进唐明皇的随行人员之中。按照古例，随行封禅的朝臣都可以官升一级。但是，张说却在封禅大典结束后将自己的女婿郑镒的官位连升四级，高居五品。有一天在宴请群臣时，唐明皇一眼就看出了身穿五品官员朝服的郑镒。唐明皇很是奇怪：九品的小官如何穿上了五品官服？于是便招郑镒至前，询问缘由。郑镒一时不知如何回禀。此时，宫廷戏子黄旛绰调侃道："这都是泰山的力量啊。"

黄旛绰一句"泰山"便说明了五品官的由来。因而，后人便将凭借泰山封禅而恩及女婿的张说称为"泰山"，"泰山"也逐渐有了指代妻子的父亲的意思。

"金龟婿"的说法从何而来？什么样的人才能得到这样的称呼？

在古代，龟是人们尊崇的四大吉兽之一，它不但代表了长寿，还有着镇宅赐福的作用。因而，龟纹一类的图案便见诸各种事物。战国时，大将们的战旗上通常会见到龟的图案。到了汉代，金龟印也应运而生。

古代有四灵之说，即"左青龙、右白虎、南朱雀、北玄武"，其中的"北玄武"指的就是"龟"。据史料记载，武则天称帝后，认为自己的武姓应在北方的"玄武"上，因而改前朝所设的鱼符为龟符，作为征调军队的凭证和官员地位的象征。

据《新唐书·车服志》记载，唐初，凡五品以上的官员都要佩戴鱼符或者鱼袋。亲王所佩戴的鱼符以黄金为主质；普通官员所佩戴的鱼符一般以青铜为质，上面刻有官位及姓名，用来区分官阶。武则天改龟符后，规定三品以上的官员佩戴"金龟符"，四品则佩戴"白银龟"，五品以下佩戴"铜龟"。此后，通过所佩龟饰便可以区分出官员身份来，能佩戴金龟符的，必是亲王或三品以上大员。

真正把"龟"和"婿"用在一起的，是唐代诗人李商隐。他在《为有》中描写了一位在朝身居高官的丈夫，因为每天早晨都要赶赴早朝，即使天还很黑，他也要早早起床，

所以妻子就抱怨他，即使做了高官又怎样，连一个甜美安稳的觉都享受不了。诗中初次使用"金龟婿"来代称做官的丈夫。

于是，人们便将有身份地位的女婿称为金龟婿。通常这样的人若非含着金汤勺出生，便是大富大贵者。因而，一些优秀单身汉也就有了"金龟婿"的雅称。

古人把称心如意的女婿称为"乘龙快婿"，为什么要这么叫？

在中国古代，龙尊贵无比，是最高统治者的象征。在日常一些称谓中，除了皇室以龙相称，还有一些人被冠以龙的称谓。那些很讨长辈喜欢的女婿，人们称他们为"乘龙快婿"。这样称呼他们的原因何在呢？

"快婿"指的是称心如意、才貌双全的女婿，最早出自《魏书·刘昞传》："……昞遂奋衣来坐，神志肃然，曰：'向闻先生欲求快女婿，昞其人也。'瑀遂以女妻之。""乘龙"最早见于《楚国先贤传》："时人谓桓叔元两女俱乘龙，言得婿如龙也。"这便是"乘龙快婿"的由来。

关于"乘龙快婿"这个称谓，还有个传说。话说春秋时的秦穆公有个小女儿名叫弄玉，年纪尚小，便已生得亭亭玉立，而且天资聪颖。弄玉独好清净，不喜繁华生活，因而终日与笙箫为伴。于是，秦穆公就将西戎国贡献的一块碧玉雕成的玉笙送给了弄玉，弄玉爱不释手。

女大当嫁，于是秦穆公有意招邻国公子为婿，可是弄玉说："必得善笙人，能与我唱和者，方是我夫，他非所愿也。"于是婚事作罢。一日，弄玉月下吹笙时，忽然听到远处有箫声幽幽，与自己的笙曲缠绵合奏，而且持续数日未绝。秦穆公听说后，便派人前往探寻。使者在华山明星崖发现一年轻貌美男子，箫技了得，于是带回秦宫。秦穆公询问后得知，此人名叫萧史，风度翩翩，举止优雅，不失贵族气质。萧史吹箫时，连殿上的龙凤彩绘似乎都在和着箫声起舞。弄玉看罢，早已芳心暗许，于是两人结为夫妻。

两人不但才艺相当，而且都喜欢清静，于是辞别秦宫回到华山。有一次。在两人笙箫合奏时，天降龙凤，二人乘龙驾凤远去，萧史乘龙成仙。后来，人们便以"乘龙快婿"代称让人称心如意的女婿，有时也用来夸赞他人的女婿。

人们把两姐妹的丈夫称为"连襟"，为什么会有这个叫法？

在一些方言中，我们经常会听到别人介绍两姐妹的丈夫为连襟。为什么要称为连襟呢？

早在《尔雅》中就有关于姐妹俩的丈夫称谓的记载，其中称他们为"僚婿"。宋徽宗时左朝散大夫马永卿在《赖真子》中说，江北人称友婿为"连袂"，也叫"连襟"。像"连襟""连袂"这样的叫法一般在书面上出现较多。在一些方言中，姐妹俩的丈夫又被称为"连桥""挑担"等。可见这个说法不仅由来甚早，而且被普遍使用。

据说，这一称呼被用在姐妹俩的丈夫身上是从唐代诗人杜甫的一首诗中迁移过来的。杜甫晚年的时候，居住在川东地区。当地有位李姓老翁，与杜甫一见如故，于是两人便经常把酒言欢。无意中谈到家世，追溯起来，两个人居然是远房亲戚。这样一来，两人关系就更亲密了。

后来杜甫要到湘湖一带去，就作了首《赠李十五丈别》，诗中用"襟袂连"形容两人的关系。此时的"襟袂连"只是说明两人关系好，进一层说，是指李杜二人是远房亲戚，但并没有明确指定就是姐妹俩的丈夫。后来，"连襟"被人所引用，以指代亲密关系。

到了宋代，洪迈的堂兄官场很不得意，但是他的妻子有个做节度使的姐夫，于是他便借着这层关系，被推荐到京城任官。他才疏学浅，于是便请洪迈代写一封给妻子姐夫的感谢信。洪迈便将两人的关系比为"襟袂相连"，又说了些不胜感激的话。

自此之后，"连襟""连袂"便被广泛使

用在了姐妹的丈夫身上，各姐妹的丈夫也互称连襟。

两兄弟的妻子被合称为"妯娌"，为什么会这样称呼呢？

有关"妯娌"的称呼在民间由来已久，据说源自长江一带的方言。古时，人们将比较小的居室叫"小筑"。在民间，这样成排成栋的小居室有很多，于是人们便把乡里的小居室称为"筑里"。通常，一个家庭中会有很多成员，大家住在一个院子里，因而"筑里"又有了指代一家人的意思。

传统的家庭妇女都要讲究三从四德，这也成为选择媳妇的标准之一。女人嫁进丈夫家，操持家务是其主要工作，所以，在"筑里"停留时间最长的就是媳妇们。逐渐地，人们就将一家兄弟的媳妇称作"筑里"。

随着叫法的改变，"筑里"一词也就逐渐演变成了"妯娌"。娌，有双、俩的意思，因而在使用过程中，"妯娌"便被视为兄弟妻子的合称了。

为什么把结义兄弟称为"义结金兰"呢？这种行为与"黄金"和"兰花"有关吗？

在江湖中，通常志同道合的人会结成兄弟，雅称"义结金兰"。结义可以理解，但是为什么要用"金兰"来形容结义呢？

自古兰花就被视为高风亮节的代表。屈原在《离骚》中就多次提到采兰、佩兰、熏兰。那么，"义结金兰"中的"兰"是否指兰花呢？

据《周易》记载："二人同心，其利断金；同心之言，其臭如兰。"说的是同心协力的人，他们的力量可以折斧斩金；同心同德的人同出一言，就会让人像享受幽兰发出的香气一样，甘愿接受。从此，兰花也就有了指代同心协力、同心同德的人的意思。

而"金兰"一词，最早出现在《世说新语》中。其中说山涛与嵇康、阮籍一见如故，三人很是投缘，于是就结成了异姓兄弟。他们三人关系特别好，文中使用"契若金兰，固若金汤"来形容。

由此，后人将结拜行为称为"契若金兰"。有关结拜的风俗古已有之，结拜的方式也各不相同，但是在结拜中，其他环节都可省去，唯一不能略去的就是换帖事宜。结拜的人要将姓名、生辰八字、籍贯等写于红纸之上，互相交换。最早，人们将这种互换的帖子称为《金兰谱》。宣誓过后，按照《金兰谱》上所写生辰八字，兄弟相称。"义结金兰"便因此叫开了。

第十二章
趣话汉字·称谓释疑

甲骨文是中国最早的文字吗？汉字又是怎样产生的？

　　甲骨文，又称"殷墟文字""殷契"，是殷商时期刻在龟甲和兽骨上的一种文字。龟甲是指乌龟的腹甲、背甲，兽骨主要是指牛的肩胛骨。殷商时期，统治者常用这些物品进行卜筮活动，并将结果记录在上面。19世纪末期，甲骨文被大量发现，迄今已发现的甲骨大约有15万片，4 500多个单字，其中已经被识别的有1 500多个。

　　甲骨文大量记录了殷商时期的天文、气象、历法、地理、方国、征伐、刑狱、农业、畜牧等方面的资料。就其特点而言，主要包括以下几个方面：一是异体字较多。特别是一些会意字，古人只求偏旁搭配起来表意明确，因此，现代汉语的一个字在甲骨文中可能有几十种写法。二是字体笔画不一。一些象形字，古人只求描述实物的特征，而对笔画、笔顺并不严格要求。三是以实物的繁简来决定字体的大小。有时候一个字可以占到好几个字的位置。四是笔画较细，以方笔居多。

　　甲骨文是中国已发现的古代文字中时代最早、体系较为完整的文字，已经完全具备了汉字"六书"的构字原理。那么，它是中国最早的文字吗？

　　要弄清楚这个问题，首先要明确什么是文字。一般认为，文字是文化的载体，是具有特定表意功能的书面书写单位。相传中国的造字者为仓颉，据《荀子·解蔽》载："好书者众矣，而仓颉独传者，壹也。"《吕氏春秋》中也有"奚仲作车，仓颉作书"的说法。仓颉是黄帝时的史官，造字的初衷是因为当时结绳和刀刻的记事方法已经不能满足需要。可以肯定，那个时代已经有了文字，比殷商甲骨文的历史要早得多。从考古上看，龙山文化和仰韶文化的陶器上也已经出现了文字意义的刻画符号，这也比甲骨文早很多。

　　从仓颉造字成功，再历经甲骨文、大篆、小篆、隶书、楷书、草书诸般字体演变，终于形成了我们现在的汉字，也成就了泱泱中华五千年文明。

知识链接

甲骨文研究的"四堂"

　　甲骨文研究的"四堂"是指中国近现代史上4位著名的研究甲骨文的学者，由于其名或号中均有一个"堂"字，故称"四堂"。这个说法最早来源于陈子展教授写下的名句"堂堂堂堂，郭董罗王"，现已为学界广泛接

大型涂朱红牛骨刻辞　商

商朝的甲骨文是占卜时刻在龟甲或者兽骨上的象形文字，也称卜辞，河南安阳殷墟有大量出土。

受。他们分别是指郭沫若（字鼎堂）、董作宾（字彦堂）、罗振玉（号雪堂）和王国维（号观堂）。

这四人对甲骨文的研究均有重大贡献。王国维写的《殷卜辞中所见先公先王考》纠正了《史记》中记载的个别错误，证明了司马迁所撰的殷史的可信性；罗振玉最早发现了甲骨文的出土地，并考证其地为"武乙之都"；董作宾曾先后多次参与殷墟甲骨文的发掘工作，他的《甲骨文断代研究例》是公认的一部甲骨文史上划时代的著作；郭沫若所著《甲骨文字研究》《卜辞通纂》使其达到了甲骨文研究的巅峰，他主编的《甲骨文合集》，使甲骨文的研究有了进一步的发展。

中国汉字究竟有多少个？收字最多的字典是哪一部？

我们每天都在使用汉字，汉字与我们的生活密不可分，很难想象一个没有汉字的世界会是什么样子。实际上我们经常使用的汉字非常有限，据统计，1 000 个汉字能覆盖约 92％ 的书面资料，2 000 个汉字可覆盖 98％ 以上的书面资料，3 000 个汉字时就可覆盖 99％ 的书面资料。所以常用的汉字在 3 500 个左右。如果你还想进一步阅读一些古籍的话，最多只要再增加一倍。

换句话说，我们经常使用的汉字不过几千字，那我们不经常使用或从来没使用过的汉字又有多少个呢？要回答这个问题可能有点困难。因为自仓颉造字开始，人们对于汉字的创造活动就一直没断过，我们很难得出准确的结论。过去的字典只是讲收录了多少汉字，而不是说汉字就只有字典中那么多，毕竟由于编撰者的经历和阅历有限，难免有所遗漏，而且有很多古体字已经消失，难以统计。

当然，这并不表示我们不能得出一个结论。已通过专家鉴定的北京国安资讯设备公司汉字字库，共收录有出处的汉字 91 251 个，是目前收入汉字最全的字库。所以，我们基本上可以说汉字有 90 000 多个。

说到汉字，就让人想到字典。无论是民间还是皇室，中国历来就有编撰字典的传统。中国最早按字的形体和偏旁编排的第一部字典《说文解字》共收录汉字 9 353 个，南朝时顾野王所撰《玉篇》共收录汉字 16 917 个，宋朝官修的《集韵》收字 53 525 个，《康熙字典》收字 47 035 个，日本《大汉和字辞典》收字 49 964 个，《汉语大字典》收字 54 678 个。

20 世纪编辑出版的《中华字海》是迄今为止收录汉字最多的字典，共收字 85 568 个。它涵盖了过去编撰的字典中的全部汉字，另外添入了佛经、道藏难字、敦煌俗字、宋元明清俗字、方言字、科技新造字，以及一些人名和地名用字，是一部研究汉语言文字的极佳字典。

原来竖写汉字，从什么时候开始"横行"的？

大家都知道，中国古人的书写方式与现代人存在很大差异。现代人一般是从左到右，横着写；古人则是从右向左，竖着写。是什么导致了古人的这种书写习惯，又是什么原因让我们改变了这种习惯呢？

其实说来话长。自结绳记事以来，我们祖先的写作介质一直在发生变化。从龟甲兽骨、青铜器皿、竹简丝帛再到现在通行的纸张。中国汉朝以前是没有纸的，主要用竹简来作为书写工具（丝帛较贵），但竹简偏于狭长，汉字又是方块字，毛笔比现代的钢笔、圆珠笔所占的书写范围要大很多。古人为了书写方便，就采用竖写的方式，然后把一个个竹简穿起来，就是简书。

在东汉蔡伦改进造纸术后，由于人们已经习惯了竖写，所以这种习惯就被保留。直到清朝中后期，西学东渐，要求文字改革的呼声越来越高，其中就包括改变过去从右向左竖写的书写习惯。清末刘世恩写的《音韵记号》就是一本"横行"排版的书。

中华人民共和国成立后，郭沫若、陈嘉庚先后向国家提出汉字"横行"的建议。受当时学术界的影响，1955 年 1 月 1 日元旦出版的《光明日报》率先采用从左向右横行排版的方式；到 1955 年 11 月，全国 17 家中央级报纸已有 13 家采用横排方式，1956 年 1 月 1 日，《人民日报》也改为横排，至此全国响应。

汉字"横行"不是人们求新求异的结果，而是带有一定的必然性。第一，当时世界上众多媒体和刊物都是采用横版的方式，要与世界接轨并赶上时代步伐。第二，汉字横排有利于阅读，可以在一定程度上降低视觉疲劳。第三，便于各种数理化公式以及各种外国地名、人名书写。

最早给汉字注音是什么时候？此事与外国人有关吗？

汉字注音经历了漫长的历史发展过程。从最初的音节整体描述，到声韵二分的反切注音，再到音节中切分声调的纽四声法注音，再到注音字母和汉语拼音方案，每一步都是当时学术背景和历史的反映，都是多元文化相互碰撞的结果。

中国最早给汉字注音的是东汉的许慎。在其编撰的字典《说文解字》中，当他认为某些字应该注明读音时，就用直音法为其注音（用另一个音同或相近的字代替）。但这种方法有缺陷，如陈澧《切韵考·通论》："古人音书，但曰读若某，读与某同。然或无同音之字，则其法穷；或虽有同音之字，而隐僻难识者，则其法又穷。"后来产生了声韵二分的反切注音，在此基础上再加上声调，就是纽四声法注音。

这一时期的注音以汉字为主，音标化注音要晚些。明朝时，中国与西洋列国通商，万历年间，一些天主教徒来到中国，为了学习汉语，他们用拉丁和罗马字母给汉字注音。当时鼎鼎大名的意大利传教士利玛窦于 1605 年在北京出版了《西字奇迹》一书。罗常培根据该书的汉字与拉丁文对照的译文，整理出一个包括 26 个声母和 44 个韵母的汉语拼音方案。1626 年，法国耶稣会传教士金尼阁（1610 年来华）在杭州又出版了《西儒耳目资》，在利玛窦的注音方案基础上作了一定的修改，后人称之为"利金方案"，它打开了汉字音标化、音素化注音的大门。

从明朝、清朝到中华人民共和国成立，几百年间产生了几十种拼音方案。这些音标注音字母有汉字笔画式、速记符号式、拉丁字母、数码式、自造符号式等；从音节的拼音方式看，有声韵双拼制、音素制、三拼制等。

1955 年，在北京召开的全国性现代汉语规范问题学术会议公布了《汉语拼音方案》，后经 1958 年全国人民代表大会第五次会议通过。至此，汉字注音、记音才走上规范化道路。

"壹、贰、叁"等大写的数目字，本义就是指数字吗？

大家知道，银行记账或签发票据都要使用大写数目字，如壹、贰、肆、捌等。目的是防止人们篡改票据。但"壹、贰、叁"等大写数目字最初并不是用来表示数字的，这中间经历了漫长的历史演变。

"壹"本是会意字，最初通作"一"，表示专一的意思。到了春秋时，"壹"才被作为数字使用，如《管子》中就有"六月而壹见"。"叁"是"参"的俗体字，意思是参加、拜访，何时被作为数目字现已无从考证。"伍"也是会意字，指旧时军队的编制，五人为一伍。"陆"是指高出水面的陆地。"柒"是"漆"的俗体字，本义是一种木名。

"贰、肆、捌、玖、拾"本义也和数目无关。"贰"指副职；"肆"是放肆的意思，如成语"肆无忌惮"；"捌"是指一种无齿的耙；"玖"是指黑色的美玉；"拾"与现代汉语意义区别不大，是拾起、捡起的意思，如"路不拾遗，夜不闭户"。它们被作为大写数目字是在武则天时期。相传当时国库管理混乱，出现了很多贪赃枉法的官吏。武则天为了澄清吏治，防止他们随意涂改单据，就下令统一汉字大写数目字，于是 10 个小写数字的大写形式就被固定了下来。

武则天对于规范汉字大写数目字有重大贡献，但大写数目字被广泛作为记账方式是在明代。史载朱元璋时期，户部侍郎郭桓勾结中央、地方其他官员，大肆贪污国库钱粮。郭桓被查处后，朱元璋先后颁布了多条惩治经济犯罪的禁令，其中就包括将记载钱粮的小写数字改成大写数目字。此后一直沿用至今。

"我"字最早的含义是什么？

"我"是第一人称的代词，指自己。无论书面语还是口语，都是使用频度最高的几个字之一。你是否知道，"我"最早指的是一种杀人的凶器呢？

"我"是会意字，从戈；甲骨文中的"我"字形如兵器。戈是古代常见的一种兵器。《说文解字》中释义："戈者，秘也，长六尺六寸，其刃横出，可勾可击，与矛专刺、殳专击者不同，亦与戟之兼刺与勾者异。"戈盛行于商至战国时期，秦以后逐渐消失。其突出部分名援，援上下皆刃，用以横击和钩杀，钩割或啄刺敌人，因此，古代叫作勾兵或称啄兵。后来从"戈"中引申出"杀"的含义，因此《说文》中又云："我，古杀字。"

"戈"还可代指战争，如干戈，"偃武息戈，卑辞事汉"。可见"我"从单纯指兵器，再到"杀""战争"等义，这是经过一定的历史演变的。但何时开始指称自己的呢？"戈"在古代是一种很有代表性的武器，能够激发大家的斗志。戈兵属于国家的正规军，《礼记·檀弓下》有大丈夫当"执干戈以卫社稷"，因此武士常持戈以自恃。战争中持戈的军队称"戈方"，与其他兵种相区别，"戈"便有了"我们"的意思。

西周时期，"我"开始代指自我，正式成为第一人称代词。但古代使用最多的还是"余""吾"，第二人称也用"汝""尔"，而不是"你"。"我""你"这些现代交际中经常使用的代词是伴随着元杂剧、明清小说以及近代白话文运动而逐步确立其地位的。

意见不同叫"相左"，而不叫"相右"，这是为什么？

我们每个人都有两只手，两只手协作，人类就可以做很多事情。比如，一只手按住纸，另一只手写字；一只手握住零件，另一只手拧动螺丝。可以说，左手和右手是不分家的，离开任何一只都会给我们的学习和生活带来极大的不便。

左右手的关系是如此密切，我们也常使用它们的引申义。比如，意见不同叫相左，那为什么不叫相右呢？

据有关学者考证，左右手虽然功能大致相同，但灵活性却有区别。一般而言，我们习惯于用右手，右手的灵活性要远远超过左手。比如，我们可以用右手写字、绘画、雕刻、刺绣，用左手就往往难以完成。因此，在古人看来，右手具有"灵巧、帮助"的含义，而左手由于不具备右手的灵活性，往往给人笨拙、违逆的感觉。由此引申到人们的观点不同上，就产生了意见相左的说法。

如果有相右的说法，那也应该是表达意见相同。当然，语言文字的发展过程有其自身特点，为什么没有产生相右的说法可能与我们已经有了大量表达意见一致的词汇有关。"意见相左"这个词语之所以产生，可能是为了委婉地表达不同意见。比如，你与某人意见不合，在表达时使用"我与他意见相左"，而不用"相反、相悖"这类感情色彩浓烈的词语，可以有效降低对立和冲突，还可以在一定程度上显示出你容人的雅量。

知识链接

左右与尊卑

古时君主是面南而坐，堂下臣子是面北而立。文官武将由尊至卑，依次排开。官衔高的列于东面则尊右，反之则尊左。中国各代礼仪不同，因而左右和尊卑的关系也不一样。

《逸周书·武顺解》："天道尚左，日月西

移。"《左传·桓公八年》:"楚人上左。"《史记·陈丞相世家》:"乃以绛侯勃为右丞相,位次第一。平徙为左丞相,位次第二。"颜师古为《汉书·周昌传》中的"左迁"作批注:"是时尊右而卑左,故谓贬秩位为左迁。"宋戴埴《鼠璞》:"汉以右为尊。谓贬秩为左迁,仕诸侯为左官,居高位为右职。"

总结起来,夏、商、周、晋、南北朝、五代十国时期是文官尊左,武将尊右;秦、唐、宋、明时期以左为尊;汉、元、清时期以右为尊。

打败仗为什么叫"败北",而不叫"败东"或"败西"呢?

"败北"就是打败仗,也引申为做事不成功,竞争或竞选失败。那么,"败北"一词究竟何义,是战败后往北逃跑吗?

"北"在古代汉语中的本义为"背"或"相背"。古时两军交战,若一方败退则以"背"对胜利的一方。所以"北"就有了失败的义项。《孙子·军争》:"佯北勿从。"这个"北",也是"败"或"败逃",意为"敌人假装败逃,不要盲目追赶"。贾谊《过秦论》"追亡逐北",意为"追杀败逃的敌军"。

在中国古代汉语中存在大量和方位有关的词汇,很多均来自《周易》的卦爻辞,还有一部分来自人们对社会生活的观察和体验。仔细考察这些词源,对我们加深对传统文化的理解有极大的帮助。拿"败北"这个词语来讲,如果我们不知道"北"的古义是"背"或"相背",就很难理解为什么不可以把"败北"改成"败东"或"败西",还可能以为"败北"就是向北方逃跑的意思。

"缄"字本义是什么?人们为什么要在书信落款处写上"××缄"呢?

写信的朋友在寄信人地址栏内经常能看到"××缄"的字样。"缄"的本义是什么?我们常说的"缄口不语"、保持"缄默"和这里的"××缄"有联系吗?

缄,《尔雅》释义为"索也"。本义是指捆箱子用的绳子,如东汉许慎编撰的《说文解字》注解为:"缄,束箧也。"《汉书·外戚传》中"使客子解箧缄未已"中的"解箧缄"就是解开捆箱子的绳子。

"××缄"最初的含义就是"××捆信"。古代在发明纸信封之前,使用过相当长时间的"双鲤鱼"和简牍信封。汉以前,主要用"双鲤鱼"信封。这种信封由两块鲤鱼形木板制成,中间夹着信纸,外面又有绳索捆束。例如,"呼儿烹鲤鱼",即解绳开函;"中有尺素书",即开函看到用素帛写的书信。汉代信封以简牍(竹或木片)做成,用绳索捆绑后,在绳结处加上封泥。

汉以后,纸张开始普及,纸质信封出现。寄信人"××缄"的习惯仍然保留。直到今天,我们写信还经常用上"××缄"的字样,意思是"××封信"。"缄口不语"的"缄"字含义也来自这里,意思是保持沉默,不说话。

"天字第一号"的说法来自何处?作何解释?

中国古代有"三、百、千"的说法。"三"是指《三字经》,"百"指《百家姓》,"千"就是这里的《千字文》。虽然"千"排在"三""百"之后,但在这三部经典中,《千字文》却是成书最早的。相传为南朝梁武帝时散骑侍郎、给事中周兴嗣所作。

据说梁武帝萧衍为教诸王书法,叫殷铁石从王羲之作品中拓出 1 000 个不同的字,每个字一张纸。然后交给周兴嗣命其编缀成有内容的韵文。周兴嗣用了一夜将其编完,累得须发皆白。不过好歹交了差,还得到不少赏赐。

《千字文》共 1 000 字,以"天地玄黄,宇宙洪荒"句作为开头。"天字第一号"的"天"字就来自这里,意为《千字文》的第一个字。"天字第一号"意为第一或第一类中最好的,喻指最高、最大或最强的。

现在我们也经常使用"天字第一号"的说法,如"天字一号商标""天字一号店""天字一号药铺"等。总之,我们的文化和社会习惯深受传统的影响。

知识链接

《千字文》

《千字文》相传为梁朝武帝时散骑侍郎、给事中周兴嗣所作。全文250句，每句4字，共1 000字，故称"千字文"。

《千字文》通篇用韵，朗朗上口，用韵数目是7个。其行文流畅，气势磅礴，辞藻华丽，内容丰富。但由于时代久远，内容已不易于理解。下面依据清朝汪啸尹、孙谦益的说法，对《千字文》的内容作大致介绍。

汪啸尹纂辑、孙谦益注的《千字文释义》将其分为四个部分，他们称为四章。从第一句"天地玄黄"开始，至第36句"赖及万方"为第一部分，主要讲述从开天辟地开始，天地万物的演化以及人和时代的变迁。从第37句"盖此身发"开始，至第102句"好爵自縻"为第二部分，教导人们正确的为人处世原则和修身立命之法。自第103句"都邑华夏"起，至第162句"岩岫杳冥"为第三部分，讲述与统治有关的问题。自第163句"治本于农"起，至第248句"愚蒙等诮"为第四部分，讲述恬淡闲适的田园生活，称美那些不为名利羁绊的人们。最后两句"谓语助者，焉哉乎也"，没有特别含义，作为全文的结束。

古代汉语里没有"她"字，这个字从何而来？是谁造的？

现代汉语中，我们经常使用第三人称代词"她"来指称女性。但在古汉语中是没有"她"字的，我们表达第三人称使用"之"或"他"。"他"在宋元的话本、戏曲中可以泛指第三称的一切事物，包括男人、女人以及其他无生命的东西。

"她"的产生是在新文化运动后期，其创造者是刘半农。当时普遍提倡白话文，大量引进了西方现代文化。但在翻译欧美文学作品时，汉语第三人称不能区分性别，造成了很大的混淆和不方便。

鲁迅先生曾尝试过使用"伊"来代指女性，但"伊"来自古汉语和南方方言（本义并非专指女性），使用起来一不切实际，二不方便，很难推广。刘半农在其1917年翻译的英国戏剧《琴魂》中，试用了自己创造的新字"她"，引来保守势力的攻击和反对，舆论争论十分激烈。随后，刘半农撰写学术论文《"她"字问题》，并将文章寄回上海发表。他的新诗《教我如何不想她》更是脍炙人口，表达了一个海外游子对祖国母亲"她"的思念。

刘半农创造了"她"字，结束了汉语中第三人称男女表达混乱的现象，丰富和发展了汉语言文字。鲁迅先生曾高度评价说，"她"字的创造是"打了一次大仗"。

"时髦"一词是今人所造，还是古已有之？这里的"髦"应作何解释？

"赶时髦"现在是个很流行的词语，意即追求某种流行趋势和时尚元素。据说这个词和"粉丝"（fans）、"咖啡"（coffee）一样是个外来词汇，是英文"smart"的缩写。"smart"的本义为"精致，聪明"，音译过来就是"时髦"的意思，但真是如此吗？

其实"时髦"在中国产生得非常早。"髦"是个会意字，从髟，从毛。髟，长发下垂的样子。本义为毛发中的长毫。据《说文解字》中解释："髦，发也。"《山海经·南山经》："如狸而有髦。"唐代玄应《一切经音义》："髦，发中毫者也。"可见"髦"既可以指动物皮毛，也可指人的头发。《礼记·曲礼》中"乘髦马"意为骑一种浑身长毛的马。"髦"还通"牦"，中国西部青藏高原上的"牦牛"最初可能为"髦牛"，如《史记·西南夷列传》："取其筰马、僰僮、髦牛，以此巴蜀殷富。""髦"还可以指幼儿垂在前额的短发，如《诗经·鄘风·柏舟》注："髦者，发至眉。子事父母之饰。"

"髦"不知何时产生"俊杰"之义。中国古代有"凤毛"之说，比喻不可多得的人才，关羽被称作"美髯公",可见胡须和头发在古代是审美的一种要素。"髦"既为长发,由是有"美"意,进而比喻才俊或杰出之士。这种表达出现得很早,《诗经》中就有记载。另如《尔雅》:"髦,俊也。"《诗经·大雅·思齐》:"誉髦斯士。"《诗经·小雅·甫田》:"烝我髦士。"《仪礼·士冠礼》:"髦士攸宜。"

可见"髦"在古代就有时尚和审美的要素在里面。现在说的"时髦"是指一种非理智的与过于流行的行为模式流传现象,主要表达一种自我的宣扬和个性。

我们把购物叫作"买东西",为什么不叫作"买南北"呢?

"东西"是物品的代称。我们上街购物叫买"东西"。既然方位名词"东西"可以指代所购之物,那么"南北"为什么不可以呢?

一说认为,购物称"买东西"源于中国古老的《周易》理论。阴阳五行学说认为,东方甲乙木,西方庚辛金,中央戊己土,南方丙丁火,北方壬癸水。东西为金木,具有有形实体和价值;南北为水火,为虚。中国古代购买物品所用之器皿多为"竹木"编制而成,遇水则漏,遇火则焚。因此,上街购物称"买东西",而不称"买南北"。

另一说认为,"买东西"一词来自中国唐代集市贸易的"东西二市"。唐朝是中国封建社会的顶峰。都城长安既是全国的政治、经济、文化中心,又是一座国际化的大都市,由宫城、皇城、郭城三部分构成。其中手工业、商业主要集中在城市的东西两面。由于购物往往需要既跑东市,又看西市,这样东来西去,来回折返,久而久之,"买东西"就成了购物的代名词了。

这两种说法均有一定的合理性。首先,中国传统五行学说一定程度上影响了城市布局。南北多为通衢,"天子坐北而朝南";东西为实体,故城市商圈多分布于东西方向。在此基础上形成"东西"二市,于是"买东西"也就成了购物的代名词。

"铜臭"是指铜锈而发臭吗?这个词是什么意思?怎么来的?

"铜臭"意为铜钱的臭(气)味,用来讽刺唯利是图的人。1985年公布的《普通话异读词审音表》把"臭"注音为"xiù",但我们通常读"chòu"。这个词语出自《后汉书·崔骃列传第四十二》:"久之不自安,从容问其子钧曰:'吾居三公,于议者何如?'钧曰:'大人少有英称,历位卿守,论者不谓不当为三公;而今登其位,天下失望。'烈曰:'何为然也?'钧曰:'论者嫌其铜臭。'"

东汉桓帝、灵帝时,纲纪败坏,官职可以公开买卖。崔烈已为朝廷重臣,但他仍不满足于现状,而在卖官鬻爵的腐败中以500万钱买得"司徒"一职,从而得享"三公"之尊。有一日,他问儿子崔钧:"吾居三公,于议者何如?"崔钧如实回答:"论者嫌其铜臭。"后来人们便以"铜臭"一词来讥讽俗陋无知而多财暴富之人。

关于"铜臭"的解释,《现代汉语词典》解释为铜钱铜圆的气味,用来讥讽过于看重钱的表现。"臭"若读"xiù"则作"气味"解,如《诗经·大雅·文王》"无声无臭",《孟子》中有"口之于味也,目之于色也,耳之于声也,鼻之于臭也,四肢之于安佚也,性也"。

《聊斋志异·席方平》中二郎的判语:"羊某:富而不仁,狡而多诈。金光盖地,因使阎摩殿上尽是阴霾;铜臭熏天,遂教枉死城中全无日月。余腥犹能役鬼,大力直可通神。宜籍羊氏之家,以赏席生之孝。"这里的"臭"指臭气、恶气应无疑问。

当然以上只是学术上的争论,并不影响我们在现实生活中使用这个词。

"捉刀"与"代笔"的原意是代人作文吗?

"捉刀"常与"代笔"连用。中国古代的文字最初是用刀子刻在龟甲和兽骨上的。后来发明简牍后,人们用毛笔在上面写字,如果发现错误需要更正,就用刀子削去,重新写。所以，"刀"和"笔"关系密切。

"捉刀"一词来自刘义庆所著《世说新语·容止》，其文字如下："魏武将见匈奴使，自以形陋，不足雄远国，使崔季珪代，帝自捉刀立床头。既毕，令间谍问曰：'魏王何如？'匈奴使答曰：'魏王雅望非常；然床头捉刀人，此乃英雄也。'魏武闻之，追杀此使。"

这段话意思是说，曹操在统一北方后，适逢匈奴使臣来朝见。曹操认为自己长相不够威严，难以达到震慑之目的，于是便命长相俊朗、气宇非凡的崔琰代替自己坐在床上，而自己扮成侍卫提刀立于床边。参拜结束后，魏王命间谍去问匈奴使者："对魏王印象如何啊？"匈奴使臣答曰："魏王俊美，丰采高雅，但是，床边捉刀的那个人气度威严，非常人可及，是为真英雄也！"曹操听后，怕使者泄露了真相，于是便派人杀了这个使者。

这个典故中，"捉刀人"是指代替自己的人，与现在词义并不一致。至于后来人们用"捉刀"来比喻代替他人作文章，大概是词语流传过程中出现了转义现象。所以，我们常说的"捉刀代笔"，意为替别人撰写文章。此外，替他人代写公文和状词的人旧时被称为"刀笔吏"，也足可见"捉刀"和"代笔"的密切关联性。

知识链接

刀笔吏

刀笔吏是指中国古代撰写公文或状词的人，如讼师或幕僚。"刀笔"的由来与中国古代的书写习惯有关。古时用笔在竹简上写字，写错后用刀刮去重写。所以，一般读书人及政客经常随身带着刀和笔，因刀笔并用，所以古代文职官员也被称为"刀笔吏"。

"刀笔吏"还有另外一层含义：用笔如刀，比喻能够运用文字改变案件，妙笔生花。中国古代有很多通过"刀笔"打赢了官司的事例。

人们把连带之爱称为"爱屋及乌"，为什么要及"乌"而不是其他东西？

"爱屋及乌"从字面上理解是爱人之屋连带喜欢上人家屋顶上的乌鸦，引申为由于喜欢某人或某物，连带与他有关系的人或物也喜欢。乌鸦在中国古代多有不祥的意味，如《诗经》中就有"瞻乌爱止？于谁之屋"的句子。由喜欢一个人，进而连带有一定不祥意味的乌鸦也喜欢，足见爱之深、情之切，有过分宠爱的含义。

这个成语与"武王伐纣"有关。话说周武王在牧野击败商纣，纣王自焚于鹿台，周武王率领大军进入朝歌。面对大量商朝的旧吏和士众，武王问计于太公："对殷商旧臣怎么处理？"太公回答："臣闻之也：爱人者，兼其屋上之乌；不爱人者，及其胥余。何如？"意思是爱一个人，连他屋上的乌鸦也一起爱；讨厌一个人，连同他的下属也一起讨厌。

但召公并不同意姜子牙的做法，他认为有罪的固然该杀，无罪的不如留下。武王并不赞成留下商纣面前的这帮逸臣小人。这时周公说话了："依臣之见，不如让他们回家耕地，这样既可以显出大王的宽大，又可以避

魏武帝曹操像

免他们再滋生事端。"武王觉得这个主意好，就按周公说的做了。果然，天下很快安定下来，商人也没有发生大的暴乱。

于是，"爱屋及乌"这个成语也便流传开来。后人多喜欢用这个典故，如杜甫《奉赠射洪李四丈》："丈人屋上乌，人好乌亦好。"苏轼的《故周茂叔先生濂溪》："怒移水中蟹，爱及屋上乌。"陈师道的《简李伯益》："时情视我门前雀，人好看君屋上乌。"

为什么把相同的东西叫作"雷同"，而不是"风同"或"雨同"？

很多人喜欢看电视剧。在字幕部分经常看到："本剧纯属虚构，如有雷同，纯属巧合。"意思是说，如果存在与社会生活中事件相同的地方，那也只是巧合。这么做可以解决很多版权或侵权的问题，类似于一个公告或申明。

"雷同"一词究竟何来，为何不称"风同"或"雨同"呢？这里有个缘故：雷在《易经》中为震卦。震卦是万物生长或茂盛的开始。春雷过后，万物与之相和，得阳光雨露而繁盛。雷常与电相伴而生，所谓"电闪雷鸣"；雷也常与回声相联系，如雷声过后，山川、溪谷皆有回声，看起来就像是在附和"雷公"一样。

"雷同"有附和的意思，多指旧时文人没有自己的观点，而附会古人的见解。如《礼记·曲礼上》说："毋剿说，毋雷同。"汉代郑玄注："雷之发声，物无不同时应者。人之言当各由己，不当然也。"

因此，"雷同"一词的来历应取"雷声过后，万物与之相应"的意象。虽万物与之相和，譬如空谷回声，终究不同于雷声，虽形似而神不似。说"雷同"，有时也包含谦虚的意思。风雨虽然也是自然现象，但终没有雷声发出，万物与之相应的现象，所以，我们看到的也只有"雷同"，而无"风同"或"雨同"了。这也说明，任何语言现象都存在一定的客观依据，而不是完全来自我们的主观臆造。

何谓"下榻"？这个词有什么说道？有没有"上榻"一说呢？

"榻"在古代是床的一种，矮而狭长，可以自由移动或悬挂。《孔雀东南飞》中有"移我琉璃榻，出置前窗下"的说法。所谓"下榻"本义是指放下榻准备睡觉。王勃《滕王阁序》赞美洪州人才辈出，云："物华天宝，龙光射斗牛之墟；人杰地灵，徐孺下陈蕃之榻。"徐孺又名徐稚，东汉豫章人，是当时的名士。徐孺家贫，但从不喜结交权贵。由于德才兼备多次被征辟，但徐稚都婉言谢绝，被当地一些人誉为"南州高士"。

"徐孺下陈蕃之榻"讲述的是陈蕃向徐孺请教的故事。据《后汉书·徐徲传》记载："蕃在郡不接宾客，唯稚来特设一榻，去则县之。"《后汉书·陈王列传》也有类似记载："前后郡守招命莫肯至，唯陈蕃能致焉。字而不名，特为置一榻，去则县之。"这里的"县"同"悬"，"下榻"的本义就是徐稚来了后，放下"榻"来供其住宿。后来就用这个典故表示虚心求教、尊重客人，"下榻"也逐渐成了客舍的雅称。

徐稚之榻平时是被悬起来的，只有睡觉时才放下来，故为"下榻"。"榻"虽然有床的含义，但不像我们说"上床"那样可以说"上榻"。床一般固定，比人身体位置略高，故为"上床"睡觉；榻则不一样，狭长而矮，还容易移动，所以只能"下"而不必"上"，加上当年陈蕃还把它挂得很高，所以只能是"下榻"了，现在已经是约定俗成的说法。

表示马背上的古代词语"马上"，是怎么演变成表示"立刻"的现代词语的呢？

"马上"有"立刻"的意思。那么，为什么"马上"可以表达"立刻"的意思，这个词在古代还有别的意义吗？

"马上"从字面上理解，就是骑在马上。中国古代打仗的将军多骑马，在马上进行比武或弓矢对射，因此有征战武功的含义，如《史记·郦生陆贾列传》："陆生时时前说称

《诗》《书》。高帝骂之曰：'乃公居马上而得之，安事《诗》《书》？'陆生曰：'居马上得之，宁可以马上治之乎？'"这段话是说陆生经常在刘邦面前讲《诗经》和《尚书》这两部儒家经典，刘邦不高兴，就说："都是马上得天下，没听说读书可以办到的。"陆生反应也快，随即回答道："可以马上得天下，但可以在马上治理天下吗？"这里"马上"就是"武治"的含义。明王世贞《艺苑卮言》卷八："明兴，高帝创自马上，亦复优礼儒硕。"这里是说高帝的天下都是马上打下来的，但同时也很重视儒家的治国作用。

"马上"第二个含义是指在朝为官。古时官员有骑马或坐轿上任的习惯，在"马上"意味着在职。如《中国现在记》第二回："既而一想，我亦是个男子汉大丈夫，小虽小，到底还在马上，不比他失势之人，我又何必怕他？"从维熙《远去的白帆》："寇安老头当时还在马上，他把这对情侣饲养在龙眼葡萄棚架之下。"

至于"马上"表示"立刻"的含义就比较有争论了。有说来自古代的一员武将，当时正在烽火前线，忽然收到皇帝病危的消息，于是一直骑着马就奔京城去了。这里"马上"强调事情的紧急，来不及下马。有人说这与中国古代大思想家荀子有关，据说他有一次不小心从马上摔下来，后人就以"马上就来"表示变起于仓促之间，言时间短。不过也有人认为，马在古代可以说是最快速的交通工具了，在"马上"意味着已经做好一切的准备，有可以"立刻"出发的含义。

至于准确的来历，现在已不可考，但历代习惯用法中颇多"立刻"之意，现在更为白话文常用。如元无名氏《陈州粜米》第三折："爷，有的就马上说了罢！"老舍《黑白李》："老四，也不催我，显然他说的是长久之计，不是马上要干什么。"

"目不识丁"出自何处？这个词是说连最简单的"丁"字都不认识吗？

"目不识丁"，比喻文盲或文化程度很低。

典故出于《旧唐书·张弘靖传》："今天下无事，汝辈挽得两石力弓，不如识一丁字。"

唐朝的张弘靖曾长期担任幽州节度使。此人刚愎自用，手下官员更是飞扬跋扈、欺压百姓、无恶不作。他有两个亲信，一个叫韦雍，一个叫张宗厚。这两个人每晚都吃喝到深夜，还要大队士兵护送他们回府。一路上灯笼火把，鼓响锣鸣，全城鸡犬不宁。他俩还经常打骂百姓、以骂士兵作乐。一次酒醉后，两人无故谩骂兵士道："如今天下太平，你们这些当兵的会拉两石的弓有什么用，还不如认识一个'丁'字！"

众兵士闻听此语，无不愤慨，不满情绪开始迅速蔓延。后来，张弘靖贪污朝廷犒赏将士钱款的事情被揭露出来，于是群情激愤。怒不可遏的兵士逮捕了张弘靖，并把他关押起来。恶贯满盈的韦雍和张宗厚则成了刀下鬼。

后来，人们就用"目不识丁"来比喻人大字不识一个。鲁迅《且介亭杂文·门外文谈》中说："但即使'目不识丁'的文盲，由我看来，其实也并不如读书人所推想的那么愚蠢。"巴金《家》中说："如我试问，如果你母亲要把你嫁给一个目不识丁的俗商，或者一个中年官僚，或者一个纨弟，你难道也不反抗？"

话语是不能吃的，"食言"这个词是怎样造出来的呢？

"食言"从字面上理解就是吃了话语。显然话语是不能吃的，那为什么我们经常用"食言"这个词语呢？与之类似的表达还有"吞进肚子里的话吐出来"。

其实这些都是形象的表达。"食言"表示不遵守自己的承诺，不讲信用。自己说了的话经常不算，故谓"食言"。它来自"食言而肥"这个典故，与春秋时一个叫孟武伯的大臣有关。

《左传·哀公二十五年》中有这样一段话："公宴于五梧。武伯为祝，恶郭重，曰：'何肥也？'季孙曰：'请饮歠也！以鲁国之密迩仇雠，臣是以不获从君，克免于大行，又谓重也肥。'公曰：'是食言多矣，能无肥乎？'"鲁哀公出访越国回来，季康子和孟武伯到五梧这个地方迎接。君臣在一起宴饮，孟武伯很讨厌受哀公宠爱的郭重，就借敬酒的机会说："你怎么这么肥啊？"季康子名肥，听了这话很不高兴，就说："要罚这头猪（指孟武伯）喝酒！鲁国紧挨着仇人，臣下因此不能跟随君王，才避免远行。郭重跟着君王奔波辛苦，孟武伯却说他长得肥胖。"哀公就势指桑骂槐，说："这个人吃自己的话多了，能不肥胖吗？"

这是君臣交恶的一个典型例子。孟武伯这个人向来言而无信，经常说话不算话，鲁哀公很讨厌他，所以借此机会，对他大加讽刺，搞得孟武伯面红耳赤。当然，鲁哀公也因此得罪了孟武伯，孟武伯后来给哀公制造了不少麻烦。

后来就用这个词语表示人不守信用，只图自己占便宜。例如，明代高明《琵琶记·南浦嘱别》："孩儿，既蒙张太公金诺，必不食言；你可放心早去。"

为什么把榜样人物称为"楷模"呢？

"楷模"就是榜样。我们一般把人的模范行为、榜样作用、为人师表的风范称为"楷模"。这个词由来已久，如《后汉书·卢植传》："故北中郎将卢植，名著海内，学为儒宗，士之楷模，国之桢干也。"

卢植，字子干，东汉涿郡涿县（今河北省涿州市）人。他声如洪钟，性刚毅而有大节，常怀济世志，少与郑玄师从马融，通古今学，为当时大儒，著有《尚书章句》《三礼解诂》。《后汉书》上那段话是曹操赞美卢植的，说他为儒学大家、士人的楷模、国家的栋梁。

"楷模"一词虽与卢植有一定关联，但最初却是指的两种树。楷树，俗名黄连树，是制作家具的好材料，又易于雕刻，不腐不折且木纹清晰可见。相传，在孔子墓前，生长着一株楷树，为子贡所植。此树树干挺拔，

枝繁叶茂，巍然兀立，正气浩然，为诸树之榜样。但后来被雷电击毁，今仅存"楷碑"和"楷亭"。模树，其叶随时令而变，春天青翠碧绿，夏时赤红似血，秋日洁白如玉，冬则乌黑如墨。因其各季色泽纯正，"不染尘俗"，便为诸树榜样。相传，在周公墓旁，生长着一棵这样的树木。据明朝叶盛《水东日记》载："吴正道，东隅人，明六书，许慎《说文》有不足者补之，临川吴文正公澄问曰：'楷模二字，假借乎？'曰：'取义也。'曰：'何以取木为义？'曰：'昔模木生周公墓上，其叶春青、夏赤、秋白、冬墨，以色得其正也。'"这里的模树颇为神奇，颜色可随季节而变，而不像其他树木春绿秋枯，有"不落世俗"之义。

周公和孔子都是后世儒家推崇的圣人。于是，人们便用生长在他们墓旁的树木来比喻他们正直高尚的人格，因此才有了"楷模"的说法。因为这两种树是其他树的榜样，后来借物喻人，"楷模"就成了我们生活中那些值得尊敬的人或事了。

知识链接

模　范

模范现多指值得仿效的人物或事迹，但在古代"模"和"范"均是铸造青铜器的主要工具。今天我们看到的后母戊鼎高大精美，反映出青铜器铸造的很高水平，但铸造过程极为复杂，需要大量的"模"和"范"才能完成。

制造一件青铜器，包括塑模、翻范、烘烤、浇铸等工序。"模"是用泥制成的实心模具，"范"在"模"上贴泥，经翻制而成。一件复杂的青铜器往往需要很多块"范"，否则难以起"范"，使其从"模"上脱落。山西侯马出土的大型编钟铸范共有90多块，非常精巧，这说明当时青铜铸造工艺达到了纯熟的水平。由于"模"和"范"都反映了"规制、标准"的含义，后来被引申为人际交往的礼节和为人处世的原则。人的行为或事迹符合标准，便是

"模范"的一种表现。

"规矩"是什么？为什么行事要守"规矩"？

我们常说"没有规矩，不成方圆"，意思是没有一定的规则和法度，就很难办成事情。它告诉人们，要遵守一定的社会秩序和法度，才能保证人类生活和生产活动的顺利进行。在法律中，经常使用"规矩"这个词，即强调法律规定的是社会道德的底线和一般规则，任何人都不能触犯它。

"规矩"现在是一个词，以前是分开的，指木匠用的两种工具。规，就是圆规，用来画圆；矩，又叫曲尺或直尺，呈直角。没有了"规"和"矩"这两样工具，自然画不了方圆，木工师傅也就难以完成家具的制作了。

当然，"规矩"一词的含义远不是木匠工具那么简单。近年，新疆吐鲁番市出土了一张《伏羲女娲图》。这幅绘于汉代的图画中，伏羲为男身，女娲为女身，两人侧身相对，各举一手。伏羲举手执矩，女娲举手执规，另一手则抱住对方的腰，下半身作蛇形交绕。他们高举着规和矩，意味着作为中华人文始祖，最大的贡献就是为后人确定了行为准则，并初步对人类社会的秩序作出了规范。规和矩，标志着人类社会建立了不同于动物世界的活动法则。

故而，"规矩"就是指规则和法度。"守规矩"就是告诉人们不要乱来，要受道德和法律的约束。但后来词义有所变化，如"循规蹈矩""规行矩步"等都是表示拘泥于旧的原则或规则，没有创新，含有一定的贬义。

为什么把焦灼的心情称为"五内俱焚"？"五内"是指什么呢？

"五内俱焚"常用来比喻异常焦急的心情。"五内"指的是五脏。中国传统中医理论认为人有"五脏六腑"，其中"五脏"指心、肝、脾、肺、肾，"六腑"指胆、胃、小肠、大肠、膀胱、三焦。五脏主要是贮藏精气，六腑主要是消化食物，吸其精华，弃其糟粕。

"五内俱焚"是指五脏都像着了火一样，比喻异常焦急的情势。这句话出自东汉末年蔡文姬所著的《悲愤诗》："见此崩五内，恍惚生狂痴。"意思是见到这种情景，五脏仿佛都崩碎了，恍恍惚惚生出很多妄念来。

蔡文姬，东汉末年著名才女和文学家。其父蔡邕是曹操的挚友和老师，是当时有名的文学家和书法家，还精于天文数理、妙解音律。在父亲的影响下，蔡文姬既博学能文，又善诗赋，兼长辩论与音律。可惜当时社会动荡，蔡文姬被掳到匈奴，并嫁与左贤王为妻，饱尝了异乡生活的悲苦。曹操统一北方后，感念恩师对自己的教诲，用重金将蔡文姬赎回。

蔡文姬的人生是不幸的，但她的文章却得以流传，如《胡笳十八拍》和《悲愤诗》。《悲愤诗》是中国第一首自传体五言长篇叙事诗。这首诗的第一部分主要表达董卓作乱，百姓流离失所，自己被掳和想念亲人的情感。其中的"见此崩五内"之句，被后人提炼为成语"五内俱焚"。

至于如何由"崩"而"焚"，可能与传统中医有关。我们常说"上火""肝火过旺"都是表达一种内热的症候，与人心情焦躁不安非常相似，而五内俱"崩"似乎有点夸张了。

"青出于蓝而胜于蓝"的"青色"真的是从"蓝色"中提炼出来的吗？

"青出于蓝而胜于蓝"这个成语用来比喻后代超过前代，弟子超过老师。青，靛青，一种有机染料，又称"靛蓝"。蓝，蓝草，一种野生植物。靛青是蓝草的制成品，但颜色呈深蓝，比蓝草的颜色要深。靛青印染是中国传统的染色技术，在古代社会有很广泛的应用。

这个典故和类似的表达很早就有了。原始出处应是《荀子·劝学篇》："君子曰：学不可以已。青，取之于蓝，而青于蓝；冰，水为之，而寒于水。木直中绳，𫐓以为轮，其曲中规。虽有槁暴，不复挺者，𫐓使之然也。故木受绳则直，金就砺则利，君子博学而日参省乎己，则知明而行无过矣。"

荀子是中国著名思想家，儒家学派的代表人物之一。他的《劝学篇》语言优美，设喻巧妙，成为后世劝人上进的经典作品。首句便是："君子曰：学不可以已。青，取之于蓝，而青于蓝；冰，水为之，而寒于水。"意思是说学习是没有止境的。青是蓝中来的，但却比蓝的颜色更深；冰由水结成，但却比水要寒冷。我们只有不断学习和经常反省自己，才能不犯糊涂、行为上没什么过错。

可见，荀子这里讲"青，取之于蓝，而青于蓝"，主要是强调学习的重要性，至于表达"后来居上"的含义可能是词义的演变。北魏文人李谧学习很用功，在文学博士孔璠门下做学生，勤奋刻苦，虚心好学，提高很快。几年后，李谧的学问超过了他的老师孔璠，孔璠反过来向李谧求教。同学们作歌："青成蓝，蓝谢青；师何常，在明经。"

这里"青成蓝，蓝谢青；师何常，在明经"，就有弟子水平超过老师的意思。孔子说："三人行，必有我师焉。"认为不耻下问是敏而好学的表现。弟子不必不如师，弟子水平超过老师应该是老师感到体面和光荣的事情。

什么是"下马威"？是指一下马就耍威风吗？

"下马威"仅从字面意义理解就是一下马就耍威风，但实际含义并非如此。它是指一上来或一开始就向对方显示威风，比如，给予颜色或教训，击败对手等。

这个词语最早见于东汉班固所撰《汉书·叙传》中"畏其下车作威，吏民竦息"之句。相传，班固的伯祖父班伯因定襄时局混乱，而自请担任该地太守。定襄豪门大户担心班伯初到任时要对下属显示威风，所以有所收敛。这里的"下车"，并非指从车上下来的意思，而是指官员初到任。古人有用下马、下车表示官员到任的说法。"下车"和"下马"意义相近，再加上下马威读来顺口，意思简单明白，便广为流传。

下马威在古时指新官上任，借故严厉处罚下属，以显示自己威风。后来随着词义的发展和变化，也用来表达一开始或开头便给对方以颜色看，借以打击对方的气势，如清代李渔《蜃中楼·抗姻》："取家法过来，待我赏他个下马威。"

在各种体育赛事中，我们经常听到"下马威"的说法。意思是在双方的较量过程中，一方刚上来就给对方一个很大的挫折或失败，使其信心受挫。但下马威不等于比赛的胜利，只是强调一件事情开始的阶段性成果。

最早"信口雌黄"的是谁？"雌黄"又是什么东西？

一个人说话不顾事实，随口乱讲叫"信口雌黄"。与之意义相近的词有"胡说八道""信口开河"。信口，随口；雌黄，古代的一种颜料，又名鸡冠石，黄色矿物。化学名称三硫化二砷，多呈细粒状、片状或柱块状，有珍珠光泽。古代通常用黄纸写字，写错了就用雌黄涂改。也就是说，雌黄是古代的"涂改液"。

"信口雌黄"这个成语说的是一个叫王衍的人，出自晋代孙盛《晋阳秋》："王衍，字夷甫，能言，于意有不安者，辄更易之，时号口中雌黄。"说的是晋代有个清谈家王衍，他在担任元城县令时很少处理公务，一天到晚和人没完没了地闲聊。他对老子和庄子的玄学很感兴趣，经常手持拂尘（道士用具）侃侃而谈，但却漏洞百出。有人质疑时，他就随口更改，随心所欲。人们就说他是"口中雌黄"。

至于"口中雌黄"如何转变为"信口雌黄"的，可能与"信口开河"有联系。信口，随口，更能表现"雌黄"的程度，也更生动些。由于"雌黄"常与"更改"的含义相联系，所以唐代《颜氏家训》中有"观天下书未遍，不得妄下雌黄"之论。

现在"信口雌黄"更多用来描述有意地歪曲事实、隐瞒真相，语气较重。例如，冯德英《迎春花》第二十一章："如果孙俊英按事实讲也没有什么，但是她添油加醋，信口雌黄，凭空捏造，极尽诬蔑挑拨之能事。"

"座右铭"与座位有关吗？它非得放到座位右边吗？

"座右铭"指为人处世所遵守的基本原则和方法。它可以是一两句言简意赅的话，也可以是一句诗、格言或谚语。座右铭的作用是激励和约束自己。这个词语最早见于《文选·崔瑗〈座右铭〉》吕延济题注："瑗兄璋为人所杀，瑗遂手刃其仇，亡命，蒙赦而出，作此铭以自戒，尝置座右，故曰座右铭也。"

东汉的崔瑗喜欢意气用事。他的兄长崔璋被别人杀了，崔瑗替哥哥报仇后，四处逃命，等到朝廷特赦的时候才得以重回家乡。为此，他作了一篇铭文，告诫自己行事不可鲁莽。由于放在座位的右边，所以就叫"座右铭"。

关于铭有两种含义：一是在器物、碑碣上面记述事实、称颂功德的文字，如中国古代的"金铭""墓志铭"等；二是自警的文字，如"座右铭"。但最初的"铭"却是一种盛酒的器皿。

相传春秋时期，齐人为纪念齐桓公修了一座庙宇，里面摆放着一种装酒的器皿，叫欹器。一次，孔子和他的学生前往拜庙，说："欹器空着的时候就倾斜着；把酒或水倒进去一半，就直立起来；欹器装满，还是会倾斜。所以过去齐桓公总是把欹器放在他座位右边，用来告诫自己不可骄傲自满。"从孔子的话里，我们可以看出最初的"座右铭"是一种"物铭"，与欹器有关。

现在的"座右铭"通常指我们最信奉的格言或警句，很多是名人名言。我们每个人都应该有自己的座右铭，以之鞭策自己不断去取得新的进步。

"雕虫小技"是一种什么技能？真的微不足道吗？

"雕虫小技"比喻微不足道的技能。虫：虫书体，古代的一种字体。这个词语最早见于《北史·李浑传》："尝谓魏收曰：雕虫小技，我不如卿。国典朝章，卿不如我。"

"雕虫小技"从字面上理解是"雕刻虫书体这种技能"，含微不足道的意思。这个成语是从"雕虫篆刻"演化而来的。这里的"篆刻"是指在木板上刻写篆书体的字，"雕虫"与其含义相同。由于这两种技能在当时非常普通，因此引申为微不足道的技巧。

在西汉扬雄所著的《法言·吾子》中有下面一段话："或问：'吾子少而好赋？'曰：'然。童子雕虫篆刻。'俄而曰：'壮夫不为也。'或曰：'赋可以讽乎？'曰：'讽乎！讽则已，不已，吾恐不免于劝也。'"表达了扬雄对于当时浮夸而言之无物的"赋"这种文体的看法，认为其不过是"雕虫篆刻"的微末技巧。

有人说扬雄本来是西汉的辞赋大师，为何自己贬低起"赋"这种文体来了？这可能与扬雄入朝为官后心态的变化有关系。这从《隋书·李德林传》"雕虫小技，殆相如、子云之辈"这句话中可以得到印证。

"雕虫篆刻"表达可能过于文言，后人就用"雕虫小技"加以替代。当时主要为了反对魏晋南北朝时期辞藻华丽却言之无物的文风，现在则泛指一切微不足道、不入流的技能或技巧。

第十三章
别称代指·本源流变

人们常说"黎民百姓",古代"黎民"和"百姓"都是指平民吗?

在文学作品里,往往用"黎民百姓"来代指平民,这个说法怎么来的呢?

要是追溯"黎民"一词的由来,就要从我们的祖先炎黄二帝说起了。相传在炎黄二帝并存之时,中国大地上还有东夷、西戎、南蛮和北狄等部落。据说在南蛮中,一个以猛兽为图腾的部落联盟最为强大。这个联盟由9个部落组成,名为九黎族,以蚩尤为首。后来,蚩尤看上了水土肥美的黄河流域,就率众前来争夺。

为了争夺中原地区,炎黄部落与蚩尤部落在涿鹿展开激战。黄帝不仅打败九黎部落,并且取下了蚩尤的首级。战败后九黎族人成了阶下囚,被炎黄部落的人称为"黎民"。

在炎黄部落里实行着这样一种制度,只有有身份地位的人才有姓氏权。一般来说,姓指的是妇女,氏指的是男人,如轩辕氏、神农氏。据《说文解字》,轩辕随母亲姓,而他的儿子的姓氏则由他指定。这一转变,反映了当时由母系氏族社会向父系氏族社会过渡的历史事实。炎黄二帝时期,中原大地形成了一个以他们为首的部落联盟,这个联盟约有100个氏族,各氏族有自己的姓氏。所以,这个统治集团便称为"百姓"。由此可知,"百姓"开始时乃是部落里各氏族首领的合称,身份高贵,并非平民。

据《尚书》记载,舜时曾经强迫黎民劳作,为的就是供养"百姓"。《尚书·尧典》记载"九族既睦,平章百姓。百姓昭明,协

和万邦",后来的学者解释说,"百姓就是指百官"。可见,在古代相当长的一段时间里,"姓"只有王公贵族才有,布衣平民是没有资格拥有"姓"的。

随着社会动荡、朝代更替,黎民有发家的,"百姓"有落魄的,因而这种区分就不是十分明显了。战国时旧贵族彻底没落,"黎民百姓"也就成了人民大众的统称。

人们为什么把单身汉称为"王老五"?

现在,很多的大龄单身汉们被称为"王老五",这是为什么呢?

很早以前,民间就有"王老五,命真苦,裤子破了没人补"的俗语。

通常,被称为"王老五"的人并不是老王家的老五,只是人们习惯对那些单身汉的统称。相较于其他青年来说,他们不一定不优秀,也不一定没有钱,只是在常理看来该有妻室的年纪里,却形单影只。

现代社会,"王老五"一词似乎使用频率并不高,反而由它衍生出来的"钻石王老五"被广泛使用。"王老五"升级成"钻石王老五"后,便用来称呼那些青年新贵。这些人通常有耀眼的职位、显赫的家世,是众多女人心仪的对象。

古人为何要用沉鱼落雁、闭月羞花来形容美貌女子?

"沉鱼落雁、闭月羞花"的女子,定是倾国倾城、无与伦比的。那么,"沉鱼落雁、闭月羞花"是从何而来呢?

其实沉鱼、落雁、闭月、羞花指的是我

国古代的"四大美女"，她们所拥有的美貌不但男人见了倾心，就连草木生灵见了，都会为之失色。

"沉鱼"说的是西施。相传西施是春秋时期越国人，被送去迷惑吴王，终助勾践复国。西施本是一名浣纱女，浣纱溪边，水中倒影与翩翩衣袂相互辉映，美艳绝伦。水里的鱼儿看见如此漂亮的浣纱少女，竟忘了甩尾巴，不觉沉入水底去了。因而，苦于找不到形容西施美貌的人们，便称其有"沉鱼之色"。

"落雁"说的是王昭君。她是汉元帝的掖庭待诏，但无缘得见君王。匈奴单于呼韩邪来朝，愿与汉朝和亲，汉元帝答应选送后宫女子给他。王昭君宁愿远赴大漠，也不想终老深宫，于是就挺身而出，自愿和亲。临行时，皇帝见她美貌非凡，后悔不已。去往匈奴途中，昭君手抱琵琶，琴声幽幽。南飞的大雁侧耳倾听，耽于昭君的美貌和琴声，一时间忘记飞翔，纷纷落地。于是，出塞的昭君就有了"落雁"的美誉。

"闭月"说的是貂蝉。貂蝉乃东汉末年司徒王允的歌女，不但貌美，还有忧国忧民之心。为助王允保住东汉社稷，在董卓和吕布之间周旋，最后挑拨吕布杀了董卓。貂蝉喜欢赏花拜月，一日，她赏月之时，月隐云后。众人感叹：连广寒宫的嫦娥都自愧姿色不如貂蝉啊。所以，貂蝉的美貌就有了"闭月"之称。

昭君出塞图青花瓷罐　元

"羞花"说的是杨玉环。杨玉环不仅体态丰腴，还多才多艺。一天，她在花园中游赏，开放的百花见了她，都闭上了花瓣。宫女见了，都感叹：连花都觉得逊色呀。于是，"羞花"一说由此得来。

时至今日，人们对那些美貌的女子冠以"沉鱼落雁、闭月羞花"的美誉。

称老年人为"老头子"颇为不敬，这个称呼是怎么来的？又是如何演变的？

人们通常认为，称别人为"老头子"是对老年人的不敬，含有"糟老头，倚老卖老"的讥讽意味。那么，"老头子"是怎么来的呢？

最初，老头子是个贬义词。相传，素有"铁齿铜牙"之称的纪晓岚，受命编纂《四库全书》。有一天，天气酷热，实在让人受不了。纪晓岚看了看周围，反正也没外人，就把衣服给脱了，光起膀子来。就在几人谈笑间，乾隆帝优哉游哉地视察来了。纪晓岚因为近视，直到乾隆帝快走到他跟前才发觉，光膀子见皇上着实不敬，穿衣服已经来不及了，纪晓岚眼珠一转：钻桌子底下避会儿吧。等了半天，纪晓岚听着没什么动静了，估计乾隆帝走了，就探了探身问道："老头子走了吧？"坐在旁边的乾隆帝问道："谁是老头子啊？"

纪晓岚灵机一动，说道："老头子是说万岁您哪！您老称万岁这算'老'，人间万民之首这是'头'啊，真龙天子这是所谓的'子'，合起来不就是'老头子'嘛！"乾隆帝自然知道其中原委，哈哈一笑也就过去了。

事情虽然过去了，但是"老头子"却叫开了。"老头子"又泛指上了年纪的老年人。在一些方言中，通常会加上姓一起叫。

"手足""耳目"本是人体组成部分，怎么会成为对特定人的称谓？

古人常用"左膀右臂"来形容那些辅佐君主成就大业的人，而那些随着主公征战南北、出谋划策、出生入死的人也常被人们称为"心腹大将""手足兄弟"等。人们为什么要用身体的组成部分来称代这些人呢？

《三国演义》第十四回"曹孟德移驾幸许都，吕奉先乘夜袭徐郡"记载：吕布联合曹豹占了徐州城，堵了刘备的家门。张飞因为鲁莽贪酒放松了警惕，以致丢了城池。他跑到刘备跟前，痛哭流涕，好一顿自责。

玄德叹曰："得何足喜，失何足忧！"关公曰："嫂嫂安在？"飞曰："皆陷于城中矣。"玄德默然无语。关公顿足埋怨曰："你当初要守城时说甚来？兄长吩咐你甚来？今日城池又失了，嫂嫂又陷了，如何是好！"张飞闻言，惶恐无地，掣剑欲自刎。玄德向前抱住，夺剑掷地曰："古人云：'兄弟如手足，妻子如衣服。衣服破，尚可缝；手足断，安可续？'吾三人桃园结义，不求同生，但愿同死。今虽失了城池家小，安忍教兄弟中道而亡？况城池本非吾有；家眷虽被陷，吕布必不谋害，尚可设计救之。贤弟一时之误，何至遽欲捐生耶！"说罢大哭。关、张俱感泣。

刘备一席话让张飞、关羽感动不已，以后就更加忠于刘备了。"兄弟如手足"究竟源自何时，并没有资料可考，但是一经刘备说出，却家喻户晓。

"耳目"作为"刺探消息之人"之说，最早见于《国语》，书中说："若先，则恐国人之属耳目于我也。"其中就含有了监视、审查的意思。后人根据耳目的作用，又对其进行了发挥，于是"耳目"又有指代间谍或打探情报的人的意思。

由于汉字的意义深远，而且可以用来指代具有引申意义的事情，所以，诸如"手足""心腹""耳目"之类的词，就被形象地用在了特殊称谓上。

古代的"丫头"到底是指小女孩还是指伺候人的丫鬟？

在古代，"丫头"一词并非人人都能叫。

宋代王洋《弋阳道中题丫头岩》一诗中说："不谓此州无美艳，只嫌名字太粗生。"王洋自作注说，吴地一带，把婢女称为丫头。相传吴越一带的妇女，有一种保养秀发的秘方——每年除夕，女人们都会抓一只乌鸦来，好生地饲养它们。每天清晨，女人们会用木梳梳理它们的羽毛，还念念有词地说希望自己有一头美丽的秀发。于是，人们便称当地女孩为"鸦头"。

据史书记载，古时的丫鬟经常梳一种垂髻。这种发式有很长的辫子垂于脑后，看起来像个"丫"字形，于是"丫头"替代"鸦头"。由此看来，丫头确有指代丫鬟的意思。

在一些文学作品里，我们发现，很多时候被人们称为"丫头"的人并非丫鬟。在古代，女子成年之前，所梳发式大都是少女式样，一般是头上两个对称的"髻"，像个"丫"字。有这种头饰的女孩子，通通是没有行笄礼的小女孩。所以，叫小女孩为"丫头"，含有一种长辈对晚辈的宠爱之情。

由此意义引申，即使孩子已经长大了，父母长辈还会叫她们"丫头"。于是，一些关系较好的人都会这样称呼女孩子。现在唤"丫头"，已不再有丫鬟这一意思了。

"不倒翁"是一种什么样的人？这样的人是不是永远不会摔倒？

关于"不倒翁"的名字，有这样一个传说：楚国的卞和在楚山中得到一块未经雕琢的璞玉，拿去献给楚国国君厉王。厉王叫玉匠鉴别。玉匠说："这是一块普通的石头呀！"厉王认为卞和是个骗子，就把卞和的左脚砍掉了。

楚厉王去世后，武王当了楚国的国君。卞和又捧着那块璞玉献给武王。武王又叫玉匠鉴定。玉匠又说："这是一块普通的石头呀！"武王也认为卞和是个骗子，又把卞和的右脚砍掉了。

武王去世后，文王继承了王位。卞和

抱着璞玉在楚山脚下痛哭了几天几夜，眼泪都哭干了，连血也哭出来了。文王听到这事，便派人去问卞和，说："天下被砍掉双脚的人多得很，为什么唯独你哭得这样伤心呢？"

卞和回答说："我并不是伤心自己的脚被砍掉了，我所悲痛的是宝玉竟被说成普通的石头，忠诚的好人被当成骗子，这才是我最伤心的原因啊！"文王便叫玉匠认真加工琢磨，发现果然是一块稀世的宝玉，于是将其命名为"和氏之璧"。

楚文王感叹道："这卞和真是个不倒之翁啊。"于是，那些不畏权势、坚持观点的人就被人们称为"不倒之翁"。

在民间，关于"不倒翁"还有一个传说。相传，清朝有个大官，很多人依附在他的门下。大官巧设名目，暗示门生们送礼。其他人都送珍宝，有个门生只抱了个大木盒子。大官打开盒子一看，竟是大小不一的不倒翁。

等人都走了，大官的老婆孩子迫不及待地挑着自己喜欢的东西。他们发现，门生送的最大的不倒翁后面写着："头锐能钻，腹空能受。冠带尊严，面和心垢。状似易倒，实立不仆。"

因而，那些善于钻营、能根据环境不时调整自己以保持权势的人，也就成了"不倒翁"。

什么样的人才被称为"两面派"？这个称呼是怎么来的呢？

两面派，就是指那些口是心非、表里不一的人。

相传，元朝末年朝廷腐败，逼得各地百姓纷纷起义。朱元璋领导的起义军是其中势力较强大的一支，主要活动在河南和安徽一带。当时，起义军和元军在豫北作战，僵持不下，今天你占我的城池，明天我夺你的阵地。

双方军队不但打仗，还骚扰百姓，兵丁进城，要求百姓必须在门上张贴标语表示热烈欢迎。如果是救星来了，欢迎还情有可原，可是这两方军队今天你来，明天他来，都是来搜刮掠夺的。百姓苦不堪言，被逼无奈，想出一个应对的办法。

他们每家都找到一张薄木板，一面写着"保境安民"，这是欢迎元军的；另一面写着"驱逐胡虏，恢复华夏"，这是欢迎起义军的。元军来了，将木板翻到欢迎元军的那一面；朱元璋的人来了，就翻到另一面。

可是好景不长，一天，朱元璋手下大将常遇春在夺得的怀庆府视察，看见家家户户都贴着醒目的"驱逐胡虏，恢复华夏"标语，心里自然高兴。恰巧一阵风吹过，有几家人贴标语的木板被刮倒在地。常遇春定睛一看，是欢迎元军的"保境安民"标语。常遇春很生气，于是下令，凡是有欢迎元军标语的人家通通满门抄斩。怀庆府的人们挂"两面牌"，只是图省事，没想到却招来了灭顶之灾。

后来，人们便将具有"两面牌"性质的人，谐音叫成了"两面派"。

人们常把贪吃的人称为"饕餮之徒"，饕餮为何成为贪吃的代名词？

据说，龙的九子之一饕餮经常吃人。《辞海》中解释说，饕餮是一种贪食的恶兽，多作为钟鼎彝器上的装饰。

有关饕餮的样子古书记载中有很多，《山海经》说：羊身人面，眼睛在腋下，虎齿人爪，是一种想象中的神秘怪兽。《神异经·西荒经》中记载："饕餮，兽名，身如牛，人面，目在腋下，食人。"《神魔志异·异兽篇》说："神州极南有恶兽，四目黑皮，长颈四足，性凶悍，极贪吃。行进迅疾若风，为祸一方。"

因为没有实物可考，所以古代是否真有这种动物，学术界至今仍没有定论。

另有传说，饕餮性情暴躁，稍不如意就怒瞪双眼，而且眼大如牛。只是这怪兽只有一颗大头，没有身子。虽然没有肚子，却极其能吃。不论好不好吃，见到东西就往嘴里吞。于是饕餮就被人们视为凶残且贪吃的怪兽。《吕氏春秋》中记载，周代的钟鼎之上刻有饕餮纹，只有一颗头却没有身子。这里虽描述了饕餮的样子，但是并没有具体轮廓，后世也大都以钟鼎纹饰为依据。

由于饕餮所具有的凶残贪吃本性，在出土文物中，饕餮纹多出现在盛食物的鼎、簋等地方。于是，人们便以饕餮代称贪吃的人。《左传》中有："缙云氏有不才子，贪于饮食，冒于货贿，侵欲崇侈，不可盈厌；聚敛积实，不知纪极；不分孤寡，不恤穷匮。天下之民以比三凶，谓之'饕餮'。"

"十里长亭"真的很长吗？古人为何喜欢在长亭送别？

提到离别饯行，人们总是"何处是归程？长亭更短亭"，古人临别相送，总要在长亭话别，这是为什么呢？

早在春秋战国时期，中国就出现了驿传制度。到了秦汉时期，驿传制度成型。为迅速传递军政公文、加强中央与地方的联系，秦汉政府大力修建沟通全国的交通大道。在这种驿路上，每隔三十里设置一个驿站，这些驿站最早专供过往官吏和信使更换车马和歇脚之用。后来，历朝统治者都沿袭了这一制度，并对驿站做了进一步完善，每十里修建一座亭子，谓之长亭；每五里修一所较小的亭子，叫短亭。这里的长亭并非距离很远，只是相对短亭的一种称呼而已。唐宋以后，商业不断发展，在官道上临近驿站之处，兴起了许多民间旅馆，供来往客商住宿。

古时候，为出门行路的人祭祀路神和设宴送行的礼仪，名为祖道。据《汉书》记载，西汉时期，汉武帝的妻弟李广利率军队出征，"丞相为祖道，送至渭桥"。其中的"祖道"说的就是这种礼仪。上行下效，民间有人出远门，亲戚朋友也会在他离家之前，祭拜一下路神，饯行送别。随着国家驿传系统的完善和长亭及短亭的修建，以及长亭边旅馆客舍的兴起，送别亲人自然而然地选在长亭。

长亭相别，有依依惜别之意，更有期望亲人一路平安的美好愿望。

古代交通不便，一旦远行，便不知何时能再相见，因而送别时难免会让人伤感。所以到后来，送别的长亭成了人们凭吊思念、寄托哀愁的代名词。在很多文化读本里，送别也会以"长亭"为背景。

历代文人骚客都喜欢借景抒情，情未表，景物描写便已渲染出七分气氛，"南浦、长亭、西楼"是古代人常用的诗词意象。宋代词人柳永在《雨霖铃》中便有"寒蝉凄切。对长亭晚，骤雨初歇"的名句。

知识链接

四大名亭

在各种名胜古迹建筑楼阁中，人们经常会提起四大名亭，那么四大名亭都有哪四亭呢？它们分别为：安徽滁州的醉翁亭、北京的陶然亭、湖南长沙的爱晚亭、杭州西湖的湖心亭。

北宋文学家欧阳修在《醉翁亭记》中，描述了醉翁亭的环境："环滁皆山也。其西南诸峰，林壑尤美。"醉翁亭就坐落在滁州西南的琅琊山上。北京的陶然亭位于南二环陶然桥西北侧的陶然公园内，建于清代，它的名字取自白居易的"更待菊黄家酿熟，与君一醉一陶然"，名为"亭"，实则无亭，是三间开放式的大厅。湖南爱晚亭位于岳麓书院后青枫峡的小山上，彩绘琉璃瓦，蔚为壮观，其原名为"红叶亭""爱枫亭"，后根据"停车坐爱枫林晚"的诗意改名为爱晚亭。浙江杭州的湖心亭，位于西湖中心的小岛上，又叫振鹭亭，初建于明嘉靖三十一年（1552年），于万历年间重建改称为湖心亭。

走马灯产生于何时？它是怎么转起来的呢？

在春节、元宵节等节日的晚上，古人有赏灯的习俗。各种彩灯争奇斗艳，煞是好看。其中，最受欢迎的一种大概算是走马灯了。走马灯是一种能够转起来的灯，它一转，灯壁内事先放好的人呀马呀之类的剪纸便会动起来，从外面看上去人马追逐、物换景移，煞是好看。

走马灯又叫跑马灯、串灯、转灯，早在宋代已经产生，当时叫"马骑灯"。南宋吴自牧的《梦粱录》中已有京城临安夜市买卖走马灯的记载。周密《武林旧事》也有"若沙戏影灯，马骑人物，旋转如飞"的记述。文学家范成大的诗文记载得更为具体，并在一首记述苏州正月十五上元节灯会的诗里，描绘了千姿百态的灯。诸如飘升天空的孔明灯，在地上滚动的大滚灯，以及"转影骑纵横"的走马灯等。当时似尚无"走马灯"之名，诗人自注称为"马骑灯"。诗人所记为南宋淳熙十一年（1184 年）的事。这些记载表明，走马灯在南宋时已极为盛行。

走马灯虽然只是一种供人玩耍的小玩意儿，其所包含的智慧则是相当令人称道的。其之所以能旋转，乃是根据热空气上升产生推力的原理，类似于近代燃气轮机。在一个或方或圆的纸灯笼中，插一根铁丝做立轴，轴上方装一个叶轮，其轴中央装两根交叉的细铁丝，在铁丝每一端粘上人、马之类的剪纸。当灯笼内的灯烛点燃后，热气上升，形成气流，从而推动叶轮旋转，于是剪纸随轮轴转动，影子便会投射到灯笼纸罩上。由于走马灯所表现的多为战争题材和武将人物，看上去似乎是各时代英雄人物反复登场退场，来去匆匆。于是人们便用"像走马灯似的"来比喻历史的兴衰变化和时代大人物的频繁更替。

为什么用"不三不四"来指称行为不端的人？这里的"三"和"四"作何解释？

父母教育孩子的时候，经常会说："近朱者赤，近墨者黑，在学校里少跟那些不三不四的人来往……"父母教育得没错，毕竟环境塑造人。可是，为什么那些行为不端的人就被称为"不三不四"的人了呢？

在《易经》中，每卦六爻，而三、四爻正好居于中间位置。所以有人说，《易经》中的三、四爻意味着主体正道，有端正的意味。

于是"不三不四"就有了行为不端的意思。《儒林外史》中胡屠夫说范进："不三不四，就想天鹅屁吃。"可见，"不三不四"早成了蔑词，指的就是那些整天不务正业、言行不端的人。

"二百五"的说法起于何时？人们为什么常用它来称呼容易犯傻的人？

从前有一个秀才，寒窗苦读多年都没能金榜题名，于是便草草成家。结婚不久，老婆就给他生了两个儿子。秀才觉得自己追求功名大半辈子，却一无所获，便给两个孩子起名为成事和败事。平日里，秀才在家教孩子读读书，日子倒也充实。一天，秀才跟妻子说："我要出去逛逛，你督促老大写三百字，老二写二百字，回来我检查。"过了半天，秀才回来了。妻子对他说："成事不足，败事有余，两个都二百五。"

生活中，我们经常称那些办事欠考虑、说话不正经、傻头傻脑好出洋相的人为"二百五"，这个称呼是怎么来的呢？

古代货币中，10 两银子算一锭，500 两银子作为一封，250 两银子就是半封。"半封"和"半疯"谐音，有傻里傻气、疯疯癫癫的意思。故而，人们就用"二百五"来指代"半疯半傻"的人。这是关于"二百五"由来的第一个说法。

第二个说法与大名鼎鼎的苏秦有关。战国时期，身为六国宰相的苏秦树敌甚众，想除掉他的人不在少数，但都苦于没机会。后来，苏秦竟然不明不白地在齐国被暗杀了。齐王感到很心痛，毕竟这是一名难得的人才啊。齐王决定为苏秦报仇。为了引凶手自投罗网，他想出了一个主意。他命人将苏秦的首级割下，悬挂在城门示众三天，并在城门上张贴榜文说：苏秦是个吃里爬外的内奸，齐国一直苦于无计除掉他，今日他死于非命，真是大快人心。所以要重赏刺杀之人，给他加官晋爵，并赐以黄金千两。

果真有人揭榜，而且一来就是四个。齐王命人把他们带过来，问道："你们一起来了四个人，究竟谁是功臣？这千两黄金该赏谁啊？"四个人听了，异口同声地回答："是我们四人一起干的，请大王分我们每人二百五十两。"齐王听了，顿时火冒三丈，命人将这四个"二百五"拖出去斩了。

那些视金钱如生命的人往往被人称为"吝啬鬼"，这个讽刺的说法从何而来？

夏洛克、阿巴贡、葛朗台、泼留希金是世界文学著作中的四大吝啬鬼，他们的共同特点是爱财如命。可是，为什么人们称他们为"吝啬鬼"呢？

吝，有过分爱惜的意思。啬，意义众多，本训是稽的古文，有收割的意思，还有爱惜、贪恋、悭吝、刻薄的意思。《易·说卦》中说"坤为地，为母，为布，为釜，为吝啬"。意思是，大地保护着草木，草木离地就会枯死，这是大地保护自己财产的方式。于是后人便将"吝啬"迁移到了那些过分守护财产的人身上。

关于"吝啬"，民间还流传着一个故事。

从前有两个人，一位姓吝，一位姓啬，都很有钱，是当地的大户。由于他们太过小气，没人愿意搭理他们。说来也巧，这两人臭味相投，没事的时候便在一起讨论怎样才能让钱生钱。

一天，二人相约到子虚亭饮酒赏月。赏月当然少不了美酒佳肴，于是两人商定，好吝先生带酒，啬先生带菜。然而，到了约定的时候，两人居然都是两手空空而来。原来他们都指望着占对方点便宜。

既然来了，也不能索然无味地回去啊，于是吝先生就以手作举杯状说："兄台，月光如水水如酒，我先干为敬。"啬先生一听，美酒都敬自己了，自己也得表示表示，于是说道："池中游鱼鱼是菜，请吝先生品尝。"两人你来我往吃得挺开心。可是路人看见了，觉得这两人像梦游，荒唐可笑。乡里认识这两个"铁公鸡"的人调侃道："你们不明白，这两人是有名的小气鬼。他们吃的是吝啬菜，喝的是吝啬酒，活着是吝啬人，死了是吝啬鬼。"

后来，"吝啬鬼"也就成了视财如命的人的专指。

"马大哈"是办事马虎者的别称，这个说法从何而来？

为什么那些马马虎虎的人要被叫作"马大哈"呢？

其实，"马大哈"源自相声界泰斗马三立先生的相声《买猴儿》。

《买猴儿》讲了这样一段妙趣横生的故事。说有一个差不多先生名叫马大哈，办事马马虎虎、大大咧咧、嘻嘻哈哈。尽管当了领导，他依然毛病不改。都说物以类聚，人以群分，马大哈先生的领导及下属和他都有一个毛病，什么事差不多就行，马马虎虎就过去了。

话说有一天，马大哈下了个公告，意思是说公司没货了，请上级批准到天津市东北角买50箱猴牌肥皂回来。马大哈于是向上级提出申请，并在申请书上写道："到东北买猴50只。"上级接到申请，心想，这人办事我们放心，于是看都没看就批了。

领导的决策自然有他的道理，就算下属觉得再不合逻辑，也得全力执行。只是这猴子确实不好买，怎么说猴子现在也是国家保护动物，哪能说买就能买得到。经过多方洽谈，又历经了一系列手续，50只猴子终于采购齐了。

当采购员将50只猴子带回公司的时候，全公司都热闹了起来。为了制伏这50只猴子，全公司乱作一团，上演了一场笑料百出的闹剧。

相声一经播出，人们立即在生活中找到了形形色色的"马大哈"。于是，那些事事无所谓、差不多就行、丢三落四、马马虎虎的人便被称为"马大哈"。

古人把啸聚山林的人叫作"绿林好汉"，这个说法有何来历？

"绿林好汉"一词源自绿林军起义。西汉末年，汉元帝、汉成帝荒淫无度，朝政腐败，土地兼并严重，导致阶级矛盾尖锐。公元8年，外戚王莽夺权篡位。

篡位后的王莽不但没有休养生息，还朝令夕改，不断发动对少数民族的战争，加深了人民的疾苦。改全国土地为王田的政策触犯了地主官僚的利益，改私家奴婢为私属的政策又得罪了贵族阶层，加之天灾不断，于是各路人士纷纷起义反抗。

据说，在荆州南郡和江夏郡一带，灾荒极为严重，百姓终日靠草根树皮过活。由于灾民太多，当地的草根树皮根本供给不上，许多百姓流离失所。

在这些穷苦百姓里，有两个深明大义的人，他们劝百姓说："咱们都是受苦受难的人，我们之所以没饭吃，都是王莽闹的。我们应该推翻他，这样大家才能都有饭吃。"百姓觉得他们说得很有道理，于是推举他们两个做了首领，打起了起义的大旗。这两个号召大家起义的人就是史书上说的王匡、王凤。

反抗王莽统治的人不断增多，迅速发展到了上千人。公元17年的时候，他们占领了绿林山，并且以此山为据点，迅速向周边扩张势力。这支集结在绿林山的起义队伍，被人们称为"绿林军"。

绿林军在反抗王莽的斗争中，得到了樊崇领导的赤眉军和刘秀的支持。公元23年，绿林军攻进长安，取得了反抗斗争的胜利。

尽管绿林军后来分化瓦解，但是绿林军反抗暴政，深得民心，人们就称他们为"绿林好汉"。后来，"绿林好汉"就成了对那些啸聚山林的人的称呼。

"狗腿子"是帮凶的代名词，这个词是怎么来的？

那些充当汉奸、与恶势力为伍的人，通常被称为"走狗""狗腿子"。人们为什么要用"狗"来形容他们呢？

关于"狗腿子"的来历，民间流传着一个传说。

据说，李时珍和李二癞子曾经一起在李家垸学医。两人虽然是叔伯兄弟，但是脾气秉性却相差十万八千里。李时珍一心钻研医学药理，李二癞子却终日游手好闲。后来，李时珍成了远近闻名的大夫，李二癞子却改了行，靠着阿谀奉承在衙门里混了个差事。

李二癞子进了衙门，极尽迎合奉承之能事。为了巴结县太爷，他没少做坏事，欺行霸市，横行乡里。

李时珍开了个药铺，生意很是红火，这让李二癞子嫉妒得要命。说来也巧，有一回县太爷腿疾犯了，请了很多郎中都没看出个子丑寅卯。县太爷发下话来："要是谁给我看好了，重重有赏；看不好，阎王殿里告状去吧。"李二癞子一想，这么多大夫都没看好，李时珍肯定也不行，不如就趁这个机会除掉他。于是，他就极力推荐李时珍给县太爷看病。县太爷也就答应了。

李时珍来了一看，有点难。李二癞子看李时珍不说话了，说道："大人，看他那愁眉苦脸的样儿估计不成，您看咱……"县太爷刚想命人将李时珍押进大牢，李时珍说话了："大人，您别急。我看了，您这腿有救，只要找个能懂大人心思、视大人如再生父母的人，

李时珍采药

将他的腿换到您身上，保证大人健步如飞。""这人我哪儿找去啊。""我看李二癫子就不错，鞍前马后，没少替大人办事，就用他的腿吧。"

李二癫子一听傻了，但他不敢说半个不字啊。于是，李时珍把李二癫子的腿接到了县太爷身上，果真好了。

李二癫子没害成李时珍，自己反而丢了一条腿，就去求李时珍也给他找个腿接上。刚好一条大黄狗经过门前，李时珍就把狗腿接到了李二癫子身上。因为李二癫子有一条狗腿，所以得名"狗腿子"。后来，那些充当恶势力帮凶的人也就有了如此形象的绰号。

为何把女子的脚称为"金莲"？"三寸金莲"真的只有三寸吗？

古代女子的脚之所以称为"金莲"，要从古代女子的缠足习俗说起。据说五代时期，南唐后主李煜的妃子窅娘为讨李煜喜欢，用布将自己的脚缠成了新月形状。窅娘本来就体态轻盈，加上一双小脚，跳起舞来便别有一番韵味。李后主十分疼惜她，其他嫔妃便纷纷效仿。后来这习俗又传到民间，于是缠足之风开始流行。到北宋时，缠足之风大盛，直至民国时期才被废除。

女孩子缠起来的脚之所以叫"金莲"，有人认为乃是因为当时李后主曾为窅娘建造过一个舞台，上面装饰了许多金莲花，让其在上面跳舞。于是人们便习惯称女子的小脚为"金莲"。不过，另有学者认为，在中国，人们将莲花视作美好、高洁、吉祥、珍贵的象征。而在古代，女孩子的小脚也被视为女性美的重要象征，因此，女子的脚便很自然地与莲花联系了起来。之所以称为"金莲"，则是因为古人习惯在贵重和美好的事物前加个"金"字，如"金口""金銮殿"等。

至于"三寸金莲"，则只是一种笼统的说法。事实上，缠足这一陋习是纯粹的民间行为，并没有严格的尺度。

知识链接

缠 足

古代女子缠足，一般从5—8岁便开始，一直缠到20岁左右。所谓缠足，即是用布帛将脚紧紧地包裹起来，然后无论白天黑夜都要一直缠着。缠足乃是通过外力故意阻碍脚的正常发育，使软组织挛缩，从而改变脚的形状。在这个过程中，脚经常处于肿胀状态，甚至血迹斑斑。缠足对于古代女子是一种严重的心理和身体上的摧残，可以说是一种酷刑。

缠足的目的是使脚变得美观，而事实上，缠过之后的脚往往严重畸形，并不好看。因此，古代男子的这种心理很难让人理解。缠足大概始于五代时期，民国时期被废除。很难想象，这样一种荒谬的行为竟然在中国堂而皇之地存在了1 000多年。

不少人喜欢跷"二郎腿"，"二郎腿"的说法是怎么来的？

许多人都有跷"二郎腿"的习惯，因为这种将一条腿架在另一条腿上的坐姿可以将身体的重心后移，人往往感到比较舒服自在。那么，这种姿势为何取名为"二郎腿"呢？

据蜀中民间传说，秦时郡守李冰在修都江堰时，其次子李二郎曾协助父亲"凿离堆、开二江"，并斩杀危害百姓的蛟龙，立下了大功，死后被封为二郎神。

实际上，"二郎腿"的原创者还并非这位李氏二郎神，而是大禹。诗人流沙河曾专门探究过"二郎腿"的来历，并就此写了《二郎腿的解释》一文。他在文中指出，所谓二郎腿，本来叫作禹步。相传禹治洪水，殚精竭虑，水治好后落了个偏枯之病（偏瘫），一条腿僵死，成了跛子。如此一来，大禹坐时只好将跛腿架在正常的那条腿上，人们便称此姿势为禹步。李二郎同为治水英雄，人们将其塑为禹步坐姿，大概是出于一种尊崇。久而久之，蜀人便习惯唤这种姿势为"二郎腿"。

人们为什么把第二个指头叫作"食指"，而不是依据位置叫作"二指"呢？

我们知道，手的第二个指头称"食指"，

可是，如果细想一下就会发现，这个名字有点怪，它既不像小指的名字那样与其个头大小有关，也不像中指的名字那样与其位置有关。这是为什么呢？

其实，它之所以被取名为食指，的确是和食物有关。在我国古代，人们在吃食物之前，习惯先用食指蘸点汤水或食物，然后放入嘴中吮吸一下，以感觉下冷热、生熟，或尝一下味道。之所以这样，乃是因为上古时代的人们还没有发明筷子，只能用手抓食物吃。因此，这个指头便被称为食指。之所以选择这个指头来品尝食物，大概是因为这个指头比较灵活好用。

说到食指与食物的渊源，这里还有个有趣的故事。春秋时期的郑国贵戚公子宋，他的食指具有预测美食的功能，每当他的食指跳动，第二天他必然会遇到未吃过的美食。比如，有一次他出使晋国时，食指跳得很厉害，到了晋国，果然吃到了美味的石花鱼；出使齐国时，同样食指大动，齐国招待他吃了天鹅肉；后来他在吃到合欢橘之前，食指也同样提前预报了。

有一次，郑灵公准备了美食，叫群臣前来，公子宋的食指又正常发出了预报。没想到郑灵公故意不给公子宋分美食。公子宋恼羞成怒，自己走到放美食的鼎旁，将食指伸入鼎中，尝了一口之后离开了。郑灵公因为公子宋的无礼要治他的罪，没想到公子宋先下手为强，将郑灵公杀了。于是郑国发生内乱，公子宋也在内乱中被杀，郑国自此衰落。

看来，"食指"一词故事颇多。"食指大动"和"染指"都是由公子宋的故事而来。

古人有没有身份证？他们是如何证明自己身份的？

古代没有身份证，但一般情况下，人们也不需要这种东西。一个普通人需要证明自己身份时，用书信或信物即可。而对于官员这种特殊身份，则有相应的办法来防止冒充事件的发生。古代官员上任，别的可以不带，但有两样东西必带，一是敕牒，一是告身。

敕牒是朝廷发给的委任状，上面盖有吏部大印，很难作假。官员到任后，首先需要交出敕牒作为凭证，并将之押在报到的衙门备案。告身则是用于证明上任者本人身份的凭证，为防仿制，由国家专门机构制作。据《宋史·职官志》记载，宋代时的告身由吏部属衙官告院统一制作，所用绫巾裱带等材料，均由特定地点生产供应。告身上除赴任官员的籍贯、年龄等，一些形貌特征也会被写在上面。因此，告身即使被别人偷走或捡到，别人也难以冒充。告身在官员赴任时证明自己的身份之后，并不上缴，而是由官员留下，用于其他需要证明身份的时候用。

除告身外，古代官员还有一些其他凭证用以证明身份。唐代官员每个人都配有一种"鱼符"，鱼符上刻有官员姓名、任职衙门及品级等，用以证明身份。宋代则有"牙牌"，是一种用象牙、兽骨、金属等制成的牌子，上面刻有持牌人姓名、职务、履历及所在衙门等。除官吏外，一些官宦之家的奴仆也有这类东西。另外，古代僧人的"度牒"则是僧人的一种身份证明。

知识链接

度　牒

度牒是国家发给僧尼的出家凭证，上面记载僧尼的本籍、俗名、年龄、所属寺院、师名以及官署关系者的连署等。

度牒制度始于南北朝，之后一直沿用至清。度牒制度出现的原因，一方面是因僧尼在古代享有免除赋税、徭役等特权，许多人冒充出家人逃避赋税徭役；另一方面，即使是真正的僧尼，数量太多之后，也影响国家财政收入，因此统治者以限制度牒数量来限制僧尼数量。在古代，不向政府领取度牒私自出家属于犯法，要受到相应的惩罚。而历代僧人领取度牒，都是要交钱的，数目从几两到十几两不等。因此，卖度牒的收入也是相当可观的一笔国家财政收入。尤其是宋代的度牒，几乎可以当货币在市场上流通。

什么是"花甲子"？它与干支纪年有何关系？

六十岁的老人常被人们称为"花甲子"。所谓"二十弱冠，三十而立，四十不惑，五十知天命，六十花甲子，七十古来稀，八十为耄耋之年"，这是人们对不同年龄阶段的人的别称。不仅如此，在历史事件中，我们还经常看到"甲午战争""辛亥革命"一类的名词，那么古人为什么不说"多少岁""几几年"呢？

"甲子"一词，源自中国古代使用的干支纪年法。据相关资料记载，早在商代时期，中国就已经采用干支纪年了。到了东汉光武帝时期，天文学家在总结前人历法的基础上，制定并开始实行干支纪年法。干支纪年法是由天干（甲、乙、丙、丁、戊、己、庚、辛、壬、癸）和地支（子、丑、寅、卯、辰、巳、午、未、申、酉、戌、亥）组成。

所谓"干""支"，是中国古代的一种计数、计时符号。将十天干与十二地支循环相配，可以构成六十组（甲子、乙丑、丙寅……癸亥），合称为"六十甲子"。每六十年，花甲子正好是首尾相接，循环一次。因此，一个周期的第一年，也就是人六十岁的时候，被称为"花甲之年"。

"花甲子"也有五行纳音的说法。根据五行学说，古人将金、木、水、火、土五行与六十甲子相结合，每行纳入十二干支，组成了六十个纳音，建立了纳音学说。比如，"甲子乙丑海中金，丙寅丁卯炉中火"等。因而，在六十花甲里也就有了五行的属性。在沈括的《梦溪笔谈》中，就有"六十甲子有纳音，鲜原其意。盖六十律旋相为宫法也。一律含五音，十二律纳六十音。纳音之法，同类娶妻，隔八生子"的说法。

生活中我们常会说到"丁是丁，卯是卯"，指的就是天干地支相互搭配循环，没重复、无遗漏、无错位的引申意义。

知识链接

"天干地支"是谁发明的

关于天干的起源，缺乏史料和证据。相关资料表明，十二地支最早可能起源于古巴比伦的十二宫后，后来传入中国。中国古人在借鉴的基础上，创造出十二地支。

什么是"星期"？我们为何把七日叫作"一星期"呢？

我们通常把7天称为一周、一星期或者一礼拜。这一制度源于古巴比伦。

早在公元前7世纪，古巴比伦人就创立了星期制。他们将一个月分为四周，每周七天，由于每一天都会有一位星神掌管，所以他们建立了七星坛祭祀星神。七星坛从上到下分日、月、火、水、木、金、土七层，每一天祭祀一个星神，并且以星神的名字来命名这一天。因此，就有了七日一周期，或称作七曜星期周的说法。古巴比伦人将周日到周六分别称为日曜日、月曜日、火曜日、水曜日、木曜日、金曜日和土曜日。

公元4世纪的时候，古巴比伦人的星期制传入中国。据记载，中国最早使用的是十天记日法。在中国古代历法中，有闰月一说，为了使阴历与阳历所记载的日期相近，人们根据月亮在天空中的运动规律，创造出加闰的办法。根据观察，人们发现从朔日到下弦，历时七天，这与古巴比伦所采用的七日一星期制度恰好吻合。于是，古人便在七日一星期制度的基础上，将日月和五行中的火、水、木、金、土按顺序排列，从朔日到下弦，分别以日曜日、月曜日、火曜日、水曜日、木曜日、金曜日、土曜日命名，这样就形成了有中国本土特色的星期制度。

关于七天定为一星期还有一种说法。明朝末年，基督教传入中国，据《圣经》所载，上帝用六天造了世界，第七天为休息的日子，俗称礼拜天。因而，一星期也就有了一礼拜的说法。

"三百六十行，行行出状元"，三百六十行的说法是怎么来的？

"三百六十行，行行出状元"可谓是妇孺皆知的一句俗话了。人们一般用这句话来激励自己或他人，无论做什么工作，只要努力肯干，都能做到出类拔萃。那么，这三百六十行的说法是怎么来的？这个数字是谁统计出来的呢？

其实，这里所说的三百六十行并非确数，只是个笼统说法，泛指各行各业。而三百六十这个数字的具体来源，则与早期的"三十六行"有关。自唐代起，人们口头普遍产生了"三十六行"的说法。到宋代时，周辉则在《清波杂志》上凑出三十六行，分别是：肉肆行、宫粉行、成衣行、玉石行、球宝行、丝绸行、麻行、首饰行、纸行、海味行、鲜鱼行、文房用具行、茶行、竹木行、酒米行、铁器行、顾绣行、针线行、汤店行、药肆行、扎作行、仵作行、巫行、驿传行、陶土行、棺木行、皮革行、故旧行、酱料行、柴行、网罟行、花纱行、杂耍行、彩舆行、鼓乐行和花果行。可以看出，这三十六行虽然不可能穷尽所有的行业，但也基本上代表了社会生产生活中的各种常见行业。

那么三十六行如何翻了10倍，成了"三百六十行"呢？清末徐珂的《清稗类钞》载："三十六行者，种种职业也。就其分工约计之，曰三十六行；倍之，则七十二行；十之，则三百六十行。"可见"三百六十行"乃是人们在三十六行的基础上形成的，而且这个"三百六十行"的新说法很可能出现在明清时期。因为明清之际，中国的农业、手工业获得了极大的发展，商品经济日渐繁荣。许多原本由家庭生产的用品都开始从家庭中分离出去，成为专门行业；另外也出现了诸如金融、报行等新兴第三产业。可能人们普遍感觉生活中的行业越来越多，于是便在三十六的基础上乘10，便形成了"三百六十行"的说法。实际上，应该还不止三百六十行呢。

人们常说的"五花八门"中，"五花"指什么？"八门"指什么？

生活中，我们常常用五花八门来形容事物花样繁多或变化多端，令人眼花缭乱。那么，所谓"五花"指哪五花？"八门"又指哪八门呢？

最早，"五花"与"八门"都是古代兵法中的阵法名称。"五花"指的是"五行阵"，"八门"则指"八门阵"。这两种阵法都以变化多端、使人眼花缭乱为特点。"五行阵"中的五行系指金木水火土，此阵是利用道家五行原理所布的一种阵。据说春秋战国时期，许多战略家都懂得使用这种五行阵。八门阵也称八卦阵，这个阵势原来是按照八卦的次第列为阵势的。八八可变成六十四卦，常使对方军队陷入迷离莫测之中。相传春秋时期的孙武最早运用八门阵，三国时期的诸葛亮又将八门阵改为"八阵图"。

后来，"五花"和"八门"也被人们用来作为各行各业的暗语。其中，"五花"分别是：金菊花，指卖茶的女人；木棉花，指街上为人治病的郎中；水仙花，指酒楼上的歌女；火棘花，指玩杂耍的；土牛花，指某些挑夫。而"八门"则同样指八种职业，分别为：一门巾，指算命占卦的；二门皮，指卖草药的；三门彩，指变戏法的；四门卦，指江湖卖艺的；五门平，指说书评弹的；六门团，指街头卖唱的；七门调，指搭篷扎纸的；八门聊，指高台唱戏的。

后来可能因为五花与八门所代表的职业相当繁多，让人感觉乱七八糟的也记不住，人们干脆不管它具体指的是什么了，直接用它来形容一种花样繁多、变化多端的情况。"五花八门"便由名词转变成了一个形容词。

人们常说"弹指一挥间"，"弹指"究竟是多长时间？

人们经常用"弹指一挥间"来形容时间飞快。具体来说，"弹指一挥间"到底有多长呢？

平常我们是否计算过弹一下手指，挥一下手臂需要多长时间？在印度，"弹指"是一种风俗，用来表示喜好或顿悟。所以在使用的时候，没有人会去计算它的真正用时。但是在佛家，"弹指"却是有具体时间的。

"弹指"，《僧祇律》上解释说："刹那者为一念，二十念为一瞬，二十瞬名一弹指，二十弹指名一罗预，二十罗预名一须臾，一日一夜有三十须臾。"

根据这一说法，一天一夜有 86 400 秒之多，一须臾相当于 2 880 秒，如此推来，一弹指就仅为 7.2 秒之短。

随着文化的渗透迁移，"弹指一挥间"开始被人们经常用来表时间，虽然使用的是它较模糊的概念，但是所表达的意思却大抵相同。

在一些文学作品里，我们会看到"二十年弹指一挥间""弹指间六十年过去"，这些都含有感叹时间飞快、回首沧桑的意味。

知识链接

刹那和须臾

"刹那"和"须臾"都是来自梵语，属于外来词语。佛经中对于刹那有多种解释：其一说六十刹那为一弹指；其二说一念之间便是一刹那，一刹那间就有九百生灭；其三说刹那是数字所不能形容的短暂时间。

关于须臾的解释也有很多，《仪礼·燕礼》中须臾有悠然自得之意；《中庸》中须臾是从容、苟延的意思；《荀子·劝学》中，须臾有了时间的概念，指片刻。

现如今，人们淡去了须臾在梵语中的诸多用法，仅表示时间短暂。

象棋棋盘中间写有"楚河汉界"，它有什么来历？其位置在哪里？

在两个人分道扬镳、互不来往的时候，经常会听到"从此楚河汉界，互不相扰"的说法，其中的意思我们明白，但是为什么要用"楚河汉界"这个词呢？

史料记载，公元前 205 年至公元前 203 年间，西楚霸王项羽与汉王刘邦在荥阳、成皋一带展开激战。两军长期对垒，而项羽处在不利的地理位置。由于汉军袭扰粮道，楚军开始粮食匮乏。刘邦乘机发动攻势，击败项羽，夺得了成皋地区。随后，汉军向荥阳东北地区进军，并且攻占了包括昌邑在内的 20 多个城池，这也就彻底地将楚军的粮草通道截断了，使楚军陷入进退两难的境地。被逼无奈，项羽提出"中分天下，割鸿沟，以西为汉，以东为楚"的要求。于是，项羽和刘邦各自整顿军队，在鸿沟两岸分别建起了霸王城、汉王城，以表所属。从此，鸿沟就有了"楚河""汉界"之说。

自古，河南荥阳、成皋一带就因地势险峻、地形复杂而成为兵家必争之地。其北临黄河，西连邙山，东接平原，南依嵩山，不仅成就了"楚汉相争"这一历史事件，更承载了很多军事文化内涵。因而，经过文化的渗透，"楚河汉界"也就有了划地为界、分而治之的意思。

中国象棋棋盘中间写着的"楚河汉界"就是取自这一历史典故，意为以"楚河汉界"为标，两军各占一方，相互展开对攻。河南荥阳也因为是"楚汉相争"这一历史事件的发生地，后来发展成为中国的象棋之都。

知识链接

鸿 沟

楚汉相争，划鸿沟为界，分而治之。后来，鸿沟被人们引申为隔阂、界线。

史料记载，鸿沟是真实存在着的一条河。它是战国时期由魏惠王开始兴建的一条人工运河，西汉时期又称狼汤渠。这条运河也是中国古代最早的一条由人工开凿，并沟通了黄、淮两河的水上交通航线。它引荥阳以北的黄河水，途经中牟北、开封、尉氏东、太康西、淮阳后，分成两支，分别注入颍河、沙河，最后汇入淮河，是古代一条比较重要的交通航线。

鼎为何物？楚庄王为什么要"问鼎中原"？人们为何要推崇"一言九鼎"？

鼎是古人用来做饭的器皿，相当于现在的锅。鼎分为两类，一类圆形三足，另一类方形四足。需要做饭时，直接在鼎下面烧火即可。因此，鼎其实附带了灶的功能。早期的鼎是用黏土烧制的陶鼎，后来则为青铜鼎。青铜鼎刚出现时，一度是王权的象征。秦代后，这种意义消失，鼎被抬到寺院里做了香炉。

楚庄王"问鼎中原"是一个出自《左传》的典故。相传夏禹为首领时，曾用天下九州所贡的青铜制造了9个鼎。从此，这些鼎便成了王权的象征。夏朝灭亡时，商朝统治者将九鼎抬到商都亳京；商朝灭亡后，周朝统治者又将九鼎抬到周都镐京。自此，建立新的王朝也便称为"定鼎"。

东周时期，周王室衰微，诸侯争锋。春秋五霸之一的楚庄王一次打败了戎族之后，得意扬扬，派兵到周定王的边境阅兵，以显示楚国的强大。周定王派大臣王孙满到楚国慰问。楚庄王问王孙满："我听说大禹曾铸造了9个鼎，从夏朝传到现在。据说它们现在洛阳，它们到底有多大？又有多重？"这显然不是臣子该问的。王孙满用"在德不在鼎"回答了楚庄王。王孙满在讲述了鼎的渊源和周朝历史之后，声称周朝当传30世，国运当有700年，现在还没有到丢鼎的时候，从而回击了楚庄王的狂妄。于是，后世便将企图篡位称为"问鼎""问鼎中原"。

"一言九鼎"则出自《史记·平原君列传》。战国时，秦国军队包围了赵国都城邯郸，赵国国君派平原君到楚国求援。平原君打算带领20名门客前去完成这项使命，已挑了19名，尚有一个定不下来。这时，毛遂自告奋勇地提出要去，平原君勉强带着他一起前往楚国。

平原君到了楚国后，与楚王谈及"援赵"之事，谈了半天也毫无结果。这时，毛遂对楚王说："我们今天来请您派援兵，您一直不答应，可您别忘了，楚国虽然兵多地大，却连吃败仗，连国都也丢掉了，依我看，楚国比赵国更需要联合起来抗秦呀！"毛遂的一席话说得楚王心服口服，立即答应出兵援赵。平原君回到赵国后感慨地说："毛先生一至楚，而使赵重于九鼎大吕。"

"一言九鼎"就此成为成语，形容一个人说话的分量重、作用大，后来也形容人说话信誉极高，说到做到。

中国古代的"九州"指哪里？"九州"真的是大禹所划吗？

陆游在《示儿》中写道："死去元知万事空，但悲不见九州同。"诗中所写的"九州"指的是哪里呢？

相传大禹治水凿开龙门，开通九沟，才将洪水引到了大海里，从此人民安居乐业。大禹在治理洪水的时候，把天下划为冀州、兖州、青州、徐州、扬州、荆州、豫州、梁州、雍州，名为九州。然而，九州真的是大禹所划吗？

九州又名九囿、九围、九隅、九有、九土等。在西汉以前，人们坚信九州是大禹治水后所划。到了东汉之后，九州被视为周制或殷制，是夏商时期沿用下来的行政区划。

但史籍所载的九州，具体州名并不是十分确定的。《尚书》中说"九州"为：冀、兖、青、徐、扬、荆、豫、梁、雍。《周礼》中又说有幽、并，而无徐、梁。《尔雅》中则记载有幽、营，而无青、梁……由于各家各有所依，关于"九州"的划分并没有明确的结论。

《尚书》中所载的九州与大部分史料记载相同。根据《尚书》的记载，当时的九州涵盖了今天的河南北部、山东西南部（兖州）；河北南部、山西东南部（冀州）；山东东部和北部（青州）；河南东北部、山东东南部，安徽、江苏北部（徐州）；安徽南部、江苏中部、江西东部、浙江和福建部分地区（扬州）；湖南、湖北，以及河南、贵州、广东、广西部分地区（荆州）；河南南部、安徽北部一带（豫州）；陕西南部、四川东部（雍州）；陕西、甘肃、宁夏部分地区（梁州）。这一说法的提出，虽然佐证了大禹治水划九州的说法，但在有些文献资料里，九州所提的山川、地名实为战国之后方才出现的。虽然至今还不能确定九州是否真的是大禹所划，但作为发源于黄河流域、上承尧舜的华夏民族，仍然相信并推崇这个说法。

西汉司马迁在《史记·孟子荀卿列传》中，又赋予了九州新的内涵：九州指的是诸天下，中国乃九州之一。因而在现代，九州便以新的文化内涵被使用着。

知识链接

八 荒

汉代的刘向在《说苑·辨物》中说："八荒之内有四海，四海之内有九州。"我们已经知道九州指的是哪里，那八荒又是何处呢？

颜师古解释说，八荒为八方荒芜极远之地。一般认为，八荒也指八方，分为东、西、南、北、东南、东北、西南、西北，指的是离中原一带比较远的地方。后来，人们便使用四面八方来代称天下。《过秦论》"囊括四海之意，并吞八荒之心"中的八荒就有这个意思。

"我们来自五湖四海"，其中的"五湖四海"具体指哪些地方？

《论语·颜渊》中有"四海之内，皆兄弟也"，吕岩《绝句》中有"斗笠为帆扇作舟，五湖四海任遨游"，两处都使用了"四海"一词。周游列国的孔子见多识广，料想必定到过四海；以道家精神修身养性的吕岩，也应能遍览五湖。但是，这五湖四海具体是指什么地方呢？

关于四海，从古至今有很多说法。汉代的刘向在《说苑·辨物》中认为，环绕九州之地为四海；《尔雅·释地》认为，四海就是《礼记·祭义》中提到的"东海""西海""南海"和"北海"。虽然没有指出明确海域，但是这一说法的提出，也为后来人们划分四海提供了参考。到了宋代，洪迈在《容斋随笔》

中解释道："四海一也。"意思是说，四海是一个整体，代指天下。

关于五湖，说法更是各不相同，郦道元的《水经注》中说五湖指的是长荡湖、太湖、射湖、贵湖、滆湖，司马贞又提出具区、洮滆、彭蠡、青草、洞庭湖为"五湖"……一时之间，关于五湖四海的说法莫衷一是。

时至今日，人们对五湖四海作了进一步阐释，其在地理上的定位相对缩小，并且有了具体所对应的湖泊和海洋。五湖即洞庭湖、鄱阳湖、太湖、洪泽湖、巢湖；四海指渤海、黄海、东海、南海。又因为五湖四海在从古至今的演变中包含了广阔疆域的意思，人们便借五湖四海代指全国各地。从更广的意义上说，"五湖四海"的范围不仅仅局限于本国，而是指全天下。

知识链接

沧海桑田

"东临碣石，以观沧海。"这是曹操《观沧海》中的诗句。诗中提到了沧海，那么沧海指的是哪里呢？人们常说的沧海桑田又是什么意思呢？

其实，沧海并无对应海域，而是大海的泛指。沧海桑田是指地球上的一种自然现象，即地球内部的物质都在不停地运动着，经过几千年几万年的缓慢移动，板块与板块间的运动造成了地形地貌的改变。因而，当海陆板块相互作用时，海陆位置就会发生变化，原来是陆地的地方可能会成为海洋，原来是海洋的地方可能会成为陆地。于是，整个世界像是被重新创造了一番。后来，人们就用沧海桑田来比喻人世间的变化极大。